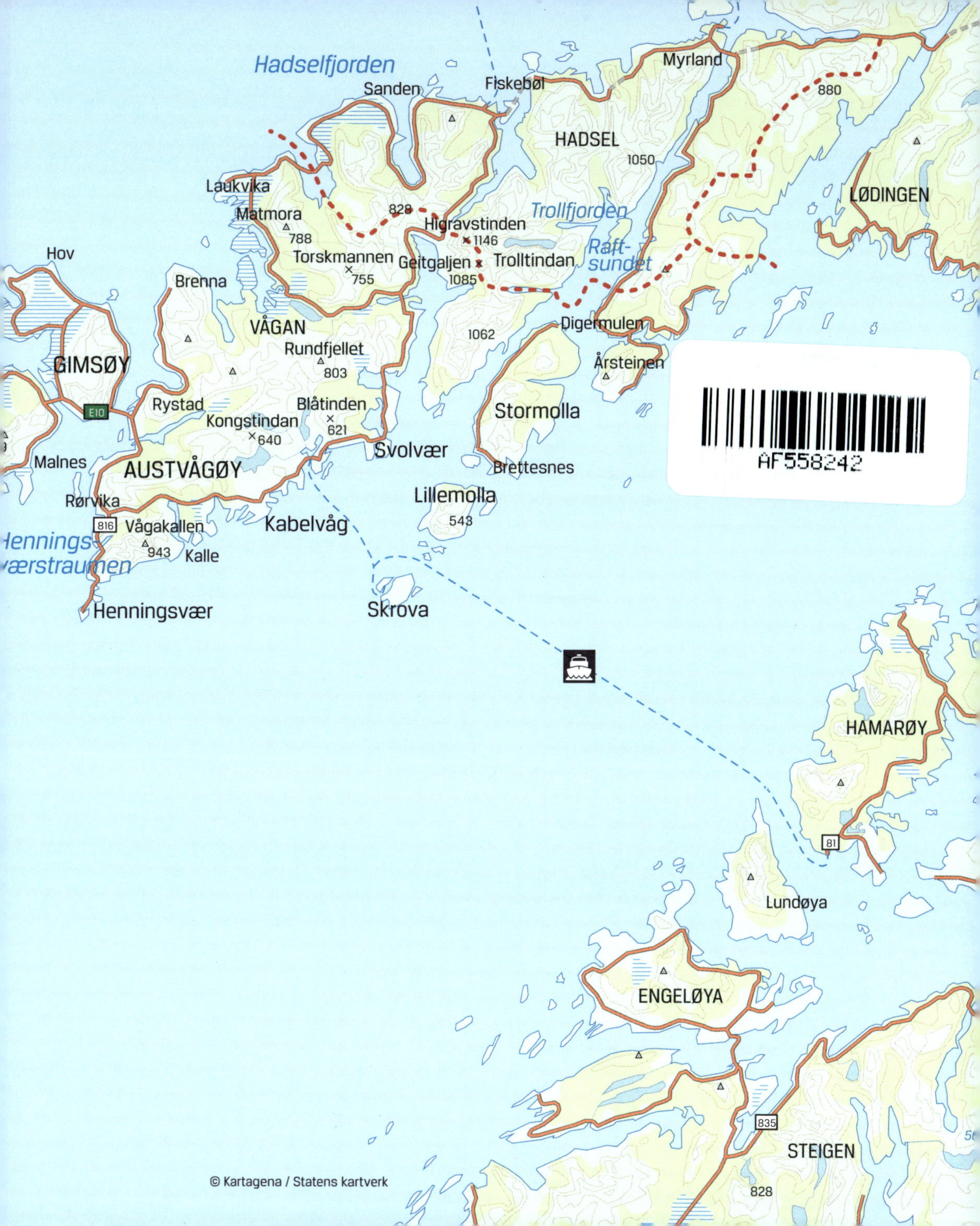
Hadselfjorden
Sanden
Fiskebøl
Myrland
880
HADSEL
1050
LØDINGEN
Laukvika
Matmora
788
828
Higravstinden
1146
Trollfjorden
Raft-
sundet
Hov
Torskmannen
755
Geitgaljen
1085
Trolltindan
Brenna
VÅGAN
Digermulen
1062
Rundfjellet
803
Årsteinen
GIMSØY
Rystad
Blåtinden
621
Stormolla
E10
Kongstindan
640
Svolvær
Malnes
AUSTVÅGØY
Brettesnes
Lillemolla
543
Rørvika
816
Vågakallen
943
Kabelvåg
Kalle
Skrova
Henningsvær
HAMARØY
81
Lundøya
ENGELØYA
835
STEIGEN
828
© Kartagena / Statens kartverk
AF558242

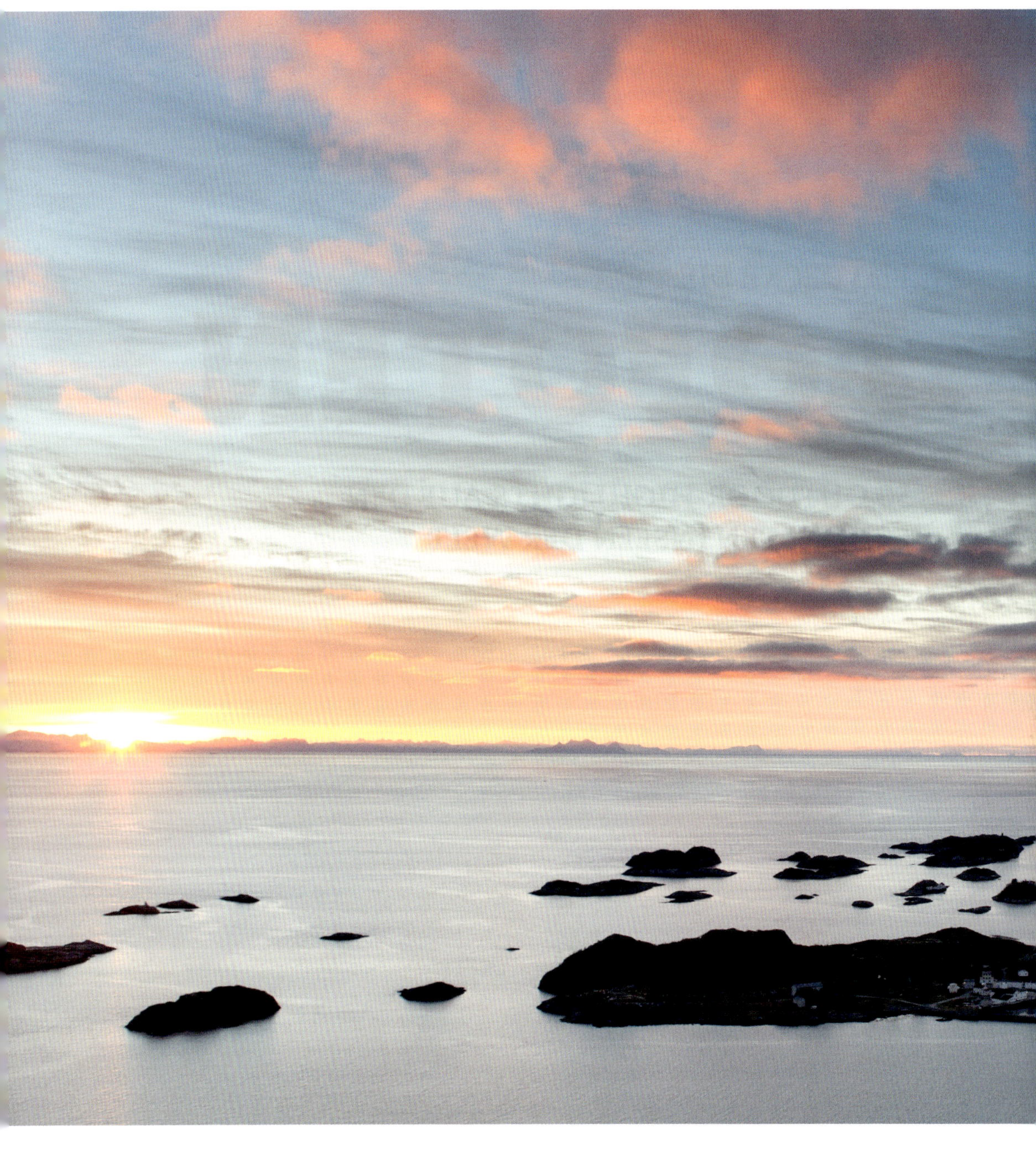

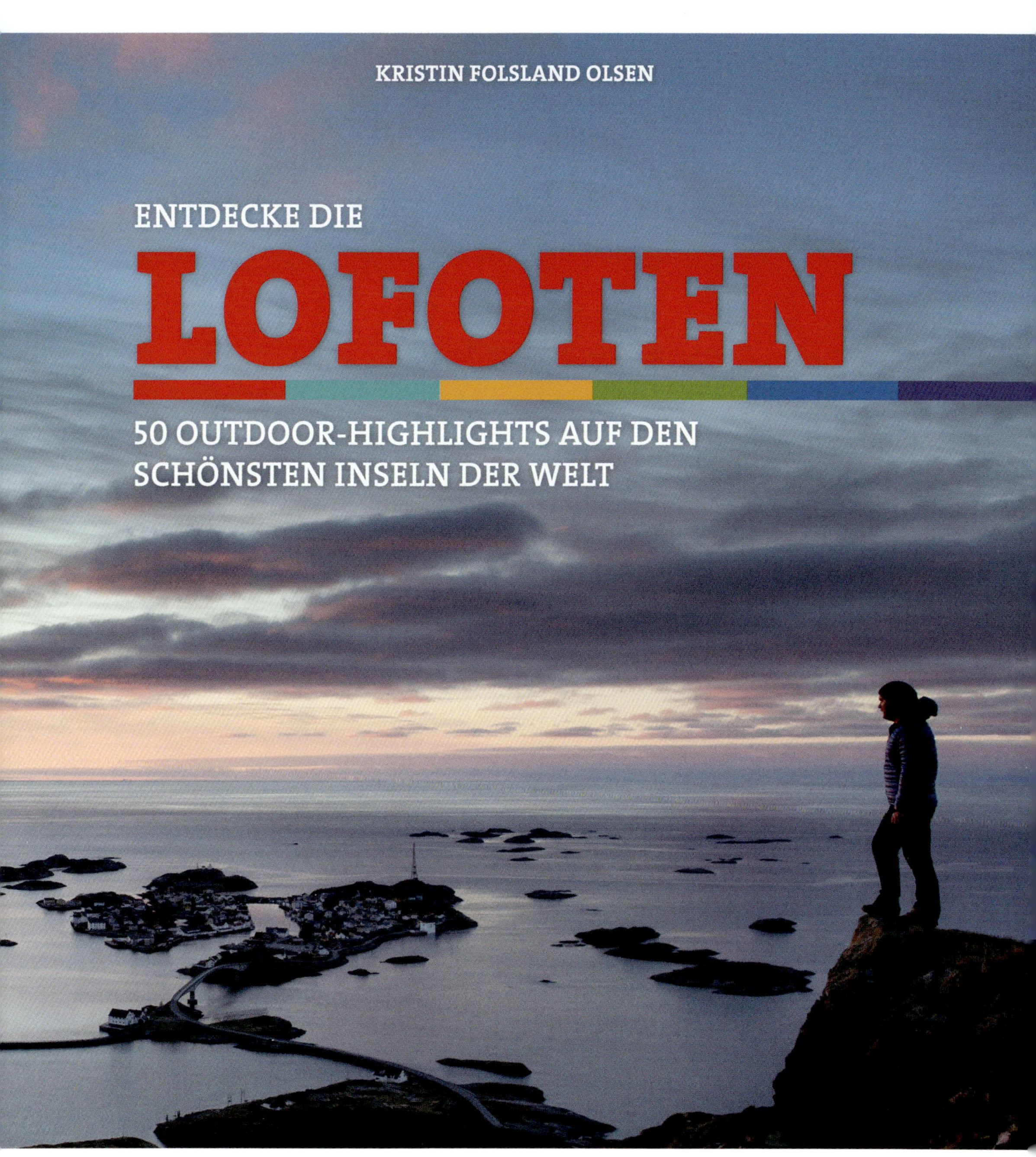
KRISTIN FOLSLAND OLSEN
ENTDECKE DIE
LOFOTEN
50 OUTDOOR-HIGHLIGHTS AUF DEN
SCHÖNSTEN INSELN DER WELT

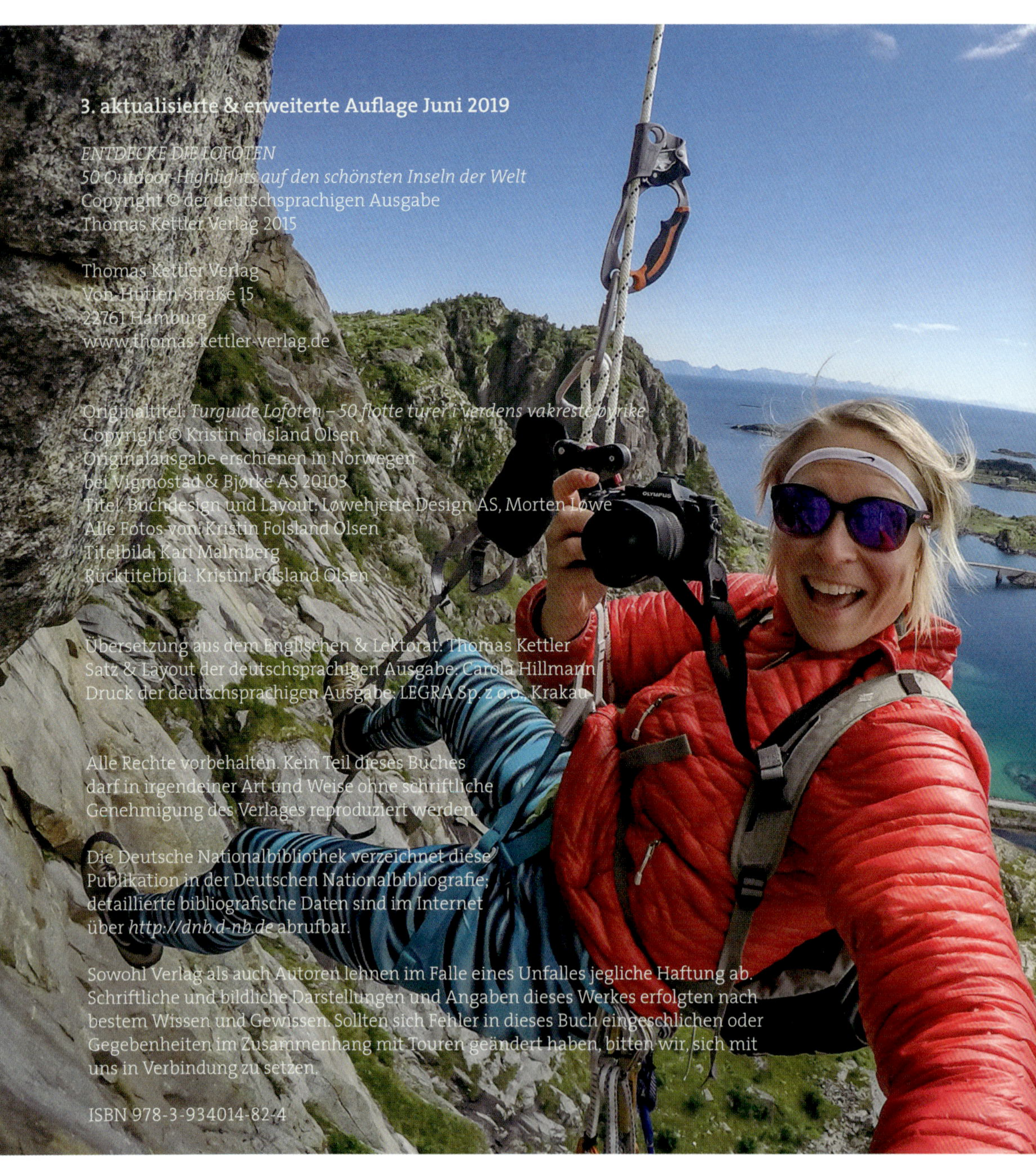

3. aktualisierte & erweiterte Auflage Juni 2019

ENTDECKE DIE LOFOTEN
50 Outdoor-Highlights auf den schönsten Inseln der Welt

Thomas Kettler Verlag
Von-Hutten-Straße 15
22761 Hamburg
www.thomas-kettler-verlag.de

Originaltitel: *Turguide Lofoten – 50 flotte turer i verdens vakreste øyrike*

Originalausgabe erschienen in Norwegen
bei Vigmostad & Bjørke AS 20103
Titel, Buchdesign und Layout: Løwehjerte Design AS, Morten Løwe
Alle Fotos von: Kristin Folsland Olsen
Titelbild: Kari Malmberg
Rücktitelbild: Kristin Folsland Olsen

Übersetzung aus dem Englischen & Lektorat: Thomas Kettler
Satz & Layout der deutschsprachigen Ausgabe: Carola Hillmann
Druck der deutschsprachigen Ausgabe: LEGRA Sp. z o.o., Krakau

Die Deutsche Nationalbibliothek verzeichnet diese
Publikation in der Deutschen Nationalbibliografie;
detaillierte bibliografische Daten sind im Internet
über *http://dnb.d-nb.de* abrufbar.

ISBN 978-3-934014-82-4

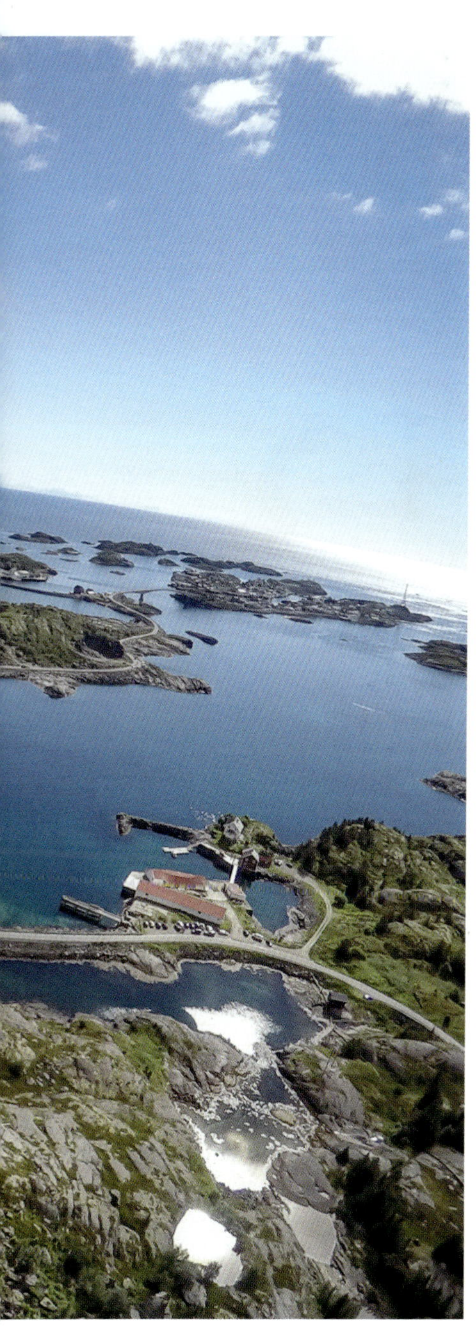

LIEBE AUF DEN ERSTEN BLICK

Wenn Sie auf dem Gipfel des fast 1.000 Meter hohen Vågakallen stehen und den Blick über die in einem herrlichen Bogen südwestwärts geschwungene Lofotveggen (Lofotenwand) schweifen lassen, können Sie das salzige Meer riechen. Vielleicht segelt ein Seeadler auf starken Schwingen vorbei und weit unten, auf der glänzenden, türkisfarbenen Wasseroberfläche, gleitet ein Seekajak zwischen den Inseln dahin. Mit etwas Glück taucht gar ein Seehund oder Schweinswal auf.

In Fremdenverkehrsprospekten steht oft, dass die Berge der Lofoten direkt aus dem Meer emporsteigen – und das ist keine Übertreibung. Das Wasser ist kristallklar, die Farben der Blumen intensiv und die Luft frisch und sauber. Die Lofoten, das sind Meer und Berge, Kabeljau, nette Menschen, spektakuläre Stürme, weiße Strände und vor allem unglaubliche Erlebnisse.

Die erste norwegische Ausgabe dieses Buches erschien im Sommer 2013 und es macht mich immer sehr glücklich, wenn ich unterwegs Menschen treffe, die mir mit Begeisterung erzählen, wie dieses Buch sie für ihre Reise inspiriert hat.

In diesem Buch finden Sie eine Auswahl von 50 wunderschönen Abenteuern. Ich habe diese unterschiedlichen Touren ausgewählt, um möglichst einer breiten Palette von Fähigkeiten und Interessen gerecht zu werden, auch wenn Sie feststellen werden, dass Wanderungen den Großteil der Outdoortouren ausmachen. Die Aktivitäten erstrecken sich über die gesamten Lofoten, um einen möglichst großen geografischen Bereich abzudecken. Es gibt natürlich noch viele weitere tolle Touren, die nicht berücksichtigt werden konnten und noch einiges mehr, das ich selbst noch kennenlernen muss.

Ich hoffe, dieses Buch inspiriert sowohl Reisende in die herrliche Natur zu gehen, um unvergessliche Momente zu erleben, als auch jene, die schon von zu Hause ihren Aktivurlaub planen.

Willkommen auf der schönsten Inselgruppe der Welt!

Kristin Folsland Olsen
Henningsvær, Juni 2019

www.folsland.no
Instagram: kristinfolsland

INHALT

46
Røstlandet
RØST
47
Skomvær

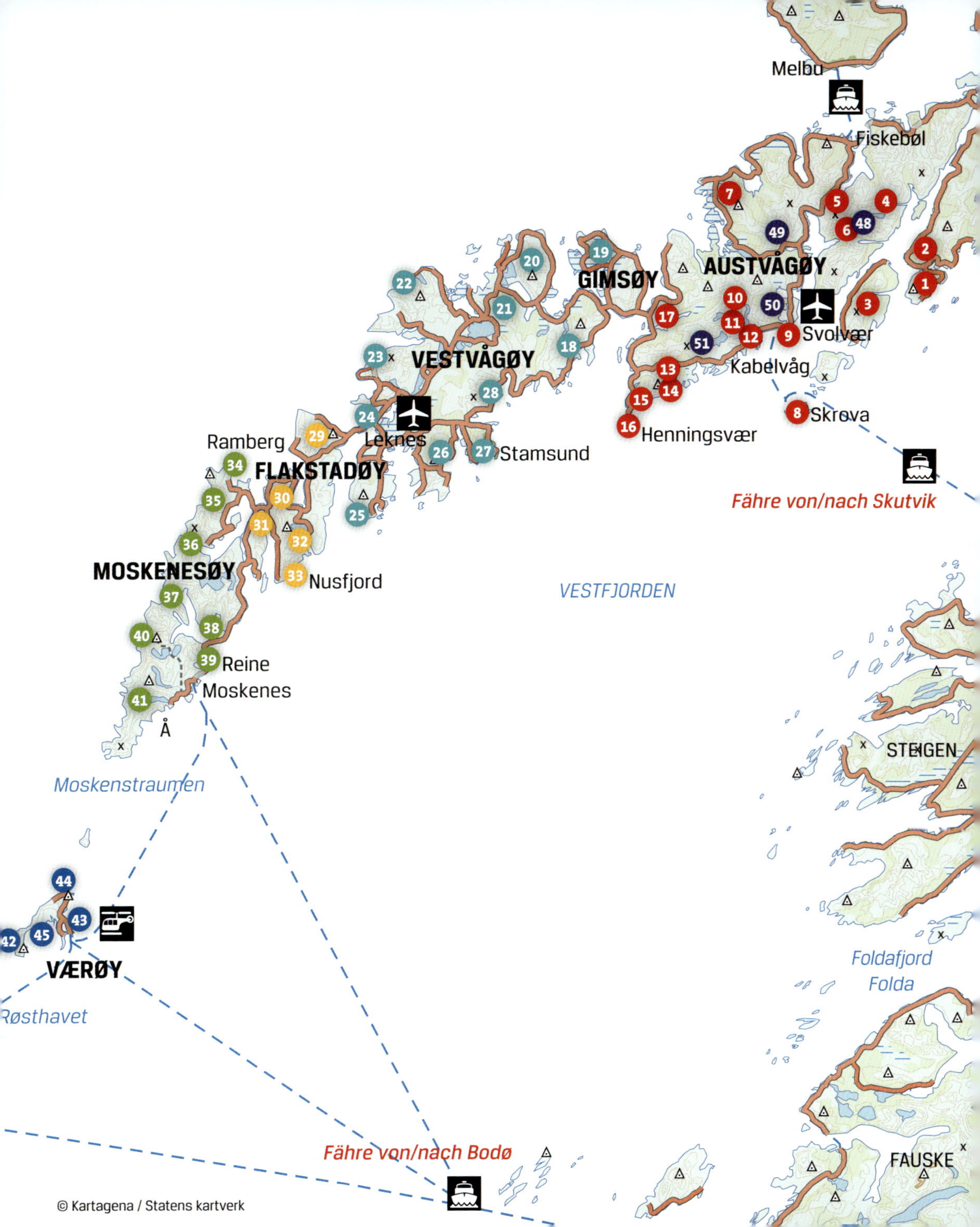
Melbu
Fiskebøl
AUSTVÅGØY
GIMSØY
VESTVÅGØY
Svolvær
Kabelvåg
Skrova
Henningsvær
Leknes
Stamsund
Ramberg
FLAKSTADØY
Fähre von/nach Skutvik
MOSKENESØY
Nusfjord
VESTFJORDEN
Reine
Moskenes
Å
STEIGEN
Moskenstraumen
VÆRØY
Røsthavet
Foldafjord
Folda
Fähre von/nach Bodø
FAUSKE
© Kartagena / Statens kartverk

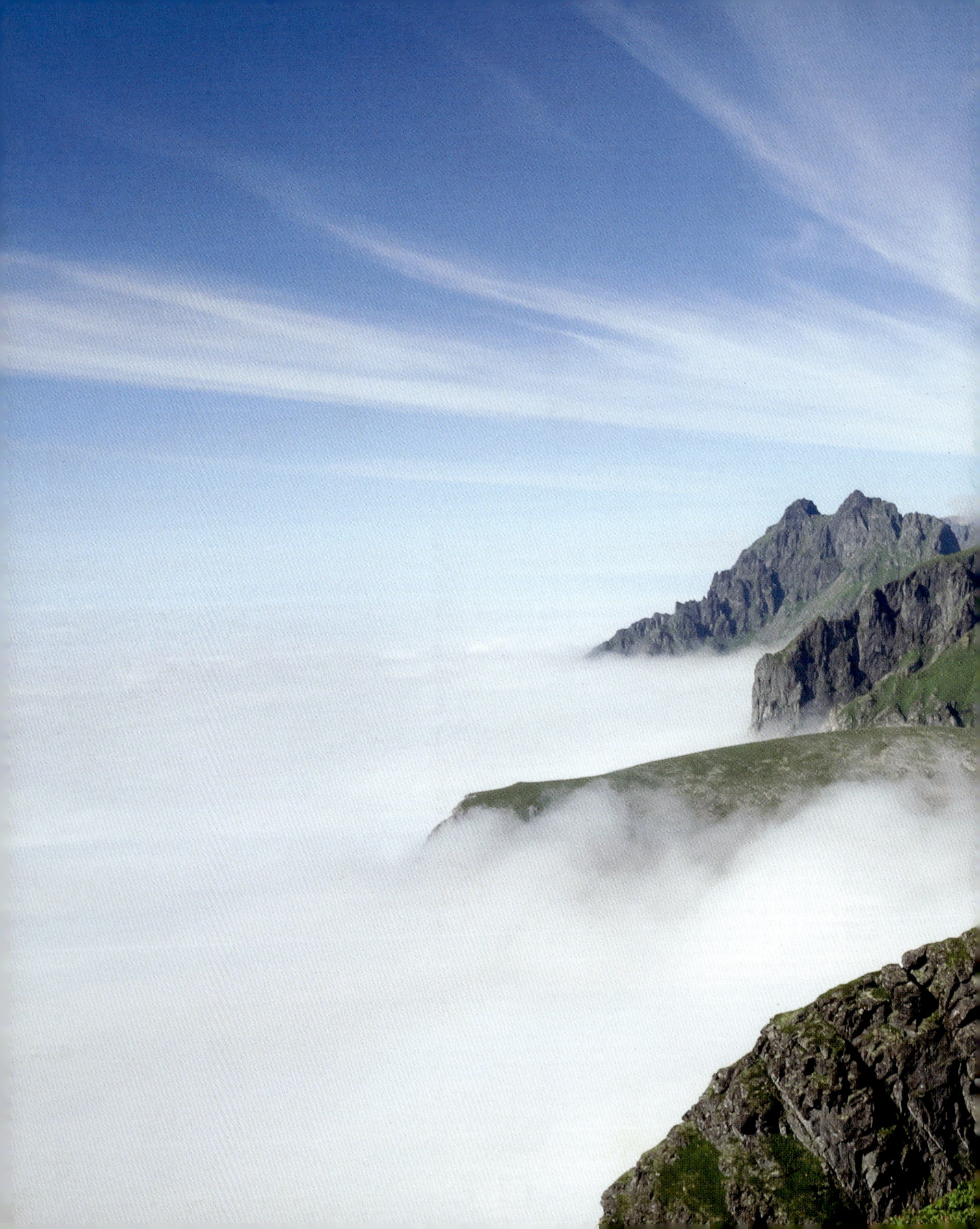

BEWAHRE DAS PARADIES

Hunderttausende besuchen jedes Jahr die Lofoten. Trage auch Du Deinen Teil dazu bei, um diese empfindliche Natur zu schützen!

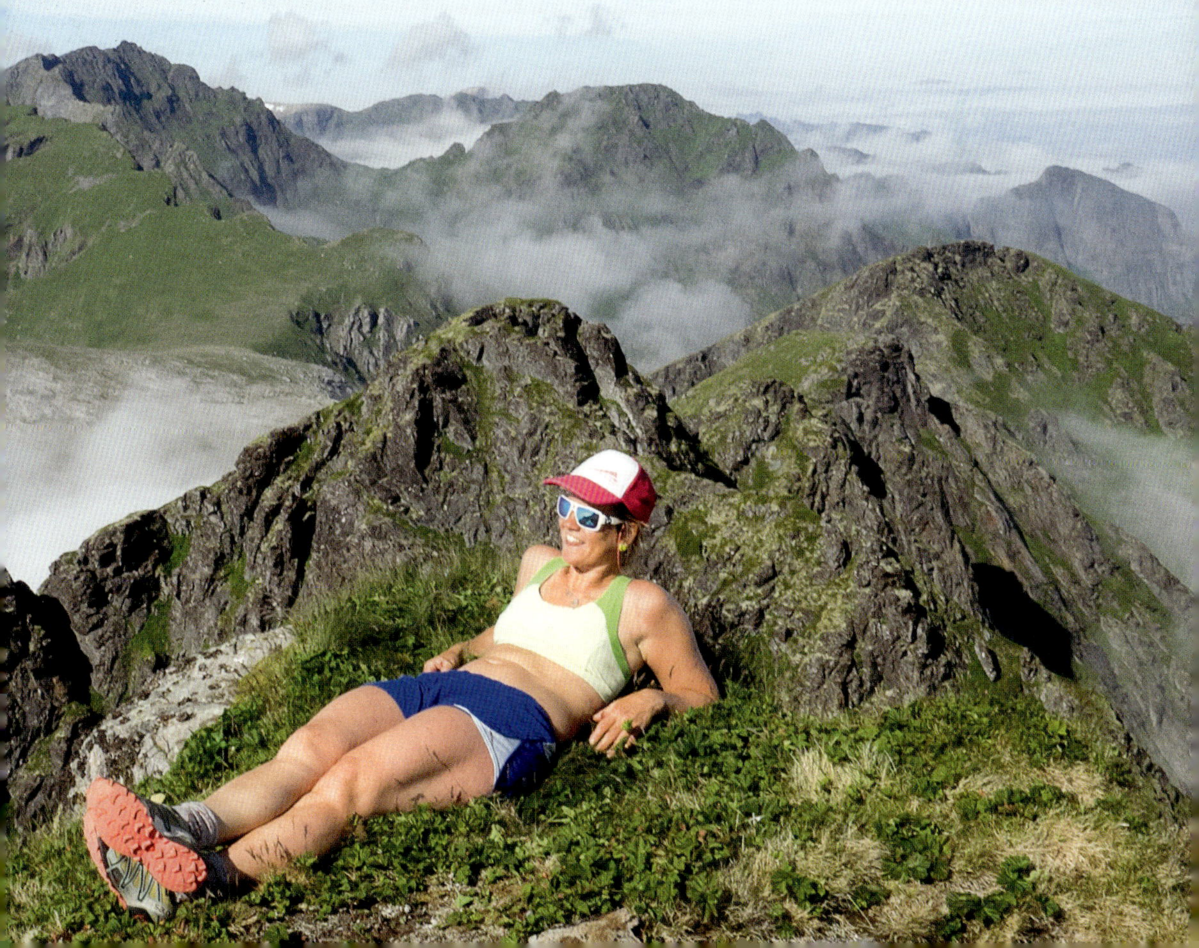

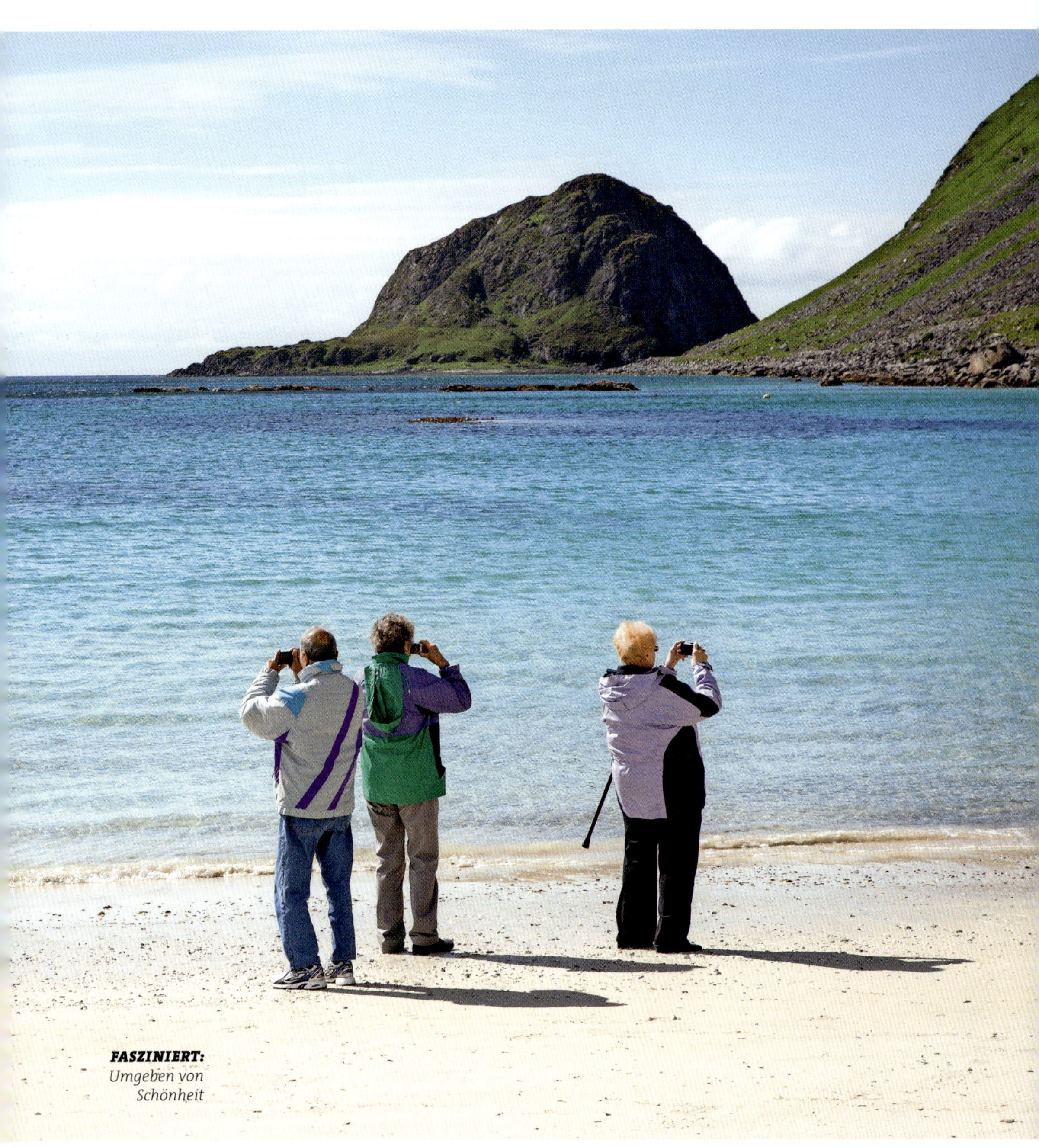

FASZINIERT: *Umgeben von Schönheit*

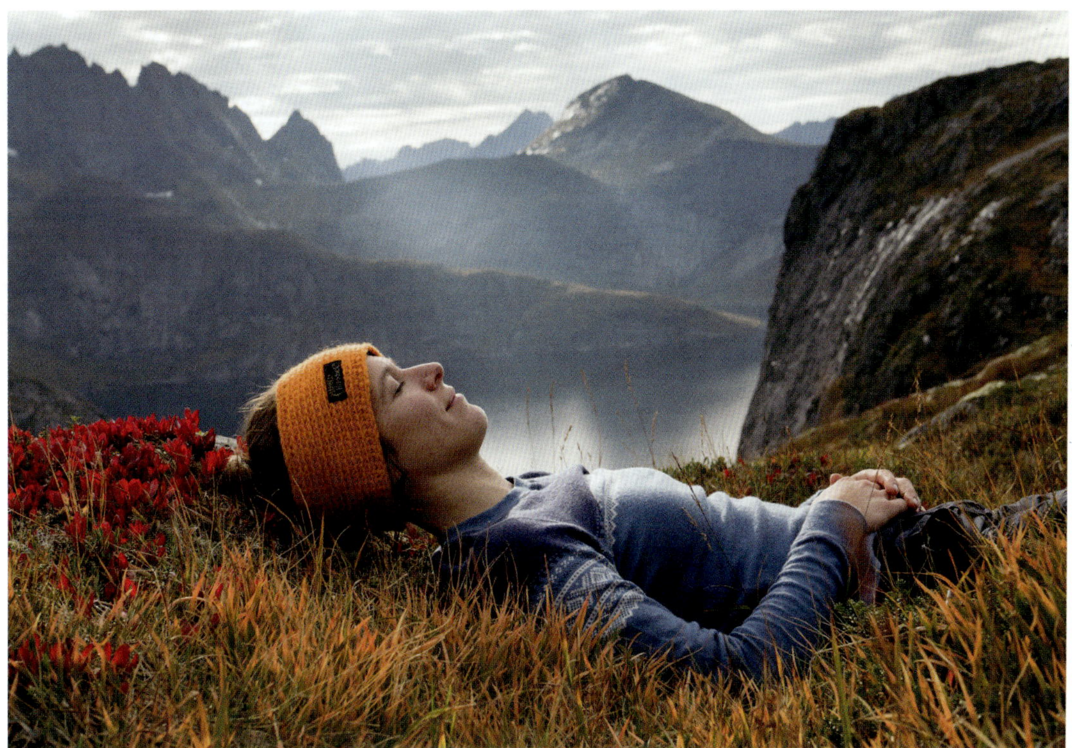

Die Lofoten wurden erschaffen, damit alle sich an ihnen erfreuen können. Man könnte sogar sagen – die Welt ist ein besserer Ort wegen der Lofoten! Menschen kommen aus allen Ecken der Welt um ihre Schönheit und Magie zu erfahren. Egal, ob sie sich schwitzend auf den Gipfel eines Berges hinaufkämpfen, ein Adrenalin ausschüttendes eiskaltes Bad im Meer nehmen oder in Henningsvær von der Kaimauer die Füße baumeln lassen, ein riesiges Softeis in der Hand. Wenn die Menschen glücklich sind, sind sie netter zueinander.

Im Hochsommer ist auf den Lofoten viel los. Unterkünfte können ausgebucht sein, viele Wohnmobile und Autos sind auf den Straßen unterwegs und es gibt wenig Parkraum.

Vor den Kletterrouten Gandalf und Pianokrakken entstehen Warteschlangen, viele Leute wollen an den Stränden Bunesstranda und Kvalvika schlafen und vielleicht auch ein Lagerfeuer entzünden. Mit all diesen vielen Besuchern erodieren einige der Wege schneller, als die Natur das verkraften kann.

Seit Hunderten, ja sogar Tausenden von Jahren sind die Menschen auf die Lofoten gereist. Waren es früher in erster Linie die guten Fischgründe die den Archipel so attraktiv machten, sind es heute die Touristen die hierher reisen. Besonders in den letzten 20 Jahren haben die Lofoten immer mehr Besucher angezogen. Auch mit dem Aufkommen von Facebook & Co. hat sich schnell herumgesprochen, wie schön es hier ist und die Leute kommen in Scharen.

Es besteht dringender Bedarf an der Verbesserung von Straßen, Parkplätzen und Fahrradwegen. Außerdem werden mehr Toiletten und Abfallbehälter benötigt.

KEINE SPUR:
Genieße die Natur, aber hinterlasse keine Spuren

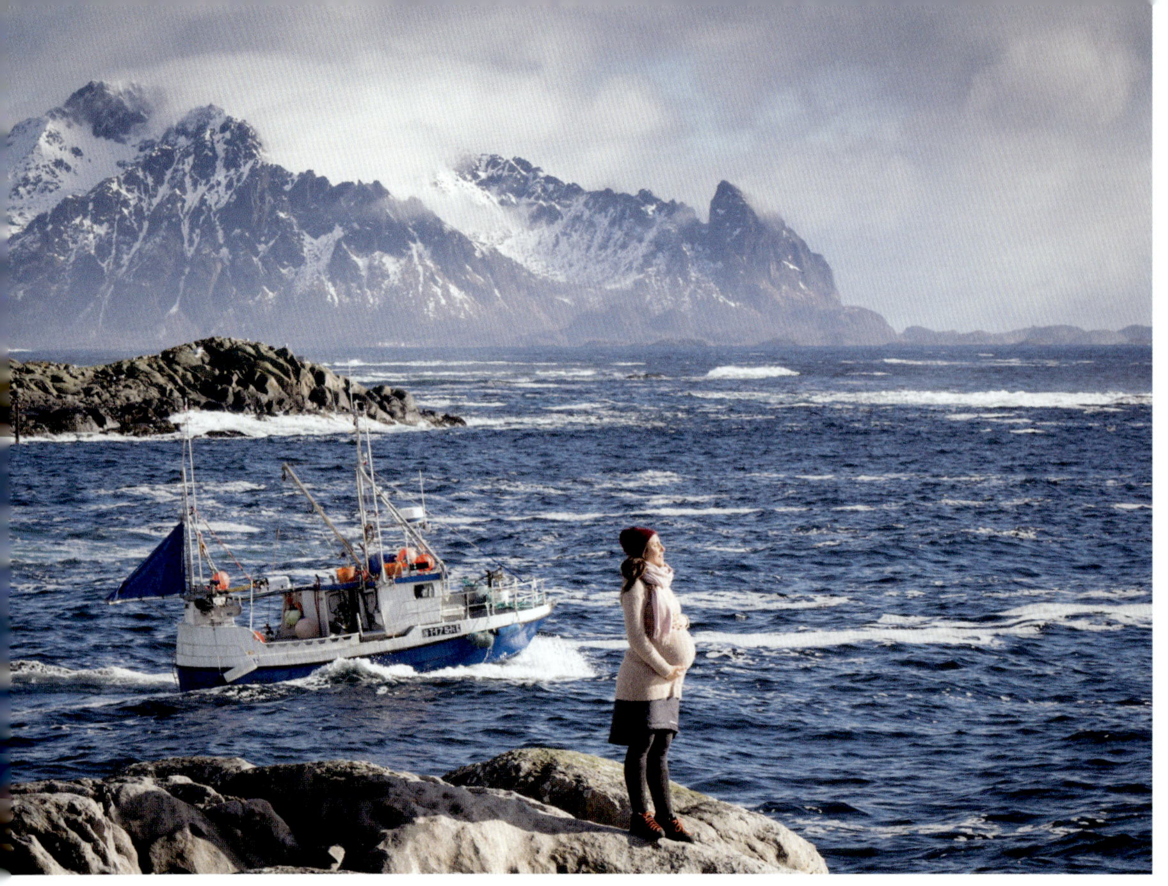

REPRODUKTIV: *Neuer Fischer im Entstehen!...*

Es ist nicht immer einfach ein „rücksichtsvoller Entdecker" zu sein, gib Dein Bestes – sei geduldig, handle mit Herz und Verstand und sei Teil der Bemühungen, die von der Gemeinde unternommen werden!

Auf die Lofoten zu kommen bedeutet Verantwortung zu tragen. Die Natur ist verwundbar, und wir alle müssen dieses irdische Paradies schützen.

Daher räumen wir sowohl hinter uns auf, als auch das versehentlich fallengelassene Papier des vor uns Gehenden.

Unsere Notdurft verrichten wir nur auf Toiletten oder, wenn es sich nicht vermeiden lässt, an der felsigen Küstenlinie, wo das Meer sie wegspülen kann.

Parke rücksichtsvoll und blockiere mit Deinem Fahrzeug nicht das Grundstück eines Bauern, wenn der kleine Wanderparkplatz überfüllt sein sollte. Ebenso wenig parkst Du irgendwo an der Straße, nur weil es auch die anderen tun und Du gerade hier und jetzt schwimmen willst.

Gib Tieren den Respekt, den sie verdient haben! Akzeptiere aus dem gleichen Grund, dass Hunde in der Sommerzeit an die Leine gehören.

Auch wenn Du Deine Reise über einen Veranstalter zu Hause gebucht hast, kaufe in den Geschäften vor Ort. Erwerbe Mitbringsel von hier ansässigen Künstlern, anstatt am Flughafen. Vielleicht wird in Zukunft auf den Lofoten eine Kurtaxe erhoben – wenn ja, dann hoffe ich, dass Du diese gerne bezahlen wirst.

Die Diskussion darüber, ob in den Gewässern vor den Lofoten nach Öl gebohrt

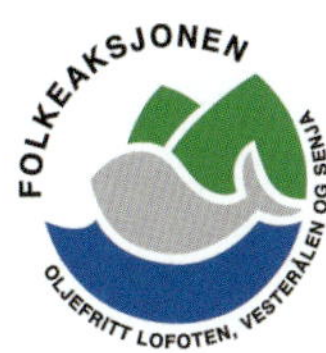

werden soll, wird seit Jahrzehnten geführt. Dies würde zweifellos die Fischereiindustrie, die einzigartige Natur und das reiche Meeresleben bedrohen!

Ein Großteil der Tourismusbranche ist der Ansicht, dass ein Nein zu Offshore-Bohrungen den Ruf der Lofoten als eine der schönsten Regionen der Welt stärken wird. Sag ja zum Kabeljau und nein zum Öl! Unterstütze die Kampagne (Folkeaksjonen oljefritt LoVeSe) gegen Erdölbohrungen vor den Lofoten, Vesterålen und Senja.

SEI VERANTWORTUNGSBEWUSST

In der Natur unterwegs zu sein ist Teil unserer norwegischen Kultur. Das Jedermannsrecht erlaubt es, sich in ihr aufzuhalten, unabhängig davon, wer der Grundbesitzer ist. Man darf sie sowohl im Sommer als auch im Winter erkunden, radfahren, reiten, lagern, Pilze und Beeren sammeln. Mit diesen wunderbaren Privilegien sind einige Verantwortlichkeiten verbunden. Es geht darum, auf Tiere, die Natur und andere Menschen Rücksicht zu nehmen. Mach Dich mit Deinen Verpflichtungen vertraut! (Siehe www.miljodirektoratet.no für weitere Informationen.)

DENKE DARAN

- Hunde müssen vom 1. April bis 20. August an der Leine geführt werden.
- Schließe hinter Dir die Torgatter und zeige Respekt vor weidenden Tieren.
- Vom 15.04. bis 15.09. ist Lagerfeuer / offenes Feuer in Waldnähe verboten. Beschädige keine Bäume bei der Suche nach Brennholz.
- Entfache das Feuer nicht direkt auf den Felsen, da der Stein zerspringen kann.
- Verwende vorhandene Lagerfeuerstellen, wenn es bereits welche gibt.
- Störe keine Tiere und Vögel, insbesondere nicht während der Brut- und Jungtierzeit.

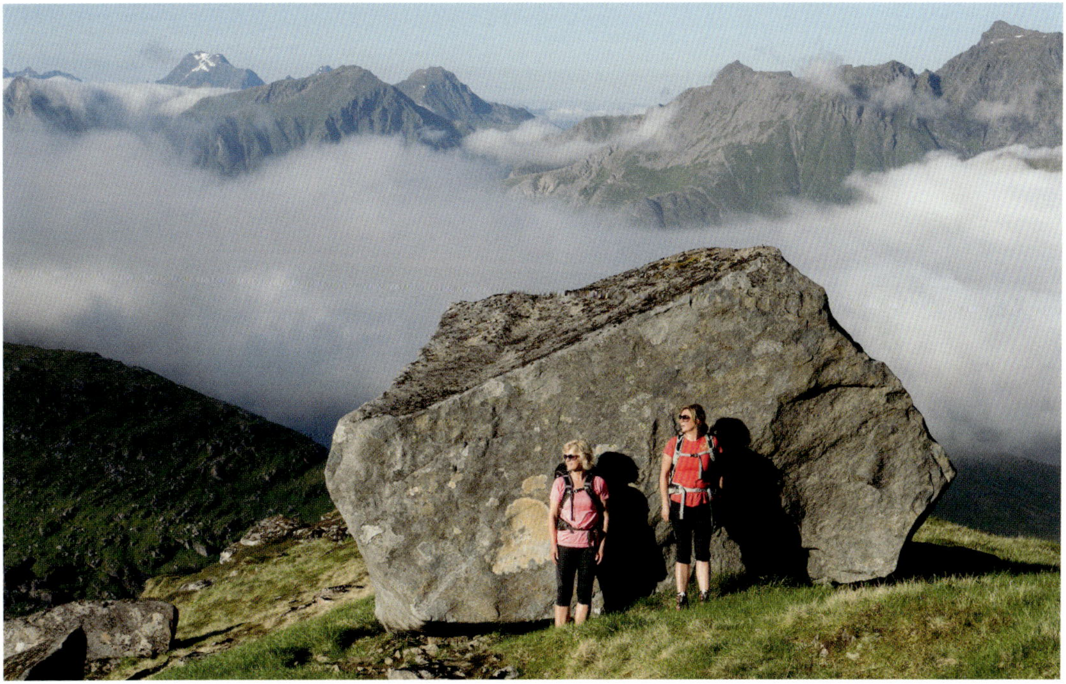

DER LOFOTEN-VERHALTENS-KODEX: *Der "Lofotvett-reglene" wurde 2016 in Zusammenarbeit mit dem "Lofoten Friluftsråd" (einer interkommunalen Genossenschaft) und "Destination Lofoten" (dem Lofoten-Tourismus-büro) erstellt*

VERHALTENSREGELN FÜR DIE LOFOTEN

Willkommen auf den Lofoten, dem schönsten Inselreich der Welt!
Verhalten Sie sich während Ihres Besuchs rücksichtsvoll und befolgen Sie diese einfachen Richtlinien.
Dadurch tragen Sie dazu bei, dass Ihr Besuch nicht den Aufenthalt anderer Besucher beeinträchtigt.

1 CAMPEN SIE NUR IN SPEZIELLEN BEREICHEN

2 LASSEN SIE KEINE SPUREN ZURÜCK
Lassen Sie nichts zurück. Vermeiden Sie es, Wegzeichen, Zeltpflöcke o. Ä. zu hinterlassen.
Dadurch haben spätere Besucher dasselbe schöne Naturerlebnis wie Sie.

3 FOLGEN SIE DEM WEG UND LEGEN SIE KEINE NEUEN WEGE AN

4 WERFEN SIE DEN ABFALL IN DIE MÜLLEIMER
Wenn in Ihrer Umgebung gerade kein Mülleimer vorhanden ist, müssen Sie den Abfall mitnehmen, bis Sie ihn ordnungsgemäß entsorgen können.

5 VERWENDEN SIE OFFIZIELLE TOILETTEN
Wenn dies nicht möglich ist, nutzen Sie das Meer oder graben Sie ein Loch in den Boden.
Verwenden Sie kein feuchtes Toilettenpapier, da dieses nur langsam abgebaut wird.

6 RESPEKTIEREN SIE PRIVATES EIGENTUM
Es ist nicht erlaubt, in Naturgebieten ohne Landnutzung näher als 150 Meter an bewohnten Häusern oder Hütten zu zelten.
Das Zelten in Kulturlandschaften ist nur nach Absprache mit dem Landeigentümer zulässig.

7 ACHTEN SIE AUF DEN VERKEHR
Die Wege auf den Lofoten sind schmal und werden intensiv genutzt. Halten Sie beim Überholen von Radfahrern ausreichenden Abstand ein und achten Sie in den Tunneln besonders auf Radfahrer.

8 VERBOT VON FEUER
Im Sommerhalbjahr sind Lagerfeuer und der Gebrauch von offenen Feuerstätten generell verboten.
Nutzen Sie offizielle Lagerfeuerplätze und vergewissern Sie sich, dass kein Brandrisiko besteht.

9 RESPEKTIEREN SIE TIERE UND VÖGEL
Vermeiden Sie unnötige Störungen. Hunde müssen stets an der Leine geführt werden.

10 IN IHREM INTERESSE UND IM INTERESSE DER NATUR
empfehlen wir organisierte Aktivitäten, die durch Tourenveranstalter geleitet werden.
Sie finden eine entsprechende Übersicht auf www.lofoten.info

Willkommen zurück!

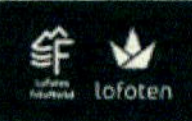

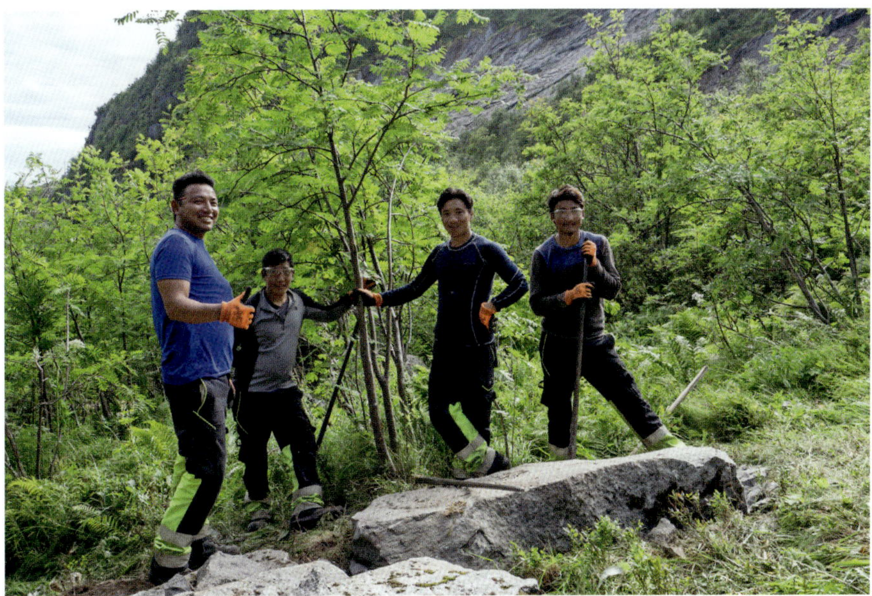

STEINWEG:
Der neue Weg zum Reinebringen ist mit Fachwissen aus Nepal angelegt worden

ANLEGEN UND BESCHILDERUNG VON WANDERWEGEN

Die Norweger sind es gewohnt ihren eigenen Weg in den Bergen zu finden und auf sich selbst aufzupassen. Jetzt, da immer mehr Menschen in die norwegische Landschaft hinausziehen – vor allem ausländische Touristen, die oft nicht ausreichend auf das Wandern in den Bergen vorbereitet sind –, ist es notwendig, die Wege besser zu pflegen. Dies kann ihre Wiederherstellung, bessere Wegbeschilderung oder mehr öffentliche Toiletten und Parkplätze, Zugangsbeschränkungen usw. umfassen.

Zur Zeit läuft ein Pilotprojekt zur Präparierung von Wanderwegen mit der Verlegung eines Steinweges auf den Reinebringen. Mit seiner spektakulären Aussicht ist er einer der meistbesuchten Berge des Archipels. Das Gebiet leidet wegen der starken Begehung unter erheblichem Verschleiß, was zu Erosion führte. Der neue Weg, der 2019 fertiggestellt werden soll, wird von Sherpas aus Nepal verlegt und schon jetzt hat man auch andere

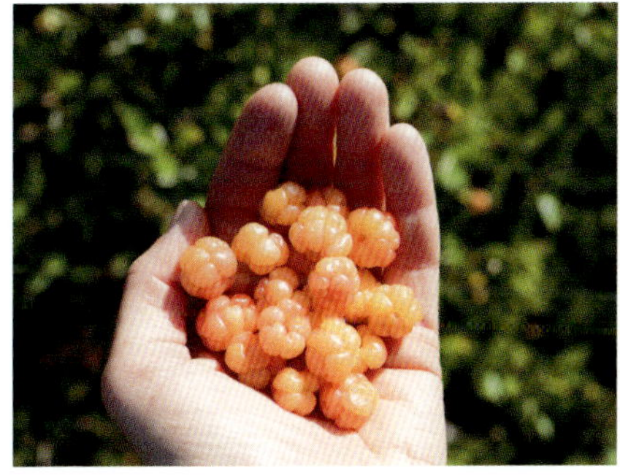

Projekte dieser Art im Visier, um immer mehr Wege zu markieren und auszuschildern.

Das Turskiltprosjektet ist ein nationales Beschilderungs- und Wegmarkierungsprojekt, bei dem die Gjensidige Foundation und die Bezirksverwaltungen gemeinsam finanzielle Unterstützung für Wegbeschilderungen und Informationsinitiativen im Zusammenhang mit Wanderrouten leisten.

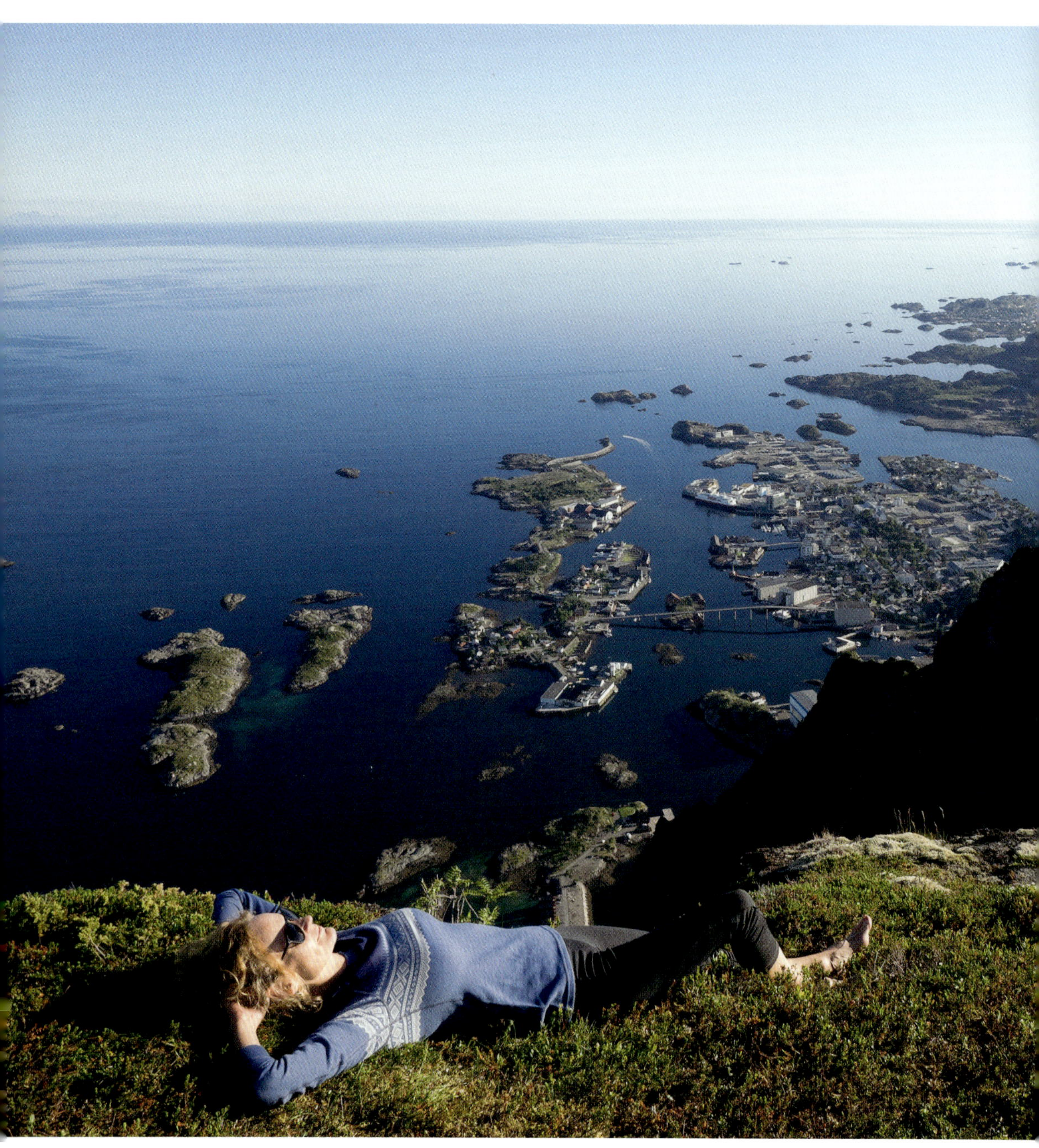

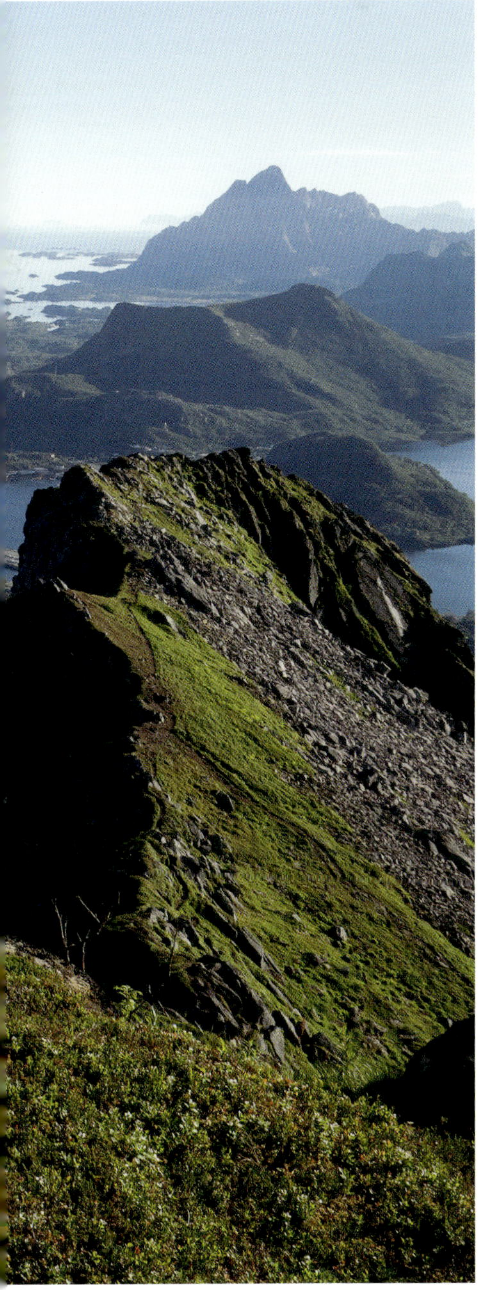

PRAKTISCHE INFOS & BENUTZUNG DES BUCHES

GEOGRAPHIE

Der Archipel liegt auf den Breitengraden 67-68 °, 200 km nördlich des Polarkreises. Die größten Inseln sind (von Ost nach West) Austvågøy, Vestvågøy, Gimsøy, Flakstadøy, Moskenesøy, Værøy und Røst.
Die Aufteilung der Kapitel in diesem Buch folgt der Reihenfolge der Inseln (siehe Inhaltsverzeichnis Seite 6).

KARTEN

Die Karten im Buch sollen Ihnen nur einen Überblick geben. Diese kleinen Kartenausschnitte mit eingezeichnetem Routenverlauf sind in verschiedenen Maßstäben an das Layout des Buches angepasst und ersetzen in keiner Weise eine richtige Wanderkarte.

Wir empfehlen die reiß- und wasserfesten, topografischen Wanderkarten der *„Norge-Serie"* im Maßstab 1: 50.000 sowie der *„Turkart-Serie"* im Maßstab 1: 50.000 bzw. 1: 100.000, beide von *Nordeca*. Die Karten gibt es auch als Handy-App.

TOPOGRAFISCHE KARTEN KAUFEN:
Siehe Karten- und Literaturtipps Seite 239

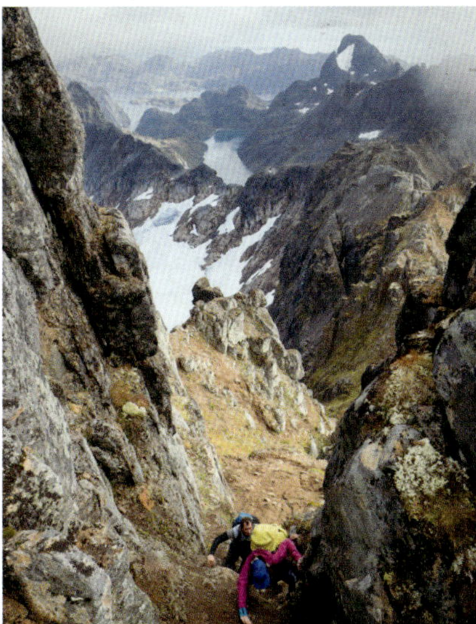

EXPONIERT:
Einige Wanderungen auf den Lofoten sind sehr steil und anspruchsvoll ... Hier: der Weg nach oben auf den Higravstinden, den höchsten Berg des Archipels.

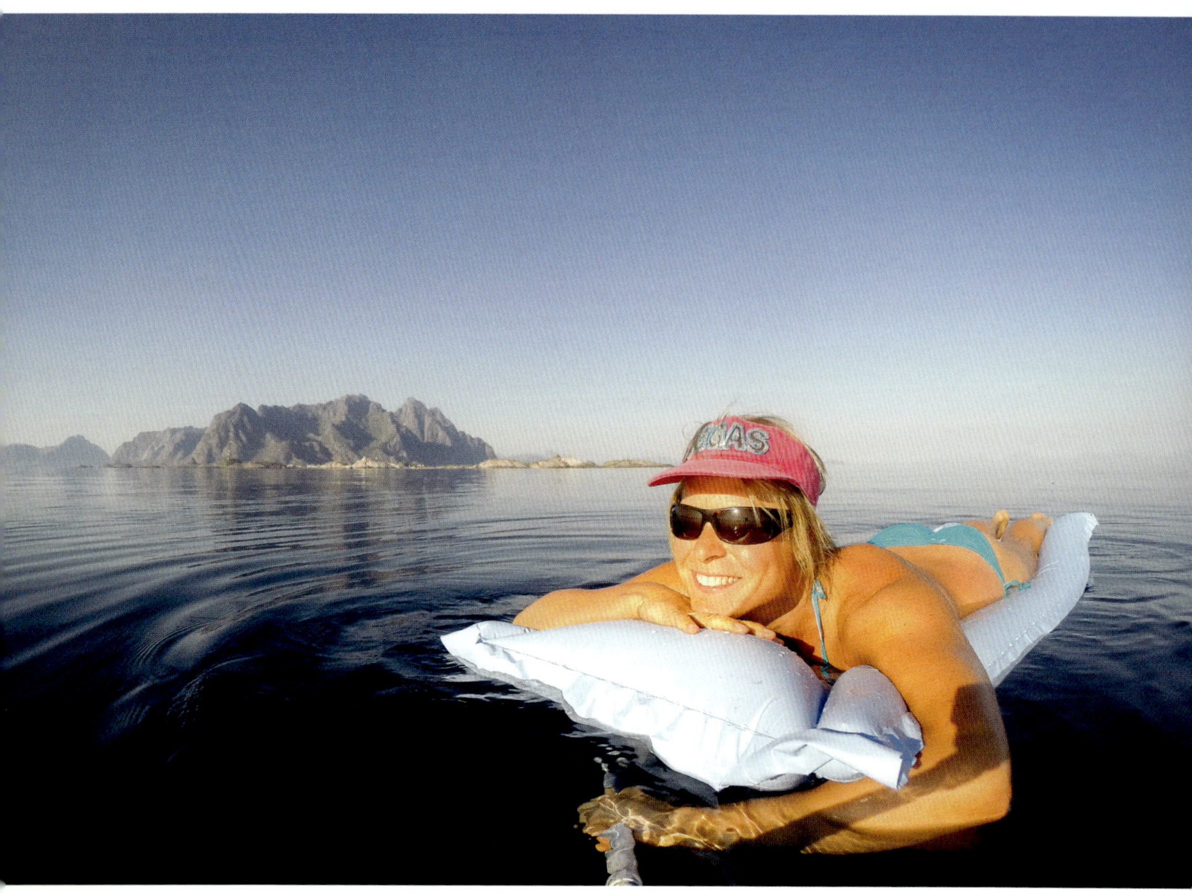

HOCHDRUCK: *Dank des Golfstroms ist das Klima auf den Lofoten mild*

LOFOTENKARTEN:

Nordeca-Blätter Turkart-Serie:
Turkart 2549: Lofoten 1:100.000
Turkart 2671: Vågan 1:50.000
Turkart 2673: Vest-Vågøy 1:50.000
Turkart 2745: Ves-Lofoten 1:50.000

Nordeca-Blätter Norge-Serie:
Norge-serie 10132: Lofotodden 1:50.000
Norge-serie 10133: Leknes 1:50.000
Norge-serie 10137: Svolvær 1:50.000

Wander- und Freizeitkarte von ProjektNord:
Lofoten 1:100.000 + Værøy 1:50.000.

EINSCHÄTZUNG DER WANDERUNGEN

Die Touren haben die Schwierigkeitsgrade „leicht", „mittel", „anspruchsvoll" oder eine Kombination daraus. Sie basieren auf einer Gesamtbewertung der Wanderung: Steilheit, Wegtyp, Tourlänge, Höhe des Berges, Schwierigkeit der Navigation, etc.

Viele der Berge sind sehr steil. Manchmal existiert keine oder nur eine undeutliche Markierung bzw. ein kaum erkennbarer Pfad. Anderswo sind die Wege steil und mit losem Geröll durchsetzt. Viele Abschnitte sind sehr exponiert. Die Einstufung setzt gute Kondition und Erfahrung in den Bergen voraus. Manch' einer wird die Einschätzung anders empfinden, dem seien nur die Touren „leicht" empfohlen.

AUSSENKÜSTE: *Die Nordseite des Archipels ist dem Europäischen Nordmeer zugewandt*

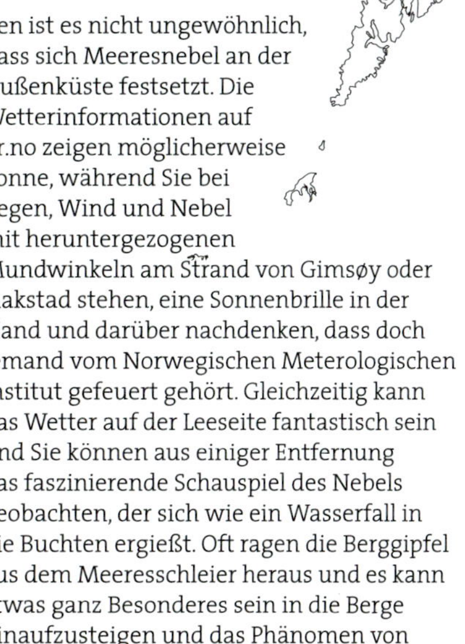

INNENKÜSTE: *Die Südseite des Archipels ist dem Vestfjord zugewandt*

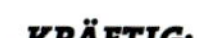

WETTER UND KLIMA

Dank des Golfstroms ist das Klima auf den Lofoten viel milder als in anderen Breitengraden, wie Grönland oder Alaska. Das Wetter kann sich jedoch schnell ändern. Packen Sie für Ihren Sommerurlaub einen Badeanzug und eine Daunenjacke ein. Der im Jahresverlauf wärmste Monat ist mit 12°C im Mittel der Juli. Die Lofoten sind vielleicht kein Ziel für Strandurlaub, aber das Thermometer kann mehrere Tage hintereinander auf über 20°C klettern. Lassen Sie sich jedoch nicht von einem zweiwöchigen Regen im Hochsommer überraschen – reisen Sie niemals ohne Regenjacke, Wollpullover und Mütze auf die Lofoten.

MEERESNEBEL

Seien Sie auf erhebliche lokale Wetterunterschiede vorbereitet. Es könnte in Kabelvåg regnen, während in Henningsvær, auf der anderen Seite des Berges Vågakallen, die Sonne scheint. An sonnigen Tagen mit Nordwinden ist es nicht ungewöhnlich, dass sich Meeresnebel an der Außenküste festsetzt. Die Wetterinformationen auf Yr.no zeigen möglicherweise Sonne, während Sie bei Regen, Wind und Nebel mit heruntergezogenen Mundwinkeln am Strand von Gimsøy oder Flakstad stehen, eine Sonnenbrille in der Hand und darüber nachdenken, dass doch jemand vom Norwegischen Meterologischen Institut gefeuert gehört. Gleichzeitig kann das Wetter auf der Leeseite fantastisch sein und Sie können aus einiger Entfernung das faszinierende Schauspiel des Nebels beobachten, der sich wie ein Wasserfall in die Buchten ergießt. Oft ragen die Berggipfel aus dem Meeresschleier heraus und es kann etwas ganz Besonderes sein in die Berge hinaufzusteigen und das Phänomen von oben zu erleben.

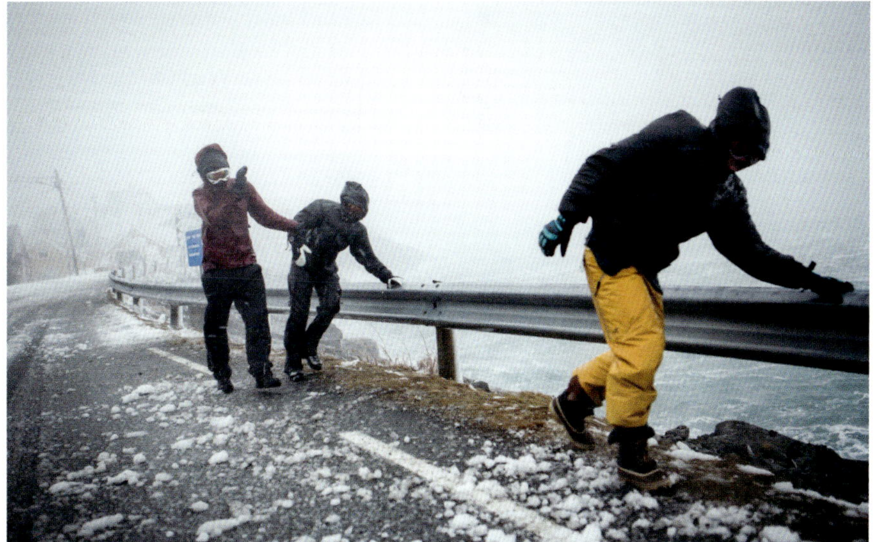

KRÄFTIG: *Das Wetter auf den Lofoten ändert sich schnell – und wenn der Sturm tobt, muss man vorsichtig sein*

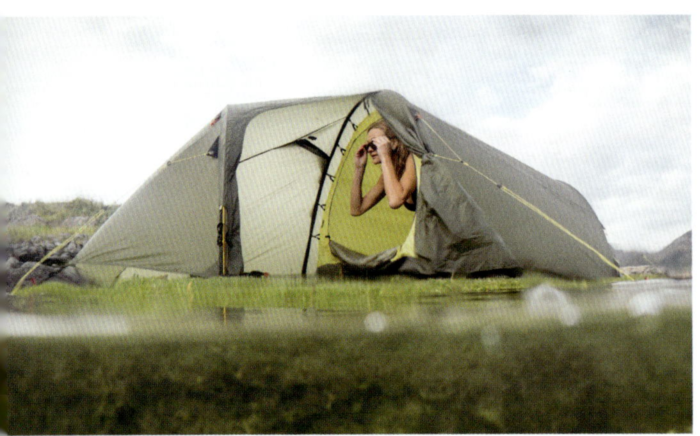

ÜBERRASCHT:
Um die Lofoten herum sind es etwa drei Meter Höhenunterschied zwischen Ebbe und Flut. Es lohnt sich nachzudenken, bevor Sie Ihr Zelt aufschlagen oder das Boot festmachen.

MITTERNACHTSSONNE UND POLARNACHT

Die Mitternachtssonne kann vom 28. Mai bis 14. Juli erlebt werden (dann steht die Sonne volle 24 Stunden über dem Horizont). Polarnacht herrscht zwischen dem 7. Dezember und dem 5. Januar. Dann ist das Nordlicht von Ende August bis Ende April zu sehen. Die Monate von September bis März sind die besten.

GEZEITEN

Zwischen Hoch- und Niedrigwasser liegen fast drei Meter Höhenunterschied. Das sollte man beachten, wenn man auf dem Seeweg reist oder sein Lager in Küstennähe aufschlägt.

TRANSPORT

Viele Wege führen auf die Lofoten.

Fliegen:
In Svolvær, Leknes und Røst gibt es kleine Flugplätze. Die Fluggesellschaft Widerøe fliegt über Bodø zu den Lofoten. Wenn Sie Flüge mit SAS (sas.no) oder Widerøe (wideroe.no) buchen, ist das Gepäck bis zum Endziel durchgecheckt. Es gibt auch mehrmals pro Woche Direktflüge von Oslo nach Svolvær und Leknes. Eine weitere Möglichkeit ist ein Flug nach Harstad/Narvik in der Gemeinde Evenes. Sowohl SAS als auch Norwegian (norwegian.no) haben täglich mehrere Flüge. Die 164 Kilometer lange Weiterfahrt von Evenes nach Svolvær dauert etwa 2,5 Stunden. Beachten Sie, dass die Busverbindung nicht die beste ist. Info: www.177nordland.no
Von Bodø verkehrt auch ein Hubschrauber nach Værøy.

Boot/Fähre:
Die Autofähre von Bodø nach Moskenes benötigt drei bis vier Stunden. Einige Abfahrten führen über Værøy und Røst.

Die saisonale Autofähre von Skutvik nach Svolvær über Skrova ist 2,5 Stunden unterwegs, die Autofähre von Bognes nach Lødingen etwa eine Stunde. Die Fahrt von Lødingen nach Svolvær dauert 1,5 Stunden. Während der Sommersaison sollten Sie einen Platz im Voraus buchen.

Das Schnellboot NEX Nordlandsekspressen *(regionales Hurtigbåt, nicht verwechseln mit Hurtigruten!)* von Bodø nach Svolvær ist ein Passagierboot und braucht 3,5 Stunden.

Fahrpläne und Tickets finden Sie im Internet unter www.torghatten-nord.no

Das Schiff der Hurtigruten braucht von Bodø nach Stamsund vier Stunden, nach Svolvær sechs Stunden. Sie befördern auch Autos (www.hurtigruten.no).

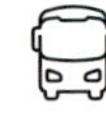

Bus:
Tägliche Abfahrten ab Narvik (www.177nordland.no).

Bahn:
Züge nach Bodø – siehe www.nsb.no, Züge nach Narvik durch Schweden – siehe www.sj.se

Mietauto:
Autos können an mehreren Standorten auf den Lofoten gemietet werden. Buchen Sie rechtzeitig, denn in der Hauptreisezeit können die Kontingente knapp werden.

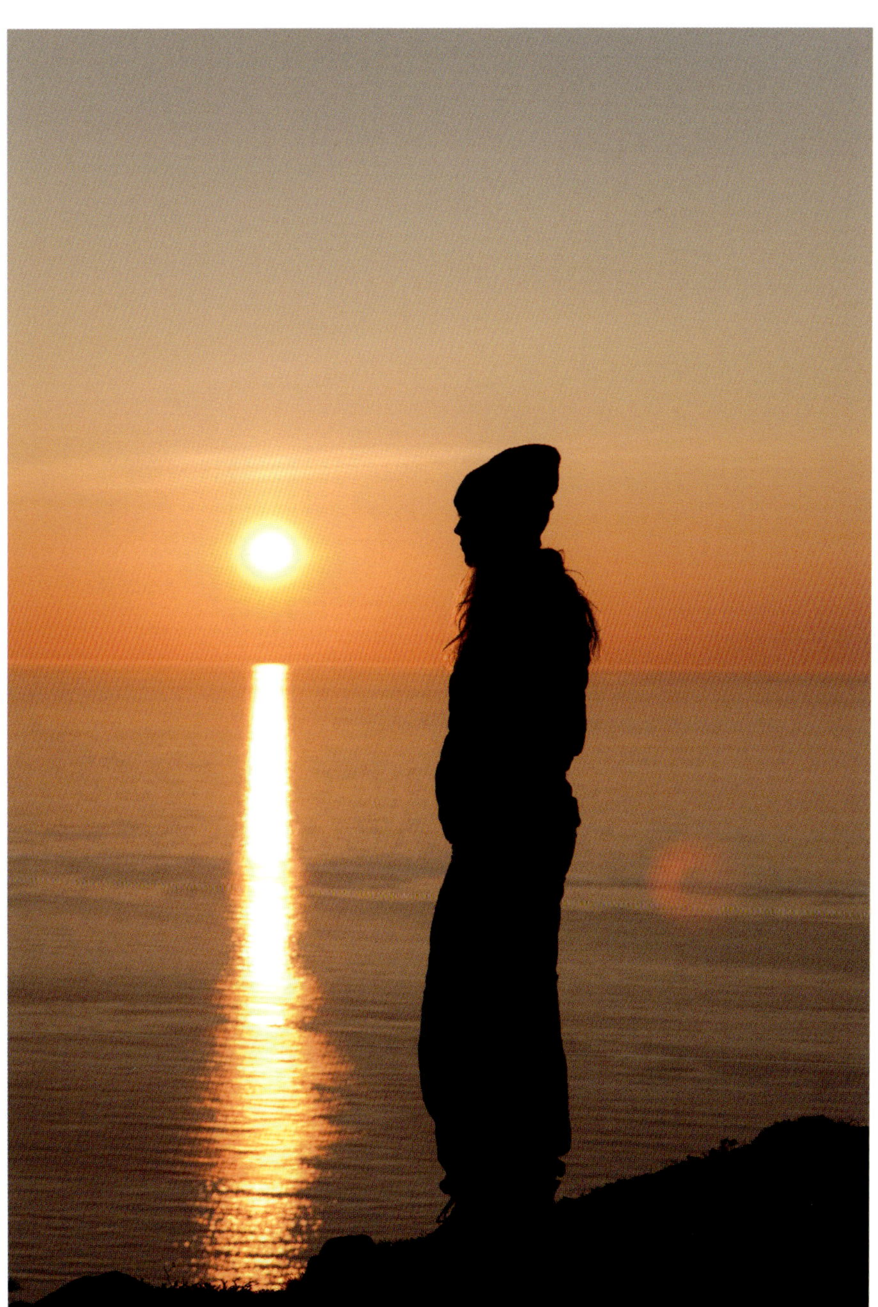

MITTERNACHTS-SONNE: *Auf den Lofoten steht die Sonne vom 28. Mai bis zum 14. Juli über dem Horizont*

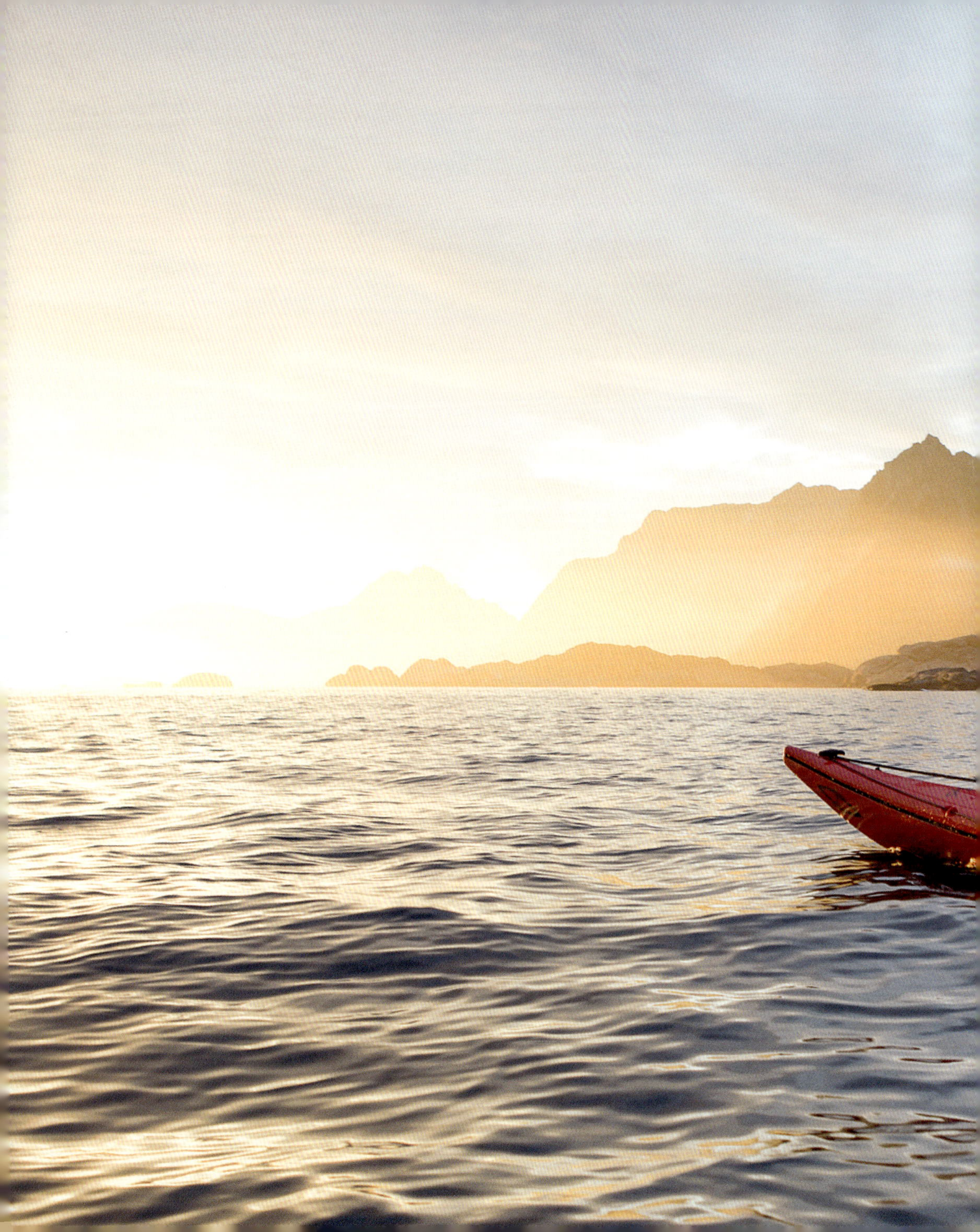

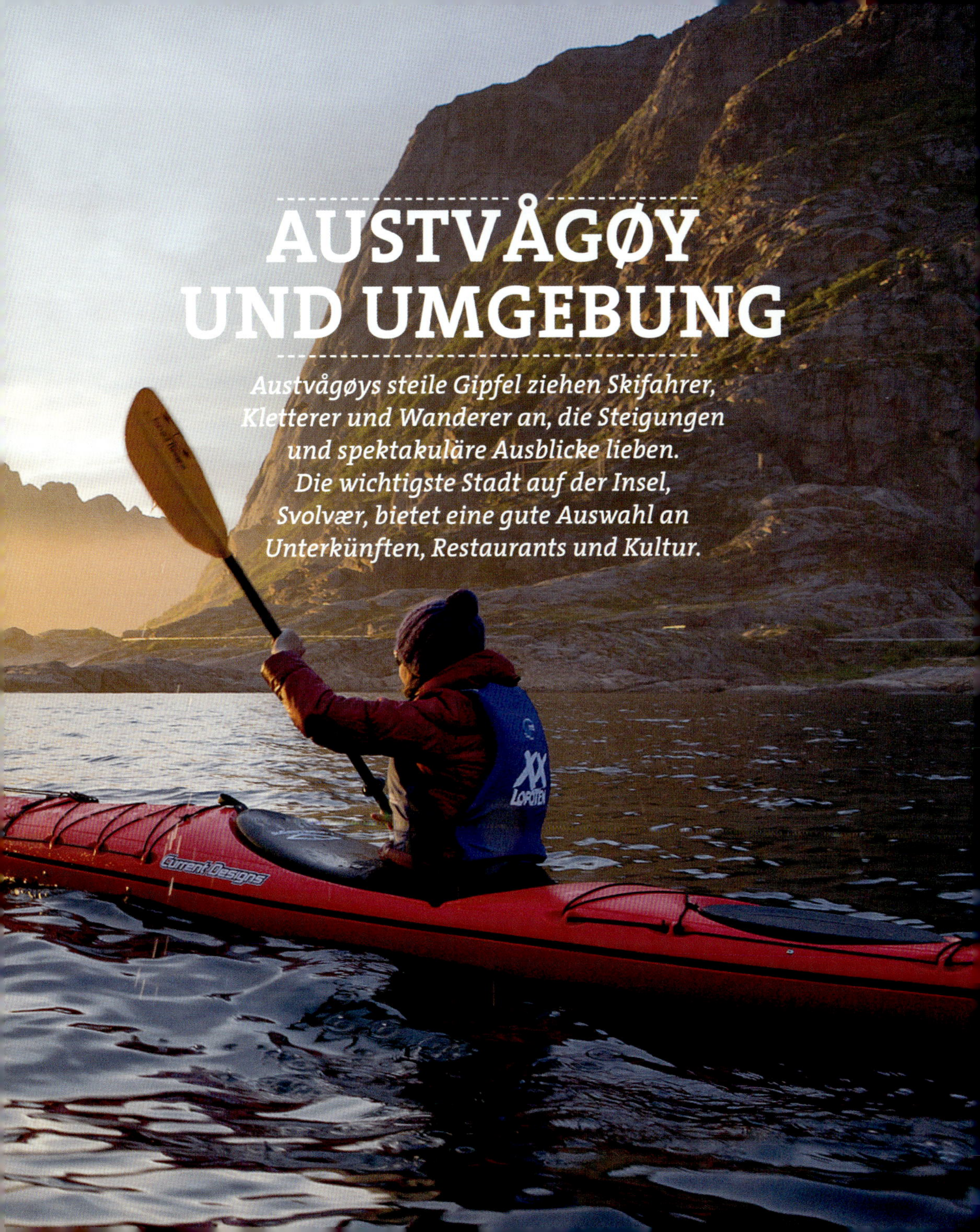

AUSTVÅGØY UND UMGEBUNG

Austvågøys steile Gipfel ziehen Skifahrer, Kletterer und Wanderer an, die Steigungen und spektakuläre Ausblicke lieben. Die wichtigste Stadt auf der Insel, Svolvær, bietet eine gute Auswahl an Unterkünften, Restaurants und Kultur.

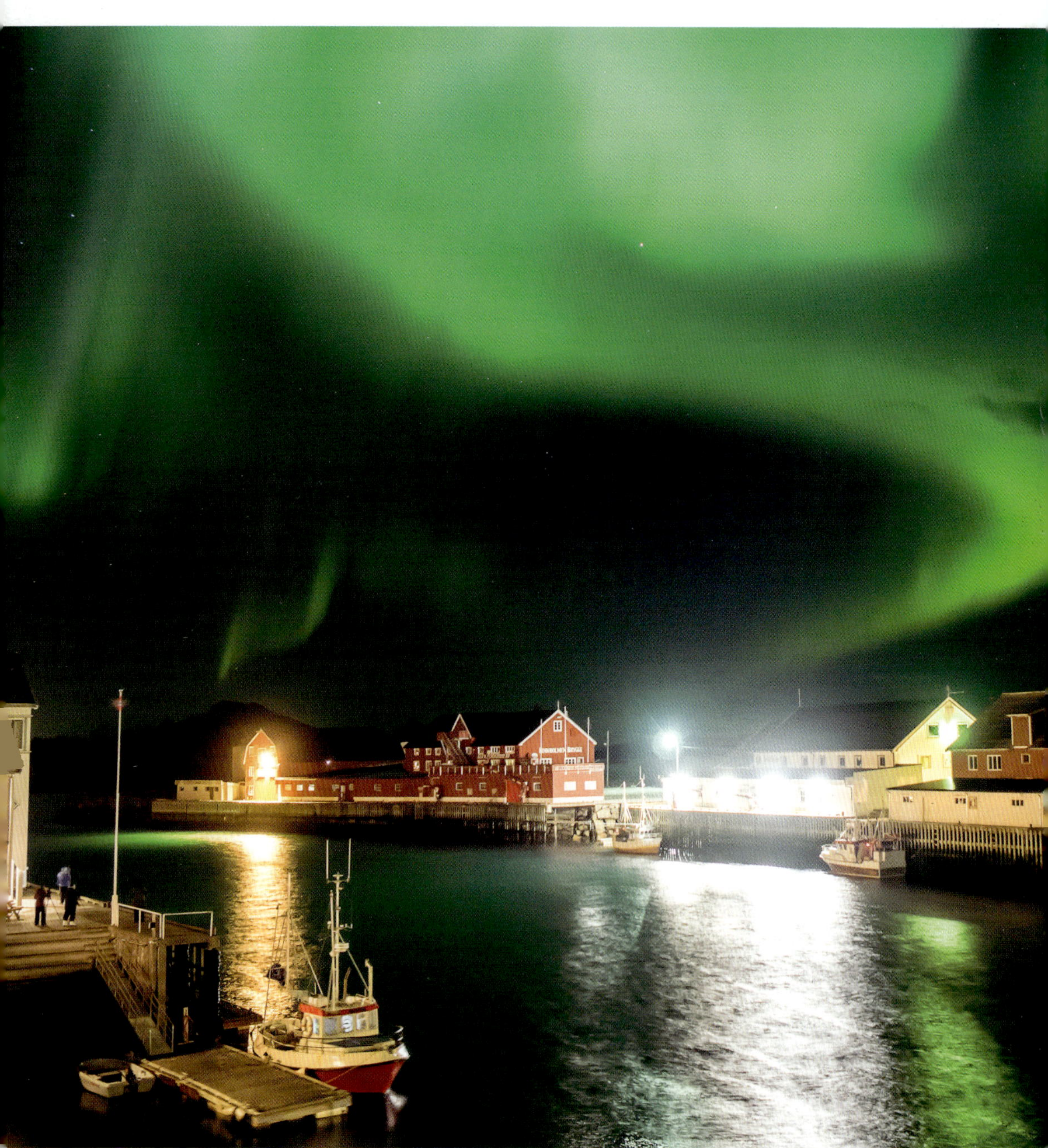

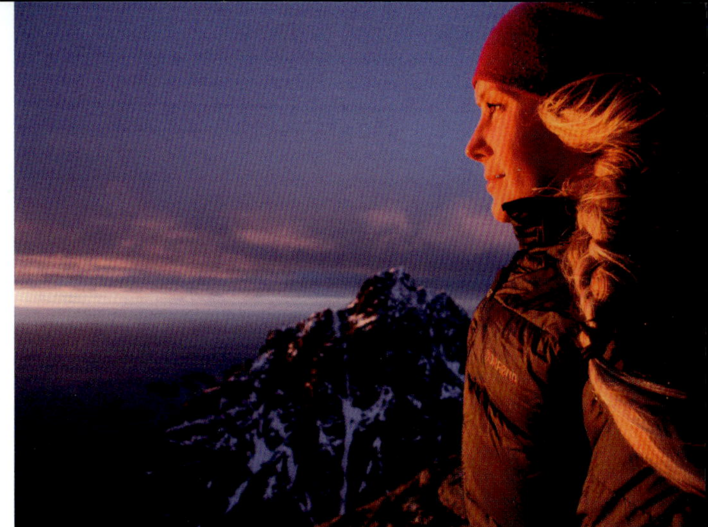

WINTER-SCHÖNHEIT: *Es ist früher Dezember – in wenigen Tagen wird die Sonne für einen ganzen Monat verschwinden*

ENDLOSE ABENTEUER

Es gibt nicht viel flaches Land auf Austvågøya. Endlose Berggipfel werden nur von kleinen Bergseen und Fjorden unterbrochen, die sich in die Landschaft zwängen. Die Möglichkeiten für Outdoor-Abenteuer scheinen unbegrenzt. Hier werden Sie auf jeden Fall etwas finden, um Ihren Erlebnishunger zu stillen, egal ob Sie wandern, klettern, kajak- oder skifahren wollen.

VESTERÅLENS NACHBAR

Die Gemeindegrenze zwischen der Kommune Vågan auf den Lofoten und Hadsel auf der Inselgruppe Vesterålen trennt die Insel Hinnøya von der Insel Austvågøy. Dies bedeutet, dass Hinnøyas südlichster Punkt – die Gegend um Digermulen – administrativ zu Vågan und damit zu den Lofoten gehört, ungeachtet der Tatsache, dass es geografisch auf Hinnøya liegt. Der nördlichste Teil Austvågøys gehört administrativ zu Hadsel auf den Vesterålen, geografisch liegt er aber auf den Lofoten.

Der berühmte Trollfjord zum Beispiel, gehört zum Bezirk Hadsel, obwohl er tief in die Landschaft von Austvågøya auf den Lofoten schneidet und sogar in der Inselmitte endet.

WAHRE MAGIE: *Wenn die Nordlichter aufleuchten, wirken die dunklen Winternächte schon gar nicht mehr so dunkel. Hier im Hafen von Hennigsvær.*

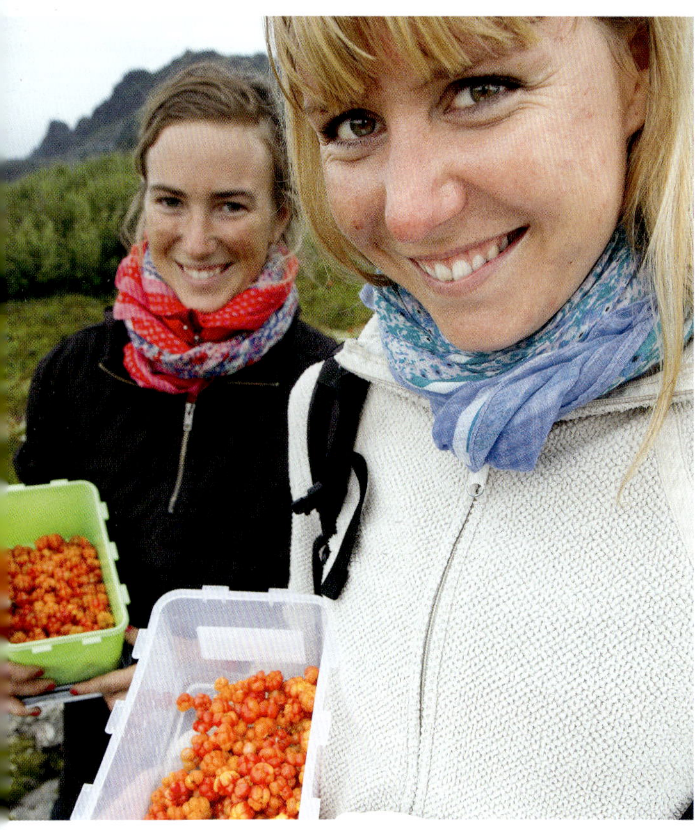

BEEREN PFLÜCKEN: *Im Sommer gedeihen Blaubeeren und Moltebeeren in Hülle und Fülle. Wo Sie die Beeren finden? Sorry, einige Geheimnisse können wir nicht teilen!*

DER HÖCHSTE BERG DER LOFOTEN

Im Osten von Austvågøy finden Sie die meisten alpinen Gipfel der gesamten Inselgruppe.

Der höchste Berg der Lofoten, der Higravstinden (1.146 m), thront über der Gemeinde Laupstad. Rechts daneben ist die beliebte Ski-Destination Geitgaljen (1.085 m).

Die abgelegensten Berge, Rulten (1.058 m) und Trakta (1.062 m), liegen etwas weiter südlich des Trollfjords, fast auf der Spitze der Halbinsel. Diese sind nur mit dem Boot zu erreichen und werden von abenteuerlustigen Kletterern besucht, die sich an den Kletterrouten versuchen, die, wenn überhaupt, nur von wenigen zuvor in Angriff genommen wurden. Für alle anderen ist es Abenteuer genug, die Berge zwischen Austnesfjord und Øyhellesund einfach nur gesehen zu haben.

Richtung Westen wird die Landschaft der Insel Austvågøy sanfter, die Berge sind besser zugänglich und nicht so schwer zu erklettern. Wenn Sie eine leichte Wanderung machen möchten, sind Tjeldbergtinden (367 m) und Glomtinden (419 m) direkt westlich von Kabelvåg, oder Kleppstadheia (534 m) am westlichen Ende der Insel, eine gute Wahl.

Brauchen Sie doch ein wenig mehr Herausforderung, versuchen Sie sich an einem Berg wie dem Fløya (590 m) bei Svolvær oder dem Festvågtinden (541 m) bei Henningsvær.

Nahe Henningsvær finden Sie auch den in der Gegend berüchtigten Vågakallen (943 m). Wollen Sie auf seinen Gipfel, müssen Sie Kraft in den Beinen haben und das Kraxeln mögen! Er ist steil und sehr exponiert! Besonders schön, um die Mitternachtssonne zu genießen, ist die Gegend um Laukvik oder Brenna.

DAS KLETTERZENTRUM

Austvågøy ist ein Kletterer-Paradies mit einfachen Zugängen zu Kletterrouten und massivem Granit mit gutem Grip in einer traumhaften Umgebung.

Während des Sommers können Sie rund um Festvåg, etwa drei Kilometer außerhalb von Henningsvær, eine Reihe von bunten Zelten im Gelände stehen sehen – hier verbringen viele Kletterer ihre Ferien.

Das „Klatrekaféen" – „Kletterer-Café" ist ein schöner Treffpunkt in Henningsvær, wo sowohl Bier, als auch die Geschichten der vertikalen Erlebnisse des Tages serviert werden.

Die Kletterroute "Vestpillaren" auf den Presten ist ein klassischer Aufstieg. Allein der Gedanke an 11 Seillängen massiven Granits und den einzigartigen Blick auf die Lofotveggen (Lofotenwand) und den Vestfjord reichen aus, Bergsteiger in Begeisterung zu versetzen. Die 400 Meter hohe Granitwand des Presten ist auch von der Straße oder vom Kajak aus ein beeindruckender Anblick. Die große, polierte Säule, die knapp neben der Straße nach Henningsvær zwischen Djupfjord und Festvåg in den Himmel schießt, erkennt man sofort.

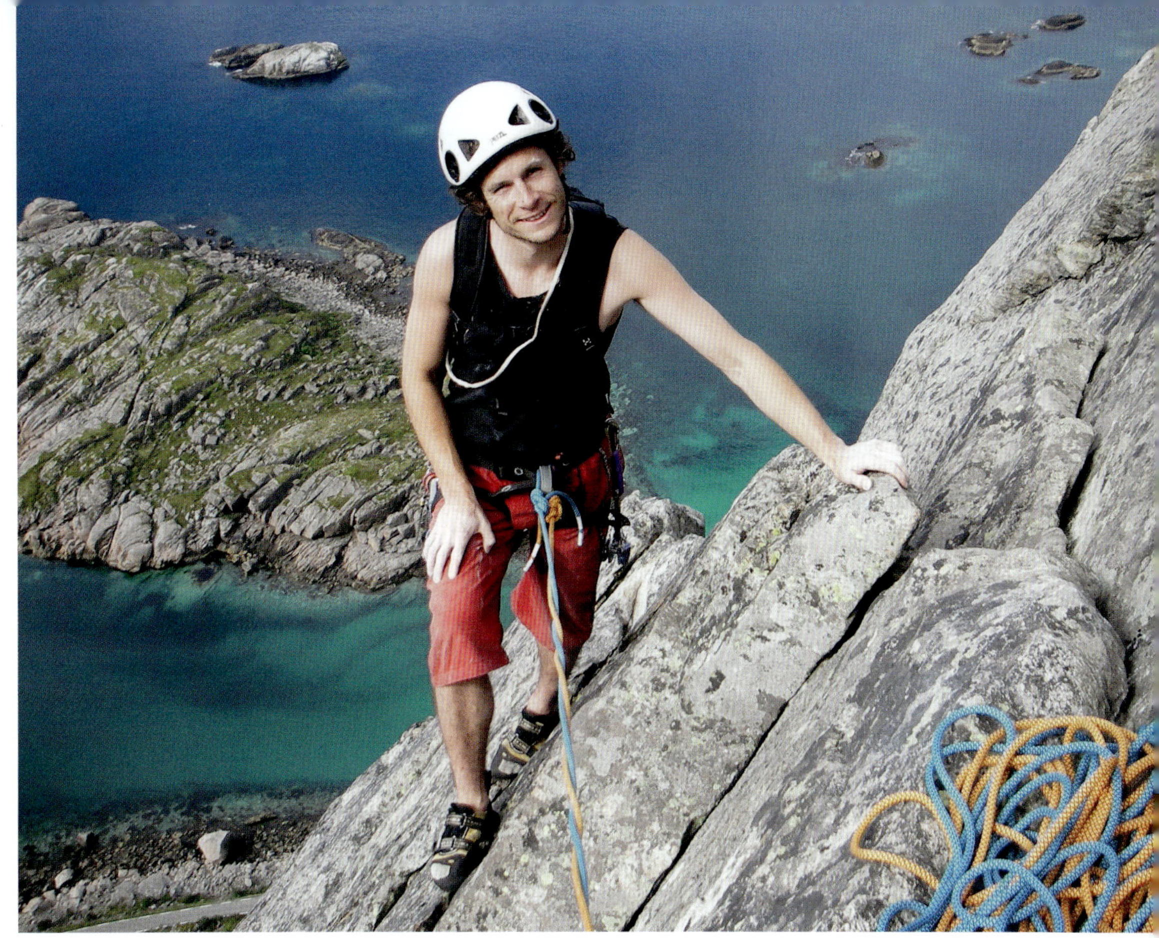

KLETTERPARADIES: Einfacher Zugang zu Kletterrouten, massiver Granit mit gutem Grip in traumhafter Umgebung – all das lockt Hunderte von Bergsteigern nach Henningsvær. Auf dem Bild: die Route „Skiløperen“ bei Festvåg (Norwegischer Schwierigkeitsgrad 6).

SVOLVÆRGEITA

Die vielleicht berühmteste Felsformation und das Kletterwahrzeichen der Lofoten, die Svolværgeita (Svolvær Ziege), darf hier natürlich nicht unerwähnt bleiben. Die Felsnadel mit den beiden „Hörnern“ am Gipfel ist weithin bekannt und so manch einer hat schon den kühnen Sprung von einem Horn auf das andere gewagt. Vor ein paar Jahren brachen Felsstücke vom kleineren Horn ab, was dazu führte, dass die „Landeplattform“ kleiner wurde. Seitdem erlauben einige Reiseveranstalter ihren Gästen nicht mehr zu springen. Auf der Spitze zu stehen und ein paar hundert Meter hinunter auf die Kirche und ihren Friedhof zu schauen, ist für die meisten Besucher spannend genug.

DIE HAUPTSTADT

Svolvær ist mit rund 4.700 Einwohnern (2018) die größte Stadt der Lofoten. Auf dem Stadtplatz finden Sie die Tourist-Info und direkt nebenan – im selben Gebäude wie das Thon-Hotel – das Lofoten-Kulturhaus, in dem Konzerte, Theateraufführungen und Seminare stattfinden.

Die Stadt hat einen kleinen Flughafen, ist Hafenzentrum für die Hurtigruten (Kreuzfahrtschiff und Fähre entlang der Küste), Autofähren und Schnellboote und Kommunikationszentrum für die gesamte Inselgruppe. Von Svolvær können Sie auf Angeltouren- oder auf RIB-Bootsafari mit Festrumpfschlauchbooten auf den Trollfjord hinausfahren. Informationen erhalten Sie im Tourismusbüro.

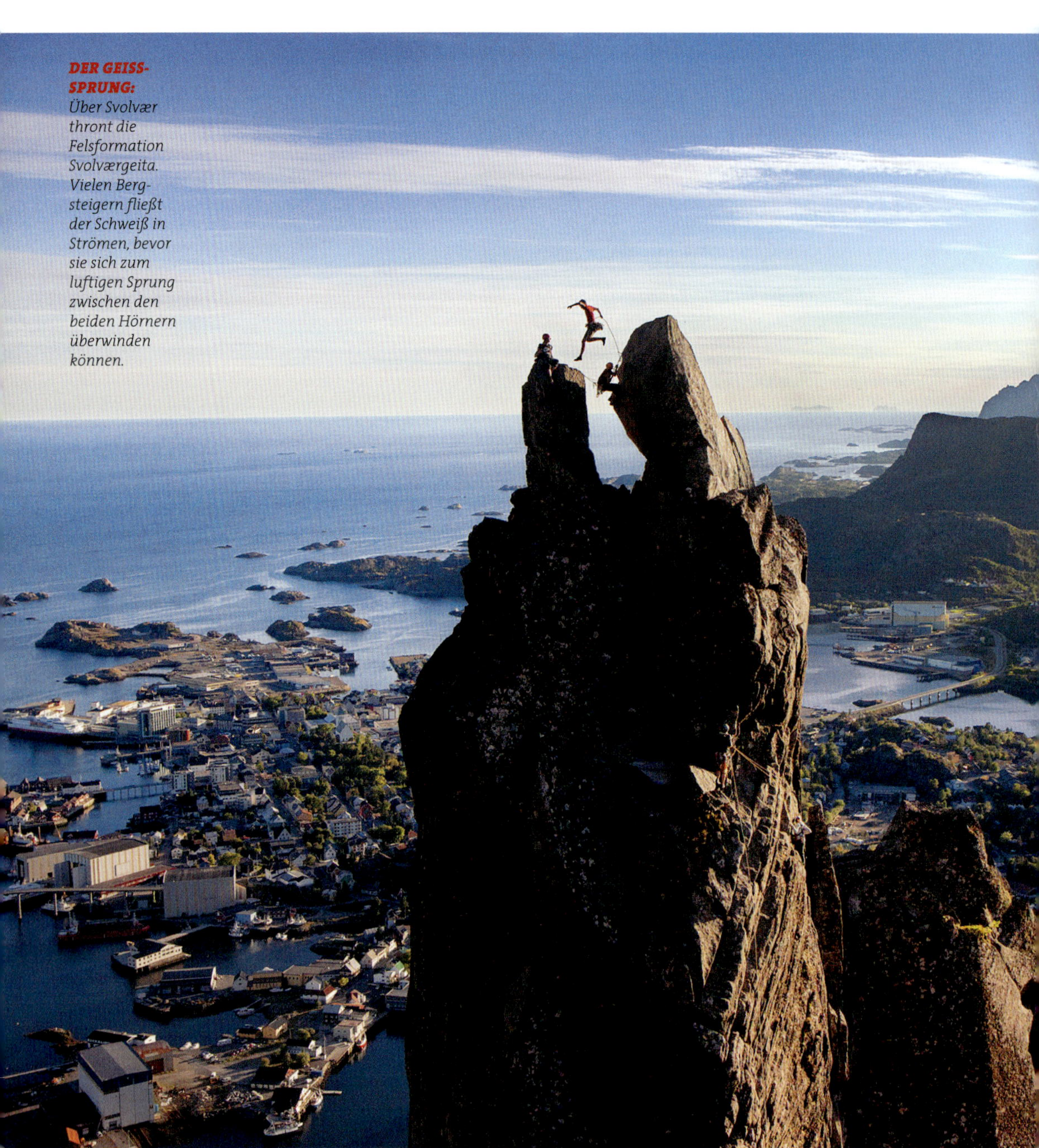

DER GEISS-SPRUNG: *Über Svolvær thront die Felsformation Svolværgeita. Vielen Bergsteigern fließt der Schweiß in Strömen, bevor sie sich zum luftigen Sprung zwischen den beiden Hörnern überwinden können.*

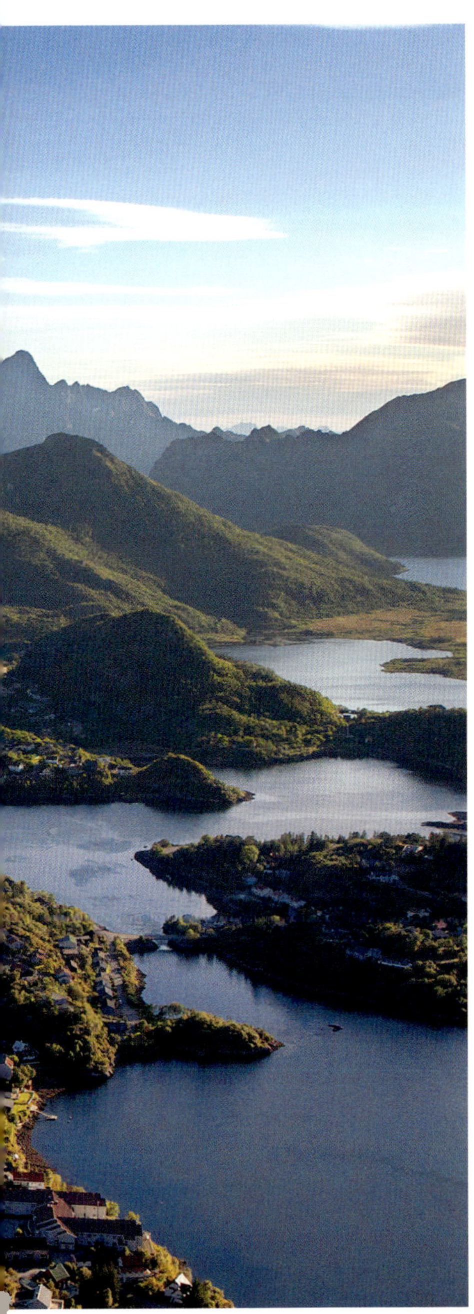

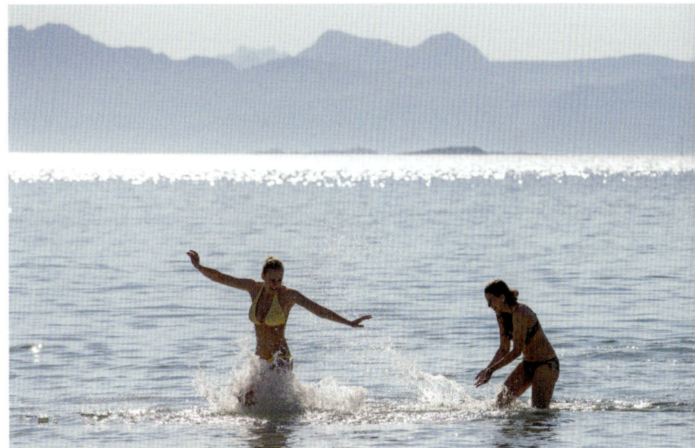

BADE-NIXEN: *Die schönen Strände der Lofoten laden zu einem erfrischenden Bad im Meer ein, hier in Rørvikstranda*

KULINARISCHE ERLEBNISSE

In Svolvær finden Sie eine reiche Auswahl an Unterkünften, Geschäften, Galerien und Restaurants. *„Børsen Spiseri"* auf Svinøya mit erlesenen Speisen und exquisiter Atmosphäre befindet sich direkt am Wasser in einer im Jahre 1828 erbauten historischen Werft. Auch die Restaurants *„Kjøkkenet"* auf Anker Brygge oder das *„Paleo Arctic"* im Thon Hotel sowie *„Du Verden"* auf der Dock-Promenade am Hafen in Svolværs Zentrum, sind gute Alternativen für eine feine Küche. Sushi-Liebhaber haben mit dem *„Råbra Sushi"* sogar eine eigene Etage im *„Du Verden"*.

Für einfachere Mahlzeiten können Sie gleich nebenan das *„Bacalao"* besuchen. Während der Herbst- und Wintermonate serviert das Restaurant Freitagnachmittag „Ukeslutt" (Ende der Woche). Für ca. 245,- NOK (ca. 26 Euro, 2019) können Sie so viel Bacalao (ein Fischgericht aus getrocknetem Kabeljau) essen, wie Sie möchten. Am Abend verwandelt sich das Bacalao in einen Pub, in dem auch Live-Konzerte stattfinden.

Im Einkaufszentrum Vita Amfi finden Sie das staatliche Alkoholgeschäft *„Vinmonopolet"*. Die nächste Möglichkeit, etwas mit mehr„Pep" zu kaufen, gibt es erst wieder in Leknes auf Vestvågøy. Bier bekommt man in Lebensmittelgeschäften.

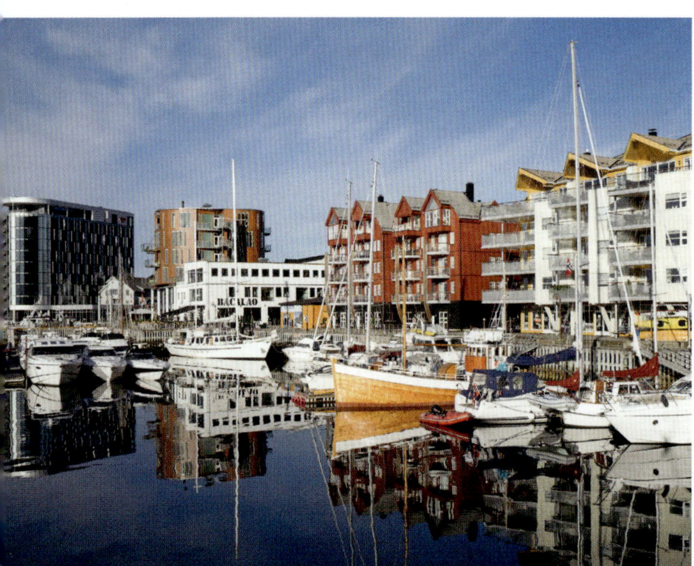

STADTLEBEN: *An der Kaipromenade in Svolvær gibt es Restaurants, Unterkünfte und Outdoor-Unternehmen*

POLARLICHTZENTRUM IN LAUKVIK

Auf der Nordseite von Austvågøy liegt das Fischerdorf Laukvik, wo ein niederländisches Ehepaar das *„Polarlightcenter“* (Polarlichtzentrum) gegründet hat. Hier können Sie an Präsentationen und Lichtbildvorträgen teilnehmen, aber auch lernen, wie man Fotos von den Leuchterscheinungen aufnimmt. Bei guten Bedingungen sind die Nordlichter von September bis April zu sehen (www.polarlightcenter.com).

Während der Sommermonate ist Laukvik ein ausgezeichneter Ort um die Mitternachtssonne zu erleben und der nahe Berg Matmora bietet tolle Wandermöglichkeiten.

GEMÜTLICHES KABELVÅG

Kabelvåg ist ein stilvolles kleines Dorf, etwa sechs Kilometer von Svolvær entfernt. Inmitten der gemütlichen Holzhäuser liegt der Marktplatz. Hier finden Sie die Pubs *„Præstengbrygga“* und *„Arbeideren“*. Besuchen Sie auch die coole Kunstgalerie *„Galleri Lille Kabelvåg“*. Zunächst werden Sie einen Eindruck wie bei jeder Galerie haben – aber nur so lange, bis Sie die Treppe hinaufsteigen!

In Kabelvåg gibt es auch die Bäckerei *„Unseld“* und mehrere schöne Kunsthandwerksläden, wie zum Beispiel *„Rundt og Rundt Redesign“* oder das Glasgeschäft *„Lofoten Glass“*.

Während der Wintersaison erstreckt sich eine schöne 5 Kilometer Langlauf-Schleife über die hügelige Landschaft der Kabelvågmarka unterhalb des Småtindan. Start ist an der Schule oder in Solbakken.

In der *„Kong Øysteins Hall“* lockt bei Schlechtwetter eine Indoor-Kletterwand (www.lofotentindeklubb.com)

Die *„Northern Alpine Guides“* sind im Zentrum von Kabelvåg ansässig. Die Bergführer veranstalten Kletter- und Lawinenkurse, geführte Ski- und Klettertouren und Ski- & Segelabenteuer (www.alpineguides.no). *„Lofoten Aktiv“* hat seinen Sitz in Eidet, etwas außerhalb von Kabelvåg. Sie bieten Kajakkurse & -touren, geführte Wanderungen, Nordlicht- und Skitouren sowie Schneeschuhwanderungen an (www.lofoten-aktiv.no).

NORDNORWEGENS ERSTE STADT

Kabelvåg, früher Vågar genannt, wurde zwischen der Wikingerzeit und dem Mittelalter errichtet. Vågar, heute bekannt als Storvågan, liegt direkt westlich des modernen Kabelvågs und war ein bedeutender Ort für den Stockfisch-Handel.

Das historische Storvågan ist Zentrum für Kulturgeschichte (www.storvagan.no) und beherbergt das SKREI Opplevelsessenter (www.museumnord.no/en/skrei), das aus dem *Lofotmuseet* (Lofoten-Museum), *Lofotakvariet* (Lofoten-Aquarium) und der *Galleri Espolin* besteht. Es gibt Pläne für ein großes Besucher- / Erlebniszentrum.

Das *„Nyvågar Rorbuhotell“* mit Restaurant (www.classicnorway.no) liegt nebenan. Das Haus verfügt über eine eigene Sauna am Kai. Die „Northern Alpine Guides“ betreiben hier die *„Lofoten Ski Lodge“* und bieten Komplettangebote mit Unterkunft, leckerem Essen und Skiguiding. Sie können aber auch einfach ein Bier an der Bar genießen, gemütlich am Kamin oder in der Sauna mit Blick aufs Wasser entspannen (www.lofotenskilodge.com).

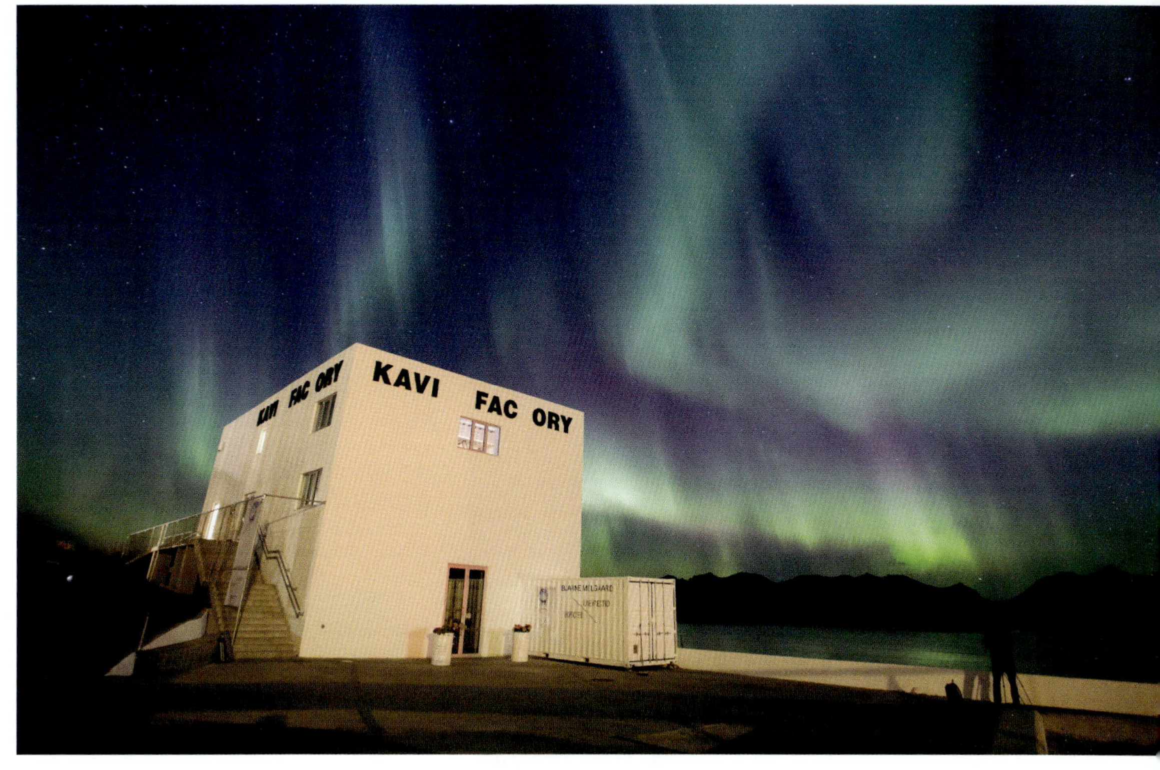

RUHE & ERHOLUNG IN KALLE

Das ehemalige Fischerdorf und Handelszentrum Kalle wurde restauriert und ist heute ein schöner Ferienort (www.kalle.no) mit Übernachtungsmöglichkeiten in traditionellen Rorbuer (Fischerhütten). Im Sommer können Sie kleine Boote, Angelausrüstung und Kajaks mieten, Tischtennis spielen – oder einfach nur entspannen.

Das Gebiet rund um Kalle ist ein wahres Naturparadies mit malerischen Wanderwegen. Es gibt hier eine unglaubliche Natur und die Klippen am Meer werden von den Kletterern *„Paradiset"* (Paradies) genannt.

Kallestranda verfügt über einen hübschen Sandstrand mit seichtem Wasser, der an warmen sonnigen Tagen von Familien mit Kindern besucht wird.

OUTDOOR-MEKKA HENNINGSVÆR

Henningsvær ist das bekannteste Fischerdorf der Lofoten und hat eine lange Tradition. Schon mit Ankunft der ersten Siedler im 15. Jahrhundert war die Fischerei bedeutend. In der glorreichen Zeit der 1940er Jahre lebten hier während der winterlichen Fangsaison über 12.000 Menschen. Nach entbehrungsreichen Jahrzehnten hat der Kabeljau seinen Weg zurück in die Gewässer rund um Henningsvær gefunden, und in den letzten Jahren sind die Fänge wieder erstaunlich.

In den Sommermonaten verwandelt sich das kleine Fischerdorf im Vestfjord in einen Treffpunkt für Abenteurer. Die Gemeinde mit knapp 400 Einwohnern wächst dramatisch, wenn Menschen aus der ganzen Welt den Weg in den 68. Grad nördlicher Breite finden, um

KUNST INNEN UND AUSSEN:
Interessante Ausstellungen in der Kunstgalerie „KaviarFactory"

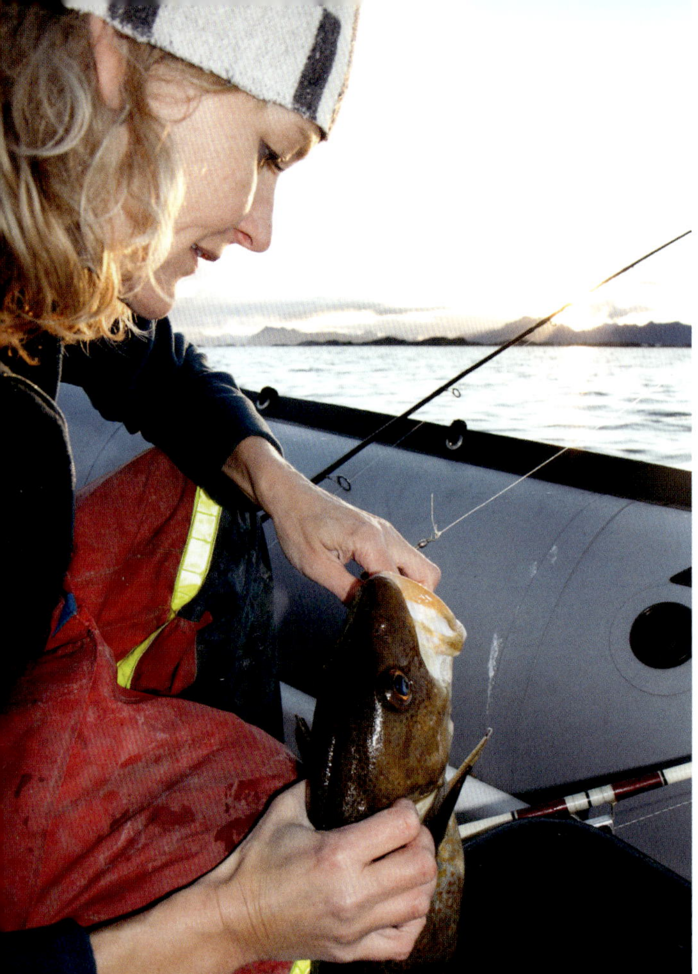

BIN FISCHEN!

ihren Hunger nach Outdoor-Aktivitäten zu stillen. Hier können sie klettern, kajakfahren, angeln, wandern, schnorcheln oder an Wal- und Seeadler-Safaris teilnehmen.

Einzigartig – die kleine Gemeinde verfügt über eine eigene Kletterschule. Seit 1973 wird in der „*Nord-Norsk Klatreskole*" unterrichtet und die Kletterkurse werden immer beliebter. Wenn Sie größere Kletter-Ambitionen haben, können Sie sich für den „halvårskurset" anmelden, einen 4-monatigen Kurs, der alle Aspekte des alpinen Outdoor-Lebens abdeckt. Nach einem ereignisreichen Tag in den Bergen, schmeckt ein Bierchen im angeschlossenen „*Klatrekaféen*". Hier wird bei gemütlicher Kaminofenstimmung auch leckeres Essen serviert. Die Kletterschule verfügt über einen gut sortierten Laden mit Ausrüstung, Bekleidung und Büchern und einfache Übernachtungsmöglichkeiten in Rorbuer (www.nordnorskklatreskole.no).

RUHETAG IM „STADTDORF"

Henningsvær ist nicht nur Outdoor-Leben und Klettern. In der „*Engelskmannsbrygga*", mitten am Platz, gibt es eine stilvolle Galerie wo Glasbläser und Keramik-Künstler in Aktion zu bewundern sind. In der Hochsaison können Sie sogar Ihre eigene Glaskugel blasen (www.engelskmannsbrygga.no).

Die Kunstgalerie „*KaviarFactory*", in einer restaurierten Kaviarfabrik direkt am Wasser gelegen, ist Zentrum für zeitgenössische Kunst (www.kaviarfactory.com). Hier werden sowohl wechselnde Ausstellungen von internationaler Bedeutung sowie einige Dauerwerke der renommierten Street Art-Künstler Dolk und Pøbel gezeigt. 2016 erhielt die Galerie die Plakette des Norwegischen Kulturfonds (norwegischer Kulturpreis). Es gibt auch zwei Außenarbeiten von Pøbel irgendwo im Dorf. Die müssen Sie aber selbst finden!

Bei „*Lysstøperiet*" (Kerzenzieherei & Café) bekommen Sie die besten – und größten – Zimtschnecken. Dampfend und frisch aus dem Ofen (www.henningsvarlys.no).
In der „*Galleri Lofotens Hus*" lernen Sie die norwegische Malerei kennen. Hier gibt es unter anderem eine Reihe von Gemälden von Karl Erik Harr, eine schöne Multimedia-Show über die Lofoten und ein Café mit toller Terrasse (www.galleri-lofoten.no).

Bei „*Ocean Sounds*" können Sie in einer Multimedia-Show die Wale, die im Vestfjord leben, die Unterwasserwelt, aber auch die heimischen Vögel und das Nordlicht miterleben (www.ocean-sounds.com).

Für leckere Fischgerichte sind „*Lofotmat*" und „*Fiskekrogen*" zu empfehlen, beide haben eine schöne Dachterrasse zum Sitzen und Essen! Fiskekrogen rühmt sich sogar einer eigenen Bar mit dem Namen „*Nord*".

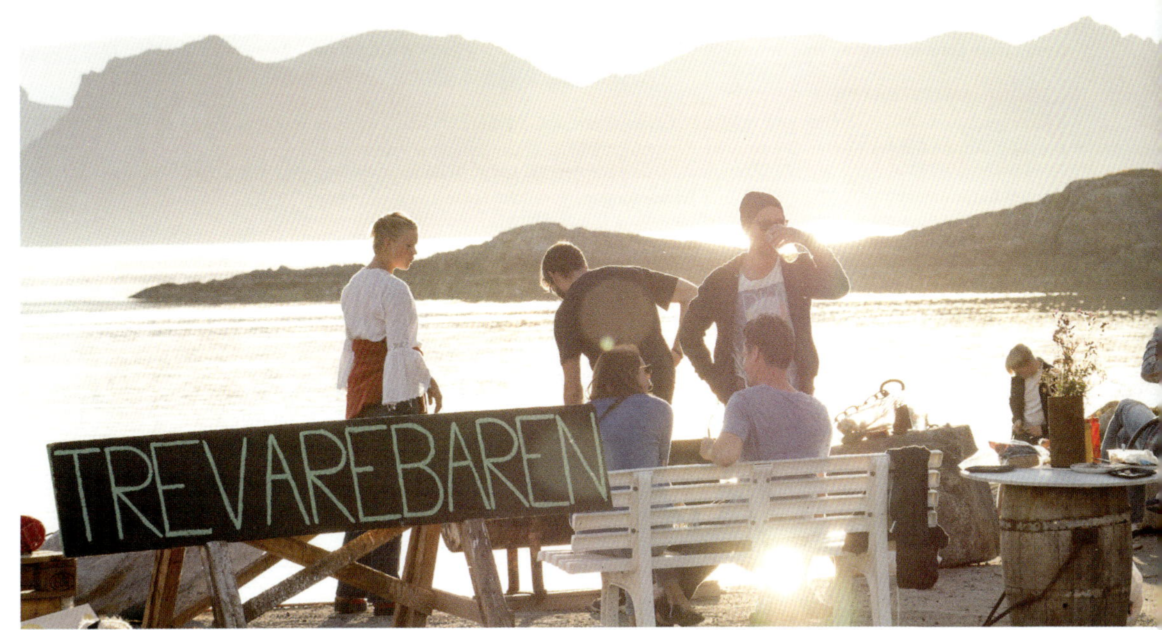

Der neueste und coolste Ort in Henningsvær ist ohne Zweifel die *„Trevarefabrikken"* (Die Schreinerei) direkt am Meer. In der Abendsonne genießt man in der rauen, aber gemütlichen Atmosphäre der Trevare Bar ein kaltes Bier oder ein farbenfrohes Getränk. Innovative Jungunternehmer haben spannende Pläne für die alte Schreinerei im 2.000 m² großen Betongebäude, das hauptsächlich durch „ehrenamtliche Arbeit" Stück für Stück renoviert und zum Kulturzentrum wird. Es gibt bereits ein Restaurant sowie eine Bar und man kann in tollen, authentischen Zimmern übernachten oder den Abend in der gemütlichen Panoramasauna ausklingen lassen. Auf dem Programm stehen Festivals, Konzerte und andere kulturelle Veranstaltungen, wie z.B. das eigene Musikfestival – Trevarefest (www.trevarefabrikken.no).

Leckeren Kaffee bekommt man bei Henningsværs eigenem Kaffeeröster *„Brent"*, in einer der kleinsten Röstereien (www.brentkaffe.no). Schönen handgefertigten Schmuck, inspiriert von der rauen und weiten Natur Nordnorwegens und nachhaltig angefertigt, finden Sie bei der Silberschmiedin *„925 Catrine Linder"* (www.925catrinelinder.com).

Als dauerhaftere Verschönerung können Sie sich ein norwegisches Tattoo zulegen: *„Arctic Tattoo"* befindet sich auf der Heimgårdsbrygga in der Nähe des Lebensmittelladens Joker.

SPIEGLEIN, SPIEGLEIN AN DER WAND ...

Etwa 25 Kilometer westlich von Svolvær, nahe dem alten Fähranleger „Lyngvær Gamle Fergeleie", finden Sie eine große Glasskulptur. Sie ist 2,5 Meter hoch und 3 Meter breit. Die Arbeit, die keinen offiziellen Titel hat, wird oft als „Duschkabine" bezeichnet und stammt von dem amerikanischen Künstler Dan Graham. Die schöne Landschaft der Lofoten wird in den Wänden des Hohlspiegels reflektiert.

TREVARE-FABRIKKEN: *Es ist kein Holz mehr, das aus der alten Schreinerei in Henningsvær kommt*

TIPPS FÜR AUSTVÅGØY

TOURIST-INFO

- **Destinasjon Lofoten** (Svolvær Tourist-Info), Torget 18, Svolvær, Tel. +47 76 07 05 75, www.lofoten.info

OUTDOOR-AKTIVITÄTEN

- **XXLofoten**, Kajak-, Angel-, Boots-, Rad- & Wandertouren u.v.m., Joh. E. Paulsens Gate 9, Svolvær, www.xxlofoten.no
- **Northern Alpine Guides**, Kletter- & Lawinenkurse, geführte Berg- & Skitouren für jeden Erfahrungslevel, Tore Hjorts gate 17, Kabelvåg, www.alpineguides.no und **Lofoten Ski Lodge** in Kalle, www.lofotenskilodge.com
- **Lofoten Aktiv**, Kajakkurse & -touren, geführte Wanderungen, Nordlicht-Touren, Skitouren & Schneeschuhwanderungen, Vermietung von Ausrüstung (Kajak, Skier, Schneeschuhe, Fahrräder), Eidet (etwas außerhalb von Kabelvåg), www.lofoten-aktiv.no
- **Nordnorsk Klatreskole**, Kletterkurse, Lawinenkurse, geführte Berg- & Skitouren für jeden Erfahrungslevel, Café (auch Zimmer), Ausrüstungsshop, Misværveien 10, Henningsvær, www.nordnorskklatreskole.no
- **Lofoten Opplevelser**, Seeadlersafari, Schnorchel- & Angeltouren, Henningsvær, www.lofoten-opplevelser.no
- **No Problem Sport Fishing**, Angeltouren, Tel. +47 99 75 93 42, www.noproblemsportfishing.com
- **Lofoten VanLife**, vermieten Retro Camper, Vorsetøyveien 20, Svolvær, Tel. +47 99 49 40 80, www.lofotenvanlife.no

ESSEN UND TRINKEN

- **Børsen Spiseri**, Fischrestaurant, auf Svineøya, Svolvær, www.svinoya.no
- **Bacalao**, Restaurant direkt am Pier in Svolvær, www.bacalaobar.no
- **Kjøkkenet**, Restaurant in Svolvær, lokale & traditionelle Gerichte, www.anker-brygge.no
- **Du Verden,** Restaurant in Svolvær, www.duverden.net
- **Paleo Arctic** im Thon Hotel Lofoten, Svolvær, www.thonhotels.no/lofoten
- **Vinmonopolet** (Wein- und Spirituosen-Shop), Svolvær
- **Præstenbrygga**, Café und Pub in Kabelvåg
- **Innersia** und **Arbeideren**, beide Pub in Kabelvåg
- **Restaurant Lorchstua** im Nyvågar Rorbuhotel, 1 km westl. von Kabelvåg, www.nyvagar.no
- **Klatrekafeen**, Café und Pub in Henningsvær, www.nordnorskklatreskole.no
- **Fiskekrogen & Bar „Nord"**, Restaurant in Henningsvær, www.fiskekrogen.net
- **Den Blå Fisk**, Restaurant im Henningsvær Bryggehotell, www.henningsvaer.no
- **Lofotmat,** Fischrestaurant in Henningsvær

MUSEEN UND GALERIEN

- **Galleri Lille Kabelvåg**, Kunstgalerie in Kabelvåg, www.lillekabelvaag.no
- **Lofotmuseet**, Storvågan bei Kabelvåg, www.lofotmuseet.no
- **Lofotakvariet** (Aquarium), Storvågan bei Kabelvåg, www.lofotakvariet.no
- **Galleri Espolin**, Storvågan bei Kabelvåg, www.galleri-espolin.no
- **KaviarFactory**, Museum für Moderne Kunst, Henningsvær, www. www.kaviarfactory.no

ANDERES

- **Polarlightcenter (Polarlichtzentrum)**, Laukvika, www.polarlightcenter.com
- **Urlaubs-Resort Kalle**, Übernachtung in Rorbuer, www.kalle.no
- **Lysstøperiet**, Kerzengießerei & Café, Henningsvær, www.henningsvarlys.no

TRANSPORT

- **Fahrpläne, Routen (Bus, Hurtigbåt, Fähren)**, www.177nordland.no
- **Fähren & Express-Fähren**, www.torghatten-nord.no & www.reissjøveien.no
- **Hurtigruten (Kreuzfahrtschiff & Fähre)**, www.hurtigruten.no

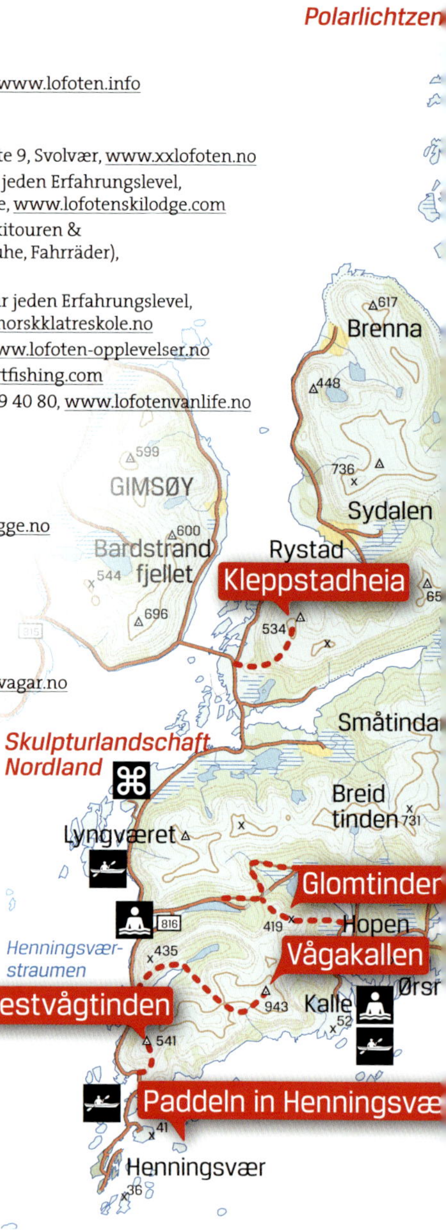

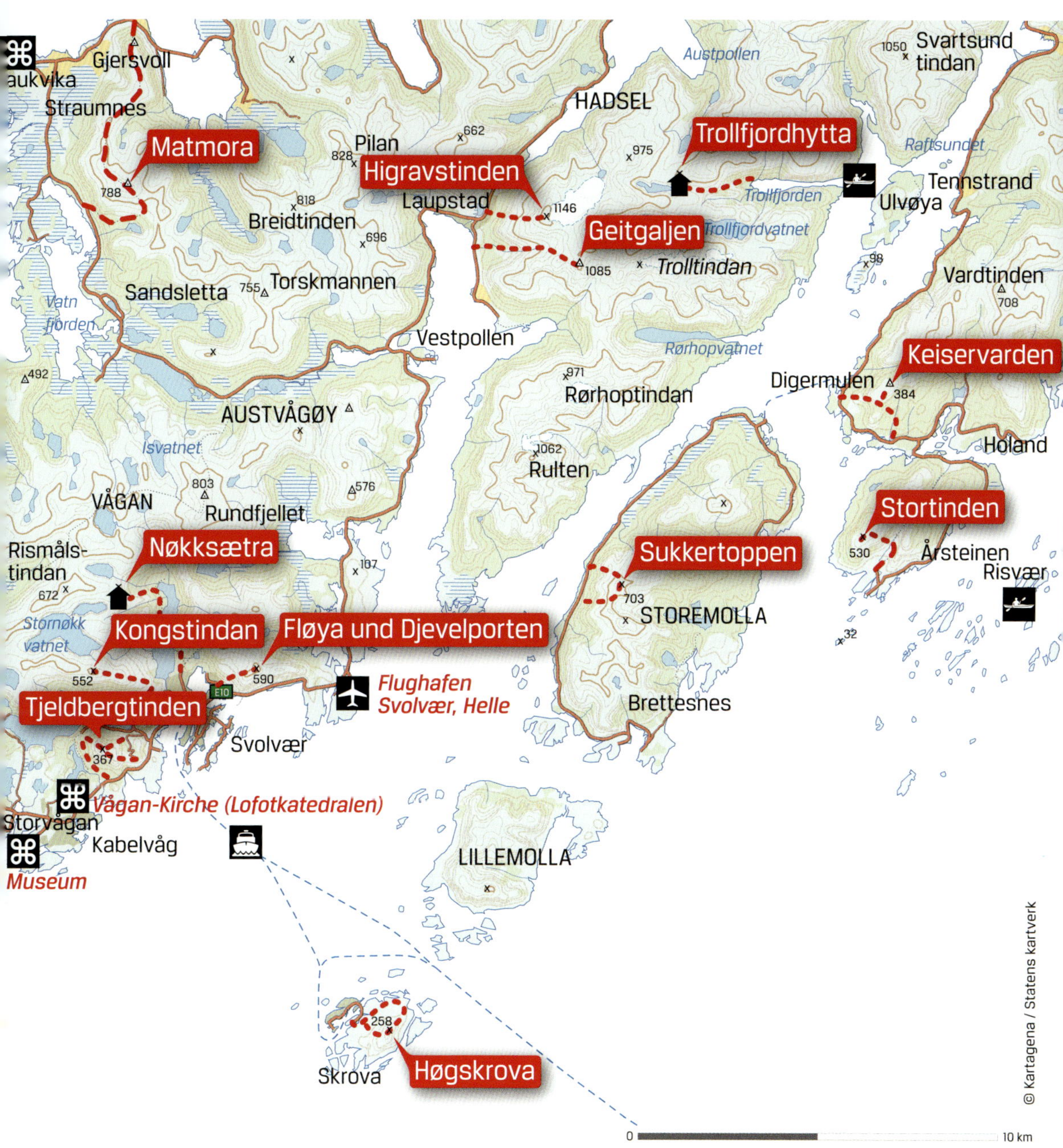

Gjersvoll
aukvika
Straumnes
Matmora
788
Pilan
828
662
Higravstinden
Laupstad
818
Breidtinden
696
HADSEL
Austpollen
975
Trollfjordhytta
1146
Geitgaljen
1085
Trolltindan
Trollfjorden
Trollfjordvatnet
1050 Svartsund tindan
Raftsundet
Tennstrand
Ulvøya
98
Vardtinden
708
Sandsletta
755
Torskmannen
Vatn fjorden
Vestpollen
Rørhopvatnet
492
971
Rørhoptindan
Digermulen
Keiservarden
384
AUSTVÅGØY
Isvatnet
1062
Rulten
Holand
803
576
VÅGAN
Rundfjellet
Stortinden
Sukkertoppen
530
Årsteinen
Risvær
Rismåls- tindan
Nøkksætra
107
672
Stornøkk vatnet
703
STOREMOLLA
Kongstindan
Fløya und Djevelporten
32
552
590
E10
Flughafen Svolvær, Helle
Tjeldbergtinden
Brettesnes
367
Svolvær
Vågan-Kirche (Lofotkatedralen)
Storvågan
Kabelvåg
Museum
LILLEMOLLA
258
Skrova
Høgskrova
0
10 km

Einfache, atemberaubende Wanderung am östlichen Ende der Lofoten

DER STORTINDEN AUF ÅRSTEINEN

Diese Tour erfreut Wanderer mit einem Blick auf den Stetinden im Tysfjord im Osten und Trolltinden im Westen. Vom Gipfel (530 m) haben Sie eine tolle Sicht auf Risvær und Hunderte von kleinen Inseln in der Umgebung.

VERSCHNAUFPAUSE: *Ein toller Platz für eine Pause auf dem Gipfel des Stortinden. Im Hintergrund sehen Sie die Inseln Storemolla, Lillemolla und Skrova.*

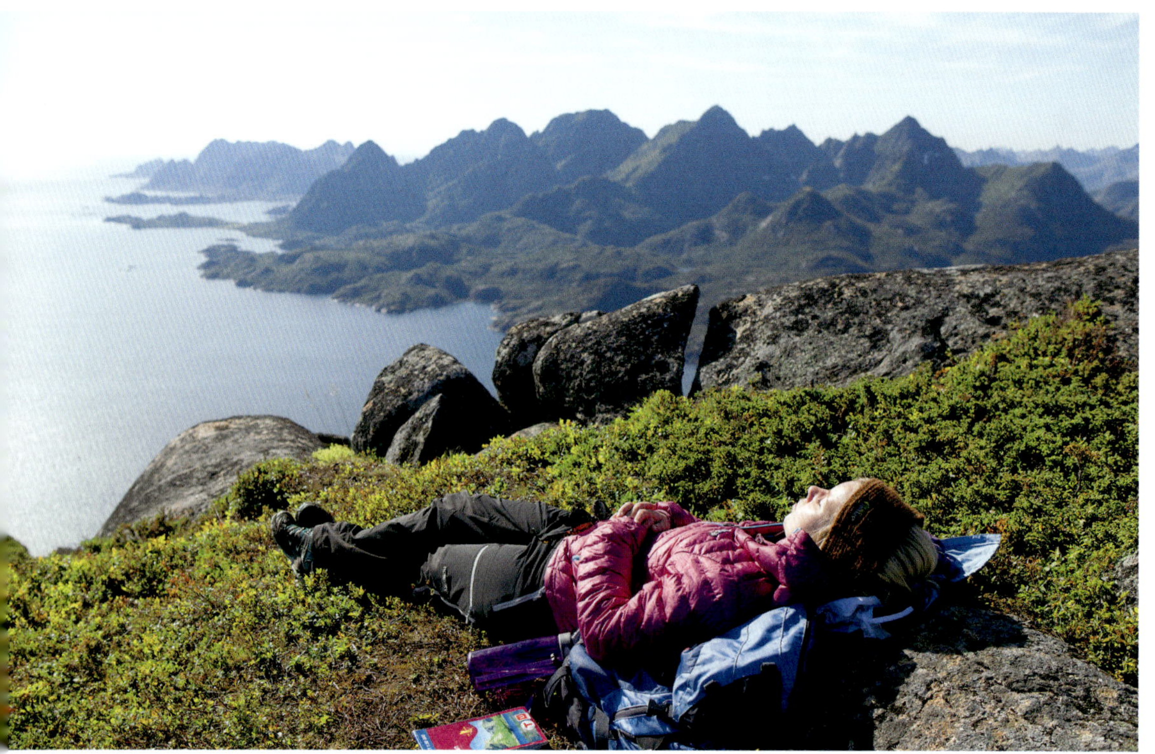

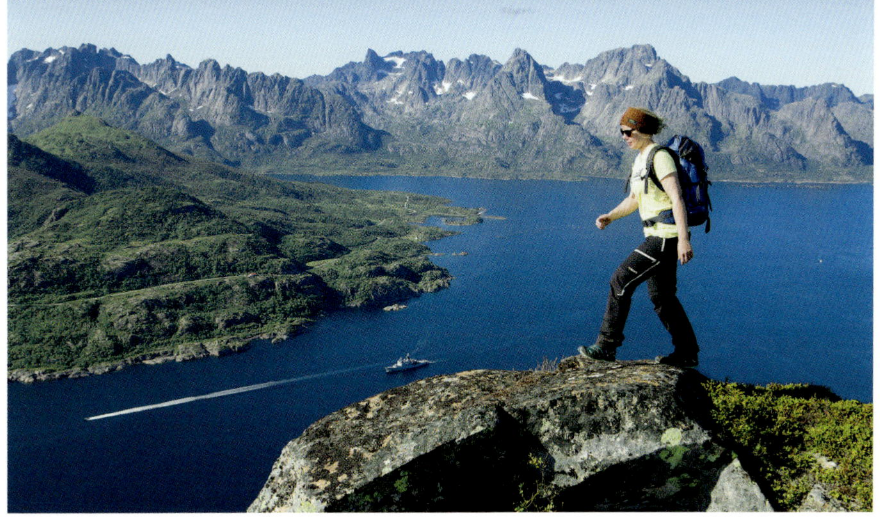

FJORD UND BERG: *Vom Kamm des Stortinden haben Sie eine schöne Aussicht auf den Raftsund, Stormolla und Trolltindan*

Årsteinen liegt an der südlichen Spitze der Insel Hinnøya, auf der östlichen Seite des Raftsund. Die Fahrt von Svolvær dauert etwa eineinhalb Stunden.

Kurz bevor die Straße nach Øvre Årstein endet, beginnt an einer roten Scheune ein kleiner Pfad. Dieser geht anfangs durch das offene Terrain, bevor er über eine, einen kleinen Bach querende, steinerne Brücke führt und im Birkenwald im Tal zwischen Stortinden und Lilletinden seine Fortsetzung findet. Nach etwa 1,5 Kilometern erreichen Sie Årsteinskaret. Hier weist ein Schild geradeaus Richtung Pundslett und nach links in Richtung Stortinden. Folgen Sie dem Weg nach links durch einen kleinen Wald. Das Gelände hier ist ein wenig steiler, aber auf dem guten Weg ist es leicht zu durchqueren.

Gehen Sie nördlich des Sumpfes bis zu einem sanften Bergrücken, der Sie zum Gipfel führt. Hier finden Sie in einem Kasten das Gipfelbuch sowie den Steinhaufen „Dronningvarden", der im Sommer 2016 von Königin Sonja eingeweiht wurde.

Dies ist ein schöner Platz, um zu picknicken, auszuruhen oder sich einfach auf diesem freundlichen, kleinen Berg hinzulegen und die spektakuläre Umgebung zu genießen.

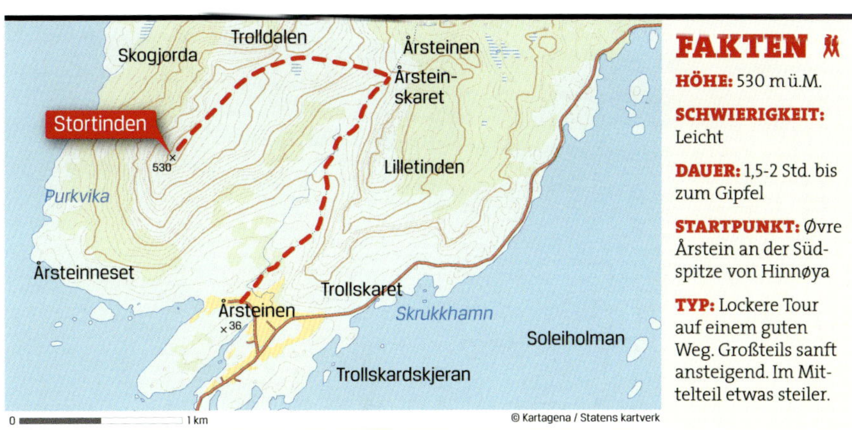

FAKTEN

HÖHE: 530 m ü.M.

SCHWIERIGKEIT: Leicht

DAUER: 1,5-2 Std. bis zum Gipfel

STARTPUNKT: Øvre Årstein an der Südspitze von Hinnøya

TYP: Lockere Tour auf einem guten Weg. Großteils sanft ansteigend. Im Mittelteil etwas steiler.

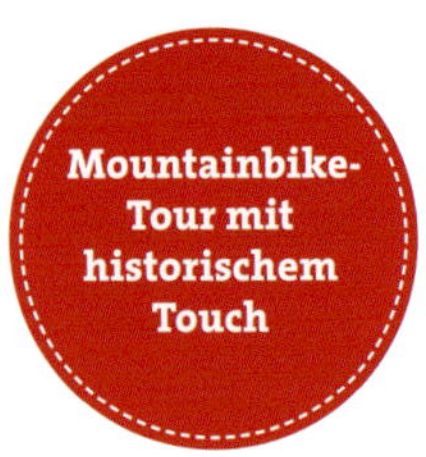

KEISERVARDEN

GUTES GELÄNDE: *Die meisten Abschnitte zum Keiservarden sind ein Traum für Mountainbiker*

Die Berge von Digermulen waren das Lieblingsziel des deutschen Kaisers Wilhelm II., als er im Jahre 1889 und 1906 die Lofoten besuchte. Der Berg, nach ihm benannt, kann zu Fuß oder mit dem Mountainbike erkundet werden.

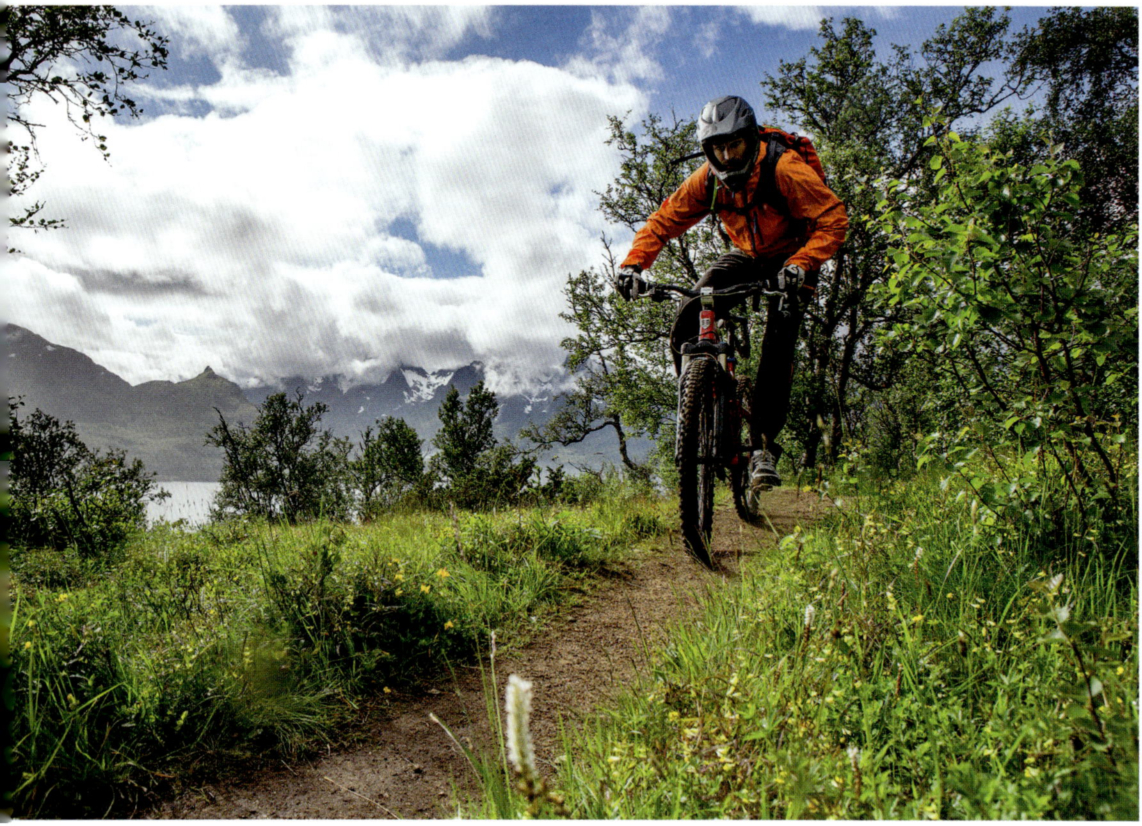

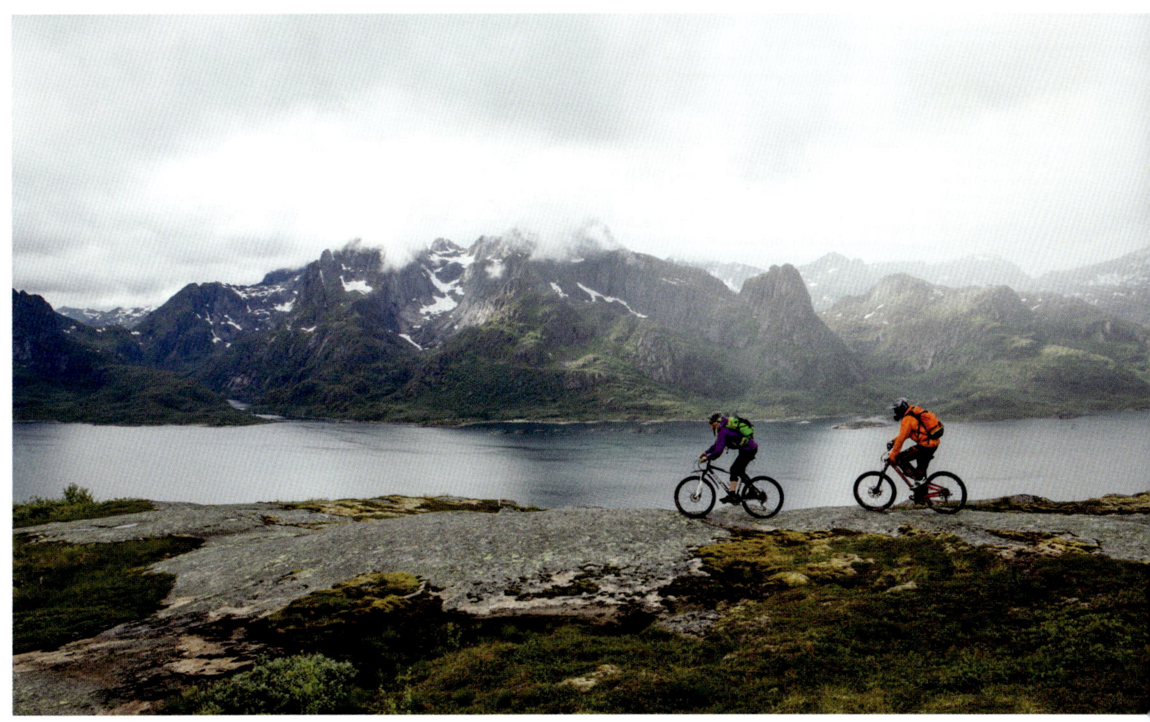

Der Keiservarden liegt an der südlichen Spitze von Hinnøya, östlich des Raftsundes, etwa eineinhalb Stunden Autofahrt von Svolvær.

Diese Tour ist für Mountainbiker mit Start in Valen beschrieben, man kann aber auch den gleichen Weg vom alten Lebensmittelladen in der Mitte Digermulens aus wandern. Achten Sie einfach auf den Wegweiser nach Keiservarden.

DIGERMULKOLLEN

Der Weg beginnt im waldreichen Gebiet östlich von Nordtinden. Folgen Sie dem Pfad nach oben durch den Birkenwald und über eine schöne Blumenwiese. Anfangs ist der Aufstieg sanft, im weiteren Verlauf wird er steiler.

Im Übergang zwischen Nordtinden und Digermulkollen treffen Sie auf den Pfad, der aus Richtung Digermulen kommt. Folgen Sie dem Hauptpfad, der in nordöstliche Richtung hinaufführt. Sie werden schließlich steile Felsen erreichen und müssen möglicherweise Ihr Fahrrad durch diesen Abschnitt tragen. Bald haben Sie das schwierige Gelände passiert und wunderschöne Felsen tauchen auf. Es macht Spass mit dem Fahrrad den Digermulkollen entlang zu fahren, bevor Sie sich zum Gipfel aufmachen. Auch hier ist es erforderlich, einige Male das Rad zu tragen.

Auf der Anhöhe stehen zwei steinerne Denkmäler, die an den Besuch des Kaisers erinnern. Es folgt der obligatorische Eintrag ins Gipfelbuch, bevor Sie Ihren Helm aufsetzen und sich auf den Höhepunkt des Tages vorbereiten: die Abfahrt.

AUF ZWEI RÄDERN

Folgen Sie dem gleichen Weg wieder nach unten. Sie wissen ja jetzt, wo Sie hinuntersausen können und wo Sie vorsichtig sein

SPIELERISCHE FAHRT: *Die glattpolierten Felsen auf dem Digermulkollen sind eine Spielwiese für Mountainbiker*

BERGE UND MEER: *Den Berg hoch hinauf zu biken und trotzdem dem Meer immer noch so nahe zu sein, ist ein ganz besonderes Erlebnis*

oder sogar vom Fahrrad absteigen müssen, denn es gibt mehrere anspruchsvolle Abschnitte. Den ganzen Sommer über wird der Berg auch von eifrigen Wanderern begangen, seien Sie daher ein respektvoller Biker und machen Sie ihnen Platz.

KAISER WILHELM

Der deutsche Kaiser Wilhelm II. kam das erste Mal im Jahre 1889 nach Digermulen. Dies wird als der Beginn des Lofoten-Tourismus angesehen. Der Kaiser besuchte das Gebiet mehrmals und stieg unter großer Anteilnahme auf den Gipfel des Keiservarden hinauf. Zwei Steindenkmäler wurden errichtet in Erinnerung an seine Besuche in den Jahren 1889 und 1906.

DER „KAISERMARSCH"

Alljährlich im Juli, während der Digermuldagene, wandern Hunderte von Outdoor-Fans gemeinsam zum Gipfel des Keiservarden.

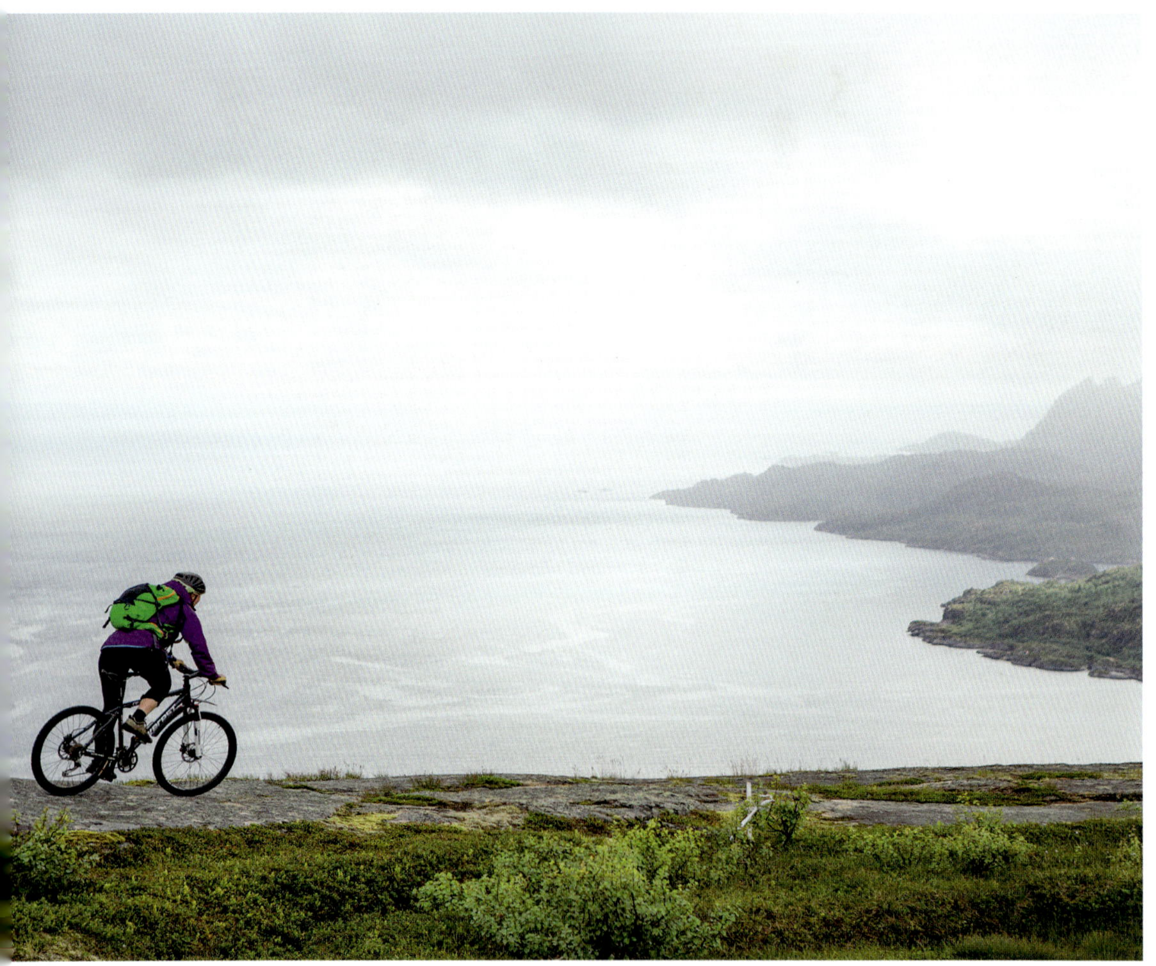

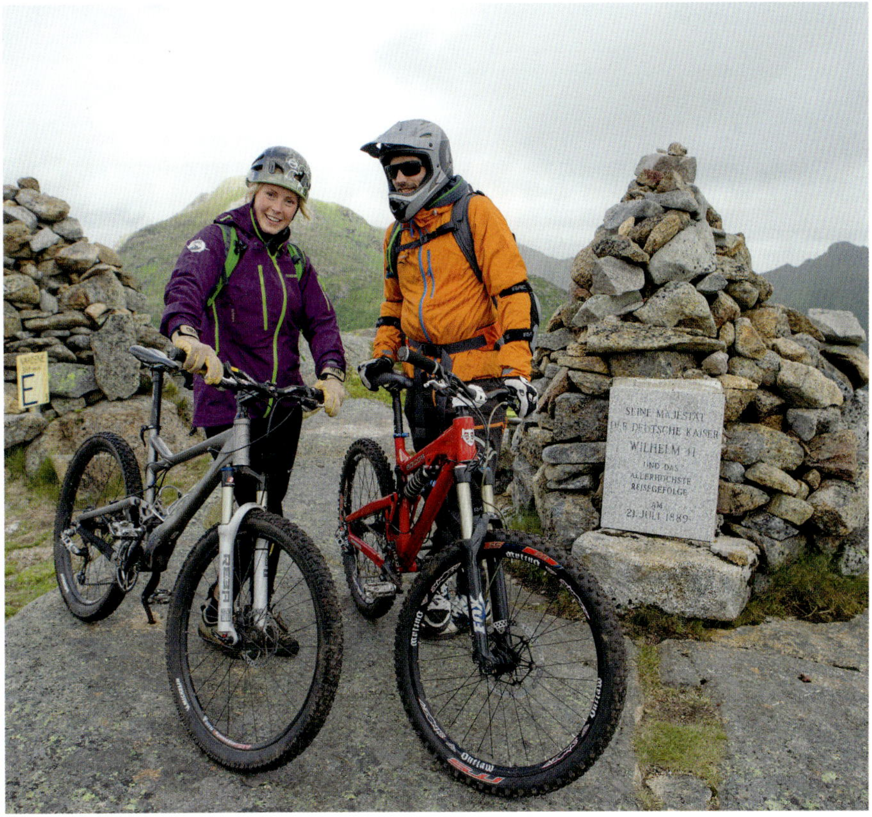

KAISER-DENKMAL: *Auf dem Gipfel des Keiservarden gibt es zwei Steindenkmäler zu Ehren des deutschen Kaisers Wilhelm II., der hier zum ersten Mal im späten 19. Jahrhundert zu Besuch war*

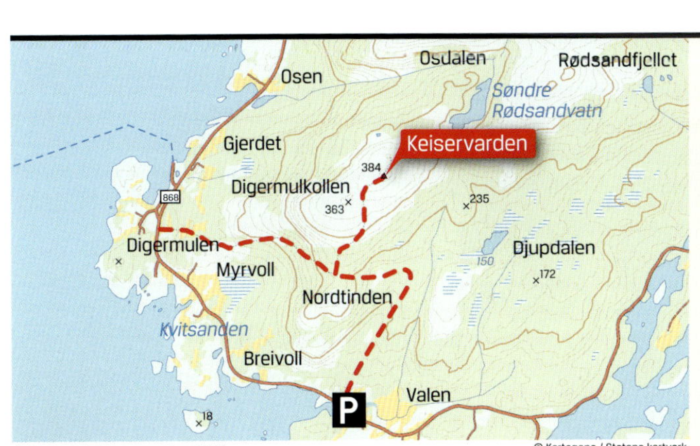

FAKTEN

HÖHE: 384 m ü.M.

SCHWIERIGKEIT: Wanderung: Leicht. Mountain-Bike: Mittel

DAUER: 1,5 Std. hinauf

STARTPUNKT: Zwischen Breivoll und Valen, 1,5 Kilometer hinter Digermulen

TYP: Gut markierter Weg. Rechnen Sie damit, Ihr Fahrrad einen Teil des Weges tragen zu müssen.

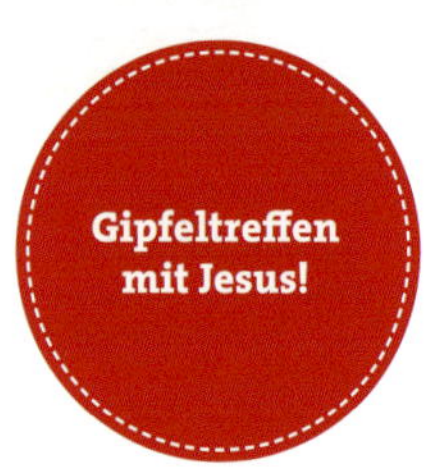

JESUS CHRISTUS: *Die Statue wurde 1999 mit dem Hubschrauber im Zusammenhang mit dem "Lofoten International Art Festival" (LIAF) auf den Gipfel des Sukkertoppen geflogen. Seit Anfang 2019 ist sie, wahrscheinlich durch einen Wintersturm, verschwunden?!*

ZUCKERHUT AUF STOREMOLLA

Wenn Sie den Sukkertoppen (703 m) erklimmen, müssen Sie sich auf eine anstrengende Tour einstellen – der Weg ist nicht das Ziel. Aber Jesus am Gipfel zu treffen sowie die einzigartige Aussicht, machen die Tour zu einem spannenden Ausflugsziel.

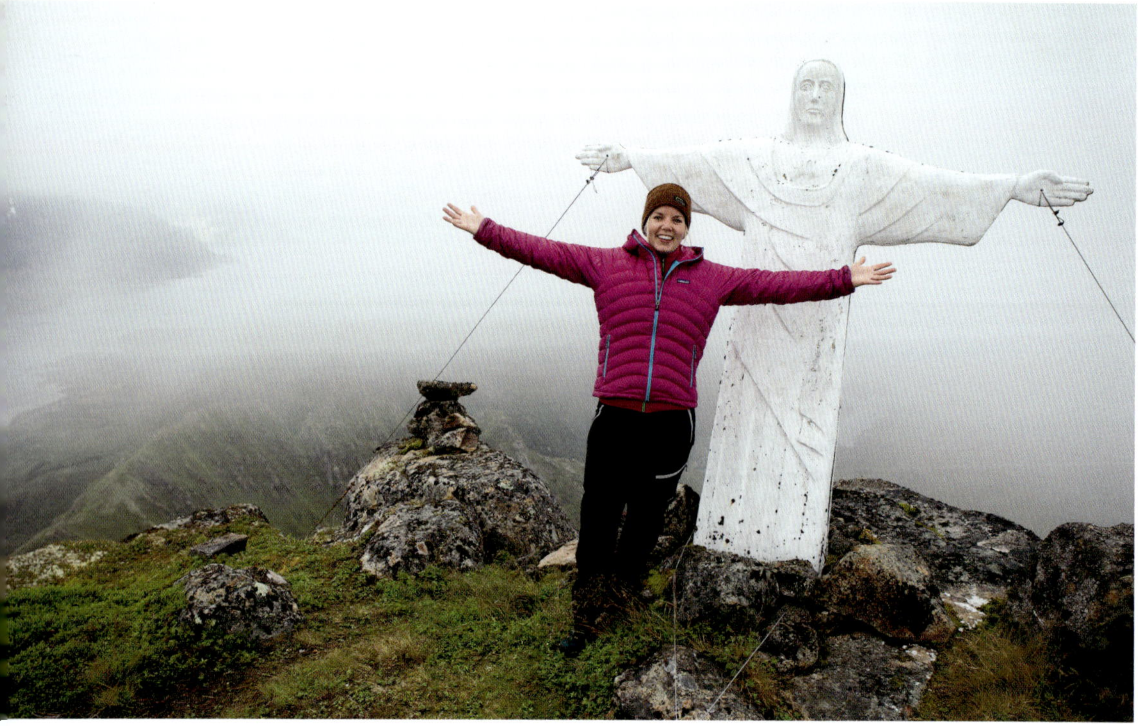

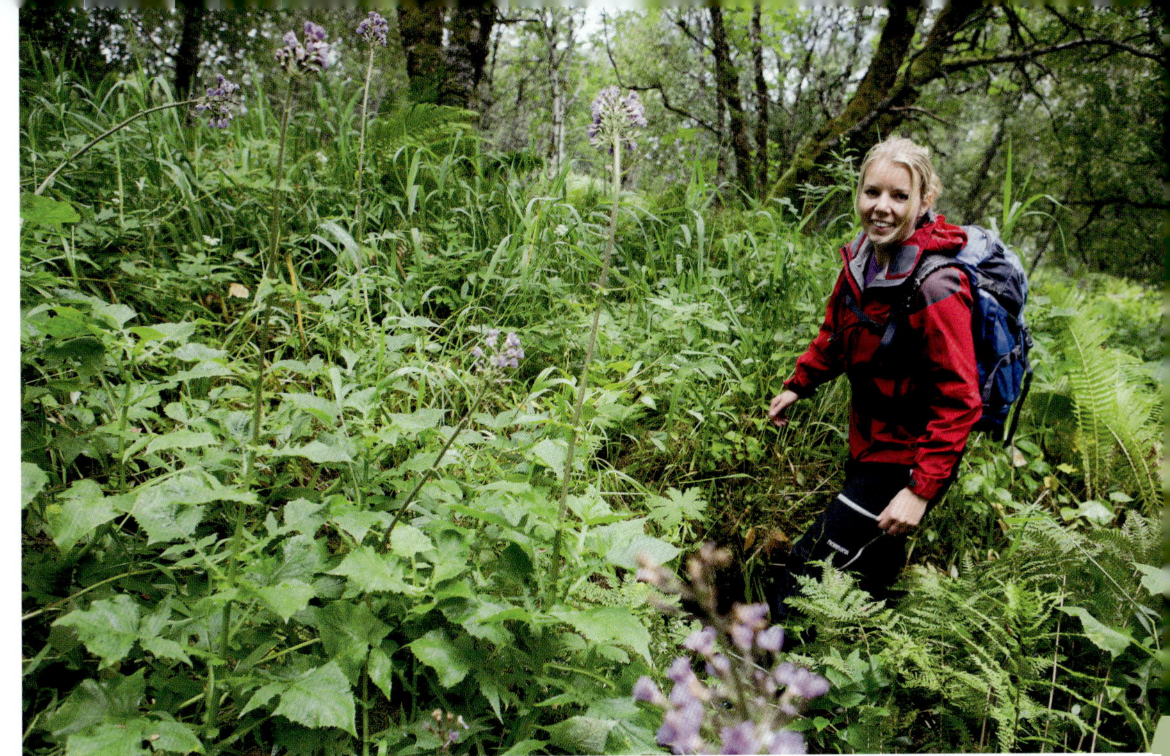

Storemolla ist eine Insel, die im Süden des Raftsunds liegt. Der einfachste Weg dorthin zu kommen, ist mit der Fähre von Digermulen nach Finnvik an der Nordspitze der Insel. Die Autofahrt von Svolvær nach Digermulen dauert etwa eineinhalb Stunden.

Auf Anfrage können Sie die Schnellfähre NEX Nordlandekspressen (regionales Hurtigbåt, www.torghatten-nord.no), die zwischen Bodø und Svolvær verkehrt, nehmen. Das ist nur einmal die Woche möglich. Das Hurtigbåt hält in Brettesnes, an der Südseite der Insel.

BESCHWERLICHER WEG

In den meisten Fällen müssen Sie sich den Weg durch überwucherte Bachtäler bahnen und Ihre eigene Marschroute in sehr beschwerlichem Gelände finden. Da nicht immer klar ist, welches der beste Weg nach oben ist – hier eine Variante:

Wandern Sie durch dichtes Gebüsch und hohes Gras im Bachbett, das von beiden Seiten des nach Westen gerichteten Grates vom Sukkertoppen herabkommt. Folgen Sie auf dem Hinweg dem nördlichen Tal nach oben; Sie können im Bachbett gehen. Wenn es zu steil wird um weiter zu gehen, folgen Sie dem Berghang auf der linken Seite auf und ab. Oberhalb der beiden Täler, müssen Sie etwas raues Gelände nach rechts durchlaufen, um über den markanten Grat zum Gipfel zu kommen. Hier finden Sie einen fantastischen Pfad, der traumhaft zu begehen ist.

Ganz oben stand bislang Jesus, der Sie mit offenen Armen willkommen hieß! Nun ist er verschwunden – vermutlich hat ein Wintersturm ihn Anfang 2019 umgehauen. Mal sehen, ob er zurückkehrt. Auf jeden Fall können Sie hier einen himmlischen Blick auf die Inselwelt genießen.

EINE KOPIE VON RIO

Die Christusfigur auf dem Gipfel des Sukkertoppen trug den Namen „Rio – 8300 Svolvær"

RAUES GELÄNDE: *Es gibt keinen wirklich guten Weg hinauf auf den Sukkertoppen. Suchen Sie sich selbst den besten.*

HERAUS-FORDERND: *Die Wanderung ist kein Spaziergang. Aber schön – ja!*

und wurde im Auftrag des Konzeptkünstlers Svein Flygari Johansen von Studenten der Kunstschule Kabelvåg gefertigt.

1999 wurde sie im Rahmen des Lofoten International Art Festivals (LIAF) mit dem Hubschrauber auf den Gipfel geflogen. Nur zwei Meter groß war der „Lofoten-Jesus" – mickrig im Vergleich zu Rios 30 Meter hoher Ausführung. Von wo aus man den schönsten Blick hat, ist eine andere Sache.

DER RÜCKWEG – EBENSO ANSTRENGEND

Auf dem Weg nach unten können Sie versuchen, nachdem Sie den Pfad auf dem Bergrücken bis zum Ende gegangen sind, dem südlichen Bachbett (das in Richtung Haversandsætra führt) zu folgen.

Hier dürfen Sie dann durch Gebüsch kriechen und sich über steile Felsböschungen und Bäche hinabkämpfen.

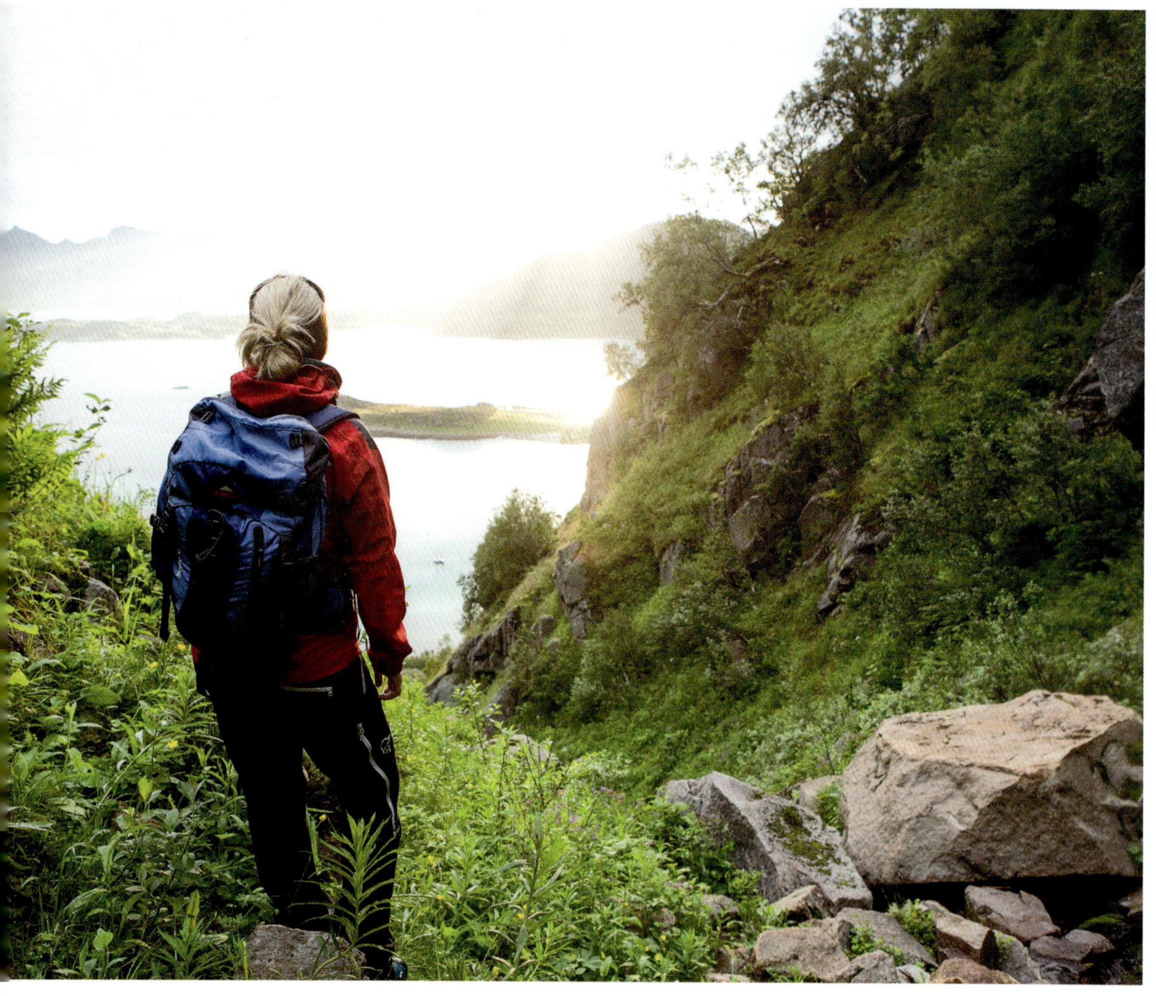

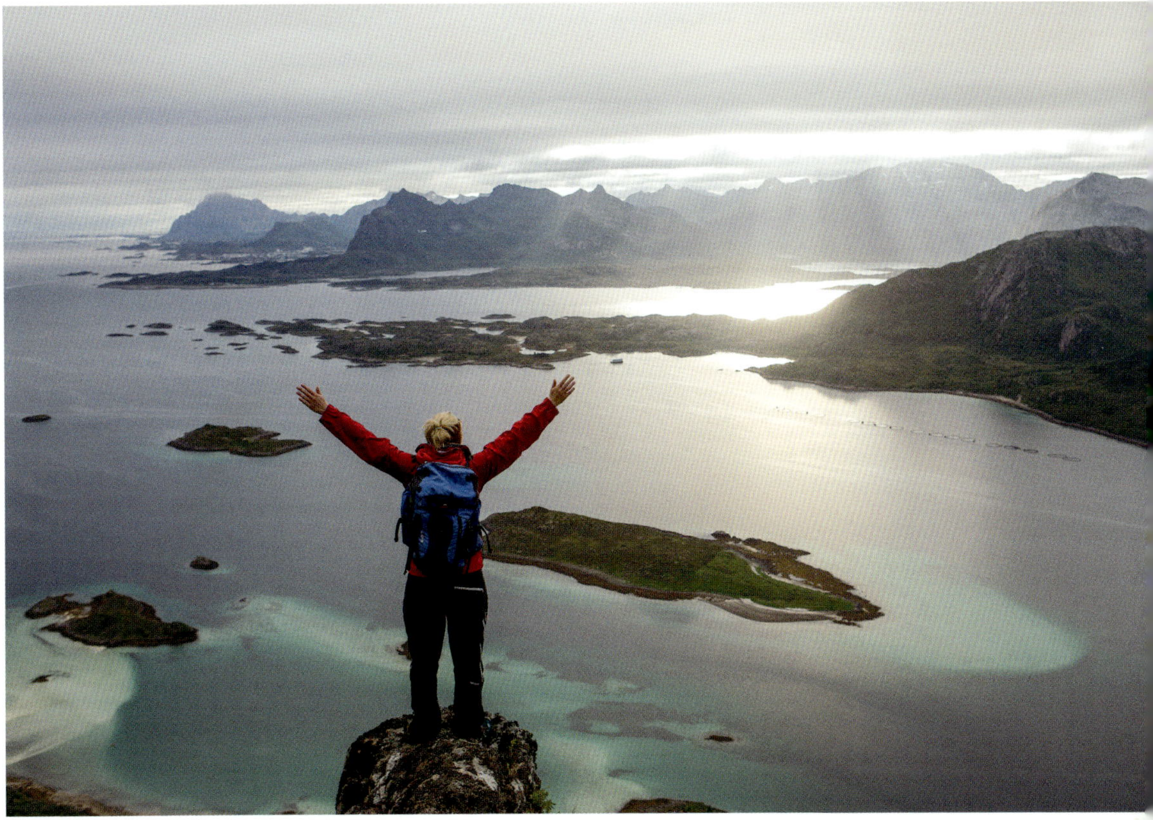

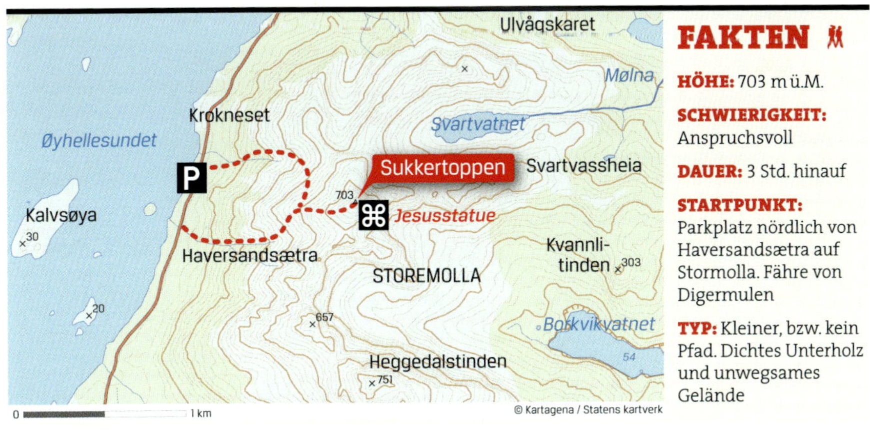

FAKTEN

HÖHE: 703 m ü.M.

SCHWIERIGKEIT: Anspruchsvoll

DAUER: 3 Std. hinauf

STARTPUNKT: Parkplatz nördlich von Haversandsætra auf Stormolla. Fähre von Digermulen

TYP: Kleiner, bzw. kein Pfad. Dichtes Unterholz und unwegsames Gelände

ÜBERWÄLTIGEND: *Der Blick über die Inselwelt der Lofoten ist großartig*

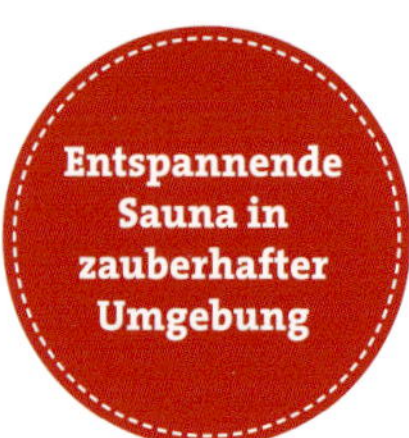

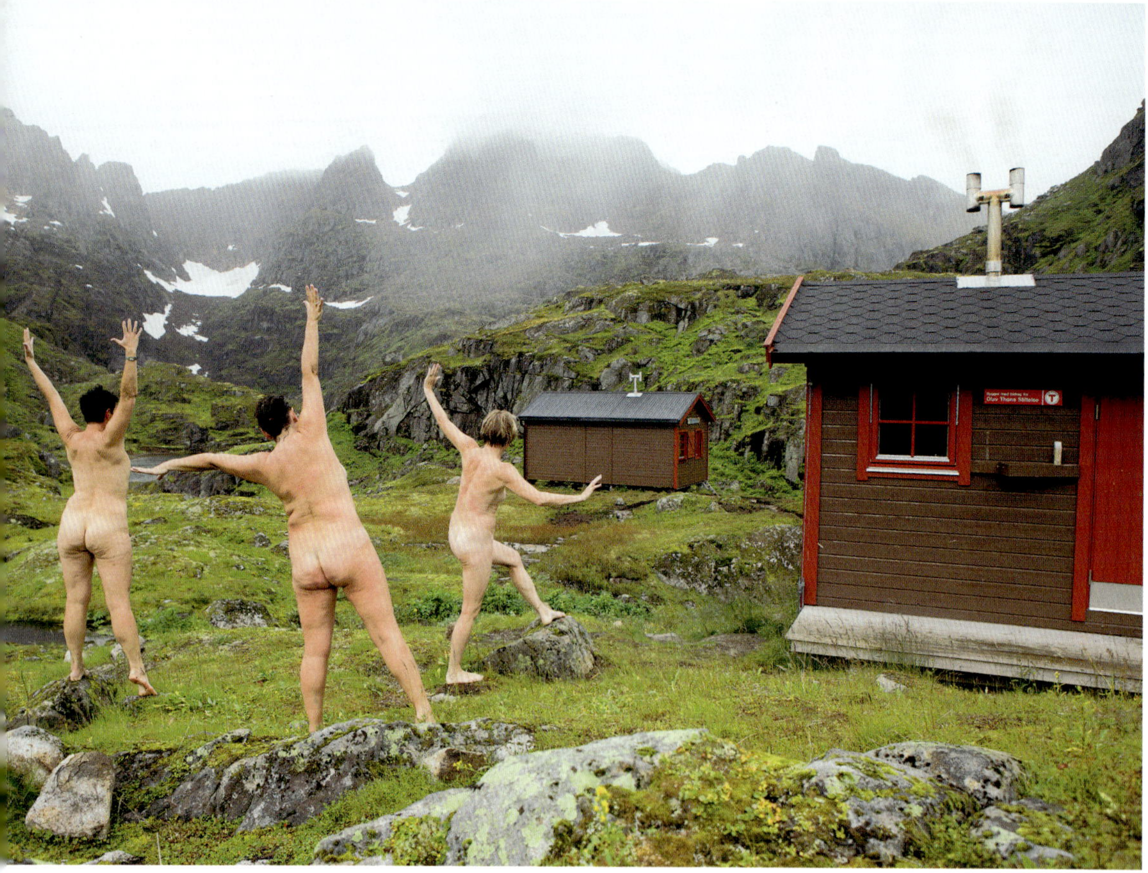

SAUNA BALLET: *Die Trollfjordhytta kann sich einer eigenen Sauna-Hütte rühmen. Hier mit Sauna-Ballett zu Ehren der allgegenwärtigen Trolle.*

TROLLFJORDHYTTA

Die Hütte des Tourismusvereins mit eigener Sauna liegt wunderschön auf dem höchsten Berg der Lofoten.

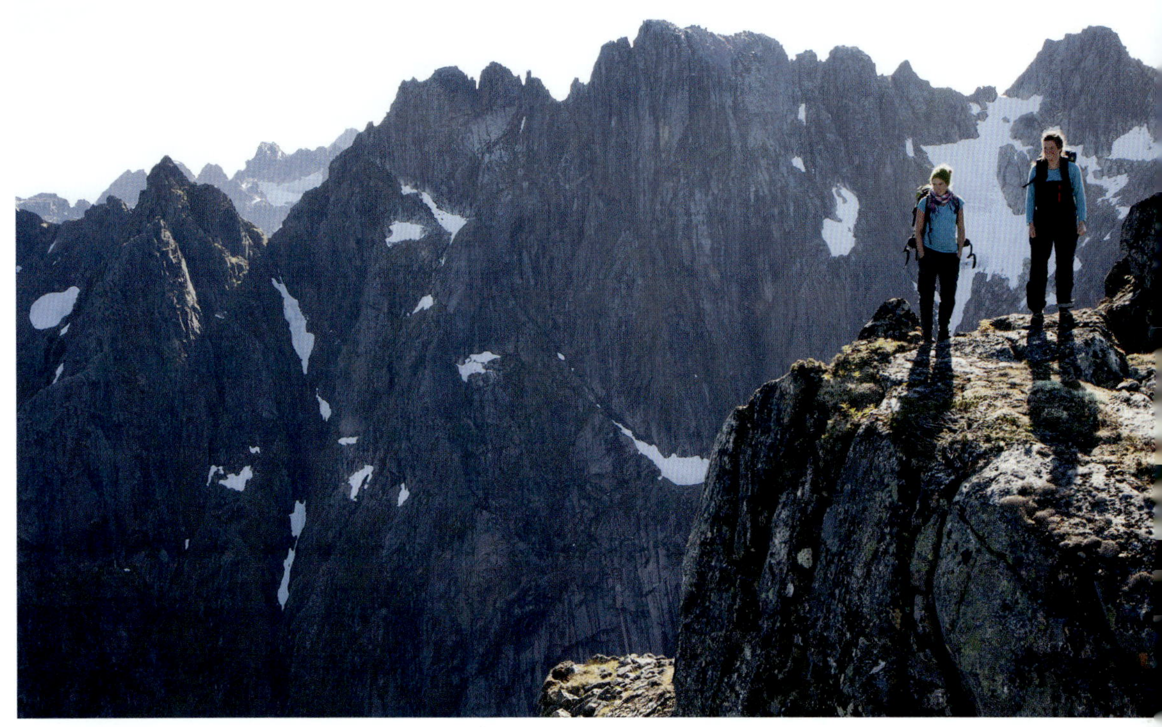

Zwei Hütten ("hytta") gibt es hier oben, die große Trollfjordhytta (Baujahr 2018) mit 12 Betten und die kleine Trollfjordhytta mit 8 Betten. Beide sind idealer Ausgangspunkt für Wanderungen, sowohl im Sommer als auch im Winter. Sie sind an sich schon ein tolles Reiseziel, aber vor allem, wenn Sie es gerne heiß mögen!

Der Weg zu den Hütten ist bei weitem nicht der aufregendste der Lofoten, aber das Erreichen der Hütten zaubert ein Lächeln ins Gesicht eines jeden Outdoor-Enthusiasten!

TÄGLICHES TAXI-BOOT AUS SVOLVÆR

Die Tour beginnt im hintersten Teil des Trollfjords und um dorthin zu kommen, müssen Sie ein Taxi-Boot organisieren. Während der Sommersaison gibt es von Svolvær fast täglich Abfahrten, am besten vorher beim Fremdenverkehrsamt erkundigen.

Wenn Sie mit dem Kajak über den Raftsund wollen, müssen Sie vorsichtig sein, denn es gibt sehr starke Gezeitenströme in dem langen, schmalen Sund.

START AM KRAFTWERK

Der Pfad beginnt genau neben dem Kraftwerk und folgt den Rohrleitungen aufwärts, bevor er direkt westlich ins Bachtal führt. Nach einigen Hundert Metern biegt der Weg nach Norden ab und folgt der Nordseite des Berges in Richtung des 504 Meter hohen Gipfels.

Folgen Sie dem Tal bis sich das Gelände öffnet und abflacht. Hier sind Sie jetzt von steilen Gipfeln umgeben und einige schöne Bergseen locken, das Glück beim Angeln zu versuchen. Bald werden Sie die Hütten am östlichen Ende des Sees Isvatnet stehen sehen.

ALPIN: *Die höchsten und steilsten Berge der Lofoten findet man im Trolltindan-Gebirgsmassiv*

LOFOTEN-KREUZFAHRT: *Gute Laune auf dem Sonnendeck der Hurtigruten. Das Schiff MS Finnmarken verlässt den Trollfjord.*

DIE TROLLFJORDHYTTA

Der Trollfjord und die Trollfjordhytta sind geografisch in der Gemeinde Hadsel, Vesterålen gelegen. Vesterålen Turlag (Vesterålens Wanderverband, Regionalsektion des Norwegischen Wandervereins DNT) ist Besitzer der Hütten und pflegt diese.

Die kleine Hütte ist unverschlossen, während Sie für die große Hütte einen DNT-Schlüssel benötigen. Die Sauna ist in einem eigenen Gebäude untergebracht, wo sich auch eine Außentoilette befindet. Lesen Sie die Hüttenregeln und befolgen Sie diese! Vergessen Sie nicht zu bezahlen! www. ut.no/hytte/10791/trollfjordhytta

FLUGZEUGABSTURZ AUF DEM ISVASTINDEN / WALLENTIND

Gleich hinter der Trollfjordhytta erhebt sich der 940 Meter hohe Berg Isvastinden. Hier liegen die Überreste eines Flugzeuges, das im Winter 1987 an der Spitze des Berges abstürzte. Der Pilot, Robert D. Wallen, kam dabei zu Tode und man gab dem Berg ihm zu Ehren den Namen Wallentind.

Man kann auf den Gipfel wandern, aber diese Tour ist nur dem erfahrensten Wanderer mit Liebe zum aufreibenden Abenteuer zu empfehlen. Der Weg hinauf über den steilen, teilweise gerölligen Berghang, kann sehr glatt und rutschig sein.

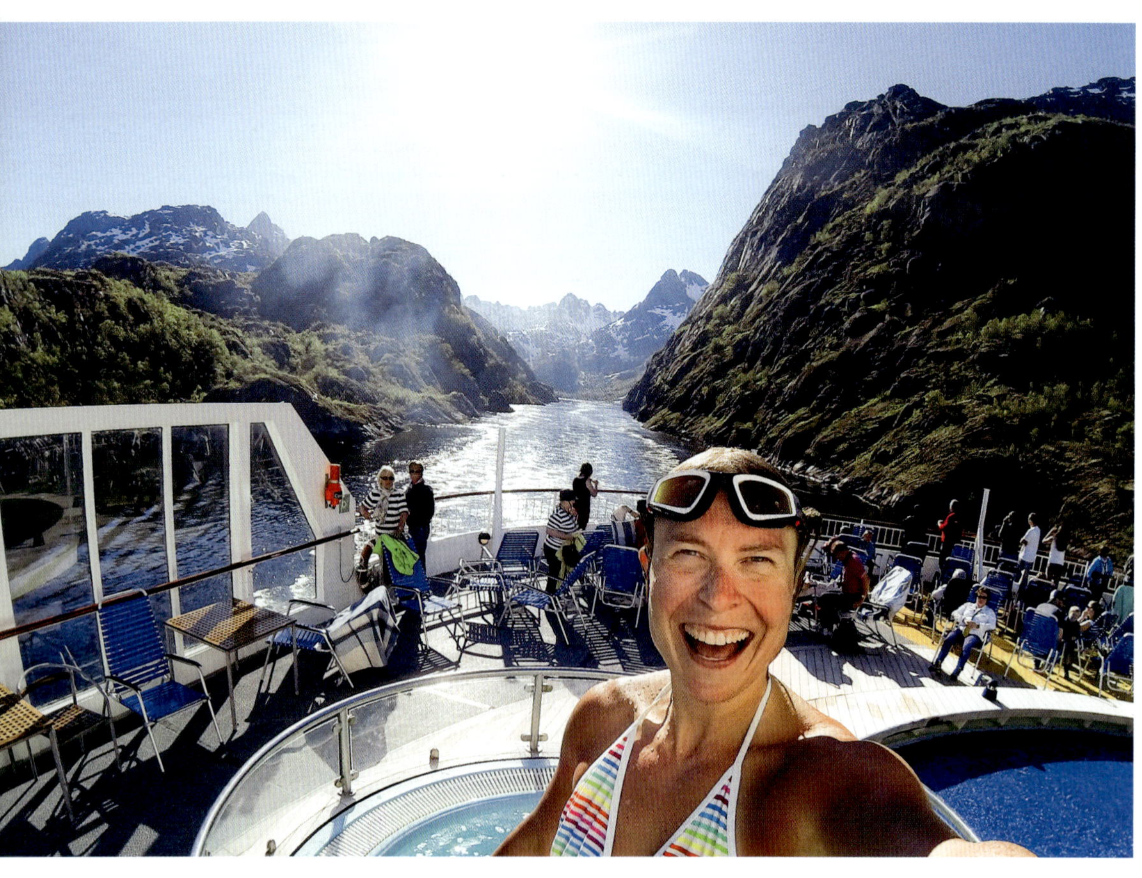

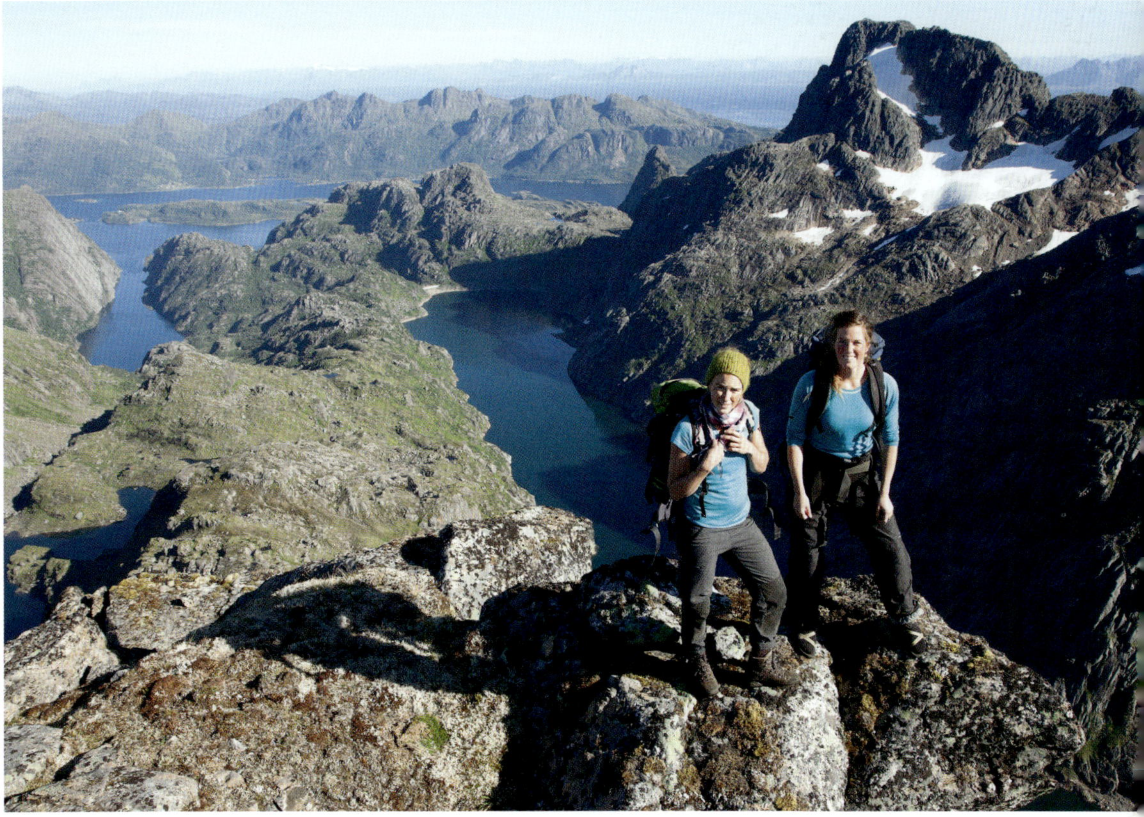

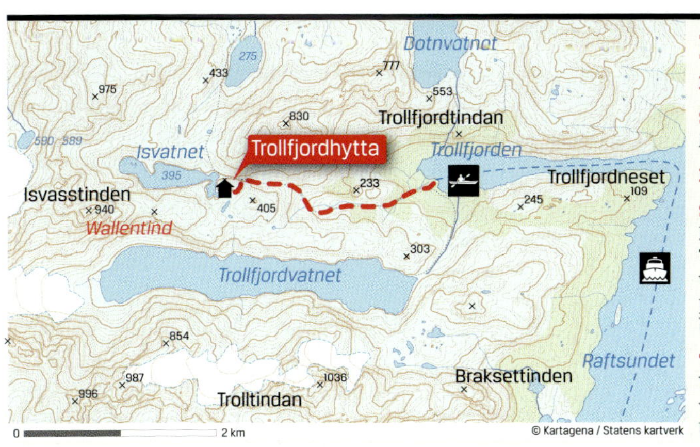

FAKTEN

HÖHE: 405 m ü.M.

SCHWIERIGKEIT: Mittel

DAUER: 2 Std. hinauf

STARTPUNKT: In der Bucht des Trollfjords. Taxi-Boot von Svolvær. (Fahrplan im Tourismusbüro checken)

TYP: Markierter Wanderweg im unwegsamen Gelände, Unterholz und Geröll.

SPEKTAKULÄR: *Auf dem Gipfel des Isvastinden. Der Berg wird auch Wallentind genannt, nach einem Piloten, der hier bei einem Flugzeugunglück im Jahre 1987 starb. Der Trollfjord ist links im Bild zu sehen.*

Höchster Berg der Lofoten

WEIT UND BREIT: *Die Wanderung auf den Higravstinden ist anspruchsvoll und spektakulär. Um den höchsten Punkt zu erreichen, muss man einen steilen Kamin hinaufklettern.*

HIGRAVSTINDEN

Auf dem höchsten Berg (1.146 m) der Lofoten zu stehen mit Blick auf die mächtige Berglandschaft ist unvergesslich. Aber die Wanderung dorthin ist eine Herausforderung.

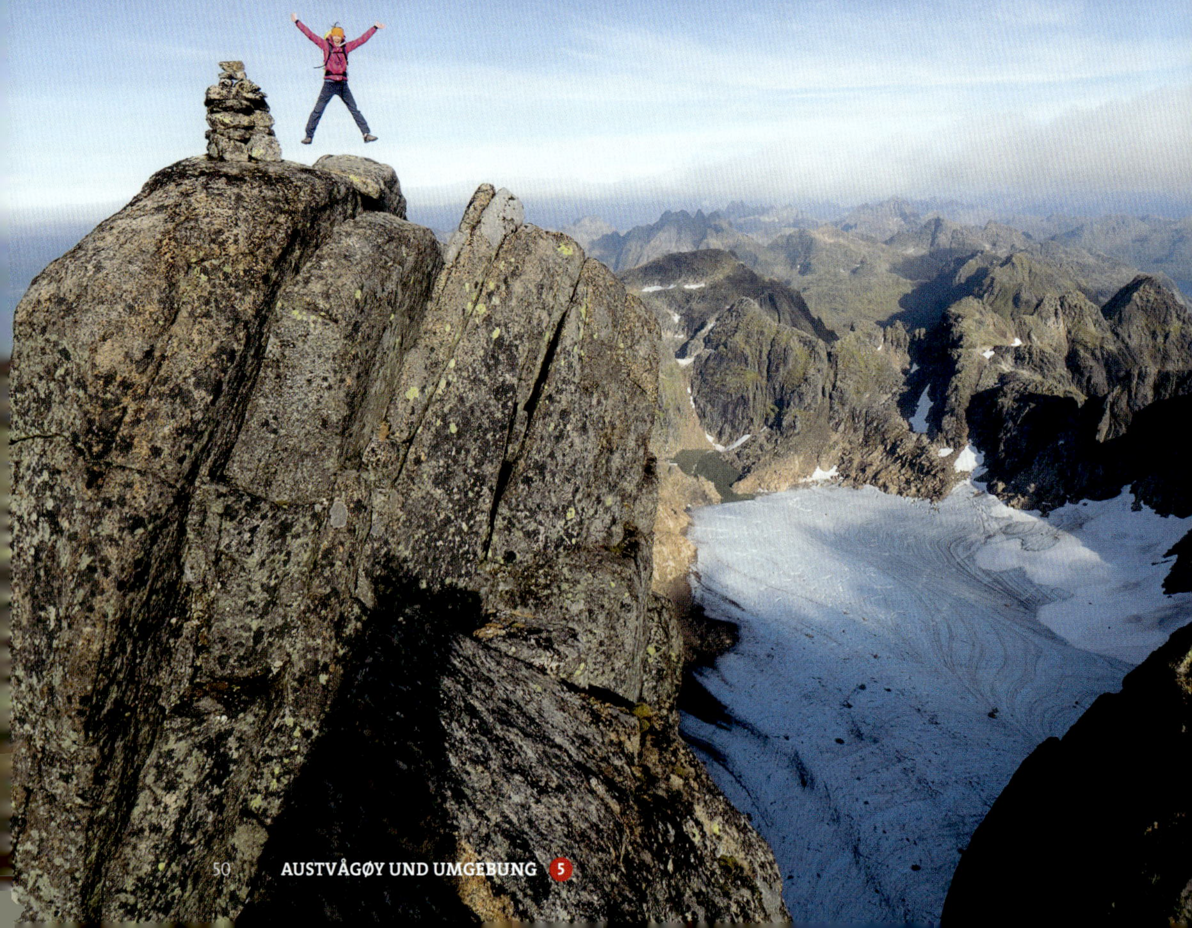

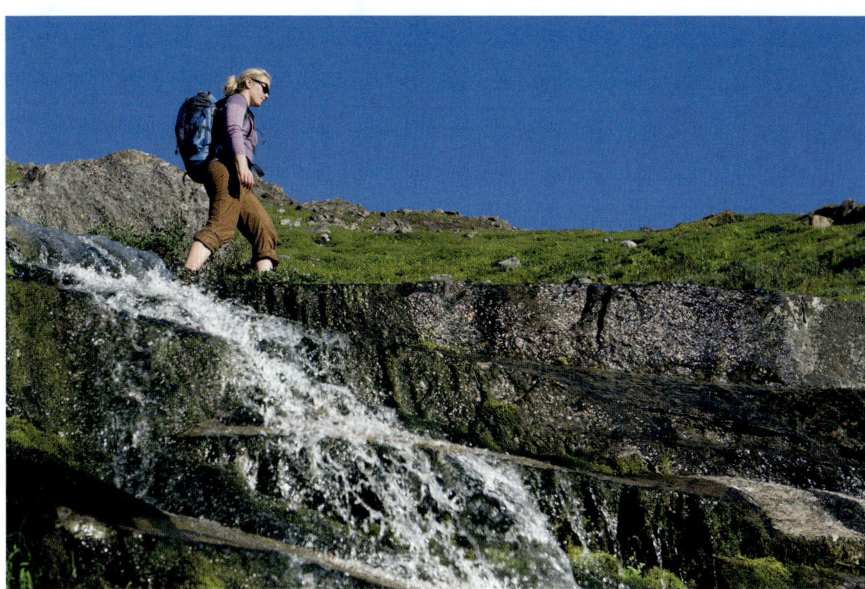

BÄCHE: *Weit jenseits des Birkenwaldes müssen Sie den Bachlauf überqueren und steil Richtung Higravstinden weitergehen.*

Wenn Sie auf den Higravstinden hinaufwandern möchten, rechnen Sie mit einer Menge Kraxelei. Um bis zur äußersten Spitze des Gipfels zu gelangen, benötigen Sie Seile und Sicherheitsausrüstung. Dies wird nur Leuten mit viel Erfahrung im alpinen Gelände empfohlen. Doch auch vom „falschen" Gipfel, etwa 5 bis 6 Meter unterhalb, können Sie eine tolle Aussicht genießen.

EINDRUCKSVOLLER WASSERFALL

Die Wanderung beginnt hinter dem Gemeindehaus in Eide (22 Kilometer nördlich von Svolvær). Es liegt an der E 10, aus Svolvær kommend, etwa 350 m nach der Abzweigung Liland. Anfangs kann es schwierig sein den Weg zu finden. Der Wasserfall in der steilen Felsschlucht ist ein guter Orientierungspunkt um auf dem richtigen Weg zu bleiben. Halten Sie sich links davon. Sie durchqueren eine Kiesgrube und folgen einem schmalen, aber guten Weg, der sich durch schöne Bergbirkenwälder den Hang hinaufschlängelt.

Wenn Sie die Spitze des Wasserfalls erreicht haben (ca. 340 m ü.M.), queren Sie den Bach auf einigen großen Steinen. Von hier führt der Weg 250 Meter am Berghang entlang, bevor Sie Ihren Weg hinauf am steilen, mit Gras und Heidekraut bewachsenen Hang, fortsetzen. Behalten Sie die steile und felsige Schlucht in einigen Hundert Metern Höhe im Auge.

ANSPRUCHSVOLLE NAVIGATION

Wenn Sie die Felsschlucht bei 700 m ü.M. erreichen, müssen Sie sehr vorsichtig sein und auf lose Steine, Schotter und rutschige Felsbrocken achten. Hier heißt es, über einige schwierige Abschnitte zu klettern. Die Route ist nicht leicht zu finden. In der Schlucht kann bis in den Sommer hinein Schnee liegen und wenn Sie früh in der Saison loswandern, sind Steigeisen und Eispickel eine gute Wahl.

Bei Erreichen des Bergkamms sollten Sie auf etwa 1.000 m ü.M. sein. Nun gehen Sie über den Rand zu einem klar erkennbaren Schotterweg, der auf der östlichen Seite des Kamms verläuft. Der Weg bringt Sie zum Pass, von dem Sie einen großartigen Blick auf den Gletscher Blåskavlen und die Berge im Osten haben.

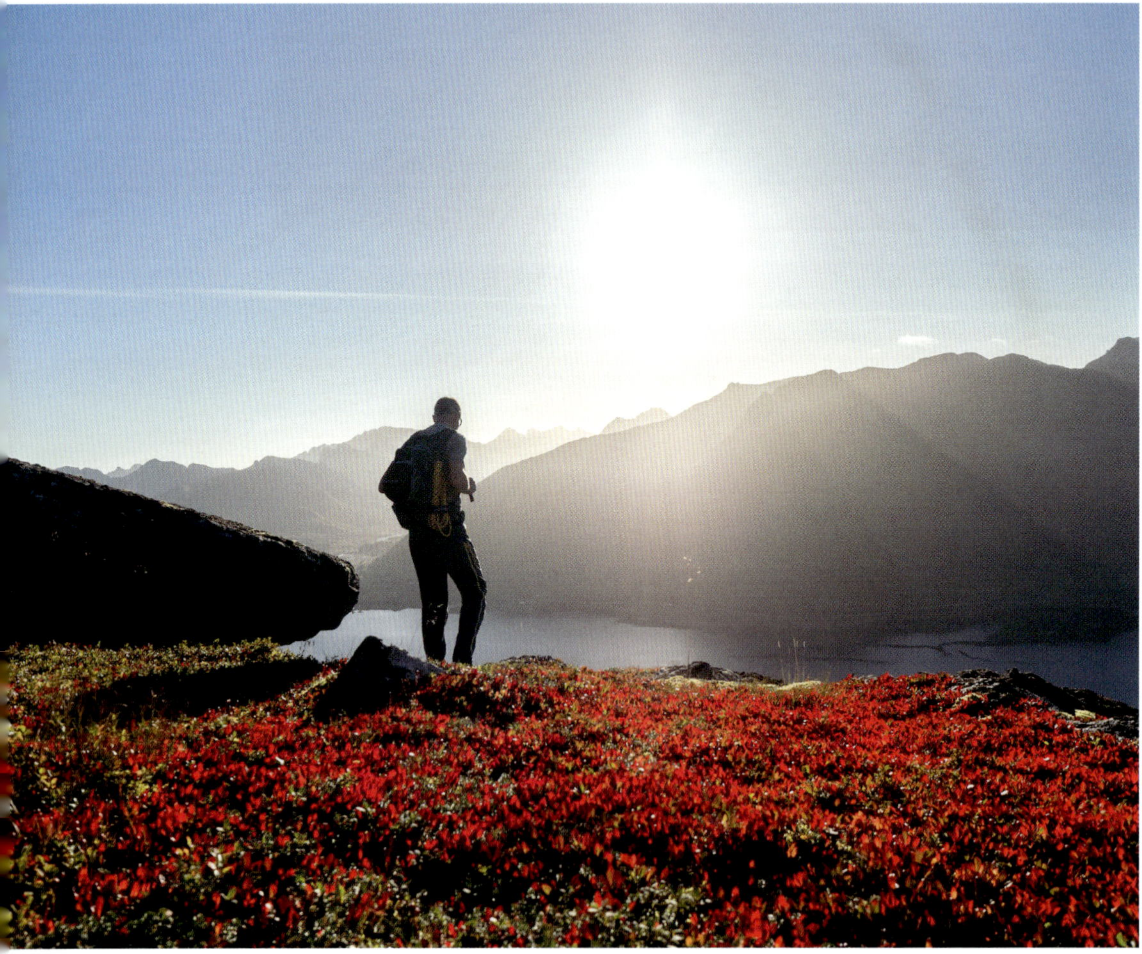

__DER HAUPTBERG:__ Der raue Higravtinden hat auch seine weicheren Seiten

WIE EIN KÖNIG

Hier wartet auf Sie eine Menge Kletterei über kleine, steile Rinnen und riesige Felsbrocken, bevor das Gelände zum Gipfel hin abflacht. Sie erreichen einen großartigen Rastplatz als würdiges Ziel für diese Tour.

Wenn es Ihnen wichtig ist, ganz auf der höchsten Gipfelspitze zu stehen, dann haben Sie noch eine saftige Herausforderung vor sich. Zunächst müssen Sie eine kurze Rinne absteigen und zur rechten Seite des Hauptgipfels queren, bevor Sie den steilen Kamin hinaufklettern – mit Seilen und Sicherheitsausrüstung. Dann aber werden Sie das „höchste" Lächeln der Lofoten haben.

ERSTBESTEIGUNG

Die erste dokumentierte Besteigung des Higravstinden ist vom 4. August 1901, als die Herren Hastings, Collie, Priestman, Wooley und Hogrenning die Ehre hatten, als Erste den höchsten Punkt der Lofoten zu erreichen.

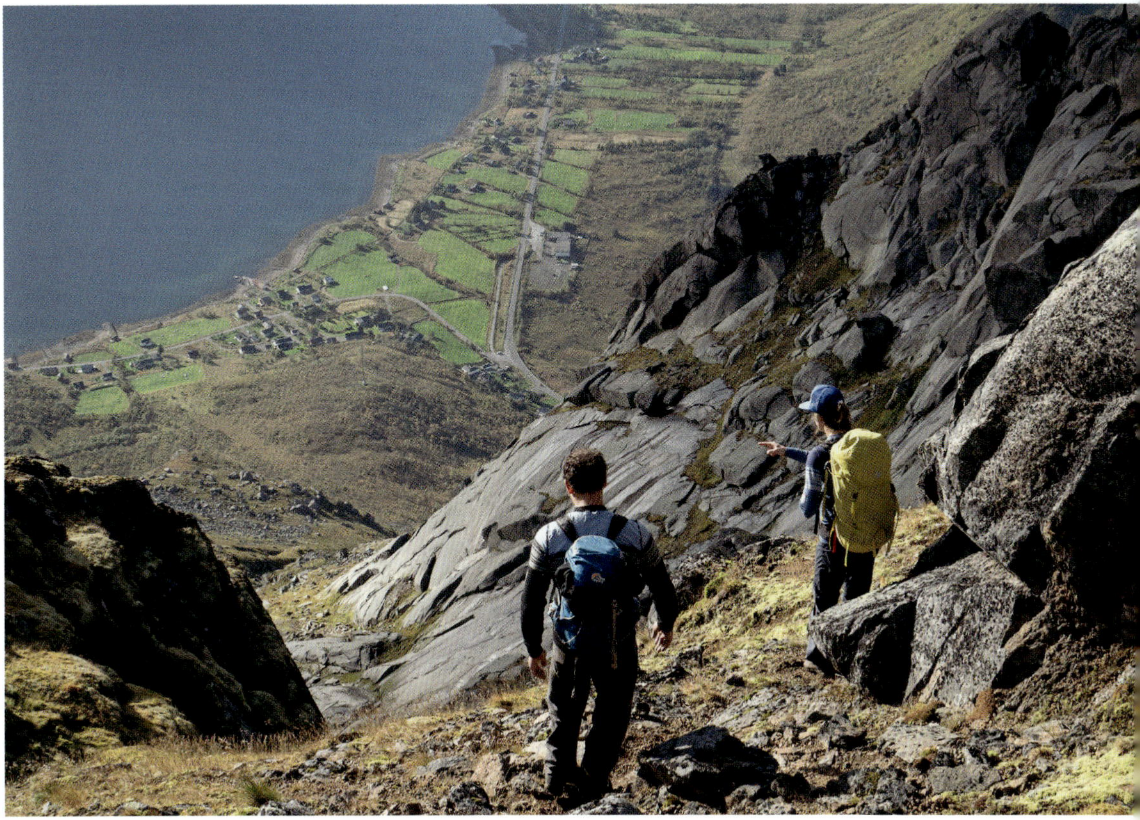

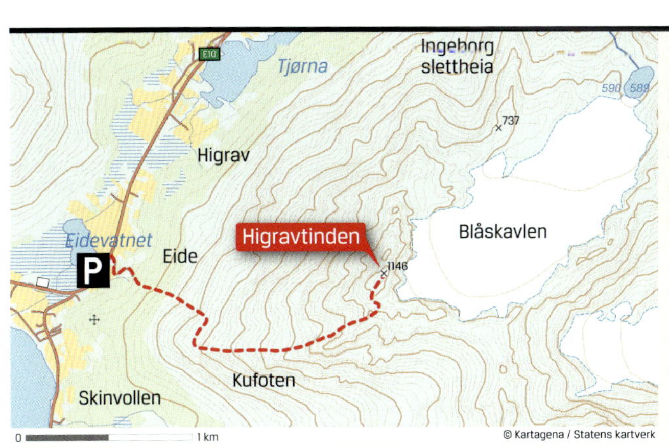

© Kartagena / Statens kartverk

FAKTEN

HÖHE: 1.146 m ü.M.

SCHWIERIGKEIT: Anspruchsvoll

DAUER: 3-4 Std. hinauf

STARTPUNKT: 22 km nördlich von Svolvær am Gemeindehaus Eide an der E 10, 350 m nach der Straße Richtung Liland

TYP: Sehr steil, exponiert, manchmal schmaler Pfad, dann wieder kein Weg erkennbar. Für den Gipfel Kletterausrüstung nötig

ANSPRUCHSVOLLES GELÄNDE: *Die steilen Abhänge des Higravtinden sind heftig, sowohl aufwärts als auch abwärts. Zu Beginn der Saison sind sie oft noch mit Schnee bedeckt. Steigeisen und Eispickel können dann hilfreich sein.*

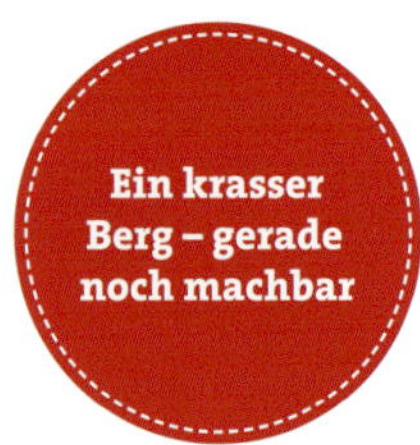

GEITGALJEN

JUBEL: *Oberhalb von Geitgaljens südlicher Felsschlucht. Von hier sind es nur 200 Meter bis zum Gipfel.*

Benachbart und fast so hoch wie der Higravstinden, aber einfacher zu begehen. Der Geitgaljen (1.085 m) bietet eine ebenso wunderbare Aussicht wie sein großer Bruder.

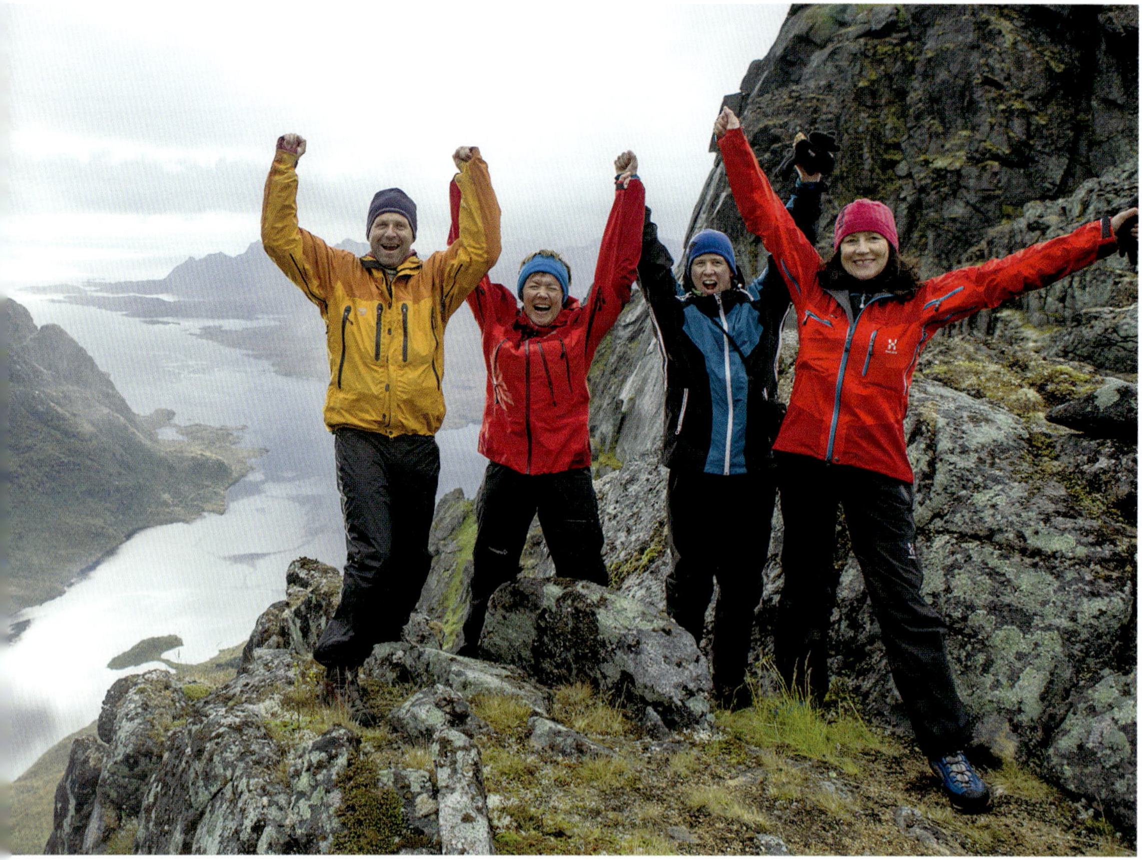

Der Geitgaljen liegt rund 23 Kilometer nördlich von Svolvær und ist der Nachbarberg des Higravstinden. Sie biegen in Eide von der E10 nach Süden in Richtung Liland ab und parken etwa 500 Meter weiter am stillgelegten Lebensmittelgeschäft bei Skinvollen.

Gehen Sie durch das Tor der Schafweide hinter dem ehemaligen Laden und folgen Sie dem Weg nach oben durch das Birkenwäldchen. Weiter aufsteigend, geht es durch das Tal Lilandsdalen, wo es mehrere kleine Wege gibt. Nach einer Weile kommen Sie zu einem Abschnitt, wo der Bach eine tiefe Schlucht in den Berg gegraben hat. Der Weg verläuft im Zickzack vor dieser Schlucht nach rechts. Bald flacht das Gelände ein bisschen ab und das Tal weitet sich. Halten Sie sich im Tal rechts, über einen kleinen Bach und Felsen und folgen Sie einer leicht geneigten Felsplatte, die die rechte Seite eines steilen Hügels umkreist. Das Tal führt Richtung Südosten, bis Sie oben auf einem Bergrücken ankommen, wo Geitgaljens Südflanke steil zum Kvanndalen abfällt. Überqueren Sie die breite Senke im oberen Teil der südlichen Bergschlucht und folgen Sie dem Geröllfeld bis zum Gipfel. Seien Sie vorsichtig, es gibt eine Menge loses Gestein in diesem Abschnitt und im Frühjahr liegt oft noch Schnee.

Bald sind Sie auf einem Sattel, von wo Sie auf die Ostflanke des Geitgaljens und hinüber zum Bergsattel Trollsadelen blicken. Die letzten Höhenmeter erfordern Kraxeln in steilem Gelände, bis man plötzlich auf dem Gipfel steht und sich ein breites Grinsen auf das Gesicht legt – genießen Sie den Blick auf die Troll-Gipfel (Trolltindan) im Osten und die Lofotenwand (Lofotveggen) im Westen.

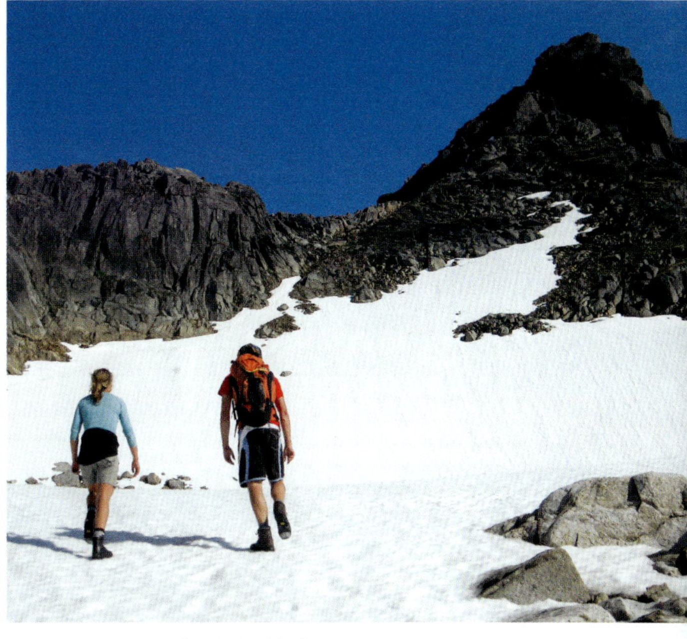

DEM GIPFEL ENTGEGEN: *Es ist Ende Juli, aber noch immer liegt Schnee auf dem Geitgaljen. Der Schnee macht es einem leichter auf dem steilen Geröll nach oben zu gehen.*

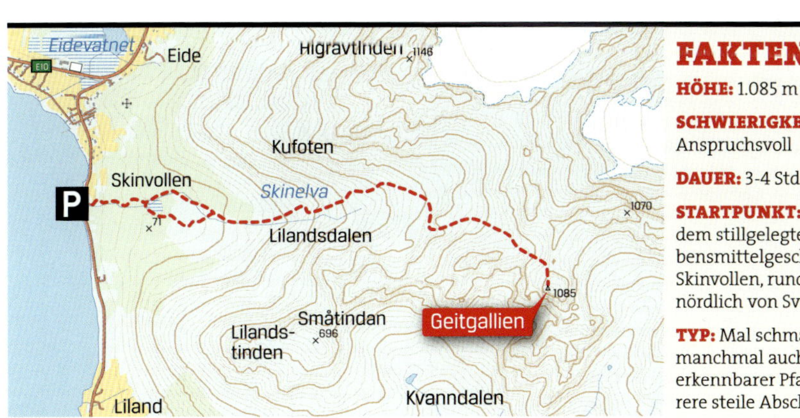

FAKTEN

HÖHE: 1.085 m ü.M.

SCHWIERIGKEIT: Anspruchsvoll

DAUER: 3-4 Std. hinauf

STARTPUNKT: Hinter dem stillgelegten Lebensmittelgeschäft in Skinvollen, rund 23 km nördlich von Svolvær

TYP: Mal schmaler, manchmal auch kein erkennbarer Pfad. Mehrere steile Abschnitte

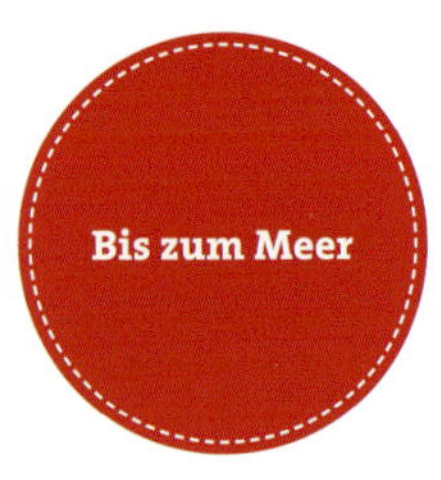

MATMORA

Wenn Sie den Matmora (788 m) überqueren wollen, können Sie von Delp oder Rangeldalen starten. Wählen Sie letzteres, erwartet Sie ein spektakuläres Tourenende entlang ausgedehnter Bergrücken mit atemberaubendem Blick auf das Meer.

NACH NORDEN: *Herrliche Aussicht auf das offene Meer beim Abstieg Richtung Delp*

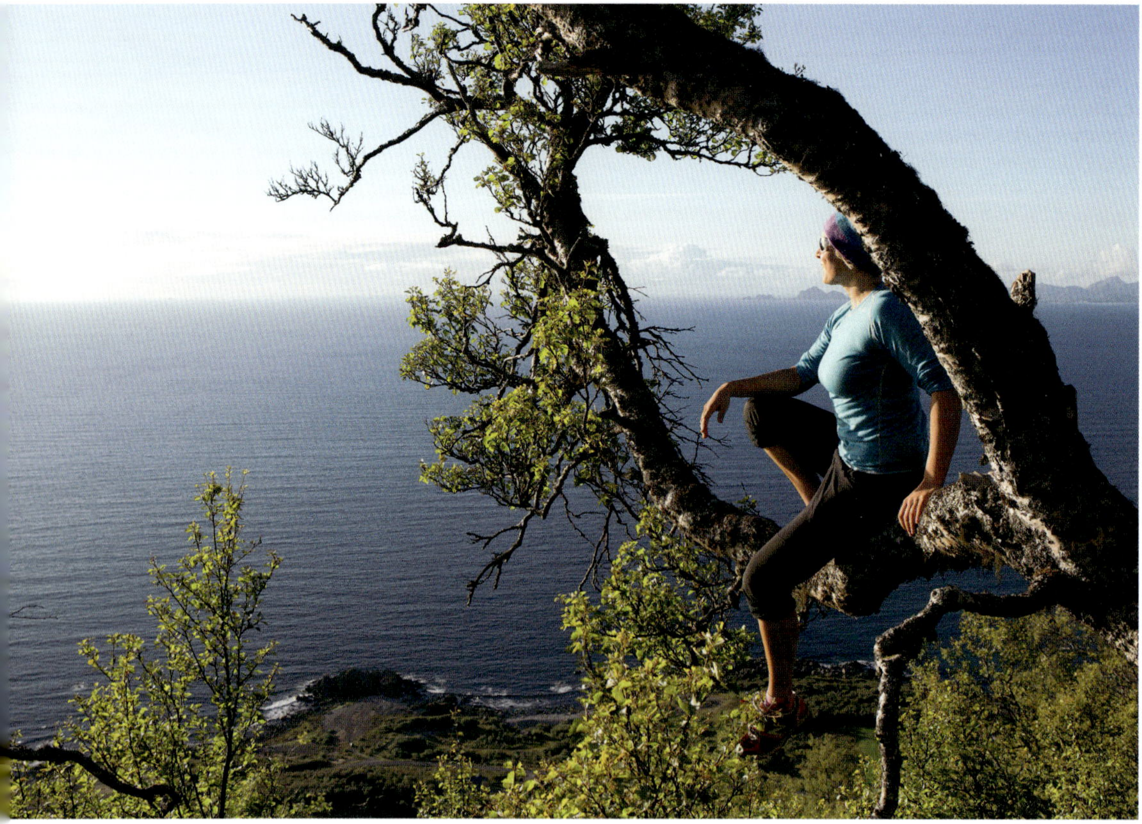

Im Norden von Austvågøy, etwas mehr als eine halbe Stunde Autofahrt von Svolvær, finden Sie den Matmora. Vom Parkplatz am Nordpollen (ein Arm des Vatnfjord) unterhalb des Ørnkollen schlängelt sich eine alte Fahrstraße im Zickzack nach oben ins Rangeldalen. Wenn das Gelände abflacht, folgen Sie dem Tal weiter landeinwärts und bleiben an der Nordseite des Sees Rangeldalsvatnet. Am Ende des Tals wenden Sie sich nach Norden und beginnen den steilen Aufstieg durch das Steindalen. Folgen Sie dem Geröll nach oben, bis Sie auf dem höchsten Punkt bei 788 m ü.M. ankommen. Hier oben steht ein schöner, großer Steinhaufen.

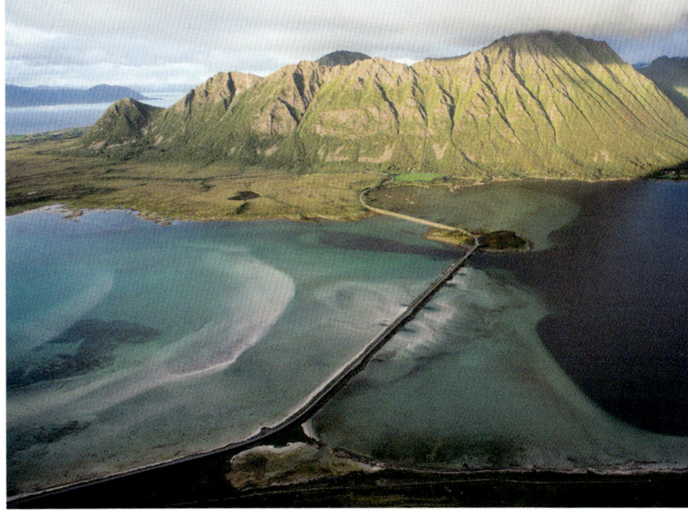

SMARAGDGRÜNES WASSER

Nach einer Verschnaufpause, geht es weiter Richtung Norden auf dem Pfad, der über den Grat führt. Einige Bereiche sind ein wenig ungeschützt, Sie sollten trittsicher und schwindelfrei sein. Nach einer kurzen Strecke kommen Sie auf einer Höhe von 529 m ü.M. nach unten zum Hochplateau Gjersvollheia. Hier ist das Gelände einfach zu begehen und Sie können die umliegende Landschaft genießen, anstatt sich auf die Füße zu konzentrieren.

Im Norden liegt das offene Meer, auf der östlichen Seite blicken Sie direkt in den Grunnførfjord. Bei Ebbe ist es ein außergewöhnlicher Anblick, wie die weißen, langgestreckten Sandstrände vom smaragdgrünen Wasser umspült werden. Tipp: Planen Sie Ihre Wanderung so, dass Sie sie im Licht der Mitternachtssonne beenden.

Vom Berg Delpen (379 m) ist es ein steiler Abstieg mit mehreren Wegen – einige sind deutlicher auszumachen als andere. Die Wege führen hinunter durch Bergbirkenwald, durch ein Tor und dann auf den Parkplatz bei Delp.

BERGBAUBETRIEB

Der einzige Ort auf den Lofoten wo es je Bergbau gab, war im Rangeldalen. Ein paar Österreicher begannen mit dem Bergbaubetrieb im Jahre 1907. Sie waren auf der Suche nach Eisenerz, aber die Erträge waren so gering, dass die Mine 1912 wieder geschlossen wurde.

SMARAGDGRÜN: *Vom Delpen ist der Blick auf die weißen Sandbänke im Grunnførfjord einfach toll*

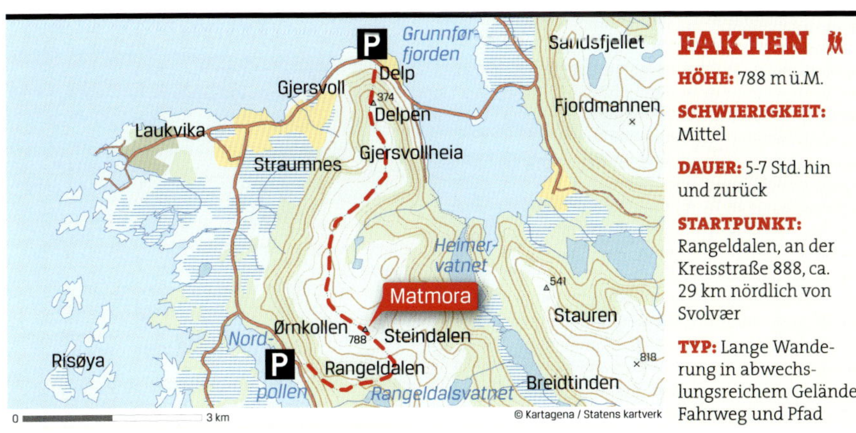

FAKTEN

HÖHE: 788 m ü.M.

SCHWIERIGKEIT: Mittel

DAUER: 5-7 Std. hin und zurück

STARTPUNKT: Rangeldalen, an der Kreisstraße 888, ca. 29 km nördlich von Svolvær

TYP: Lange Wanderung in abwechslungsreichem Gelände. Fahrweg und Pfad

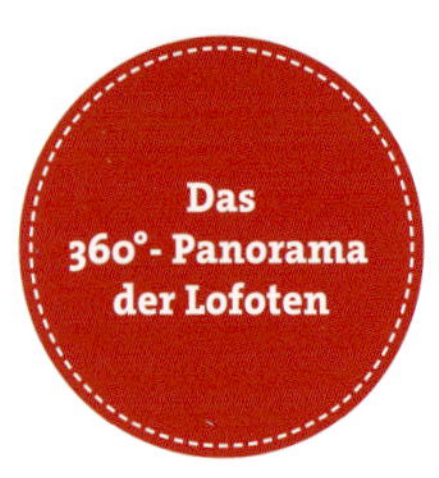

HØGSKROVA

FARBENFROHES WILLKOMMEN: *Tibetische Gebetsfahnen wehen im Wind und begrüßen Sie am Gipfel.*

Høgskrova (258 m), oder Skrovafjellet, wie er vor Ort auch genannt wird, rühmt sich nicht einer großen Höhe, aber dieser kleine Berg wird Sie schnell mit seiner einzigartigen Aussicht auf die Inselwelt der Lofoten begeistern.

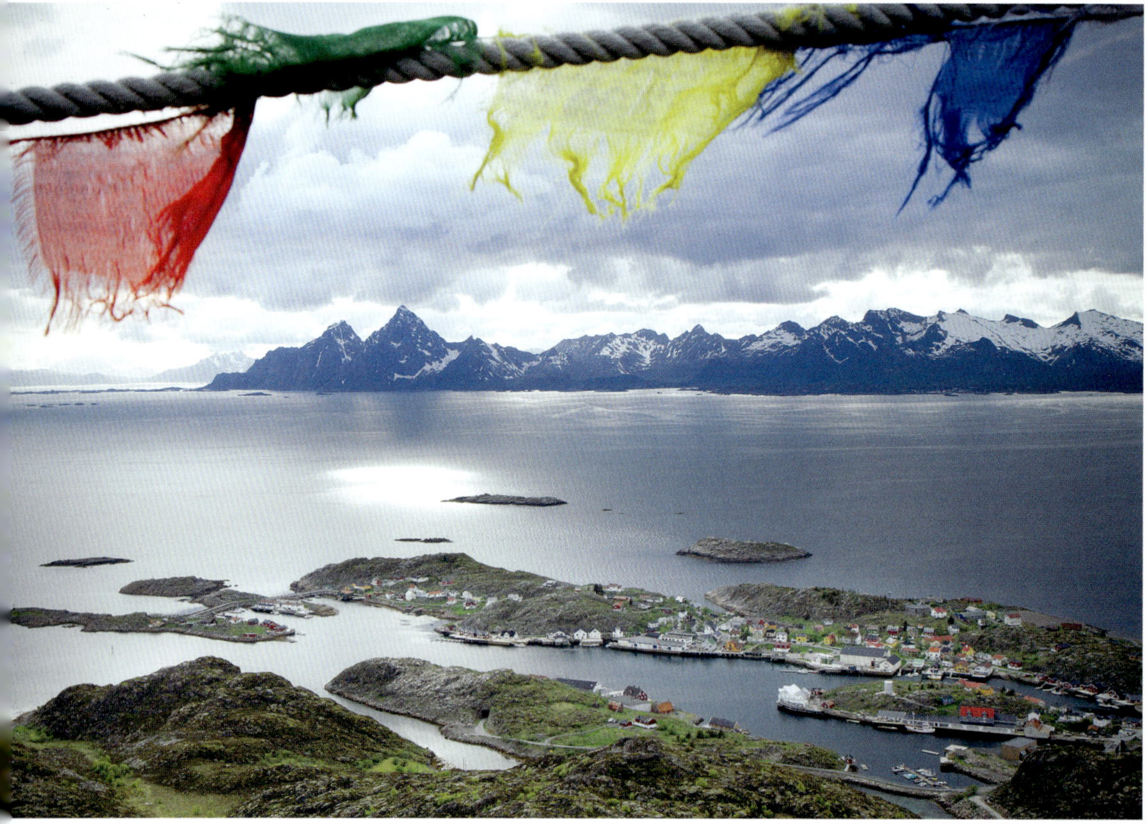

Auf der kleinen Insel Skrova, 20 Minuten Fährfahrt von Svolvær, finden Sie den Høgskrova – ein perfektes Wandergebiet für jedes Alter. Die Tour beginnt am beleuchteten Weg auf Storskrova, dem Sie Richtung Osten ein kurzes Stück folgen, dann biegen Sie rechts auf einen gut präparierten und durch ein Schild gekennzeichneten Weg ein. Es geht mit sanfter Steigung durch den Wald, bevor das Gelände steiler wird und der Weg sich in Richtung der Hochebene und dem Sendeturm auf 200 m ü.M. windet. An einigen Stellen finden Sie Seile und Ketten, um sich über die steilen Abschnitte ziehen zu können.

Von der Hochebene halten Sie sich Richtung Nordosten und nach einigen großen Schritten kommen Sie zu farbenfrohen, tibetischen Gebetsfahnen, die im Wind flattern und Sie am Gipfel willkommen heißen.

Die Aussicht hier ist großartig und unterscheidet sich von anderen Wanderungen in der Gegend, weil man tatsächlich in Richtung Lofotenwand (Lofotveggen) schaut.

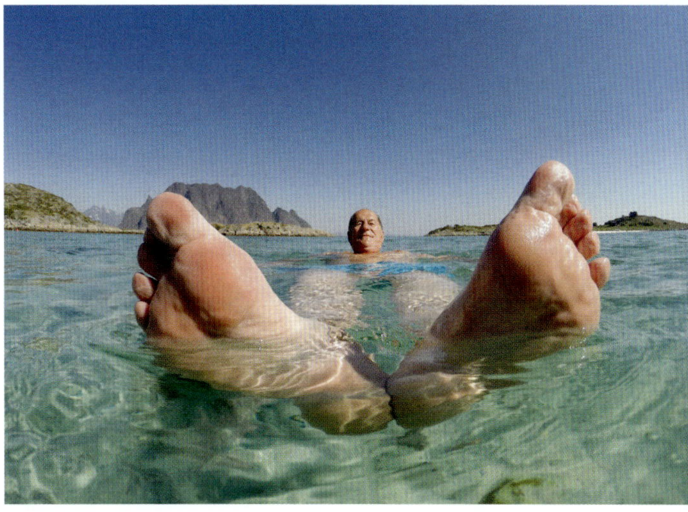

EISIGES TAUCHBAD: *Ein erfrischendes Bad in Hattvika ist herrlich nach der Wanderung zu Skrovas höchstem Gipfel – Høgskrova*

RUNDTOUR UND BADEN IM MEER

Um aus der Wanderung eine Rundtour zu machen, nehmen Sie, um nach unten zu gehen, den Pfad Richtung Nordosten. Gehen Sie am Berg Tuvene vorbei und weiter hinab Richtung Hattvika, oder zum östlichen Teil der Halbinsel Enkholmen um ein erfrischendschendes Bad im Meer zu nehmen!

Man kann auch um das ganze Skrovafjellet herum wandern.

FÄHRE UND EXPRESS-FÄHRE

Es gibt täglich mehrere Fahrten mit der Fähre und der Schnellfähre zwischen Svolvær und Skrova. Die Fahrt dauert ca. 20 Minuten (www.torghatten-nord.no).

FOTOAUSSTELLUNGEN

Auf Skrova gibt es ständige Fotoausstellungen im Freien. Mehr dazu auf Seite 234.

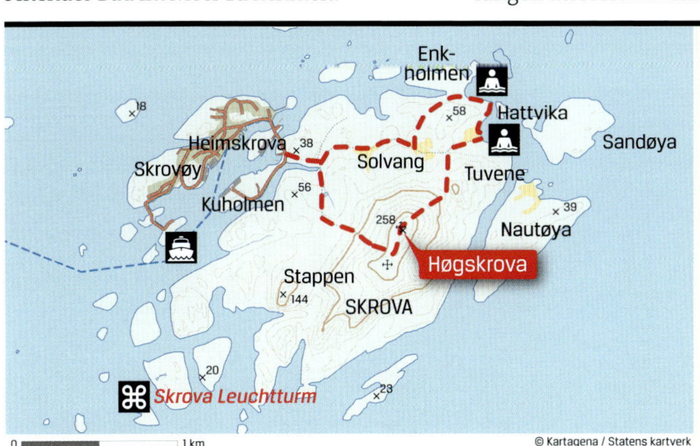

FAKTEN

HÖHE: 258 m ü.M.

SCHWIERIGKEIT: Leicht

DAUER: 1 Std. bis zum Gipfel

STARTPUNKT: Wegweiser am beleuchteten Weg am Ortsrand in der Nähe des Aktivitätshauses

TYP: Gute Wegbeschaffenheit. Mehrere Optionen

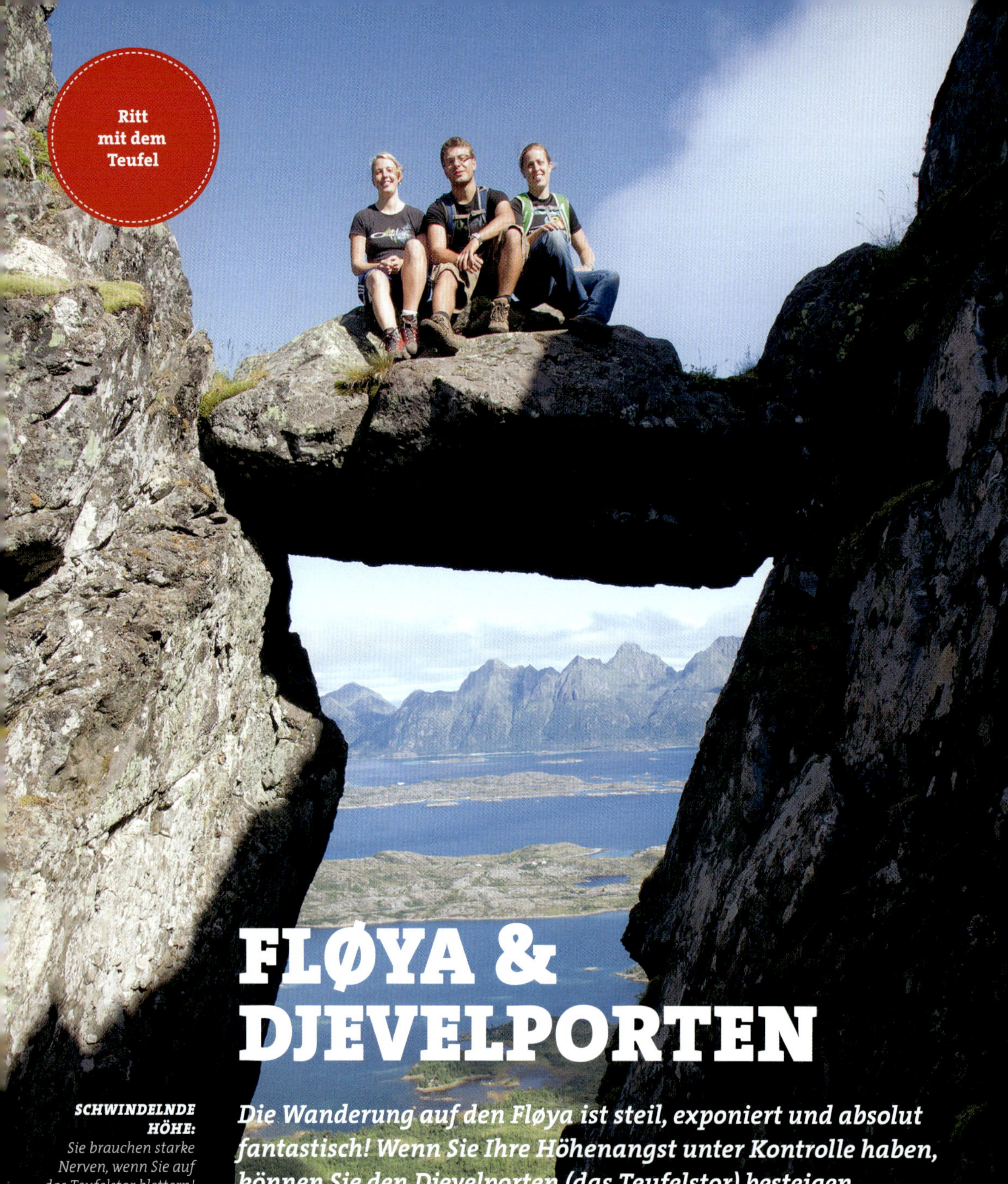

Ritt mit dem Teufel

FLØYA & DJEVELPORTEN

SCHWINDELNDE HÖHE: *Sie brauchen starke Nerven, wenn Sie auf das Teufelstor klettern!*

Die Wanderung auf den Fløya ist steil, exponiert und absolut fantastisch! Wenn Sie Ihre Höhenangst unter Kontrolle haben, können Sie den Djevelporten (das Teufelstor) besteigen.

Der Ausflug liegt am nördöstlichen Stadtrand von Svolvær. Folgen Sie dem Weg, der beim Schild in der Nähe des Kindergartens am Blåtindveien beginnt und auf den steilen Hang hinaufführt. Einige Bereiche sind mit Ketten und Seilen gesichert. Wenn Sie es durch den Blaubeerwald geschafft haben, teilt sich der Weg, von denen einer nach rechts Richtung Svolværgeita abgeht. Sie müssen jedoch dem Pfad folgen, der geradeaus in das weite Tal führt, das in einem Durchgang zwischen Frosken und Fløya endet.

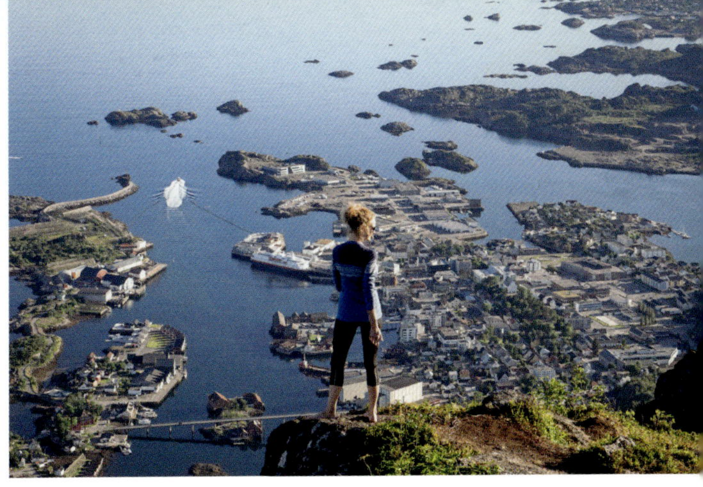

STADTLEBEN: *Von der Spitze des Fløya haben Sie den vollen Blick auf die Hauptstadt der Lofoten, Svolvær*

ZEIT UM ZU PRAHLEN!

Hier am Sattel finden Sie den Djevelporten, einen Steinblock, der zwischen den Bergwänden verkeilt ist. Seien Sie äußerst vorsichtig wenn Sie auf den Djevelporten klettern um sich in Position zu bringen, damit Ihre Wandergefährten das obligatorische „Angeber-Foto“ für Sie schießen können. Es ist ein steiler und ein laaaaaanger Weg nach unten!

Der Weg zum Fløya setzt sich entlang des Berghangs in einer Bogenform fort. Von dem Grat können Sie in Richtung Vestfjord und hinunter auf Svolvær sehen.

Ein alternativer Weg zum Fløya zweigt etwas früher talaufwärts. Er führt aber nicht über den Djevelporten nach oben.

Um den Gipfel des Fløya zu erreichen, muss man einige Meter kraxeln. Dieser letzte, steile Abschnitt ist ein bisschen herausfordernd, man kann auch auf dem unteren Grat bleiben.

SVOLVÆRGEITA

Auf dem Weg zum Fløya kommen Sie am Svolværgeita vorbei, der berühmtesten Felsformation der Lofoten. Die spektakuläre Kletterlage erfordert eine komplette Kletterausrüstung. Wenn Sie nicht über genügend Erfahrung verfügen, um diese Klettertour auf eigene Faust zu unternehmen, können Sie die Besteigung Ihres Lebens unter fachkundiger Führung angehen.

Mehr Infos übers Klettern auf den Lofoten finden Sie auf Seite 224.

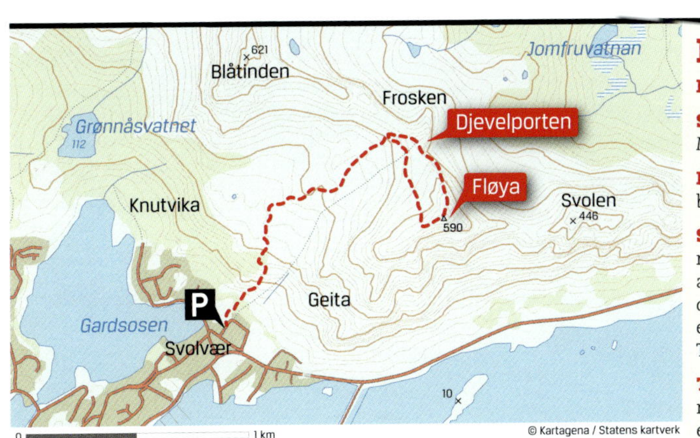

FAKTEN

HÖHE: 590 m ü.M.

SCHWIERIGKEIT: Mittel / anspruchsvoll

DAUER: Mind. 2 Std. bis zum Gipfel

STARTPUNKT: Der markierte Weg beginnt am Kindergarten an der Straße Blåtind-veien, im nordöstlichen Teil von Svolvær

TYP: Steile und exponierte Wanderung auf einem guten Weg

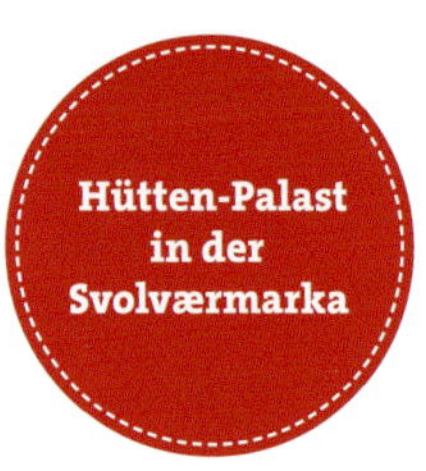

NØKKSÆTRA

BERGIDYLLE: *Nøkksætra ist wunderschön am östlichen Ufer des Austre Nøkkvann gelegen*

Ein Ausflug zu einer der schönsten Hütten des Wanderverbands Lofoten Turlag auf Svolværmarka ist sowohl im Sommer als auch im Winter ein Erlebnis.

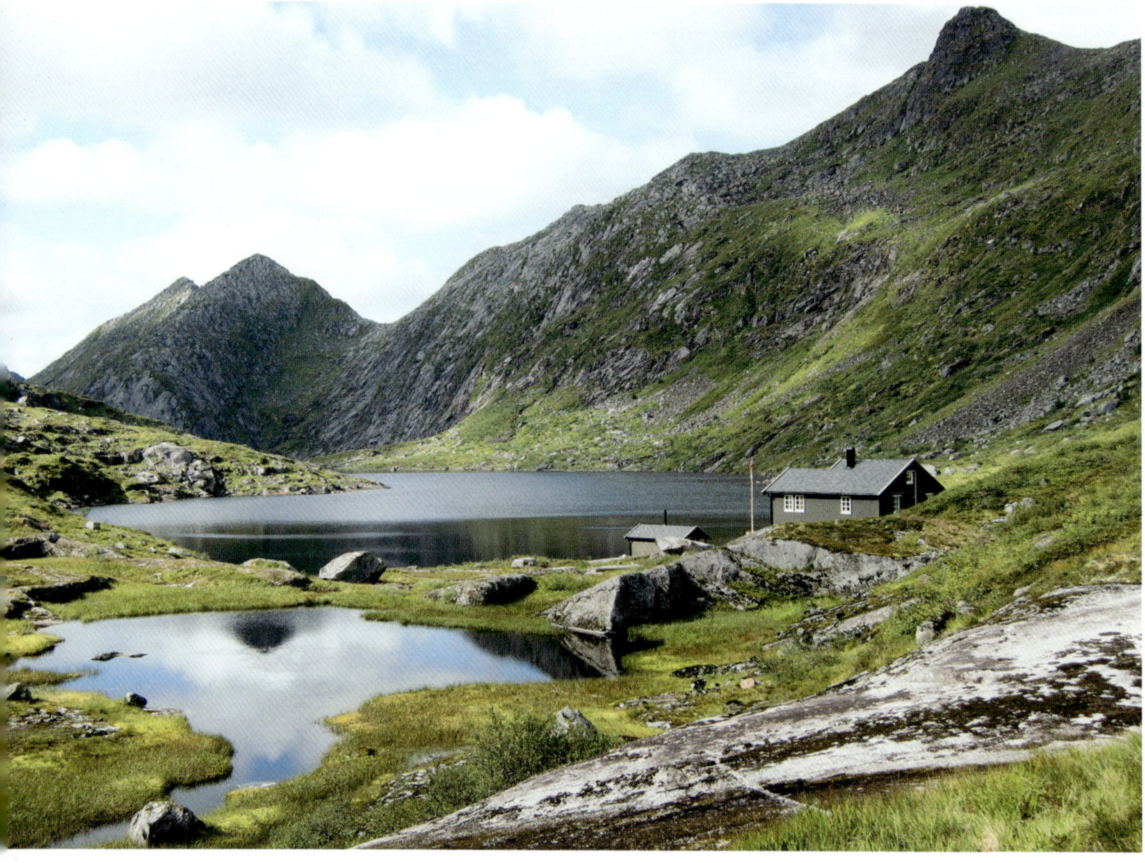

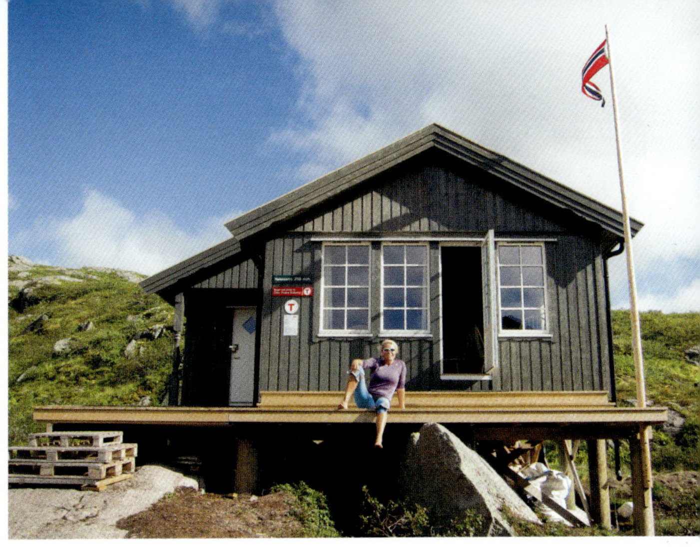

HÜTTEN-PALAST: *Lofoten Turlags jüngste Hütte Nøkksætra wurde im Juni 2012 eröffnet. Sie hat eine Terrasse mit herrlichem Panoramablick.*

Parken Sie in Svolvær am Røde Kors-Huset (Rotes Kreuz Haus) am Ende der Straße Leirskoleveien. Dann laufen Sie auf der Schotterstraße die vom Parkplatz nach Norden führt. Die Straße geht bald in einen Fußweg über, der dem östlichen Ufer des Sees Nedre Svolværvatnet folgt. Der Lofoten Turlag hat tolle Fußgängerstege gebaut, damit man den Sumpf trockenen Fußes überqueren kann. Mehr als 2.000 Stunden wurden von Freiwilligen in das Projekt investiert!

Den Abfluss des Sees überqueren Sie auf einer schönen Hängebrücke. Dann setzt sich der Weg Richtung Norden an der Westseite des Sees Øvre Svolværvatnet fort.

Wenn Sie am Beginn des Tals Djeveldalen ankommen, folgen Sie dem Schild Nøkksætra in westliche Richtung auf einem Weg nach oben durch den Wald. Das Gelände öffnet sich, und der Weg folgt dem Grat weiter aufwärts, über kleine Felsvorsprünge und Felsabschnitte. Dann wird es weniger steil und bald stehen Sie auf der Hochebene, wo die Hütte am Ostufer des Austre Nøkkvatnet zu sehen ist.

HÜTTEN-ZEIT

Die neueste Hütte des Lofoten Turlag wurde am 16. Juni 2012 eröffnet. Seit 2016 ist sie mit einem eigenen Schlüssel verschlossen (NICHT DNT Standard-Schlüssel). Wenn Sie hier übernachten, können Sie auch tagsüber den Wohn- und Küchenbereich nutzen. Sie müssen sich den Schlüssel bei der Tourist-Info in Svolvær besorgen (Barzahlung für die Übernachtung, 300,- NOK Kaution und Vorlage der DNT-Mitgliedskarte). Es gibt zwei Schlafräume mit insgesamt sechs Betten und einen Dachboden mit zehn Schlafplätzen. Die Hütte hat eine Terrasse mit herrlichem Panoramablick.

RUNDTOUR

Im Winter ist es toll, die Tour um den Berg Hans Meyer-fjellet fortzusetzen und die Skipiste nach Svolvær herunterzukommen. Das ist zwar auch im Sommer möglich, aber wegen der sumpfigen Bereiche und der Bachläufe dann oft sehr matschig.

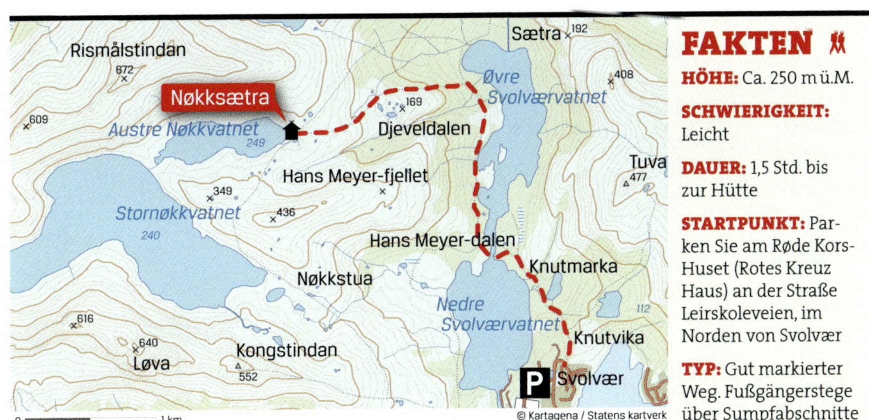

FAKTEN

HÖHE: Ca. 250 m ü.M.

SCHWIERIGKEIT: Leicht

DAUER: 1,5 Std. bis zur Hütte

STARTPUNKT: Parken Sie am Røde Kors-Huset (Rotes Kreuz Haus) an der Straße Leirskoleveien, im Norden von Svolvær

TYP: Gut markierter Weg. Fußgängerstege über Sumpfabschnitte

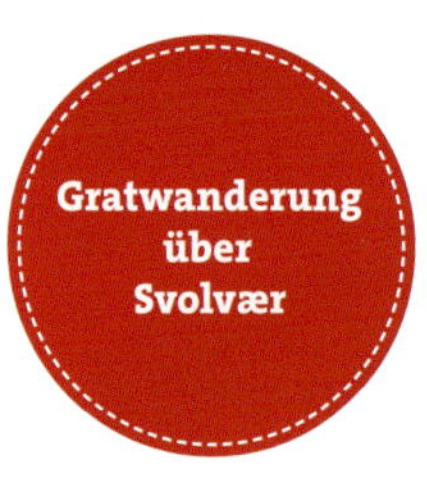

KONGSTINDAN

WIE EIN KÖNIG: *Vom Kongstindan hat man eine tolle Aussicht. Im Hintergrund der Vågakallen.*

Ein wahres Juwel von Bergabenteuer! Relativ einfach, jedoch exponiert und spektakuläre 552 Meter über dem Meeresspiegel.

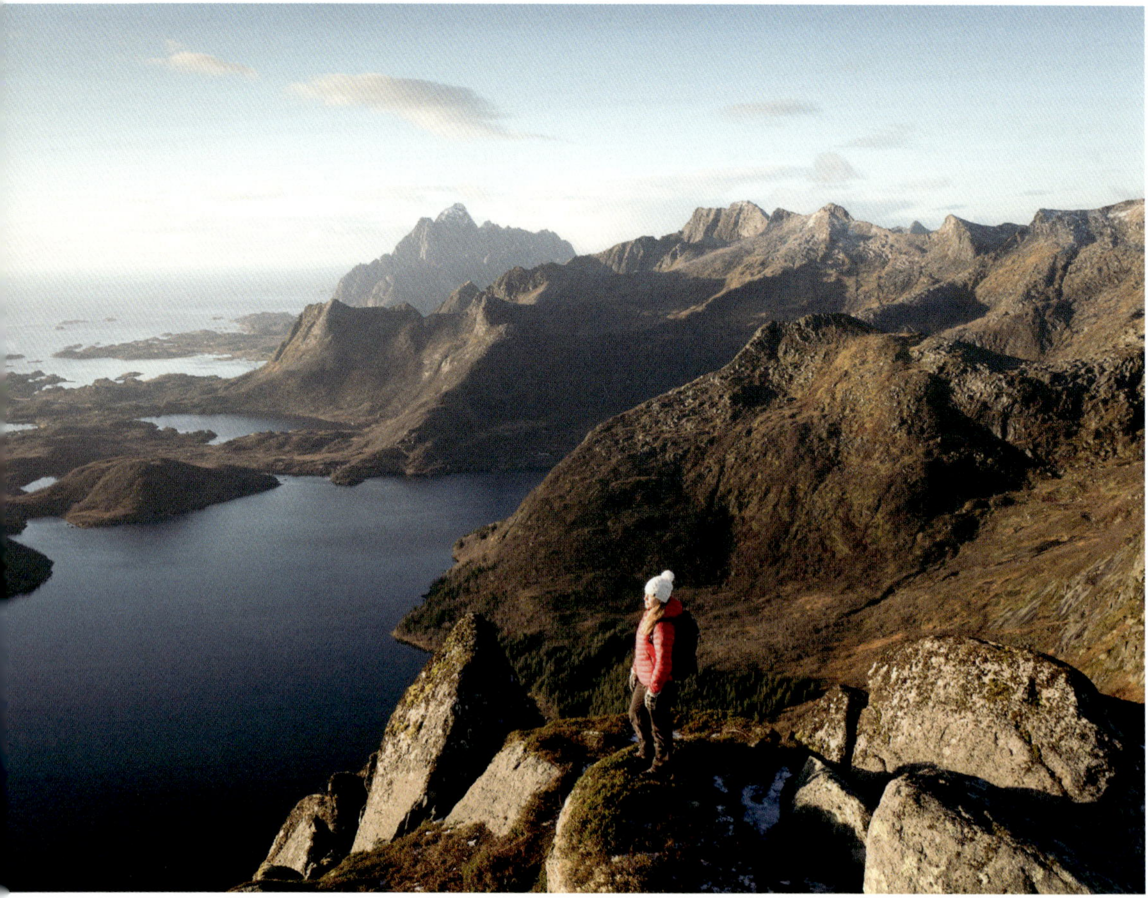

Vom Kraftwerk am nordöstlichen Ende des Sees Lille Kongsvatnet folgen Sie der Schotterstraße etwa 150 Meter durch Kongsmarka, bis rechts ein Hinweisschild zum Pfad führt. Dieser ist auf der ganzen Strecke gut zu gehen, nur zu Beginn ist er ein wenig steil und ein paar leichte Kraxeleien über Felsbrocken sind nötig, die bei Nässe etwas schwierig sein können.

Nach diesem Abschnitt flacht das Gelände ab und öffnet sich. Der Weg führt weiter über einen nassen Sumpfabschnitt und weiter bis zum Bergrücken hinauf. Nach Regenwetter kann es sehr matschig im Sumpfgebiet sein.

Auf 380 m ü.M. gelangen Sie zu einem kleinen Sendeturm, wo man sich in einem Wanderbuch eintragen kann. Folgen Sie dem Grat weiter, der sich bald verengt. Nun klettern Sie den letzten Abschnitt nach oben und genießen die herrliche Aussicht auf Kabelvågmarka und Svolværmarka unten sowie zu den Inseln Molla und Skrova im Südosten.

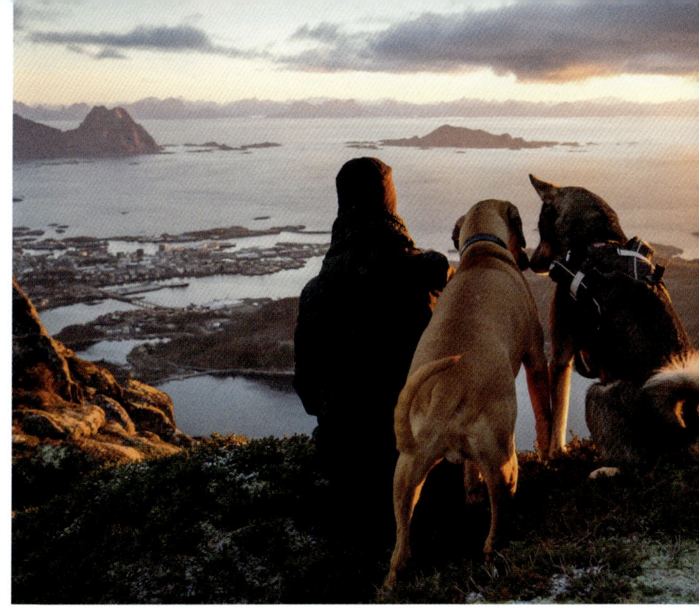

ÜBERBLICK: *Svolvær im Vestfjord. Im Hintergrund sind Lille-Molla und Skrova zu sehen.*

WEITER NACH KABELVÅG

Wenn Sie eine Ganztageswanderung machen wollen, können Sie die Bergkette weiter Richtung Südwesten zum Dronningtinden gehen. Vom See Damvatnet (133 m ü.M.) folgen Sie den Rohrleitungen hinunter zum Kraftwerk Kabelvågmarka am Nordwestufer des Stor-Kongsvatnet und nehmen den beleuchteten Weg, um zur Straße und nach Kabelvåg zu gelangen. Dieser schöne Abschnitt ist etwas exponiert und herausfordernd und nur erfahrenen Wanderern zu empfehlen.

Wollen Sie vom Kraftwerk Kabelvågmarka zum Ausgangspunkt der Wanderung, gehen Sie am Nordufer des Sees Stor-Kongsvatnet ostwärts zurück nach Kongsmarka.

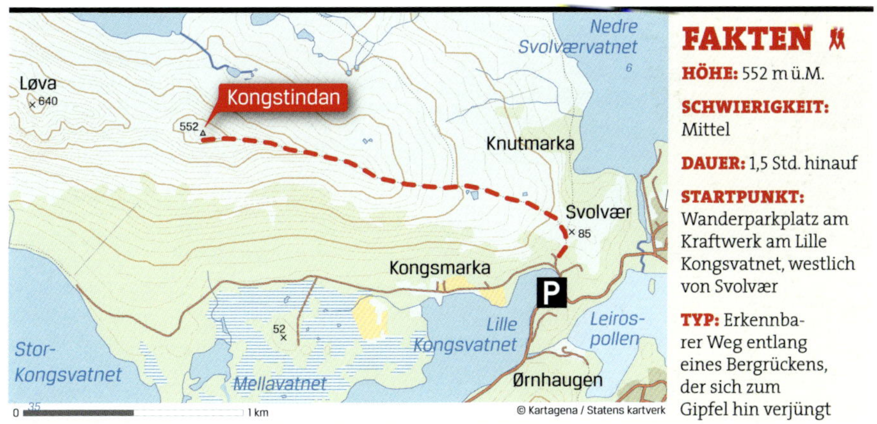

FAKTEN

HÖHE: 552 m ü.M.

SCHWIERIGKEIT: Mittel

DAUER: 1,5 Std. hinauf

STARTPUNKT: Wanderparkplatz am Kraftwerk am Lille Kongsvatnet, westlich von Svolvær

TYP: Erkennbarer Weg entlang eines Bergrückens, der sich zum Gipfel hin verjüngt

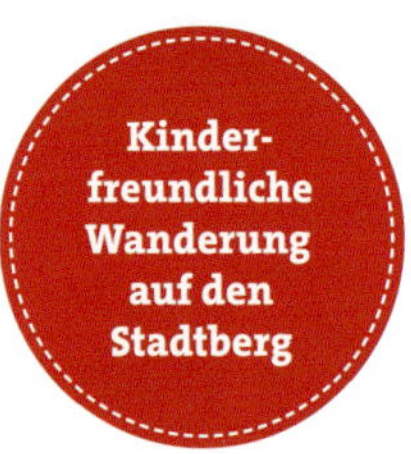

TJELDBERGTINDEN

BELIEBTE WANDERUNG: *Einheimische und Touristen besuchen gleichermaßen häufig den Tjeldbergtinden*

Der Tjeldbergtinden (367 m) liegt direkt zwischen Svolvær und Kabelvåg. Einige Menschen erklimmen den Gipfel täglich im Rahmen ihres Ausgleichssports, andere drosseln das Tempo und genießen einfach eine Wanderung mit der ganzen Familie.

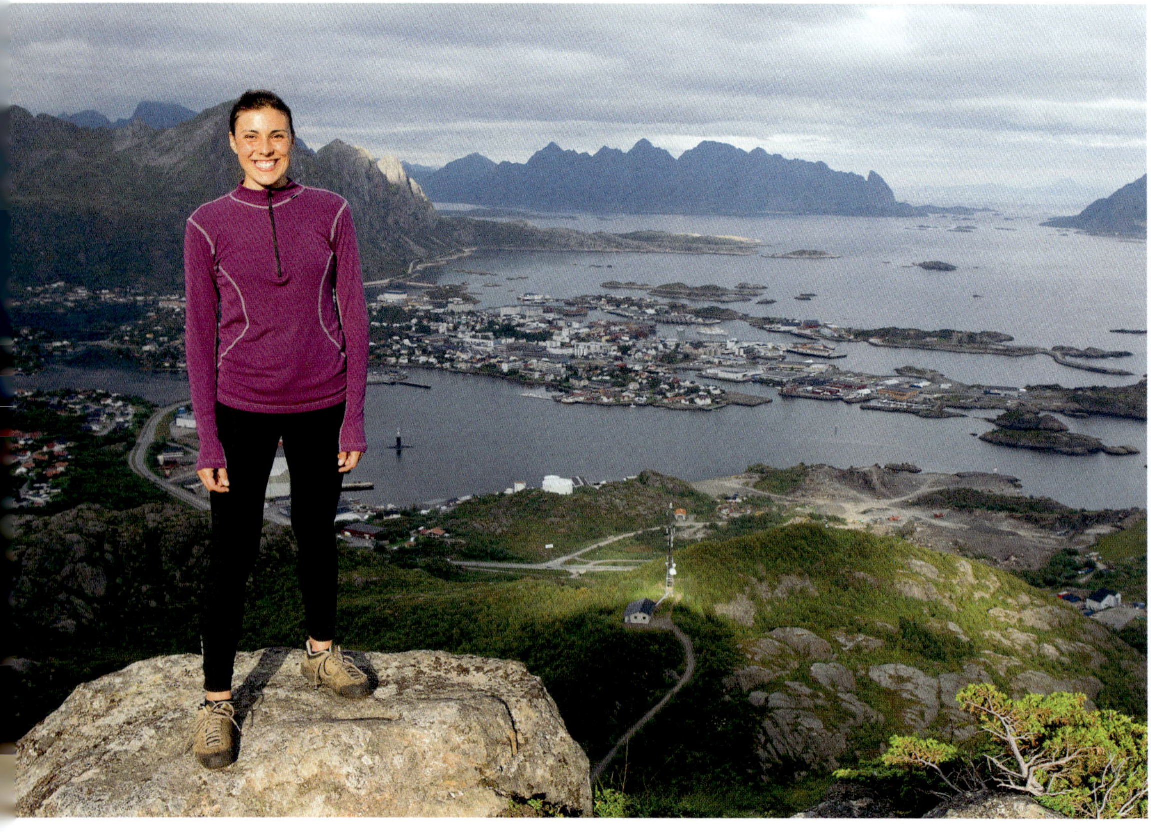

Wenn Sie aus Richtung Svolvær starten, ist der Ort Osan Ihr Ausgangspunkt. Biegen Sie an der Esso-Tankstelle nach rechts und parken Sie ca. 200 Meter weiter an einer Schotterstraße mit Schlagbaum. Hier gehen Sie die Schotterstraße bergauf – sie macht eine große Linkskurve, führt Richtung Süden an einem Schießstand vorbei und windet sich zu einem Felsvorsprung mit Sendemast hinauf.

Der Weg zum Tjeldbergtinden zweigt 100 Meter, bevor der Schotterweg an dem Mast endet, nach rechts durch den Wald westwärts ab. Ein Schild weist Ihnen die Richtung. Der durch Bergbirkenwald führende Weg ist gut zu laufen und über einen kleinen, steileren Abschnitt geht es auf die Kammspitze des Tjeldbergtinden.

Kurz vor dem Grat treffen sich die Wege, der von rechts kommende wäre ebenfalls eine Möglichkeit gewesen hinaufzugelangen. Dieser Weg beginnt ebenfalls am Schlagbaum, biegt aber, anstatt dem Schotterweg zu folgen, in der ersten Linkskurve nach rechts ab und folgt dem Gebirgskamm auf der Westseite des Tales.

ZWEI GIPFEL

Der Tjeldbergtinden hat zwei Gipfel. Der Hauptgipfel, mit 367 m ü.M. der höhere, liegt am weitesten nordwestlich, es ist jedoch absolut lohnend auch beim unteren Südostgipfel vorbeizuschauen. Hier fällt der Berg nach unten zur Bucht Tjeldbergvika steil ab. Wenn Sie hier stehen, stürzt sich das Meer förmlich auf Sie und der Wind füllt Ihre Lungen mit frischer Seeluft.

VON KABELVÅG AUS

Wenn Sie aus Richtung Kabelvåg starten, können Sie zum Beispiel in Åvika beginnen und landeinwärts zum Prestvatnet gehen. Es gibt auf beiden Uferseiten einen Weg. Bei Stor-Andershaugen sollten Sie den Weg, der dem nordwestlichen Bergrücken folgt, auf den Tjeldbergtinden hinaufgehen. Im Juli und August sind die Hänge mit Blaubeeren bedeckt – Mmmh!

Bald sind Sie auf dem Gipfel, wo Sie sich im Gipfelbuch verewigen können.

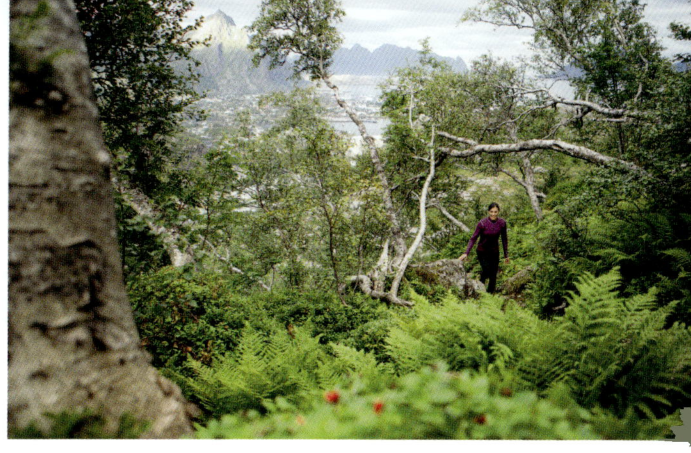

FARBENFROH: *Den Hang hinauf in Richtung Tjeldbergtinden*

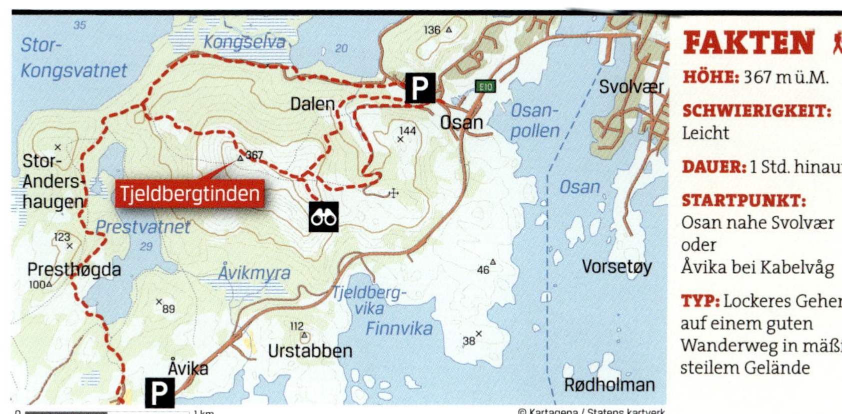

FAKTEN

HÖHE: 367 m ü.M.

SCHWIERIGKEIT: Leicht

DAUER: 1 Std. hinauf

STARTPUNKT: Osan nahe Svolvær oder Åvika bei Kabelvåg

TYP: Lockeres Gehen auf einem guten Wanderweg in mäßig steilem Gelände

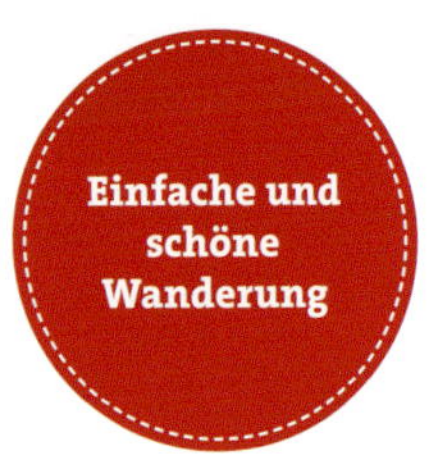

GLOMTINDEN

HALTEN SIE IHRE WANDERUNG FEST:
Eintrag ins Gipfelbuch auf dem Glomtinden

Direkt oberhalb des Tunnels Rørvikskartunnelen steht ein einfacher, kleiner Berg. Der Gipfel (419 m) ist wunderbar offen und exponiert und Sie werden bestimmt Schmetterlinge im Bauch bekommen, wenn Sie über den Rand schauen.

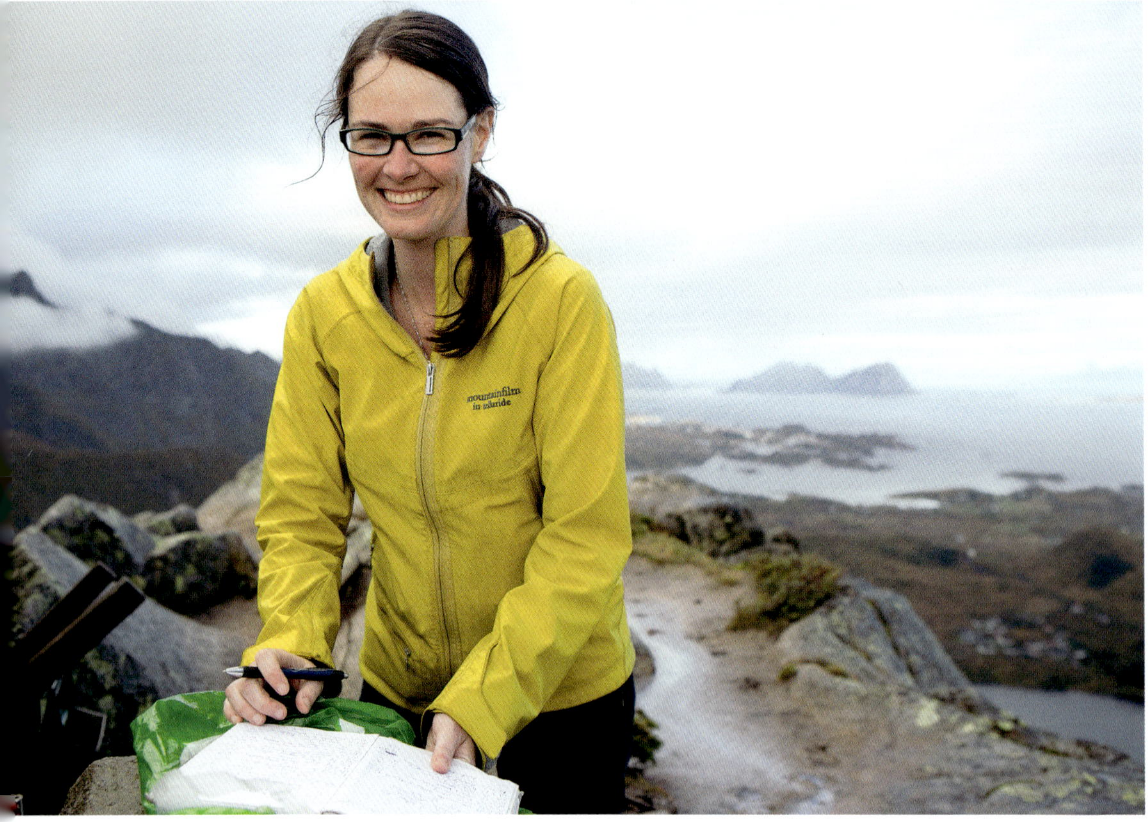

Für diese schöne Bergwanderung, die neben der E 10, etwa 13 Kilometer westlich von Svolvær startet, gibt es mehrere Varianten.

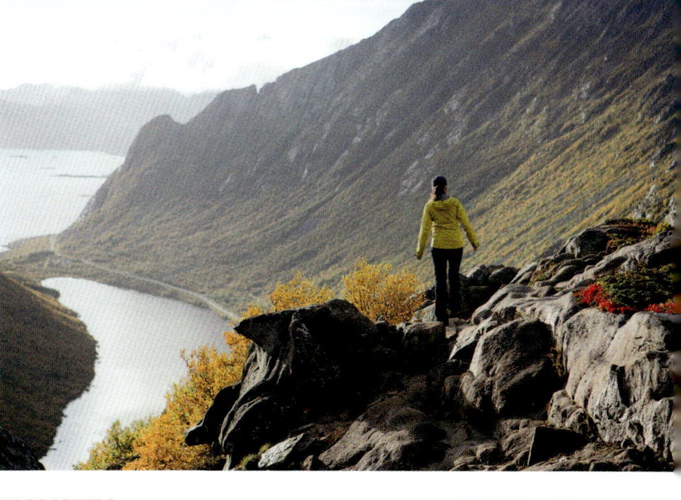

VARIANTE 1

Die am häufigsten begangene Route beginnt am Rørvikvatnet auf der Westseite des Tunnels. Sie parken an der alten Schotterstraße und folgen ihr nach oben, bis Sie auf den Pass Rørvikskaret kommen. Nun halten Sie sich rechts und folgen dem Weg entlang des Bergrückens. Es ist eine stetige Steigung bis zum oberen Ende des Bergrückens, wo Sie ein kleines Plateau erreichen, nachdem Sie eine wüstenähnliche Landschaft mit reizvollen Steinformationen durchquert haben.

Bis zum Gipfel selbst wird das Gelände steiler und es erwarten Sie einige einfache Kraxeleien durchs Geröll. Oben folgt der obligatorische Eintrag ins Gipfelbuch, das in einem Kasten liegt. Dann lassen Sie sich einfach von der unglaublichen Berglandschaft, die Sie umgibt, überraschen.

VARIANTE 2

Starten Sie an der Schotterstraße am Hopsvatnet auf der östlichen Seite des Tunnels. Folgen Sie der alten Straße bis Sie zum Pass Rørvikskaret kommen und wenden Sie sich dort auf dem Weg nach links. Weiter wie in Variante 1 beschrieben.

VARIANTE 3

Für eine etwas längere Tour ist diese Option in Verbindung mit Variante 1 oder 2 gut. (Es wird nicht empfohlen durch den Rørviktunnellen zu gehen, da er eng, dunkel und den ganzen Sommer über stark frequentiert ist).

Starten Sie am Damm auf der Westseite des Sees Hopspollen. Der Wanderweg folgt dem östlichen Bergkamm hinauf. Zur Spitze hin verengt sich der Kamm, was diese Strecke etwas windiger und exponierter macht, als die Wege aus Westen kommend.

Bald erreichen Sie das Felsplateau, wo Sie auf den Weg aus Richtung Rørvikskaret treffen – dann ist es nur noch ein Katzensprung zum Gipfel.

TRINKWASSER: *Auf dem Weg nach unten in Richtung Rørvikskaret. Unterhalb liegt Rørvikvatnet, ein See zur Trinkwasserversorgung von Henningsvær.*

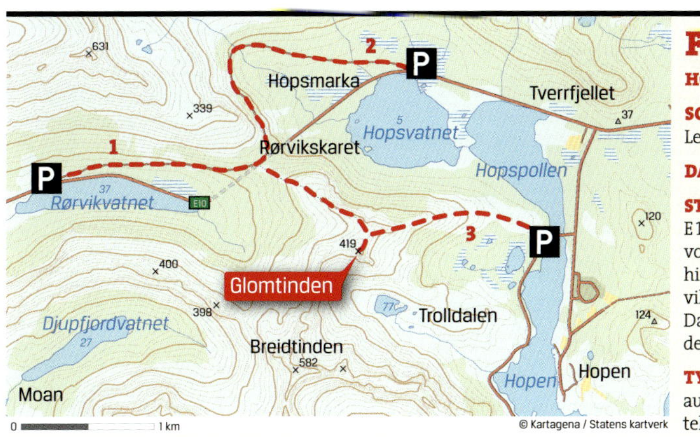

FAKTEN

HÖHE: 419 m ü.M.

SCHWIERIGKEIT: Leicht

DAUER: 1 Std. hinauf

STARTPUNKT: An der E 10 ca. 13 km westlich von Svolvær, vor oder hinter dem Tunnel Rørviktunnelen oder am Damm am Westufer des Sees Hopspollen

TYP: Lockeres Gehen auf gutem Weg, mittelsteiles Gelände

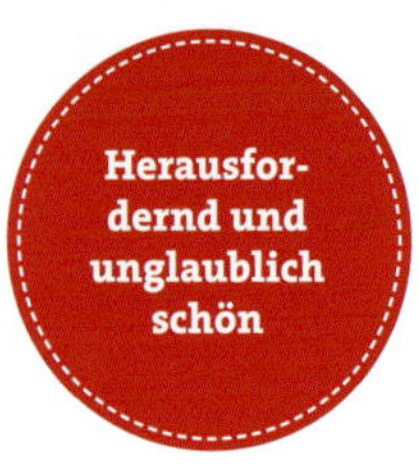

VÅGAKALLEN

GUT AUSBALANCIERT: *Auf dem "Hustaket" (Das Dach). Einfacher ist es, die Felsen darunter zu überqueren.*

Eine Landmarke für Seeleute, eine wahre Versuchung für Bergliebhaber – der Vågakallen (943 m). Nicht der höchste Berg der Lofoten, aber an Schönheit und Rohheit überragt er die meisten.

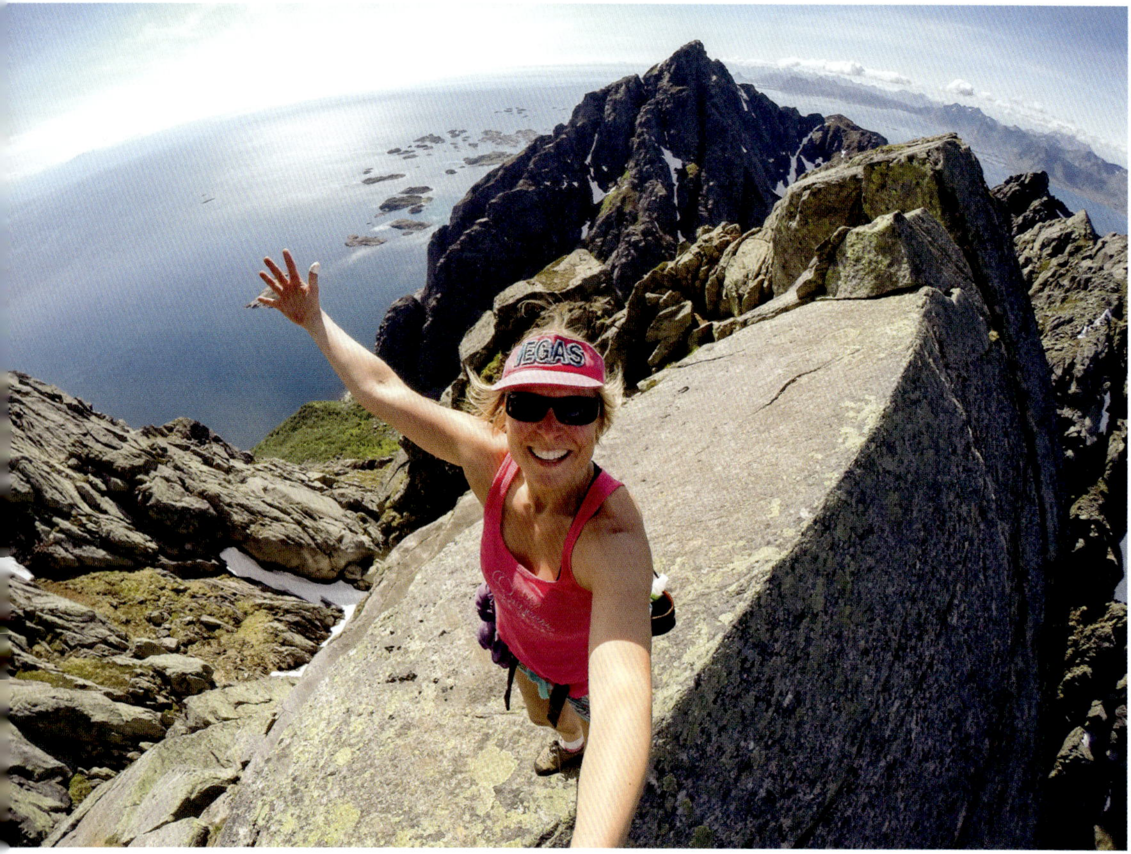

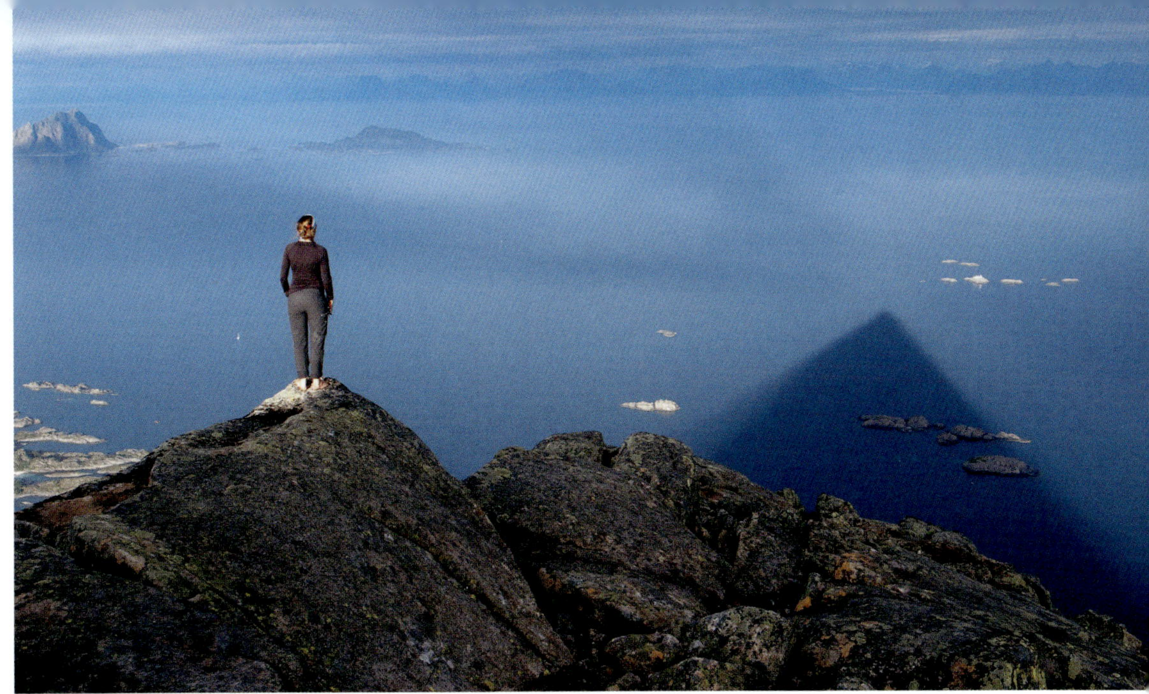

Der übliche Weg auf den Vågakallen führt entlang des Djupfjords, etwa fünf Kilometer nördlich von Henningsvær. Sie folgen dem Weg bis zur Moräne, die den Djupfjord vom See Djupfjordvatnet trennt, überqueren dort den Bach und gehen am ersten möglichen Schlenker nach rechts ins Durmålsdalen. Der erste Teil führt über große Steinplatten, bevor ein klar erkennbarer Weg durch steiles Gelände zum Sattel führt, der sich zwischen Kvanndalstinden und den Kuppen unterhalb des Vågakallen erstreckt.

Wenn Sie nach links oben schauen, können Sie schon das Ziel des Tages sehen: die Spitze des Vågakallen.

HERAUSFORDERND

Der Weg führt nun nach Osten, entlang eines leicht abfallenden, grasbedeckten Berghangs, bevor er sich nach Norden windet, den steilen Berghang hinauf durch eine Menge losen Gerölls. Auf dem Kamm dieses Berghangs (auf ca. 700 m ü.M.), wenden Sie sich nach rechts und folgen dem Pfad ostwärts ein wenig bergab, bevor Sie, mit Vorsicht, einen steilen Abschnitt in einer engen Felsschlucht hinaufklettern.

Bald sehen Sie den „Hustaket“ (Dachfirst), eine berüchtigte Felspassage, die mit größter Vorsicht überquert werden muss. Am einfachsten ist es, auf den Platten unterhalb des „Daches“ zu gehen.

Danach wartet eine weitere steile und felsige Rinne, bevor Sie den letzten Abschnitt beginnen – kraxeln über Felsvorsprünge und mehrere kleine Felsrinnen hinaufsteigen. Einige dieser Passagen sind anspruchsvoll und es kann schwierig sein, immer den richtigen Weg zu finden.

Du meine Güte! Das war hart! Aber – die Besteigung des Vågakallen an einem klaren Tag ist ein fantastisches Erlebnis. Tragen Sie sich ins Gipfelbuch ein und genießen Sie Ihr extra großes Lunchpaket.

SEIEN SIE SICH DER ELEMENTE BEWUSST

Sehen Sie sich vor – in den steilen Felschluchten kann bis lange in den Sommer hinein Schnee liegen. Im Falle von Regen oder Nebel unterlassen Sie bitte diese Wanderung.

SCHATTEN IM MEER: *Der Schatten des 942 Meter hohen Vågakallen erstreckt sich im Licht der tiefstehenden Sonne weit über den Vestfjord*

STEILES GELÄNDE: *Pause auf 700 Metern Höhe, bevor die wirklich steile Kletterei beginnt*

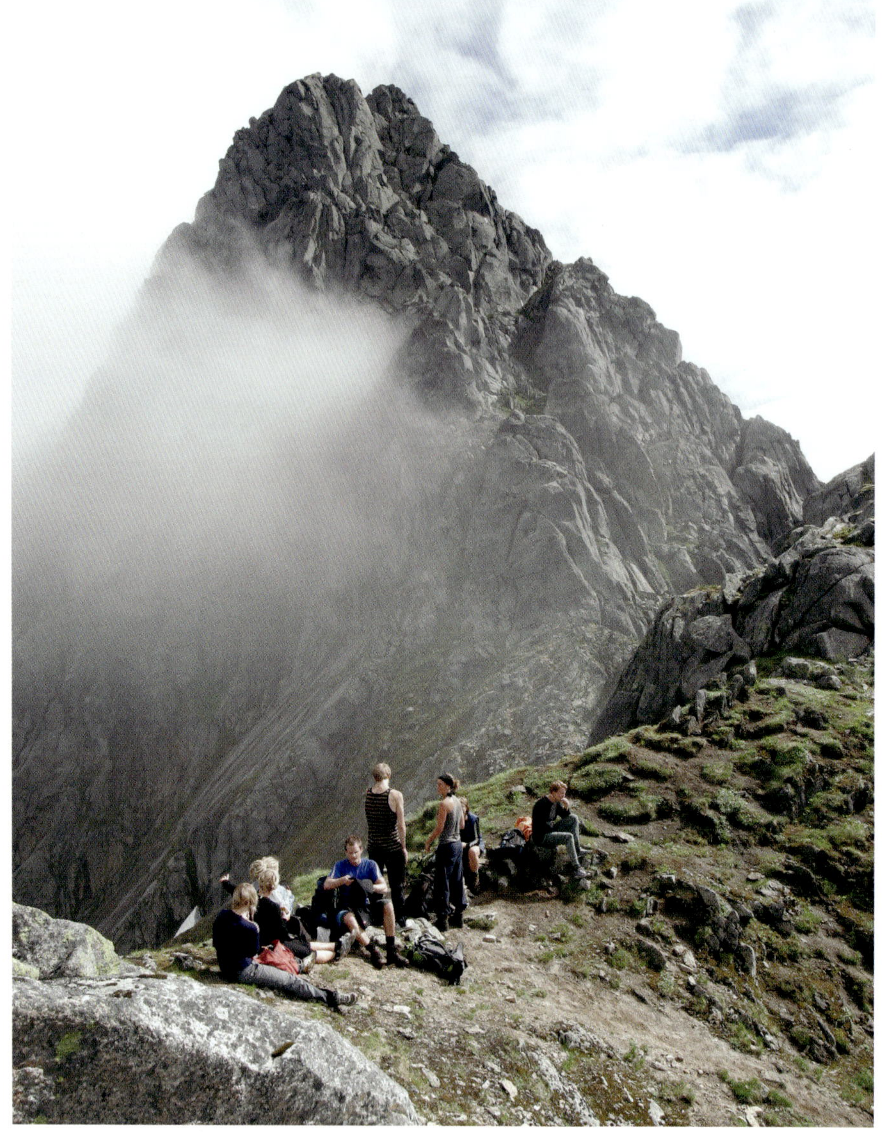

ROUTE FÜR ERFAHRENE KLETTERER

Für erfahrene Kletterer ist der Nordgrat des Vågakallen eine hervorragende Alternative zur üblichen Route. Diese erfordert Seil- und Kletterausrüstung. Das Klettern übersteigt zwar nie den 4. Grad (norwegische Skala), aber die Route erfordert Aufmerksamkeit.

Die Tour beginnt entweder als Wanderung zum Ende des Djupfjords, um sich dann dem Kamm durchs Geröll zu nähern, oder vom Glomtinden aus. Die letzte Variante ist anspruchsvoller. Planen Sie für diese Klettertour rund 8 bis 12 Stunden ein.

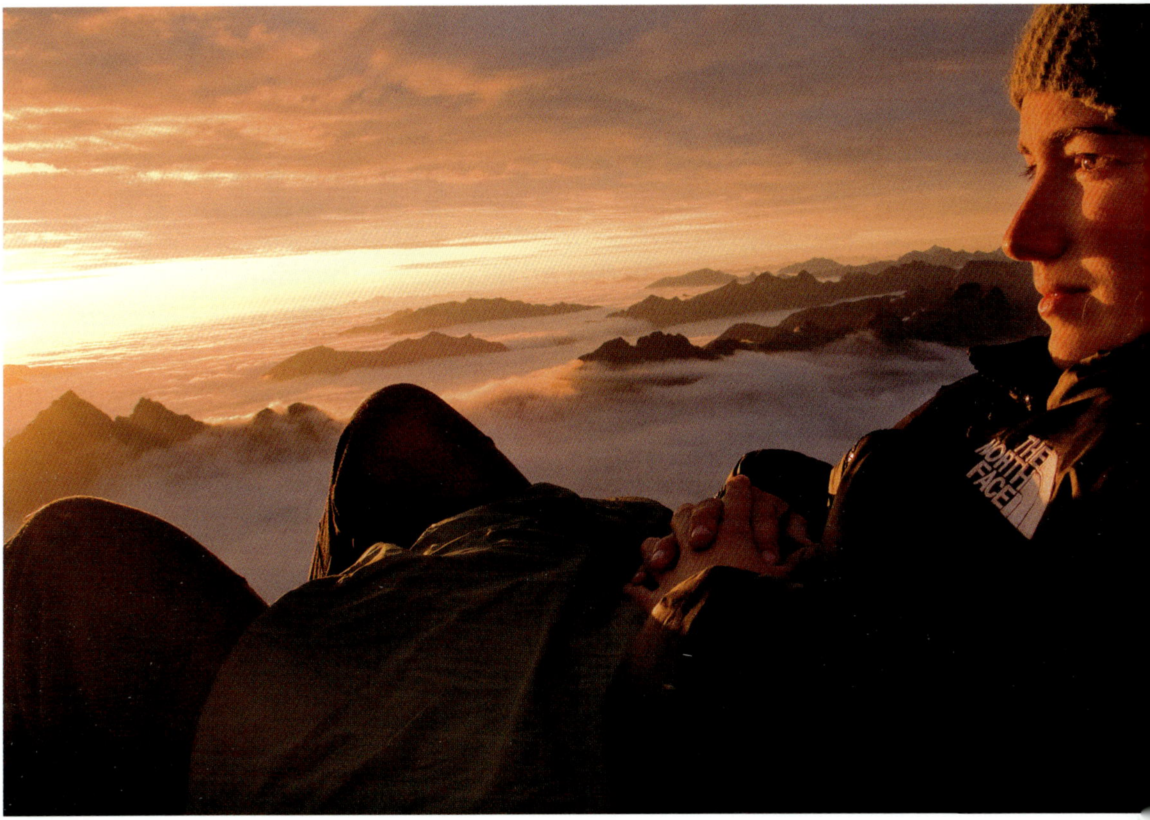

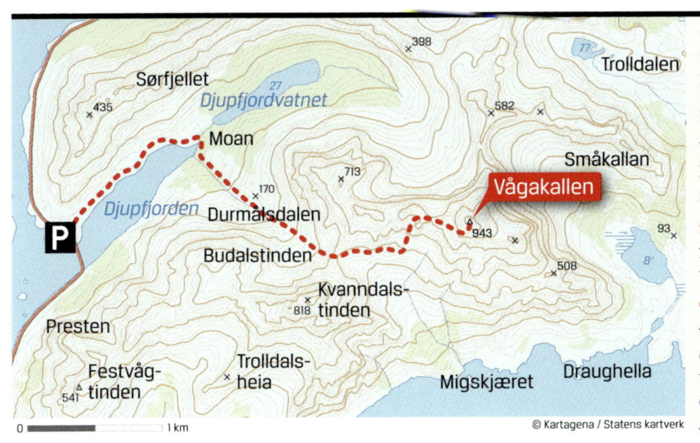

FAKTEN

HÖHE: 943 m ü.M.

SCHWIERIGKEIT: Anspruchsvoll

DAUER: 3-4 Std. bis zum Gipfel

STARTPUNKT: Djupfjord, ca. 5 km nördl. von Henningsvær

TYP: Teils gute Wege, teils Abschnitte ohne erkennbaren Weg im unwegsamen Gelände. Steil & exponiert. Anspruchsvolle Route

ÜBER DEN WOLKEN SCHEINT DIE MITTERNACHTS-SONNE: *Es ist zwar schon eine Stunde nach Mitternacht auf dem Gipfel des Vågakallen, aber kein Grund ins Bett zu gehen*

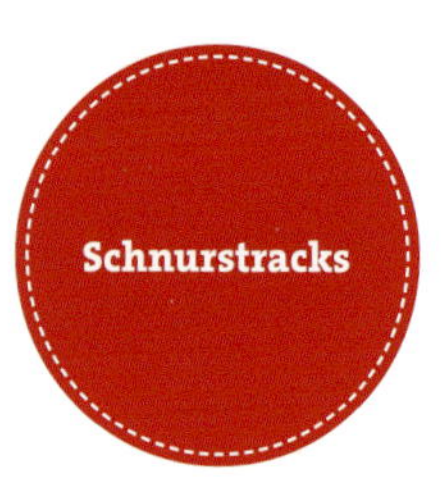

FESTVÅGTINDEN

FAVORIT:
Festvågtind ist der Lieblingsberg des Musikers Sondre Justad. Ist das Konzert auf dem Berggipfel Tradition geworden?

Der Festvågtinden (541 m) ist der Prototyp eines Lofotenberges. Supersteil, einfacher Zugang und eine fantastische Aussicht, die jeden Tropfen Schweiß wert ist. Sie müssen weit und breit nach einer lohnenderen Bergwanderung suchen. Es gibt nur einen Weg – hinauf!

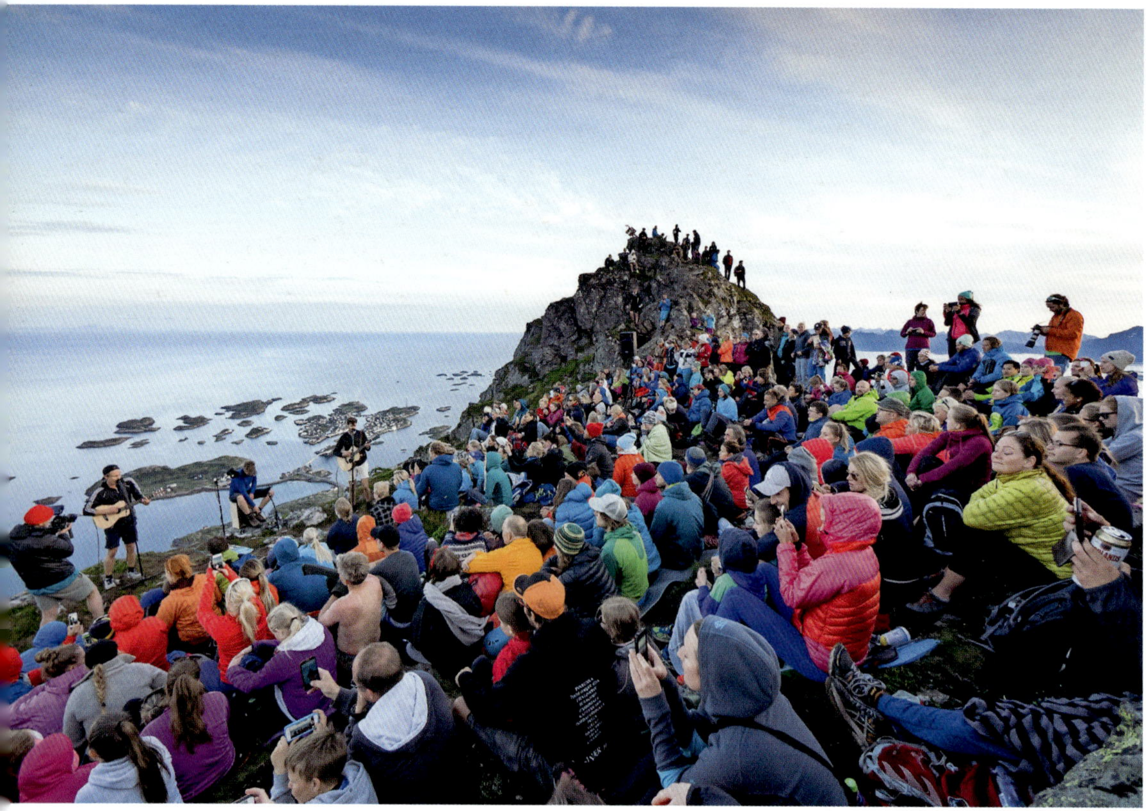

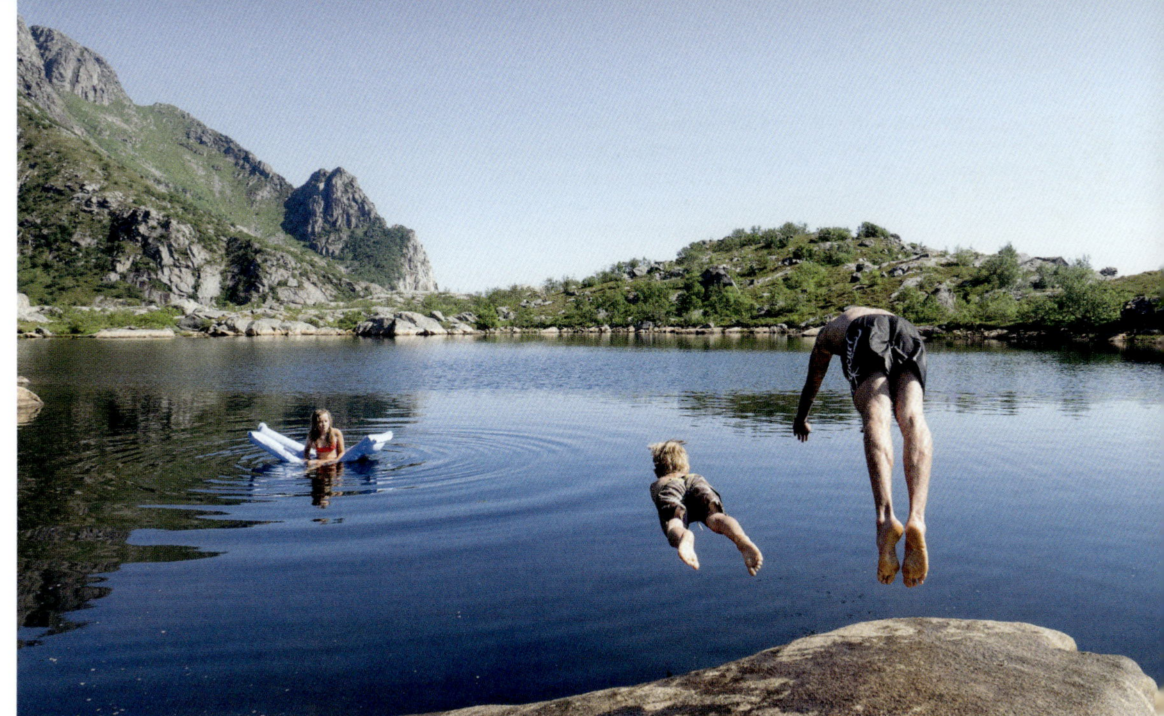

Der Festvågtinden liegt am südlichsten Zipfel Austvågøys, 3 km nördlich des gemütlichen Fischerdorfs Henningsvær. Die Tour beginnt direkt hinter Festvåg an der großen Straßenkurve Richtung Henningsvær.

MEHRERE WEGE

Der Weg beginnt zwischen Büschen am Straßenrand an der Steintreppe am alten Wasserspeicher.

Schauen Sie den Berghang hinauf, bevor Sie losgehen. Es gibt am felsigen Steilhang mehrere Wanderwege, Sie sollten dem rechten oder mittleren Pfad folgen. Sie müssen noch über einige große Felsbrocken kraxeln, bevor Sie zum gut ausgetretenen Schotterweg kommen. Auf halber Höhe des Felshanges teilt sich der Weg. Der rechte Weg führt zunächst hinauf zum See Heiavatnet auf 189 m ü.M. und dann weiter Richtung Gipfel. Der mittlere Pfad ist ein direkter Weg zum Gipfel. Der linke Weg sollte nur von sehr erfahrenen Bergsteigern begangen werden, die gerne klettern.

HEIAVATNET

Die Gegend um den See Heiavatnet ist sehr lauschig und eine gute Alternative für jene, die nicht zum Gipfel gehen möchten. Vom südwestlichen Rand des Sees kann man eine großartige Aussicht genießen. Der Heiavatnet war früher Trinkwasserquelle für Henningsvær. Das Wasser floss durch Rohrleitungen den steilen Berghang hinunter in das Reservoir, von dem man noch das Fundament sieht. Fischer transportierten das Wasser von hier mit dem Boot nach Henningsvær.

Heute ist der See Heiavatnet sozusagen das örtliche „Schwimmbad" für die Einheimischen. An einem guten Sommertag kann die Wassertemperatur 18-19 Grad Celsius erreichen.

FANTASTISCHE AUSSICHT

Vom See führt der Weg etwas unklar durch einen felsigen Abschnitt, aber weiter oben wird die Route wieder deutlich. Gehen Sie weiter bergauf – wenn Sie an den Grat

EINTAUCHEN: *Heiavatnet ist Henningsværs Schwimmbad*

kommen, werden Sie von einem fantastischen Blick über die Meeresstraße Henningsværstraumen begrüßt und unter sich können Sie die Kletterer an der Kletterwand „Presten" beobachten.

Nehmen Sie nun den Weg nach links, einen kurzen steilen Abschnitt hinauf und folgen Sie dem Grat, bevor Sie den letzten steilen Abschnitt zum Steinhaufen hinaufklettern, der den Gipfel markiert.

SUPER AUSSICHT: *Ein Steinhaufen markiert die Spitze des 541 Meter hohen Festvågtinden*

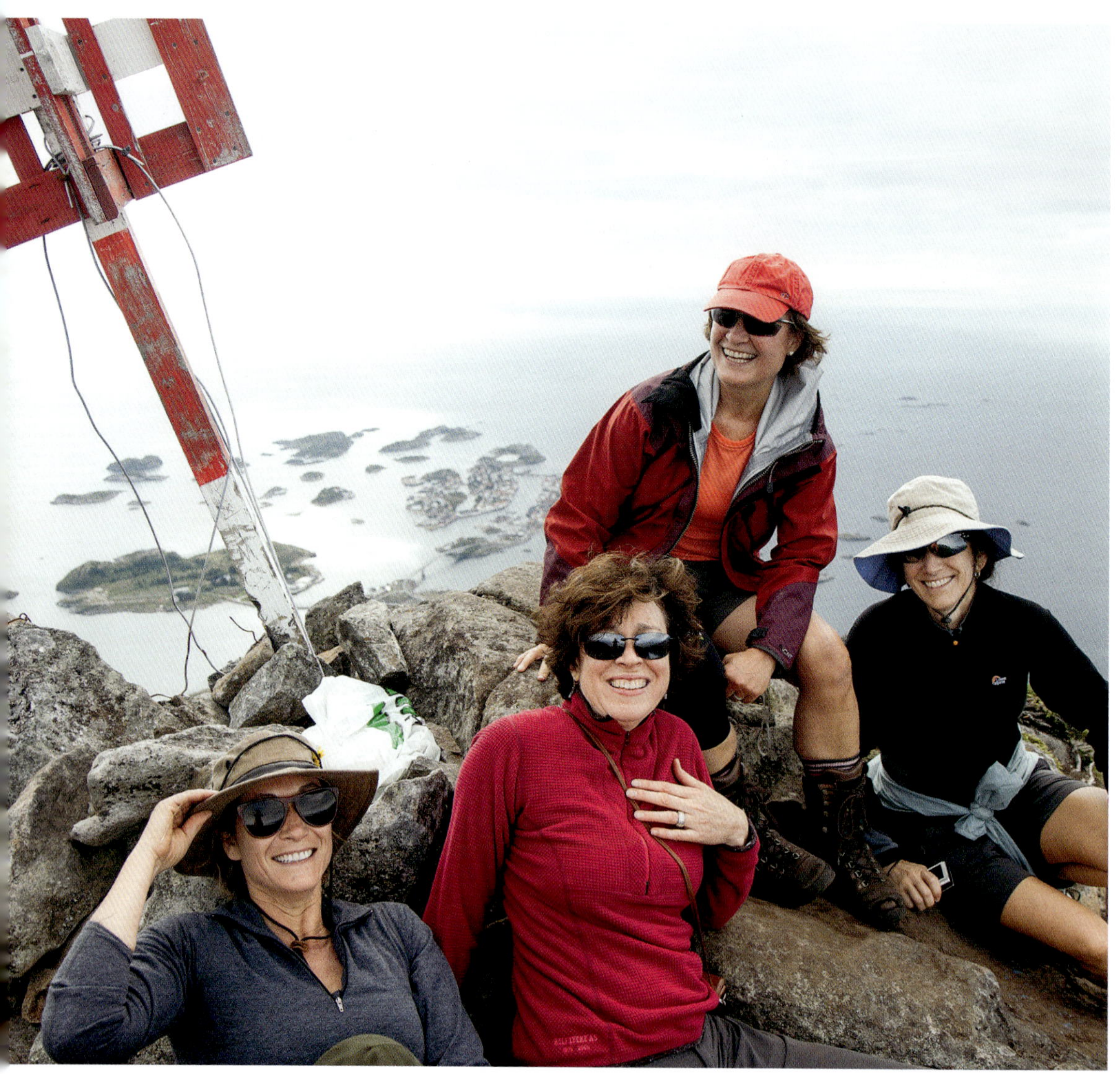

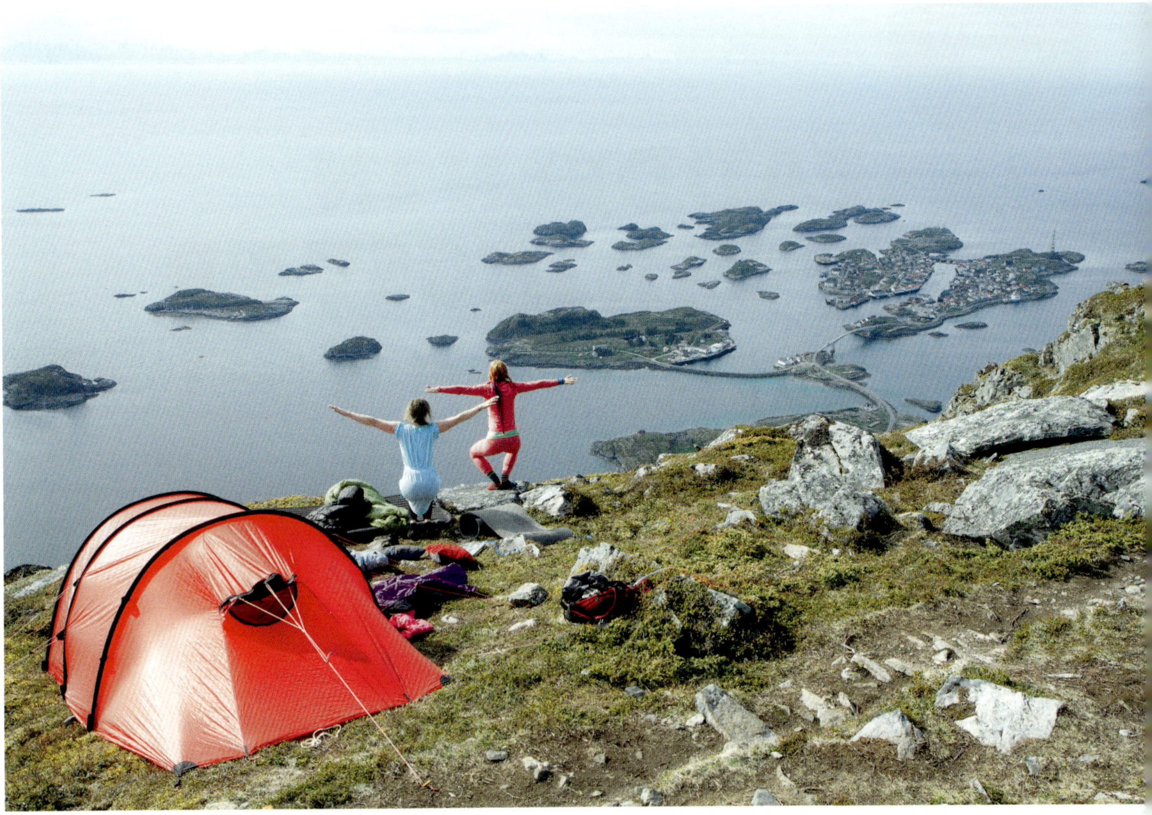

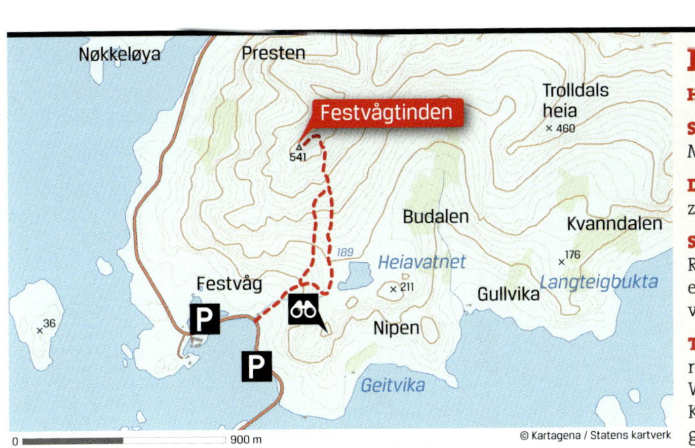

FAKTEN

HÖHE: 541 m ü.M.

SCHWIERIGKEIT: Mittel

DAUER: 1,5 Std. bis zum Gipfel

STARTPUNKT: Am Reservoir bei Festvåg, etwa 3 km nördlich von Henningsvær

TYP: Steile Wanderung mit meist gutem Weg. Abschnitte mit Klettereinlagen; einige exponierte Stellen

MORGEN-GYMNASTIK: *Auf dem Bergkamm des Festvågtinden*

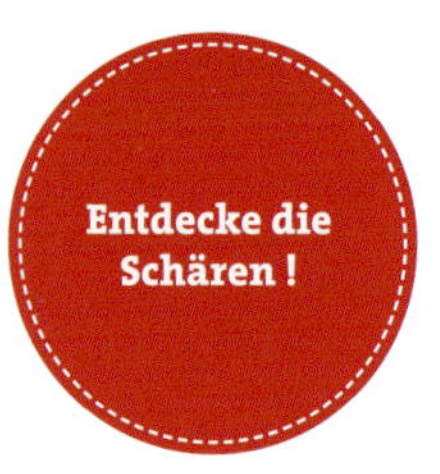

PADDELN IN HENNINGSVÆR

FAMILIEN-AKTIVITÄT: *Im stabilen Zweierkajak können auch Kinder mit auf ein sicheres Paddel-Abenteuer kommen*

Entdecken Sie die wunderschönen Inseln und Schären von Henningsvær mit dem Seekajak.

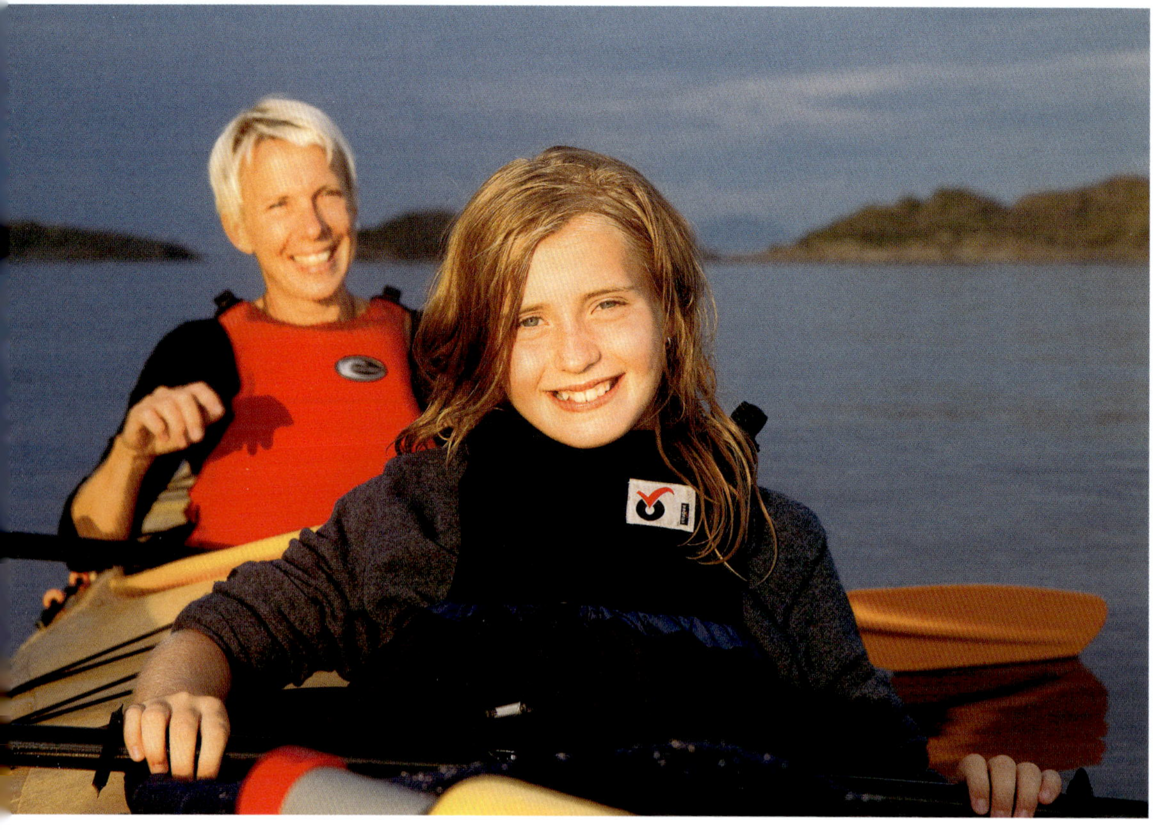

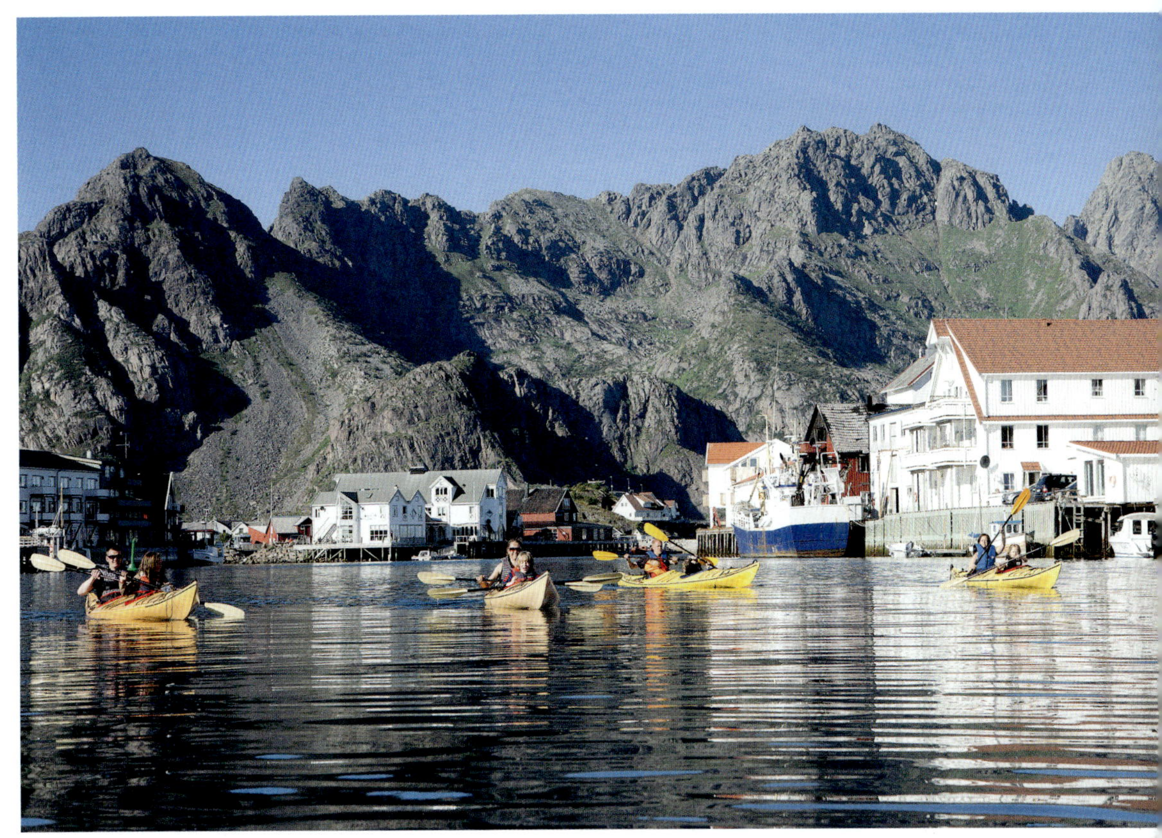

Henningsvær liegt exponiert und ist den Elementen ausgesetzt. In der Regel können Sie aber immer im Windschutz paddeln, unabhängig von der Windrichtung.

EISKALTER NORDWIND

Wenn der eiskalte Wind von Norden bläst, findet man gute Paddelmöglichkeiten südöstlich vom Festvågtinden. Im Schutz der Inseln und Inselchen kann man auf diesen auch immer mal anlegen. Sandøya bietet einen herrlichen, kleinen weißen Sandstrand, während Bindingsøya den schönsten Steinstrand hat. Paddeln Sie bis zum herrlichen Strand Kallestranda in Kalle.

SCHUTZ VOR SÜDLICHEN WINDEN

Bei Südwind kann man gut im Windschatten des Presten nach Norden paddeln. Hier gibt es fantastische Paddelbedingungen mit weißem Sand unter der Wasseroberfläche und gute Chancen, Krebse und kleine Fische aus nächster Nähe zu beobachten.

Weiter nördlich, bei den vielen kleinen Inseln von Lyngværet, werden Sie Ihren eigenen kleinen Sandstrand finden.

OSTWIND = RUHIGES MEER

Normalerweise setzt ein warmer, nicht zu starker, Ostwind keine Grenzen wo man paddeln kann. Wenn Sie Glück haben und

HAFENBESUCH: *Durch den Hafen von Henningsvær zu paddeln ist obligatorisch, wenn Sie auf einer Kajaktour in der Gegend sind*

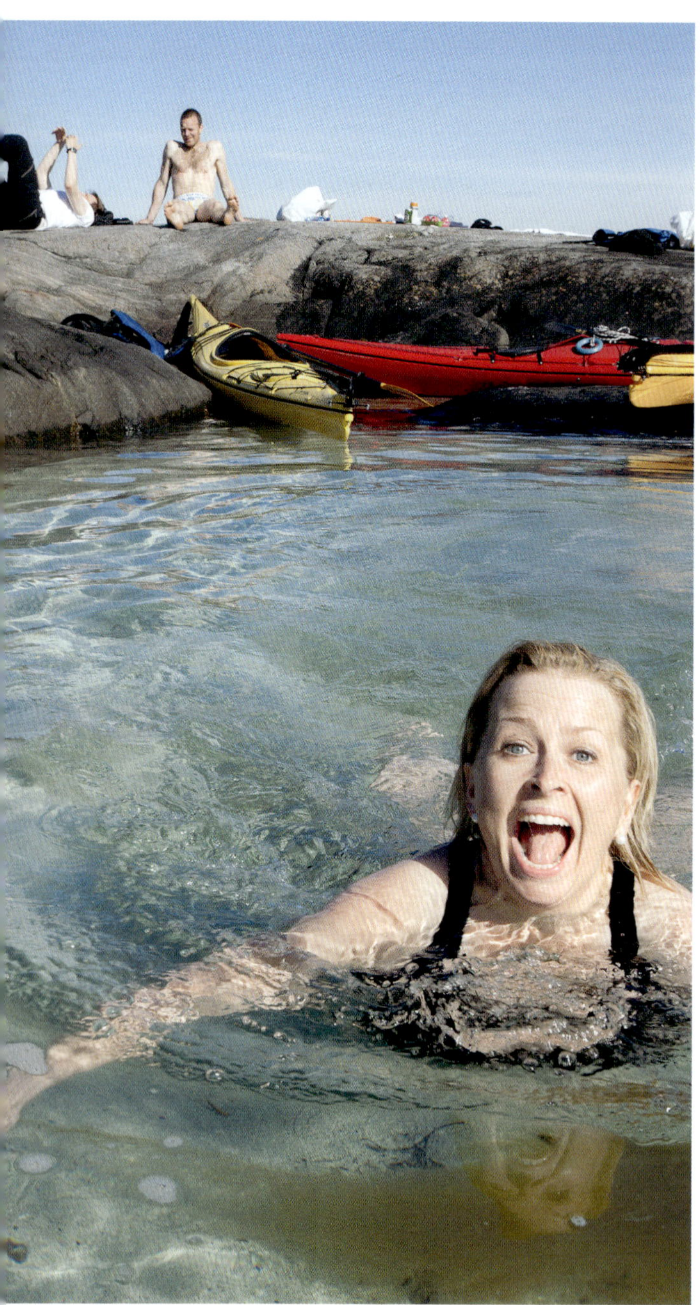

nur bei leichtem Wind und einer ruhigen See unterwegs sind, können Sie direkt Vestværet ansteuern, eine Inselgruppe vor der südwestlichen Spitze Henningsværs. Mit etwas Glück werden Sie einen Seehund oder eine Schule mit Schweinswalen entdecken. Und wenn Sie sich für Vögel interessieren, werden Sie definitiv viele Arten in Ihrem Vogelbuch finden.

BESUCHEN SIE LYSSTØPERIET WENN DER SÜDWESTWIND WÜTET

Wenn hingegen Südwestwind aufkommt, ist es das Klügste, die Paddel ruhen zu lassen. Machen Sie sich stattdessen auf zu einem Besuch im Café Lysstøperiet in Henningsvær. Nicht ohne Grund sind die riesigen Zimtschnecken hier weltberühmt!

MIETEN SIE EIN KAJAK

Wenn Sie kein eigenes Kajak dabeihaben, können Sie eines mieten, allerdings sollten Sie über eine „våttkort“ (Kajakzertifikat) verfügen. Wenn Sie dieses Zertifikat nicht haben, nehmen Sie einfach an einer geführten Tour teil.

Wenden Sie sich an das Touristenbüro in Svolvær, um aktuelle Informationen über Kajakvermieter und geführte Touren in Henningsvær zu erhalten. Es gibt normalerweise ein paar Möglichkeiten.

DURCH DEN DAMM IN HENNINGSVÆR

Paddeln Sie durch den Hafen von Henningsvær, wenn Sie mit dem Kajak Richtung Heimsundet unterwegs sind. Sie brauchen nicht umkehren, wenn Sie den Damm im innersten Teil des Hafens erreichen – dies ist keine Sackgasse; es ist völlig in Ordnung durch den Gezeitenkanal zu paddeln, außer bei Ebbe mit besonders niedrigem Wasserstand, dann werden Felsen sie aufhalten.

ERFRISCHUNG: *Weißer Sandboden und kristallklares Wasser verführen den Kajakfahrer vor der Insel Sandøya ein erfrischendes Bad zu nehmen. Die Wassertemperatur von 12-13°C macht jedoch klar, dass man nicht auf einer Insel in der Südsee ist.*

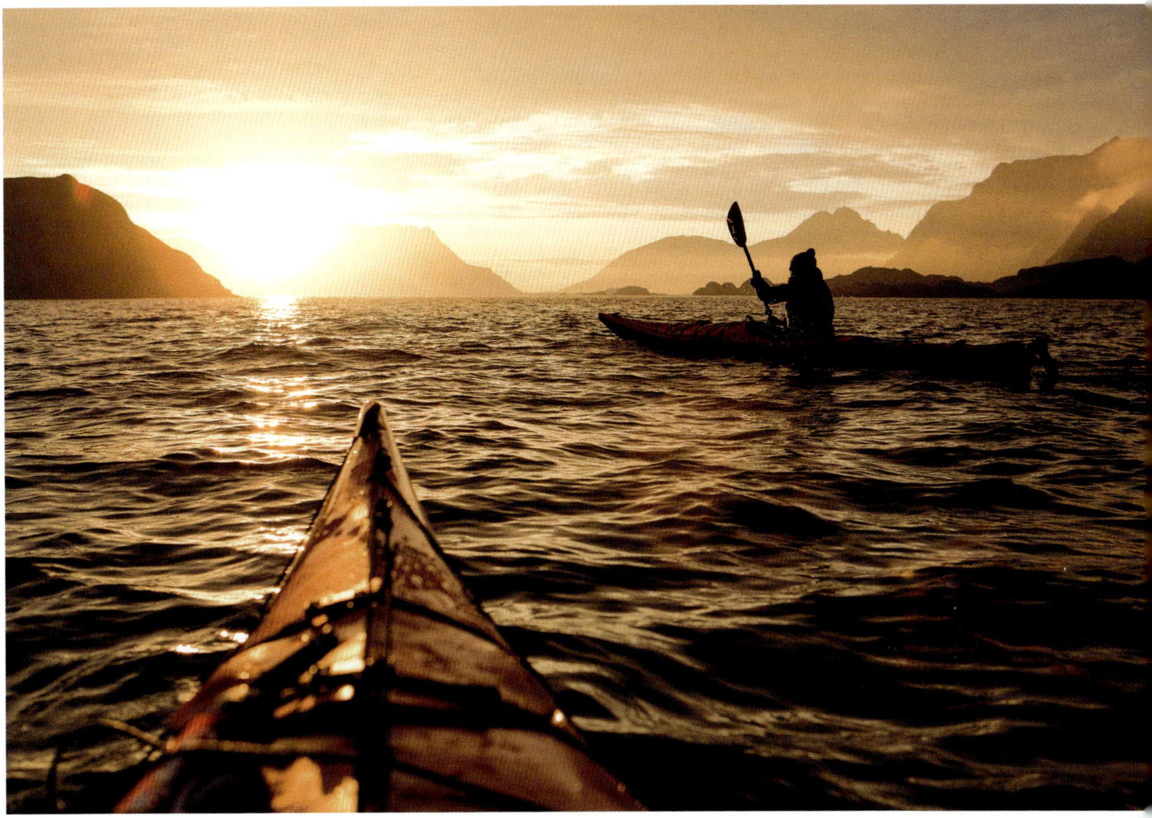

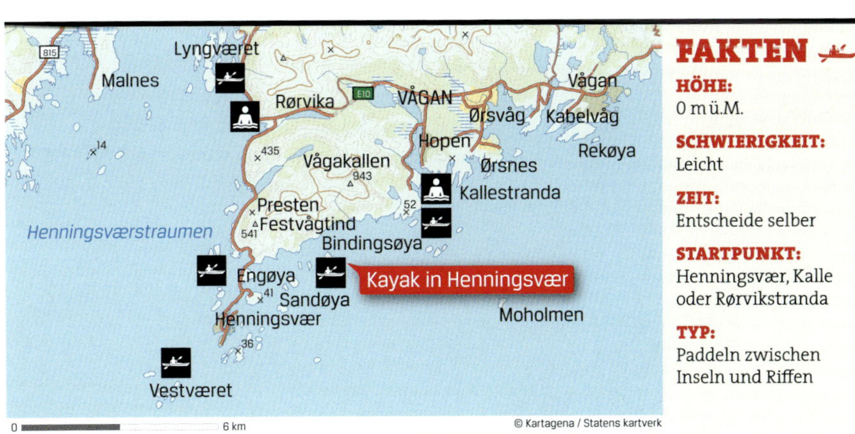

FAKTEN

HÖHE:
0 m ü.M.

SCHWIERIGKEIT:
Leicht

ZEIT:
Entscheide selber

STARTPUNKT:
Henningsvær, Kalle oder Rørvikstranda

TYP:
Paddeln zwischen Inseln und Riffen

MITTERNACHTS-SONNE:
Es ist kurz vor Mitternacht und die Sonne hat das Meer in goldenes Licht getaucht

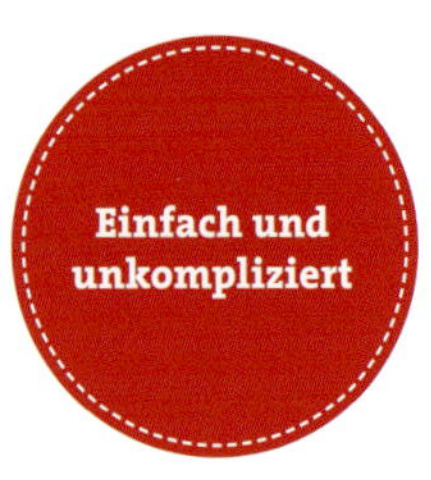

KLEPPSTADHEIA

Direkt östlich der Brücke Gimsøystraumenbrua erhebt sich die Kuppe des Kleppstadheia (531 m) – eine schöne Wanderung für alle Altersgruppen.

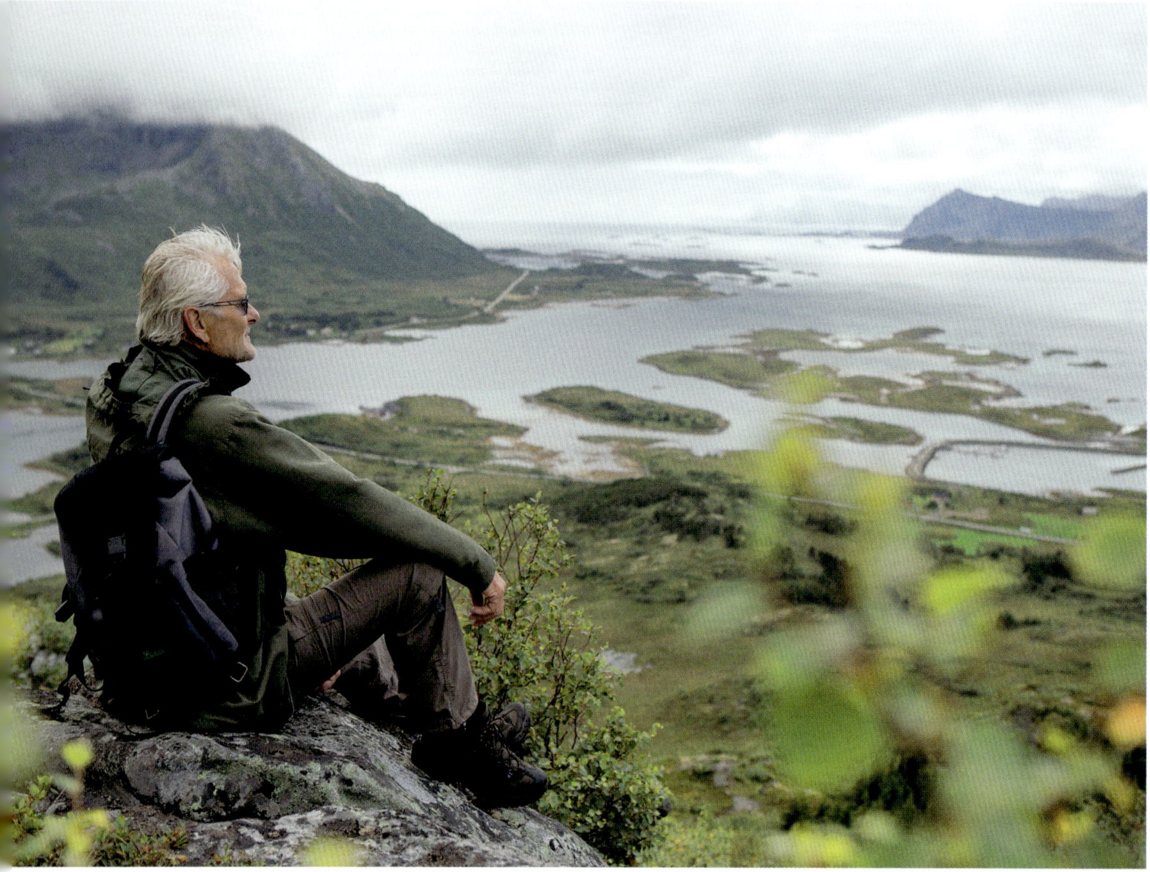

UNBESCHWERTES WANDER-TERRAIN: *Ein schöner Blick über Kleppstad und Gimsøystraumen*

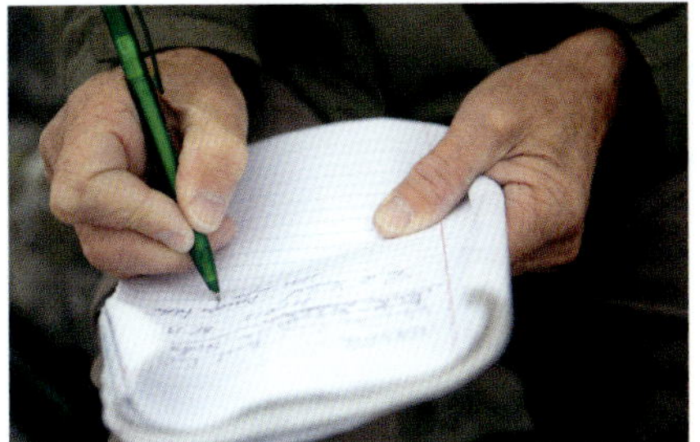

EINTRAG INS GIPFELBUCH: *Auf dem Gipfel des Kleppstadheia finden Sie es in einem Steinhaufen*

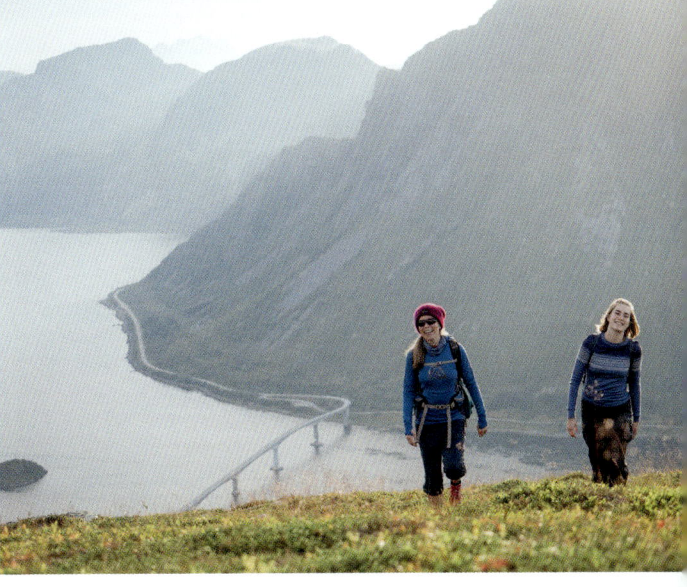

ÜBUNG: *Auf dem Weg nach oben, oberhalb der Gimsøy Brücke*

Der Kleppstadheia liegt im Westen der Insel Austvågøy am Sund Gimsøystraumen. Die Wanderung beginnt an einem Weidezaun an der Straße 864 nach Rystad und Brenna, kurz hinter der Abzweigung von der E10.

IMMER BERGAUF

Der Pfad führt Richtung Osten nach oben, mal durch Bergbirkenwald, der sich den breiten Bergrücken hinaufzieht, dann auch wieder durch Fichtenwald.

Jenseits des Waldes wird das Gelände etwas steiler und der Weg wendet sich nach Norden. Weiter oben verzweigt er sich in kleine Schafpfade.

Hier wird das Gelände nun flacher und Sie folgen dem Plateau über den breiten Bergrücken, bis Sie zu dem Steinhaufen kommen, der den Gipfel markiert. Natürlich gibt es auch das obligatorische Gipfelbuch.

Der kleine Berg hat die Form einer sich in Richtung Westen und Süden ausdehnenden Kuppel und fällt an der nördlichen und östlichen Seite Hunderte Meter steil ab. In alle Richtungen bieten sich herrliche Ausblicke.

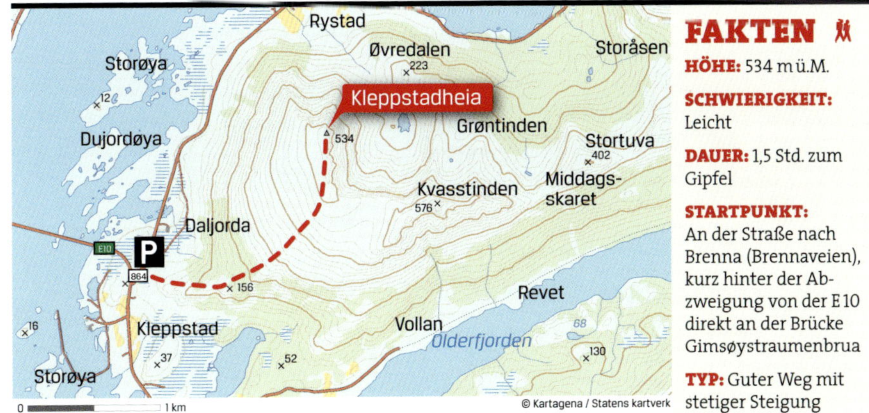

FAKTEN

HÖHE: 534 m ü.M.

SCHWIERIGKEIT: Leicht

DAUER: 1,5 Std. zum Gipfel

STARTPUNKT: An der Straße nach Brenna (Brennaveien), kurz hinter der Abzweigung von der E10 direkt an der Brücke Gimsøystraumenbrua

TYP: Guter Weg mit stetiger Steigung

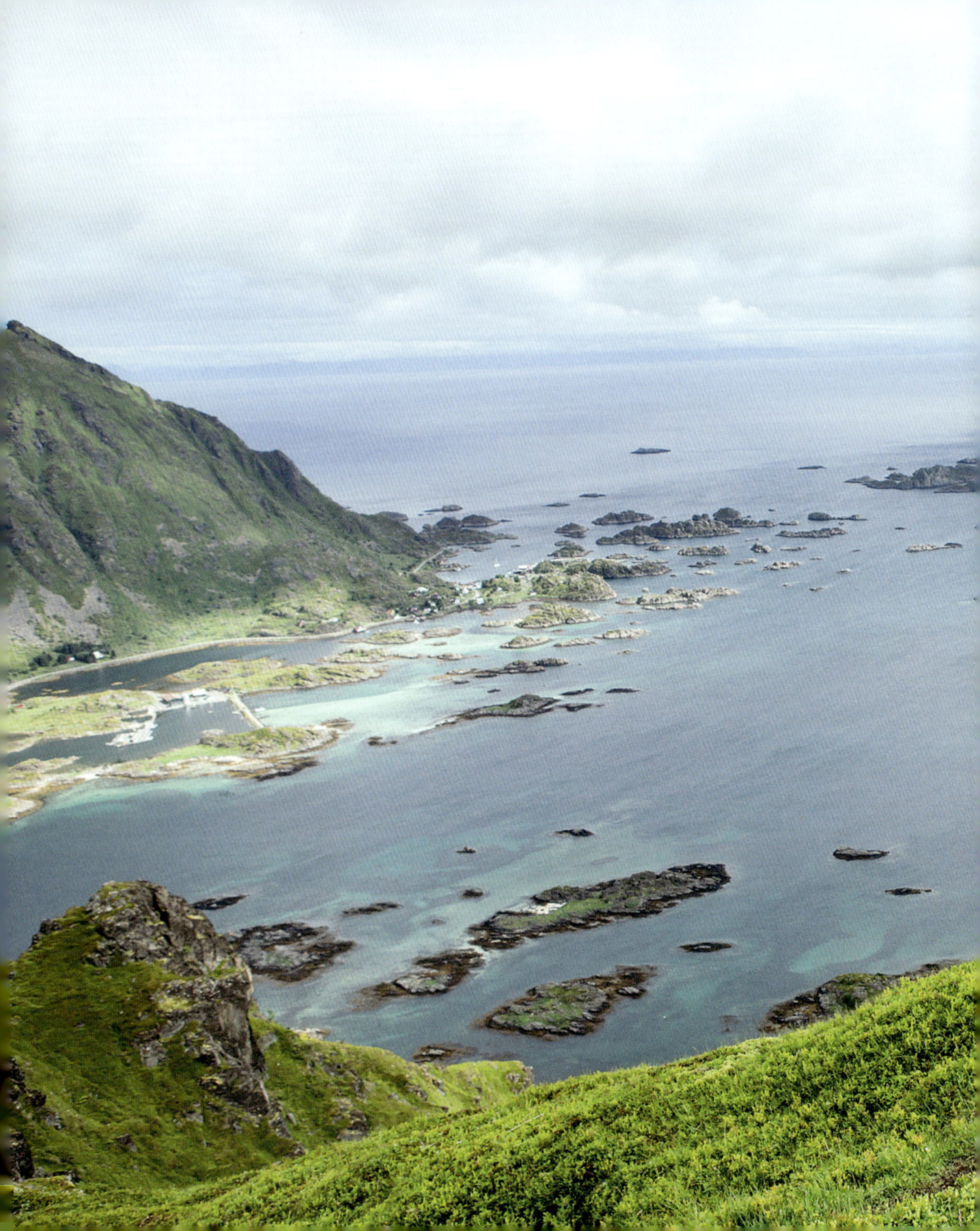

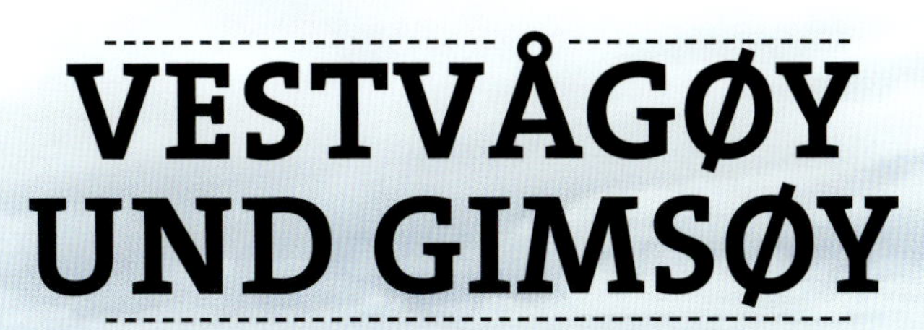

VESTVÅGØY UND GIMSØY

Vestvågøys breite Bergrücken und die sanfte Landschaft bieten tolle Abenteuer der weniger steilen Art. Hier finden Sie die besten Mountainbike-Trails der Lofoten sowie Unstad, das Surfer-Paradies.

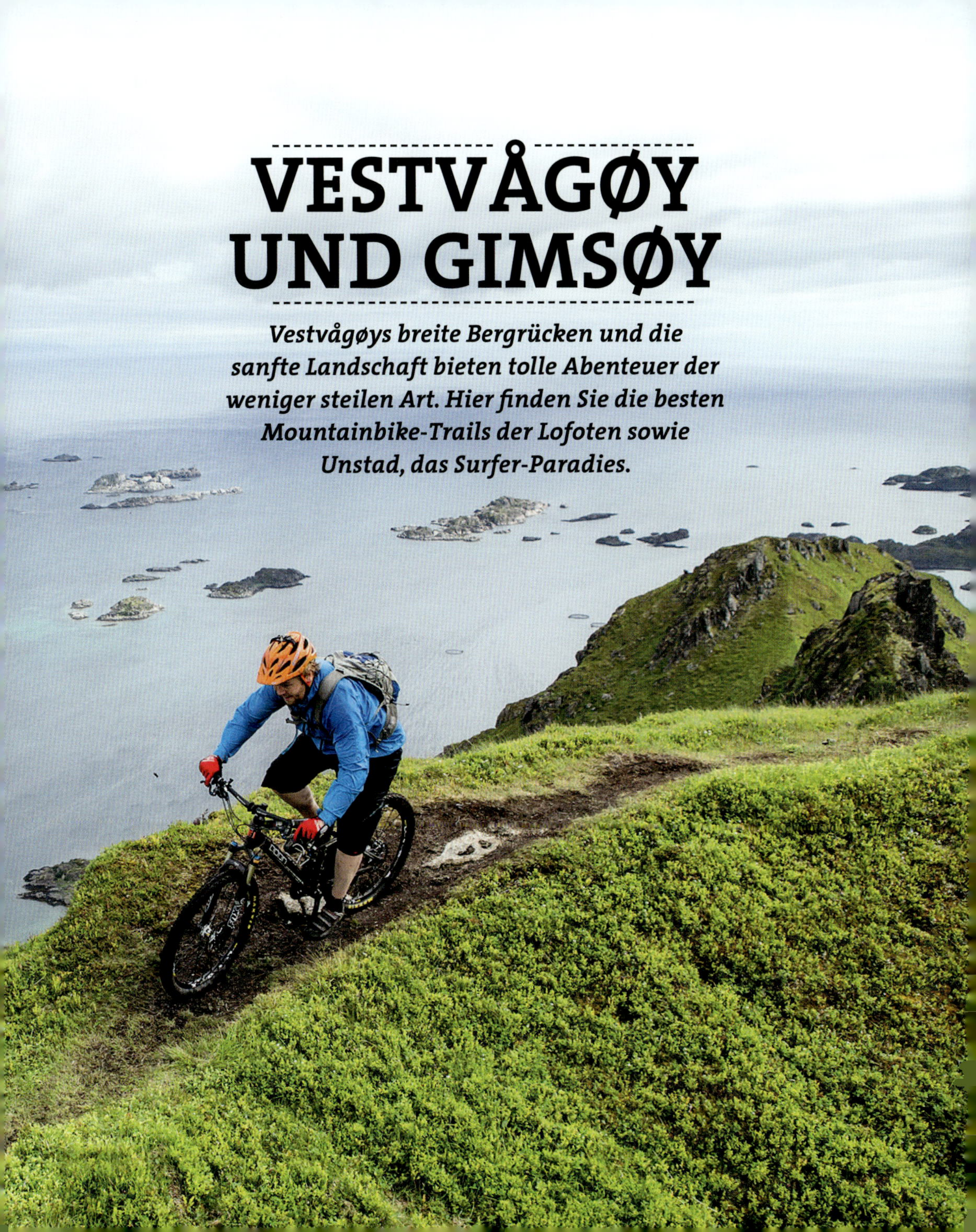

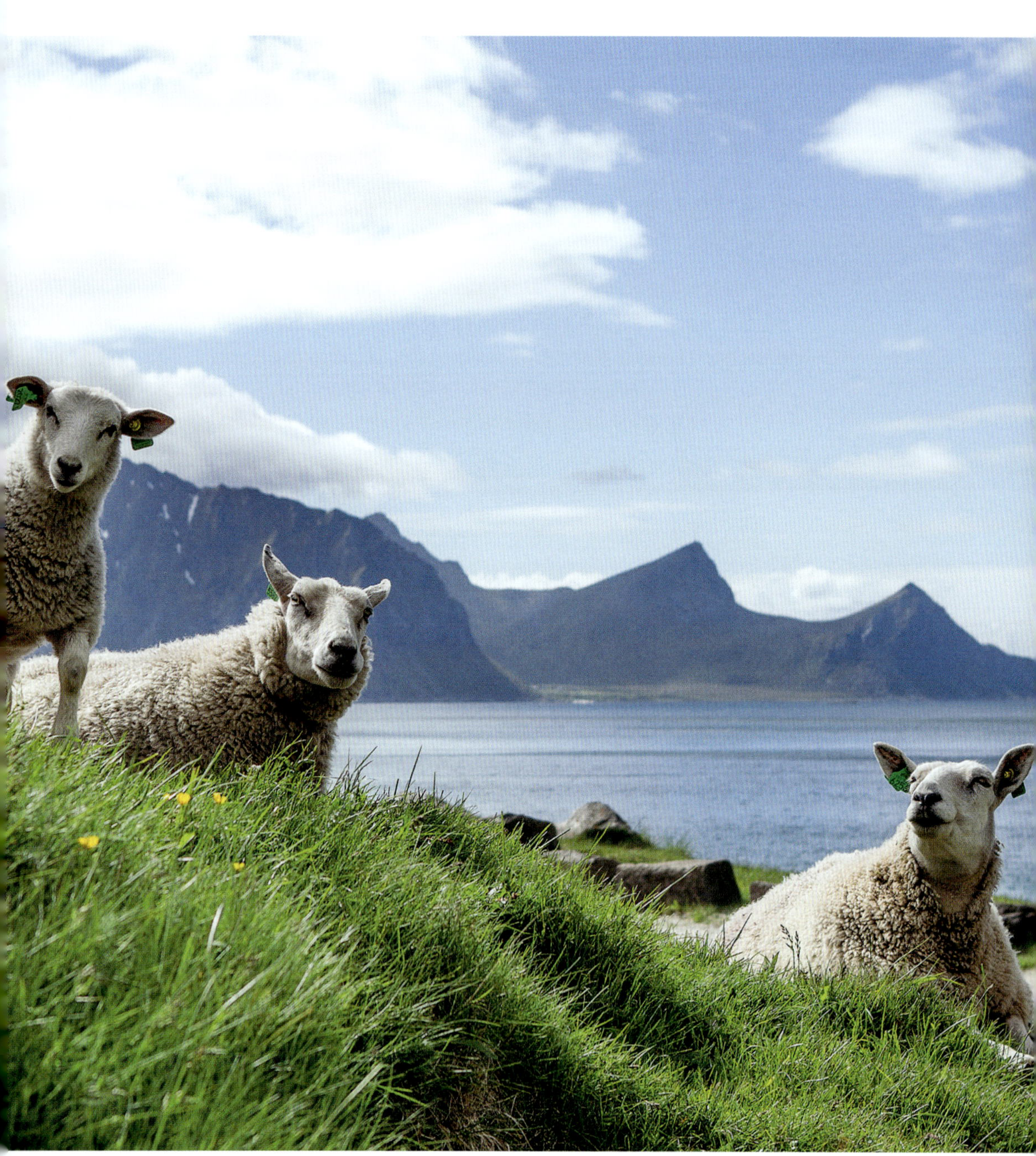

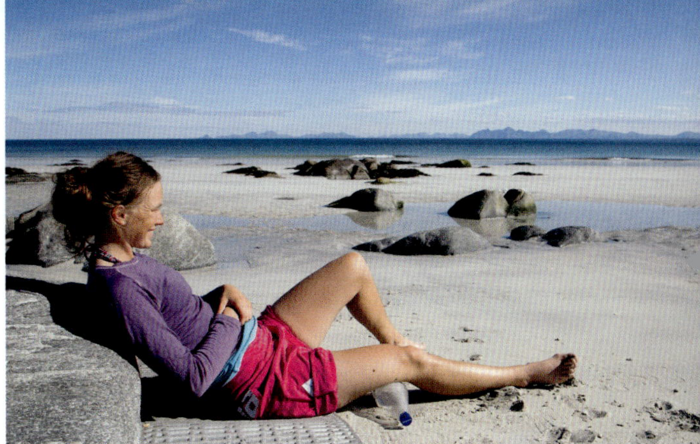

LANDWIRTSCHAFT UND "SANFTERE" BERGE

Im Gegensatz zu den anderen Inseln der Lofoten hat Vestvågøy große, kultivierte landwirtschaftliche Flächen und abgerundete, „sanftere" Berge. Die Insel, die in der Mitte der Lofoten liegt, ist daher ein sehr beliebter Landstrich für jene, die keine Lust auf „steile Wanderungen" haben.

Aber auch hier gibt es exponierte Routen, die Tour auf den Skottinden ist eine davon.

FAHRRADMEKKA

Mit langen, offenen Bergrücken, durchzogen von guten Wegen, hat sich Vestvågøy für Mountainbiker zu einer der beliebtesten Inseln der Lofoten gemausert. Während Sie auf den anderen Inseln auf steile Felshänge und unwegsame Pfade treffen, können Sie auf Vestvågøys guten Trails in offenem, fahrradfreundlichem Gelände „Gas geben".

Obwohl auf den Lofoten Mountainbiken nicht traditionell populär ist, ändert sich dies langsam. Smørdalskammen oder "Smørris" in Leknes ist ein wahrer Klassiker, und viele werden zustimmen, dass dies die beste Mountainbike-Tour der Lofoten ist.

Rennradfahren auf Vestvågøy ist ebenso ein Hit. Die Landstraße, die sich auf der Südseite der Insel entlang des Meeres windet, hat viel weniger Verkehr als die E 10 und ist schön zu befahren.

EIN PARADIES FÜR SCHAFE:
Landwirtschaft spielt eine große Rolle auf Vestvågøy

GIMSØYA:
Auf der Nordseite von Gimsøy finden Sie herrliche Strände, einen Golfplatz und ein Reit-Zentrum

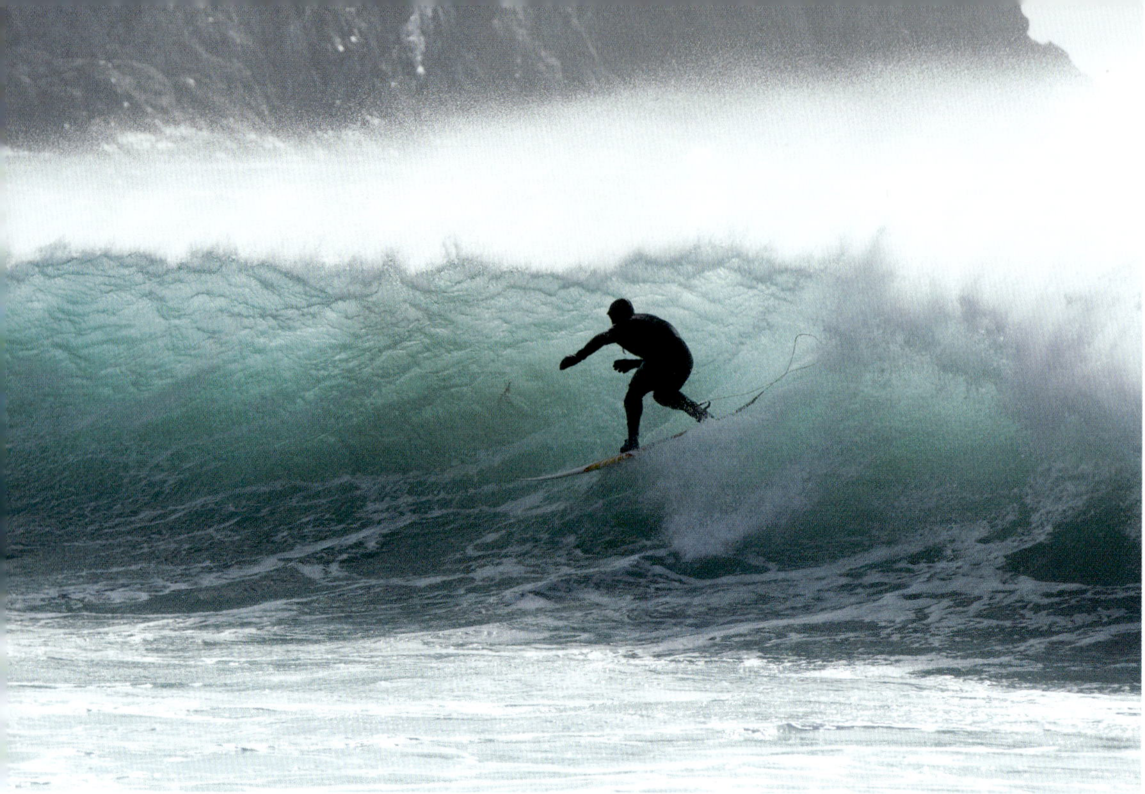

WELTBERÜHMTE WELLEN: *Auf der Nordseite von Vestvågøy liegt Unstad, der meistbesuchte Surfstrand der Lofoten*

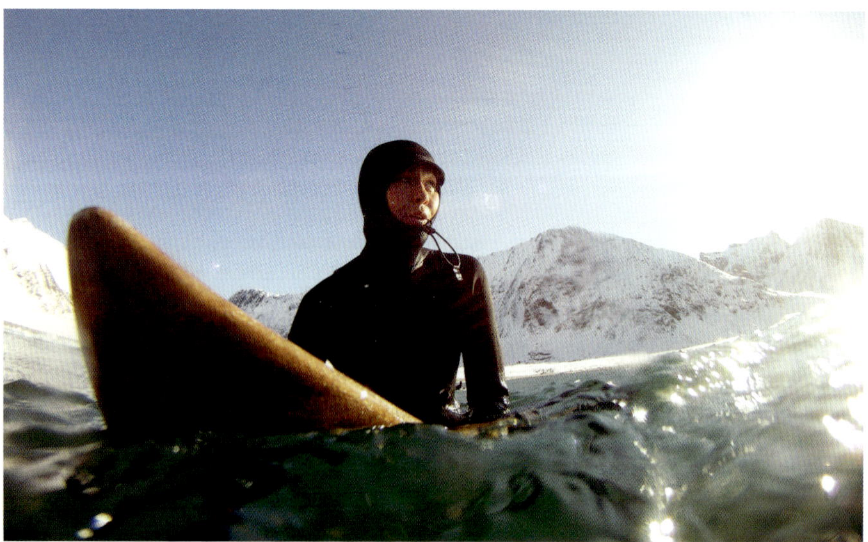

SURFERPARADIES

Unstad, ein kleines Dorf an der Nordseite von Vestvågøy, hat den beliebtesten Surfstrand der Lofoten. Hier springen Hardcore-Surfer das ganze Jahr über ins Meer, um ihre Fähigkeiten in den kalten Wellen zu testen.

Wenn Sie keine eigene Ausrüstung haben, können Sie diese bei *Unstad Arctic Surf* mieten (www.unstadarcticsurf.com). Auch das *Lofoten Surfcenter* verkauft und vermietet Surfmaterial.

Sie können in Unstad in gemütlichen Hütten oder auf dem Campingplatz übernachten sowie Unterricht nehmen – und dann, nach einigen kalten Stunden im Meer, was könnte es besseres geben, als in der Sauna oder dem Whirlpool zu sitzen?

Auf dem Weg nach Unstad sollten Sie in Saupstad halten, dort gibt es in der *„Lofoten Gårdsysteri"* leckeren Bio-Ziegenkäse (www.lofoten-gardsysteri.no).

WANDERFREUNDLICH

Für diejenigen, die am liebsten zu Fuß unterwegs sind, gibt es schier endlose Möglichkeiten auf Vestvågøy. Der höchste Berg, der Himmeltinden (964 m), befindet sich auf der Nordseite der Insel, direkt am schönen Strand Hauklandsstranda. Die Wanderung hinauf zum Himmeltinden ist lang und steil, aber ziemlich einfach. Tief unter dem Himmeltinden liegt Richtung Westen das Trogtal Utakleiv mit seinen reizvollen Steinstränden.

Wenn Sie lieber eine kürzere Wanderung machen wollen, dann ist die großartige Tour auf den Offersøykammen (436 m) genau die richtige. Dies ist ein ausgezeichneter Ort, um die Mitternachtssonne zu genießen.

AUF DEM PFERDERÜCKEN

Am Rolfsfjord, auf der Südseite von Vestvågøya, können Sie mit *LofotHest* einen Ritt in die Berge unternehmen (www.lofothest.no).

Auf Gimsøy finden Sie bei *Hov Hestegård* (www.hovhestegard.no) eine Vielzahl von Reitmöglichkeiten. Beide Pferdezentren bieten kurze und lange Ausritte, auch nachts im Schein der Mitternachtssonne.

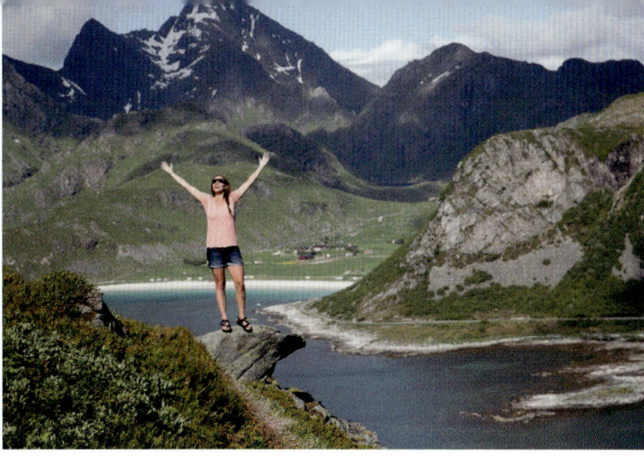

GUTE ZEIT: *Die Schönheit der Natur genießen*

REGENWETTER-AKTIVITÄTEN

Eine interessante Unternehmung ist der Besuch des *Lofotr Vikingmuseum* (Wikingermuseum) in Borg. Hier entdeckte man im Jahre 1981 die Reste eines alten Wikingerhofes und im Laufe der folgenden fünf Jahre legten Ausgrabungen das längste, je entdeckte Gebäude der Wikingerzeit in Europa frei.

Das 83 Meter lange Häuptlingshaus wurde in Originalgröße rekonstruiert und ist heute ein lebendiges Museum, in dem man tausend Jahre zurückblicken kann.

In dem familienfreundlichen Museum kann man Tiere bestaunen, in einem Wikingerschiff rudern, im Langhaus Eintopf essen, Handwerkern in Aktion zuschauen, Exponate studieren und den Museumsladen besuchen. (www.lofotr.no).

GIMSØY: *Reiten unter der Mitternachtssonne*

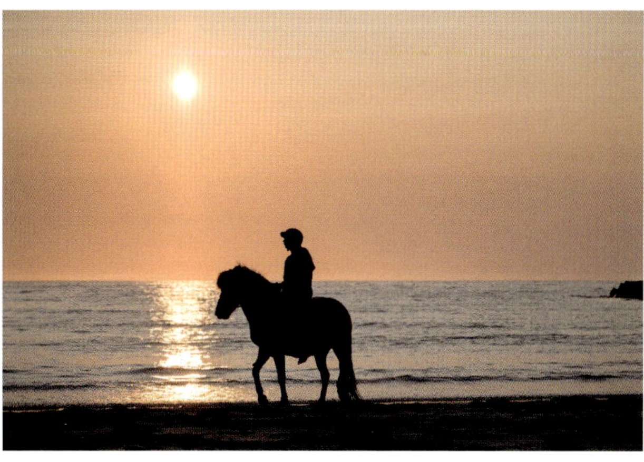

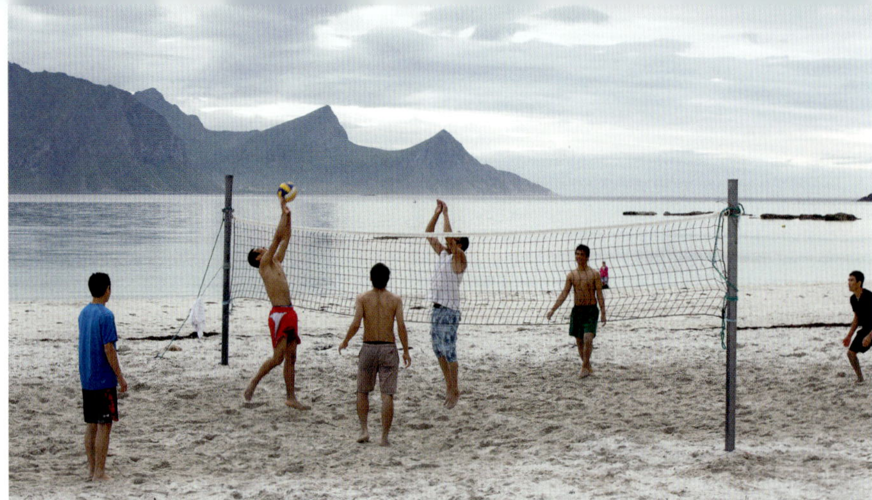

STRAND-LIEBHABER: *Beachvolleyball am 68. Grad nördlicher Breite kann ein heißes Erlebnis sein. Hier am Strand Haukelandsstranda.*

KUNST AM MEER

Bei Eggum, auf der nordwestlichen Außenseite der Insel, steht Vestvågøys Skulptur aus dem Projekt „Skulpturlandskap Nordland". Der Schweizer Künstler Markus Raetz schuf die 178 Zentimeter große Steinskulptur "Hode", was auf Norwegisch "Kopf" bedeutet. Wenn Sie sich rund um die Skulptur bewegen, verändert sich die Form und so ist es möglich, 16 verschiedene Porträts in der Skulptur zu entdecken.

DER LANDKREIS LEKNES

Leknes ist vielleicht der einzige Ort auf den Lofoten, der nicht so idyllisch beschrieben werden kann. Aber hier hält man an, um wichtige Besorgungen zu erledigen, z.B. beim Vinmonopolet, dem Wein- und Spirituosengeschäft, beim Supermarkt oder Sportgeschäft einzukaufen oder um der Tourist-Info einen Besuch abzustatten. In Leknes gibt es Tankstellen, Werkstätten, einen kleinen Flughafen, den Kreuzschifffahrtshafen und fast alles andere was Sie benötigen. Auch *Articcampers* haben hier eine Mietstation.

Trotz einiger Restaurants und Übernachtungsmöglichkeiten ist die Stadt aber nicht der Ort, um seinen Urlaub zu verbringen. Wenn Sie beim Besuch hungrig sind, dann sollten Sie das Fischrestaurant *"Lofoten"* in der Hauptstraße besuchen – lecker! Oder im *Huset Kafé* Kaffee trinken und Torte essen.

Für eine schöne Übernachtung fahren Sie stattdessen in die schönen Fischerdörfer Ballstad, Stamsund oder Mortsund.

Das einzige Krankenhaus auf den Lofoten befindet sich in Gravdal, 5 km außerhalb von Leknes.

DAS HURTIGRUTEN-KREUZFAHRTSCHIFF SCHAUT IN STAMSUND VORBEI

Auf der südlichen Seite von Vestvågøy liegt das lebendige Fischerdorf Stamsund. Hier können Sie im Restaurant *"Skjærbrygga"* gut essen und in einer der Fischerhütten direkt am Kai übernachten. Stamsund hat eine pulsierende Kulturszene mit aktiven Theatergruppen und mehreren Galerien. Etwas außerhalb des Zentrums finden Sie einen kleinen Skilift. Das Fischerdorf ist überdies Anlaufpunkt der Kreuzfahrtschiffe der Hurtigruten.

BALLSTAD

Ballstad – eines der größten Fischerdörfer der Lofoten – liegt 10 km südlich von Leknes.

Von hier aus lassen sich schöne Ausflüge auf den Ballstadheia unternehmen oder aufs Meer, um sein Glück beim Angeln zu versuchen. Ballstad hat mehrere Fischer z.B. *Sjøstrand Rorbuer & Fisk* (www.rorbuer.info), die Angeltouren für Touristen anbieten.

Ein besonders auffälliges Merkmal des traditionsreichen Fischerortes ist das große

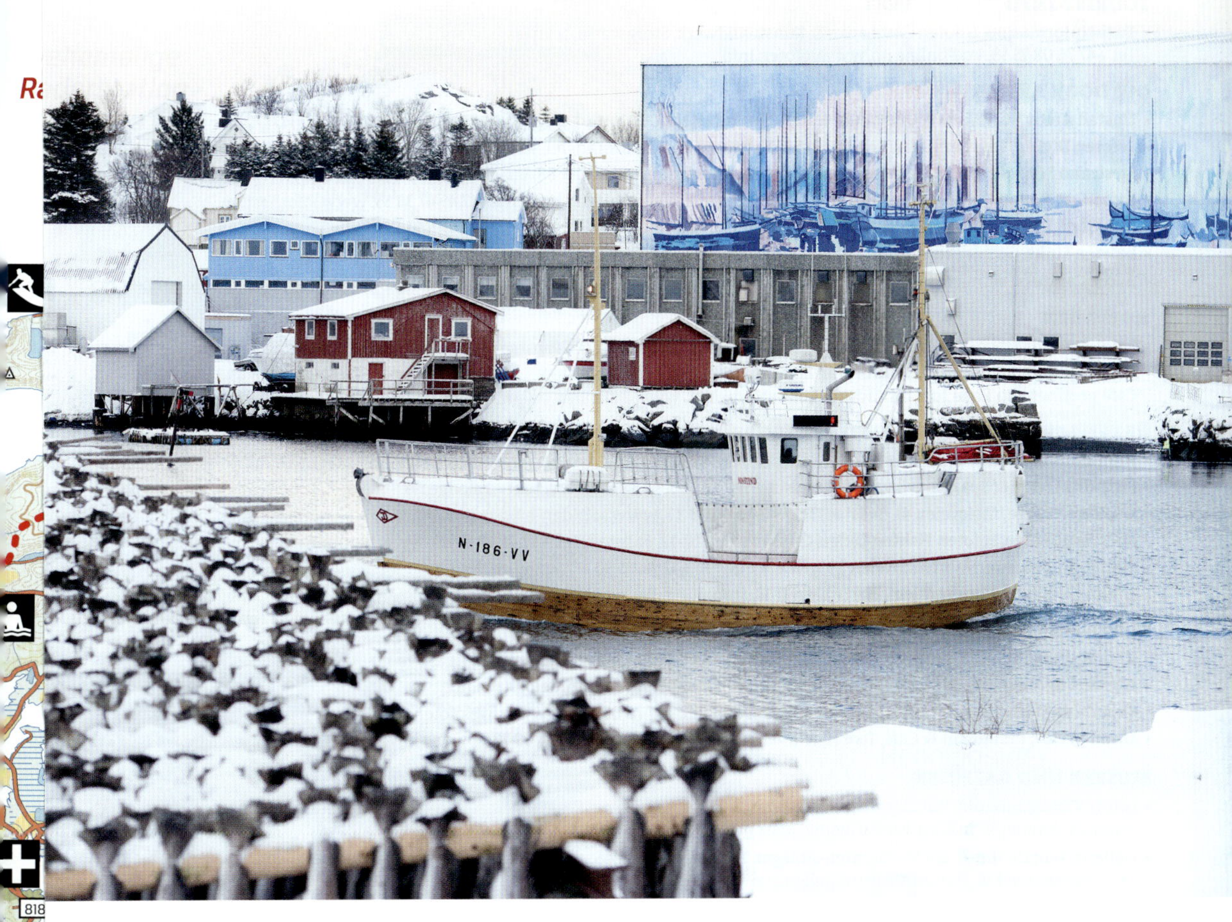

Wandbild von Scott Thoe, das die gesamte 3.000 m² große Seitenwand der Werfthalle am Hafen einnimmt.

Lofoten Diving befindet sich nördlich des Ortes in Skarsjyen und organisiert Tauch-, Schnorchel- und Seekajakausflüge. Das Schnorcheln ist auch für Kinder geeignet (www.lofoten-diving.com).

Die *"Hattvika Lodge"* bietet Kajakfahren, Wandern, Mountainbiken und (im Winter) Skifahren. Gruppen können während ihres Aufenthaltes die Sauna und den Whirlpool nutzen (www.hattvikalodge.no).

Nach einem langen, aktiven Tag freuen Sie sich sicher auf ein köstliches Fischessen – z.B. im Restaurant *"Himmel og Havn"*, bei den Rorbuer Solsiden Brygge gelegen, oder südlich des Ortes auf der kleinen Landzunge in *"Kræmmarvika Havn"*. Hier werden auch Übernachtungen in echten Rorbuer geboten.

RIESENWANDBILD: *An Ballstads Werfthalle malte der amerikanische Künstler Scott Thoe das 3.000 Quadratmeter große Wandbild mit Fischerboot-Motiven*

Aprés-Bike auf der Hurtigruten-Sonnenterrasse

SVOLVÆR – STAMSUND MIT DEM RAD

Genießen Sie einen schönen Teil der Lofoten vom Fahrradsattel aus, verbunden mit einer Schifffahrt auf dem Stolz der Küste, den Hurtigruten.

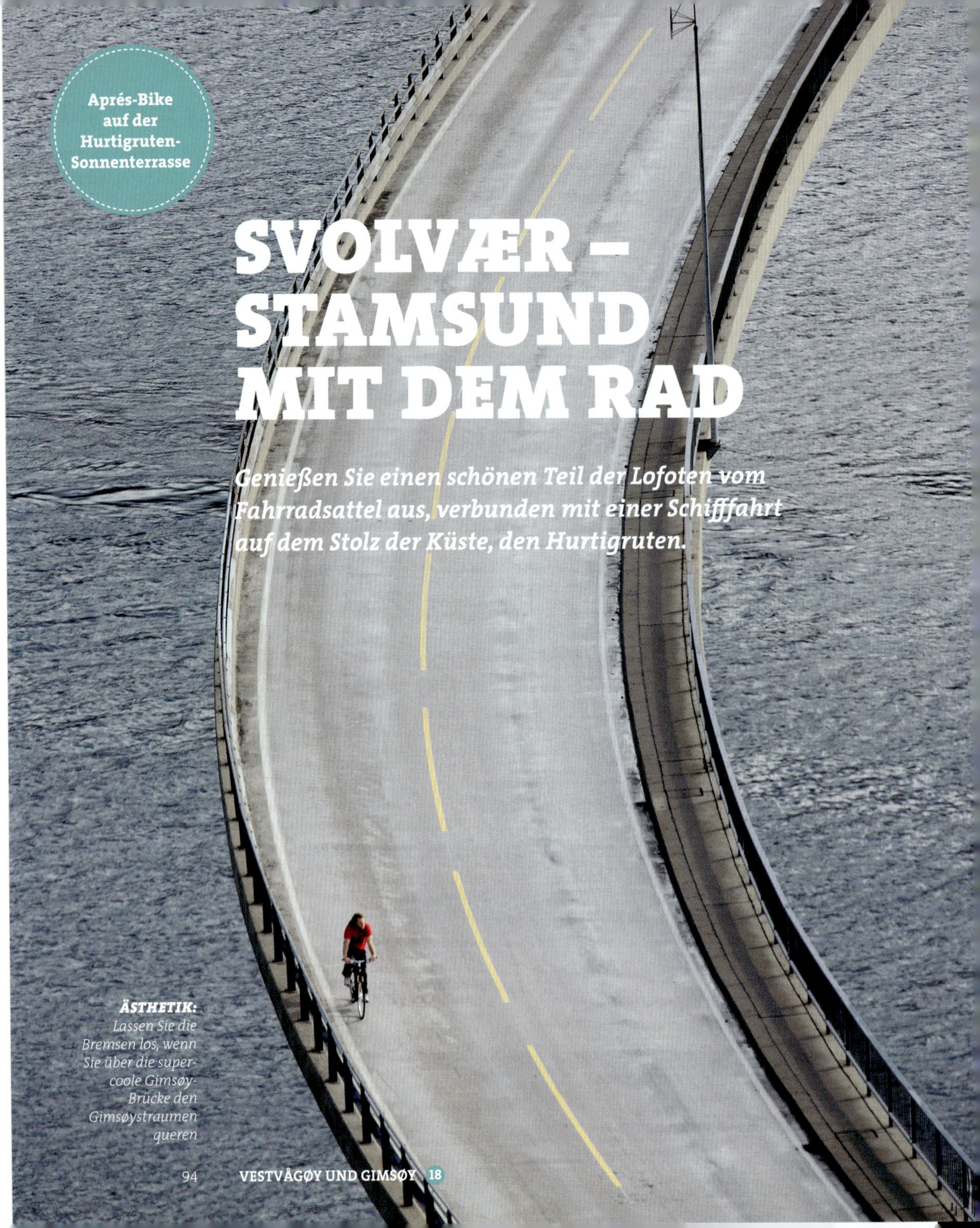

ÄSTHETIK: *Lassen Sie die Bremsen los, wenn Sie über die supercoole Gimsøy-Brücke den Gimsøystraumen queren*

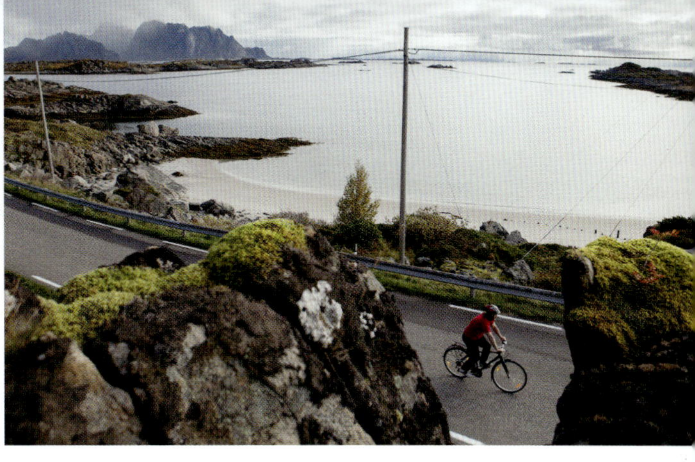

Starten Sie in Svolvær und radeln Sie auf dem die E 10 begleitenden Radweg nach Westen. Der Radweg endet bei Ørnes, rund 2 Kilometer westlich von Kabelvåg; von hier aus müssen Sie auf der Hauptstraße fahren. Von Juni bis August kann es viel Verkehr auf der E 10 geben. Seien Sie besonders vorsichtig beim Durchfahren des Rørviktunnelen, denken Sie an Ihr Fahrradlicht und Rückstrahler!

Überqueren Sie die Kreuzung nach Henningsvær und folgen Sie der Küstenstraße. Auf der imposanten, 839 Meter langen Brücke geht es über den Gimsøystraumen und entlang der Südseite der Insel Gimsøy.

WENIGER VERKEHR AUF DER LANDSTRASSE

Eine weitere Brücke bringt Sie über den Sund Sundklakkstraumen – jetzt sind Sie auf der Insel Vestvågøy. Verabschieden Sie sich von der E 10 und biegen Sie nach links auf die ruhigere Landstraße RV 815 ab, die sich auf der Südostseite der Insel Vestvågøy entlang der Küste nach Süden windet. Dies ist ein großartiger Weg zum Fahrradfahren.

Sie passieren viele schöne kleine Inseln, die reizvoll verstreut liegen, bevor Sie den Mündungsbereich des Skifjord erreichen. Ganz am westlichen Ende des Fjords wechseln Sie von der RV 815 auf die RV 817 Richtung Stamsund.

Nach fast siebzig Kilometern auf dem Fahrrad haben Sie sich nun auf jeden Fall eine Pause verdient! Im gemütlichen Hafen von Stamsund können Sie im *"Skjærbrygga"* draußen am Pier essen, während Sie auf das Einlaufen des Hurtigrutenschiffes warten.

RÜCKFAHRT MIT DEM STOLZ DER KÜSTE

Schiffen Sie sich rechtzeitig ein, bevor das Schiff um 19.30 Uhr Kurs Richtung Svolvær nimmt. Genehmigen Sie sich einen Erdbeer-Daiquiri an der Bar auf der Dachterrasse, während die beeindruckende Landschaft an Ihnen vorüberzieht. Um 21 Uhr ist Svolvær erreicht.
Der Preis (2019) beträgt 224,- NOK (ca. 24 Euro) pro Person und 100,- NOK (ca. 11 Euro) für das Fahrrad. Info: www.hurtigruten.no
Fahrräder kann man in Svolvær und Kabelvåg mieten. Fragen Sie bei der Tourist-Info.

FAHRRADFREUNDLICHE STRASSE:
Es ist schön, auf der Landstraße RV815, die auf der Südseite der Insel Vestvågøy verläuft, zu radeln. Diese Straße hat weit weniger Verkehr als die E 10.

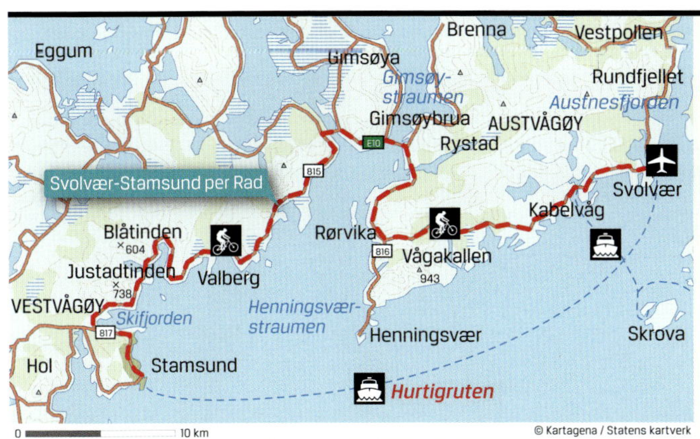

FAKTEN

SCHWIERIGKEIT: Leicht

DAUER: 5-6 Std.

LÄNGE: 67 Kilometer

STARTPUNKT: Svolvær

ENDPUNKT: Stamsund

TYP: Fahrradtour auf Asphaltstraße. Entlang der E 10 sowie den Landstraßen RV 815 und RV 817

Leichte, aber beeindruckende Tour

HOVEN

Der Hoven (368 m) ist ein freistehender kleiner Berg an der Nordspitze von Gimsøy. Bring die Oma, den Hund und das Baby mit auf seinen fantastischen Gipfel – am Besten im Licht der Mitternachtssonne.

SONNENGRUSS: *Grüße die Sonne von der Spitze des Hoven*

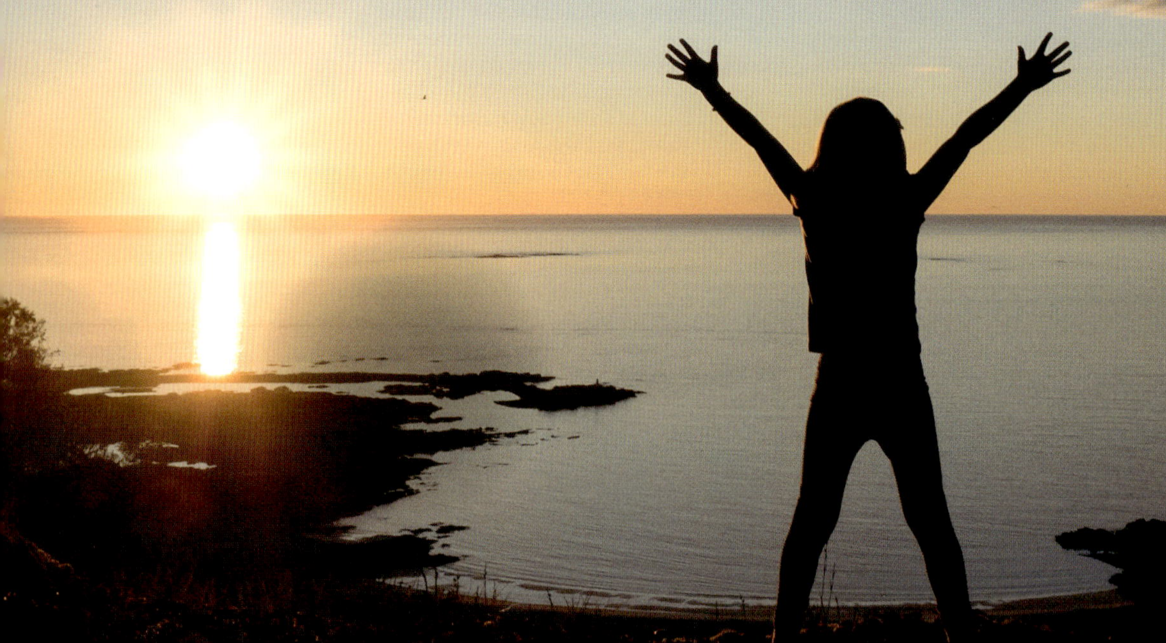

Am nördlichsten Punkt von Gimsøy, rund 10 Kilometer von der E 10, erhebt sich der kleine Berg Hoven aus einem großen, flachen Sumpfgebiet – und einem Golfplatz.

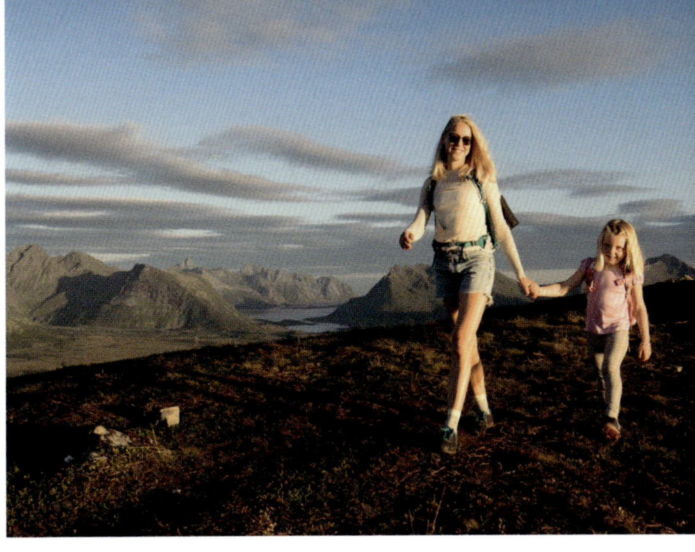

LEICHTE WANDERUNG

Die Wanderung beginnt am Parkplatz des Golfplatzes in Hov. Folgen Sie dem Wegweiser. Das erste Stück kann ein wenig matschig sein, da der Weg durch einen Sumpf führt. Der Pfad ist deutlich zu erkennen und Sie wandern den mit Gras bewachsenen Hang hinauf. Einige kurze Abschnitte sind felsig und ein wenig steiler. Weiter schlendern Sie zwischen Heidekraut und kleinen Büschen und erreichen schließlich die Spitze.

Vom Gipfel reicht der Bick weit auf das offene Meer hinaus. Da der Hoven ein freistehender Berg ist, umgeben von Sumpf und Flachland, ist es ein einzigartiges Gefühl hier oben zu stehen. Wenn Sie die Möglichkeit haben in der Nacht hinaufzuwandern, ist dies ein fantastischer Ort, um die Mitternachtssonne zu erleben. Vergessen Sie nicht sich im Gipfelbuch einzutragen, welches Sie in einem Fach im Steinhaufen finden.

EMSIGE VOGELWELT

Ein großes Feuchtgebiet umgibt den Hoven, wo Vögel wie See- oder Sterntaucher, Schmarotzerraubmöwe, Goldregenpfeifer, Alpenstrandläufer und Singschwan brüten. Rauhfußhühner lassen es sich im Unterholz gut gehen und kleine Vögel wie Blaukehlchen, Lappland-Ammern und Steinschmätzer können im Gelände beobachtet werden.

Tausend Kurzschnabelgänse rasten im Frühjahr für kurze Zeit auf Gimsøy. Sie sind auf ihrem Weg nach Spitzbergen und nutzen die Wiesen nördlich von Hoven, um sich vor dem langen Flug nach Norden satt zu fressen.

Seeadler gleiten auf ihren starken Schwingen und wenn Sie Glück haben, können Sie dem Wanderfalken bei der Jagd zusehen.

FAMILIENFREUNDLICH:
Hoven ist ein einfacher Spaziergang für Groß und Klein

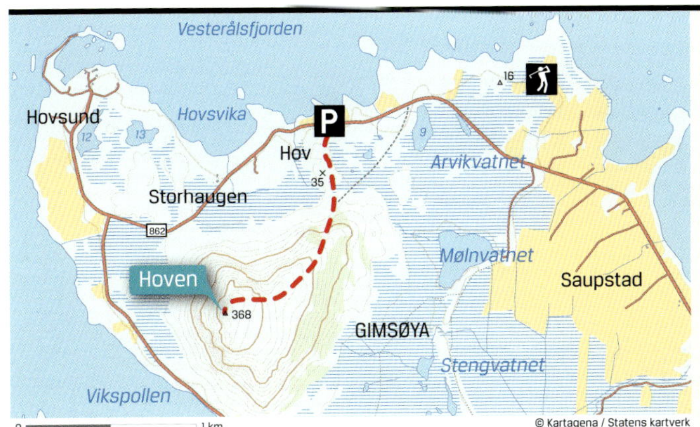

FAKTEN

HÖHE: 368 m ü.M.

SCHWIERIGKEIT: Leicht

DAUER: 1 Std. hinauf

STARTPUNKT: Verlassen Sie die E 10, nach ca. 10 km auf Gimsøy in Richtung Norden, kommen Sie zum Golfplatz bei Hov

TYP: Guter Weg in leichtem Gelände über Sumpf und grasbewachsene Hügel

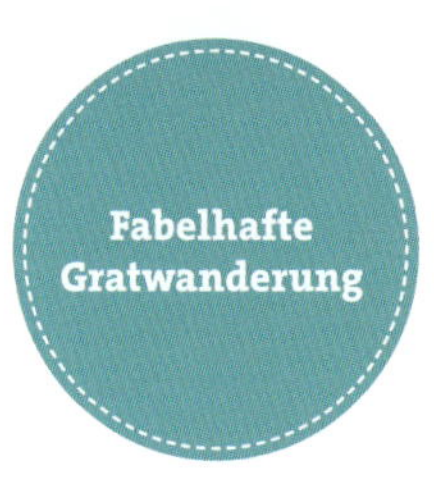

MIDDAGSTINDEN

WINDIG: *Auf dem Kamm zum Middagstinden kann es heftig winden*

Die Tour über den Kvalnesaksla (707 m) bietet einen spektakulären Blick über spitze Gipfel und endloses Meer. Das Gelände ist meist leicht begehbar, aber an einigen Stellen exponiert – lassen Sie die Höhenangst zu Hause!

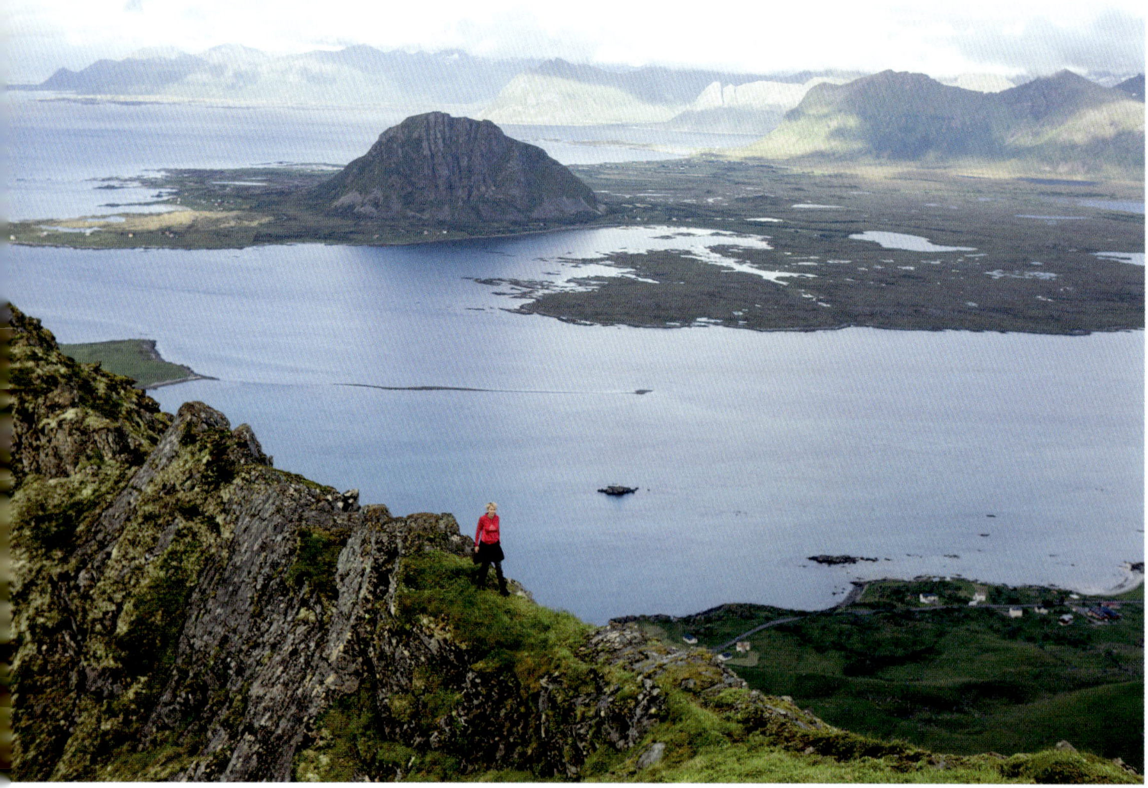

HOCH AUF DEN KVALNESAKSLA

Die Tour beginnt in der Siedlung Kvalnes, einer kleinen Gemeinde ganz im Norden, an der Außenseite der Insel Vestvågøy, etwa 9 km von der E10 entfernt. Es gibt leider keinen guten Platz, um das Auto zu parken.

Der Startpunkt der Tour ist nicht ganz leicht zu finden, da der Weg nicht so ausgetreten ist. An einer Ausweichbucht an der schmalen Straße gehen Sie durch einen Schafzaun und passieren eine alte Ruine mit Steintreppe. Folgen Sie dem Pfad entlang des Schafzauns etwas mehr als 100 m, bevor Sie nach links in Richtung Kvalnesaksla abbiegen. Bei Unklarheit laufen Sie über das flache Gelände Richtung Berge, der Weg wird dann eindeutiger.

Folgen Sie dem Weg bergauf, bis er sich kurz unterhalb des Nedrevatnet teilt. Nehmen Sie den Weg, der nach links führt, vorbei an Auran (200 m ü.M.). Er schlängelt sich entlang des Grats, der sich schließlich verjüngt. Bis Kvalnesaksla hat der gesamte Weg einen bequemen Anstieg. Der Blick auf das offene Meer im Norden und die dramatische Berglandschaft auf Austvågøy ist beeindruckend.

JETZT WIRD ES WINDIG!

Der vor uns liegende Weg ist klar – folgen Sie einfach dem hufeisenförmigen Kamm in einem großen Bogen in Richtung Middagstinden. Einige Abschnitte sind etwas dem Wind ausgesetzt. Gehen Sie weiter bergauf auf die Südseite des Middagstinden zu. Hier ist der Weg nicht immer klar zu erkennen.

Eine einfache Kletterei führt zum ersten Gipfel. Diejenigen, denen die Wanderung bis hierher steil genug war, sollten hier stoppen.

Der letzte kleine Abschnitt zum Gipfel ist schmal und Sie brauchen beide Hände, um über den Kamm zu kriechen. Es ist nicht schwierig; wenn Sie sich beim Klettern in exponiertem Gelände sicher fühlen, sollten Sie diese kleine Perle mit nach Hause nehmen!

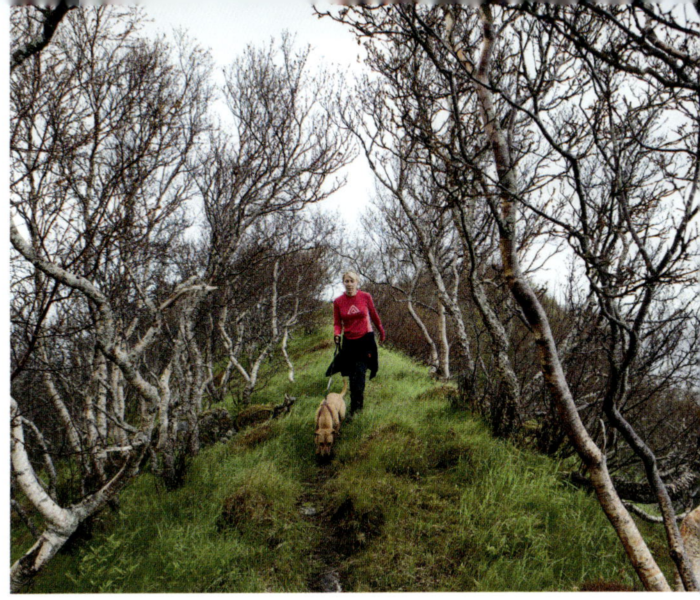

TROLLWALD: *Auf dem Weg zum Kvalnesaksla kommen Sie durch ein knorriges Birkenwäldchen*

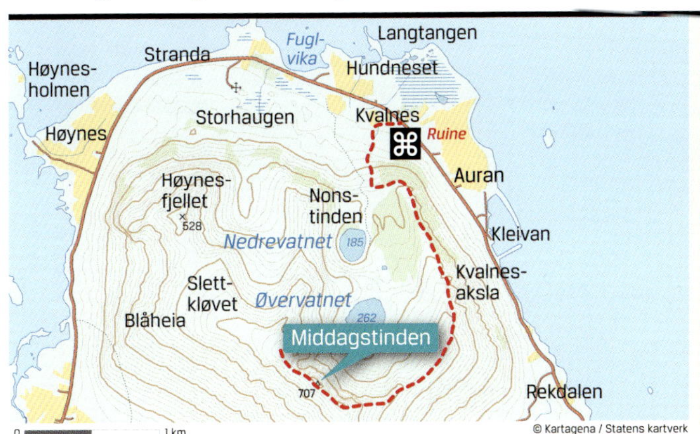

FAKTEN

HÖHE: 707 m ü.M.

SCHWIERIGKEIT: Mittel (anspruchsvoll, wenn Sie bis ganz nach oben klettern)

DAUER: 2 Std. hinauf

TYP: Wandern entlang eines ausgeprägten Grates bis zur exponierten Stelle unterhalb des Gipfels. In einigen Abschnitten ist der Weg nicht klar erkennbar.

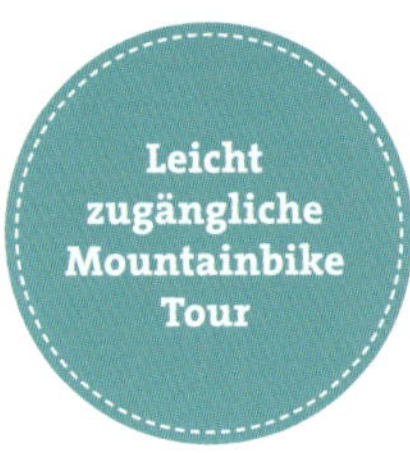

HELFJELLET & VETTEN

GUTE MOUNTAINBIKE BEDINGUNGEN:
Schöne Strecke auf dem Helfjellet

Erleben Sie eine tolle Mountainbiketour mit guten Wegen auf einem großen Gipfelplateau. Diese Tour hat mehrere Varianten und ist auch hervorragend für Wanderer geeignet.

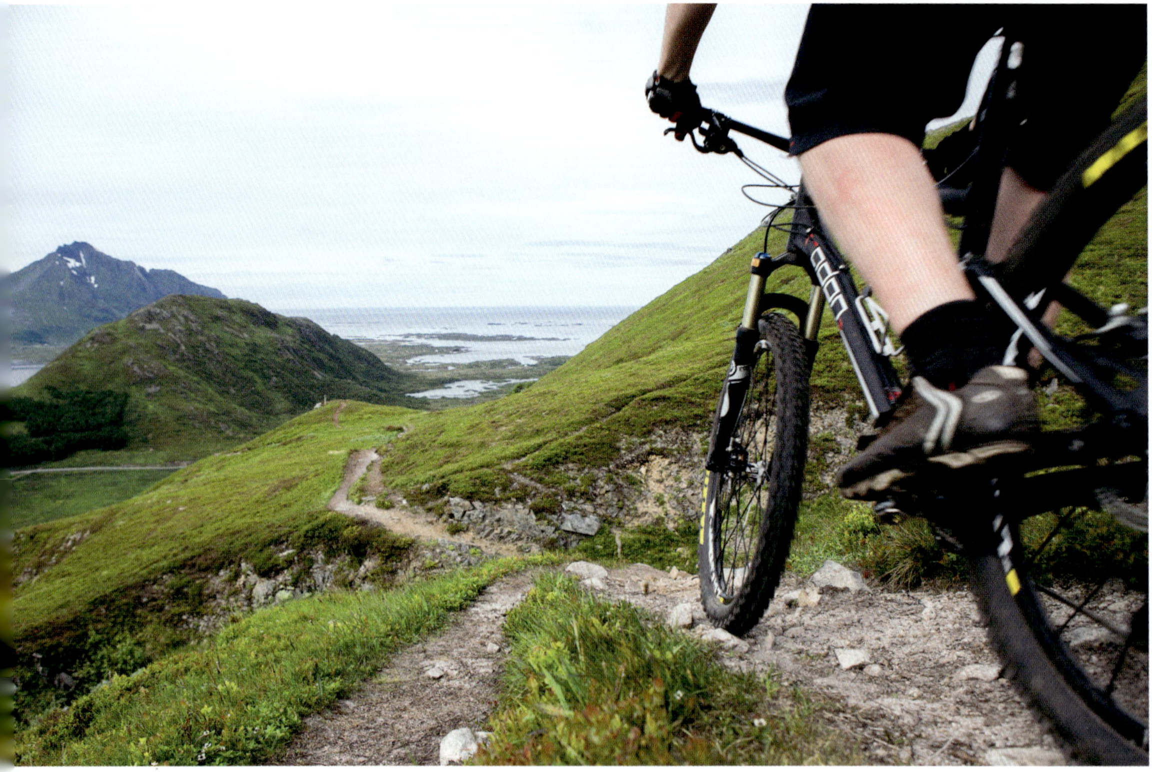

Der Helfjellet liegt im Norden auf Vestvågøy, etwa 4 km nordöstlich vom Lofotr Viking Museum in Borg. Parken Sie an der E 10 bei Straumgård am gelben Gemeindehaus (Samfunnshuset) auf der rechten Seite (Richtung Norden/Svolvær) in einer Linkskurve.

Alternativ können Sie 400 m weiter auf dem Rastplatz in Torvdalshalsen parken.

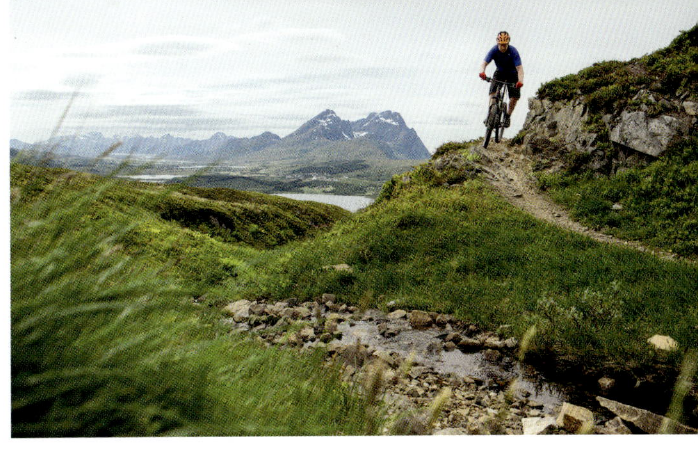

FINDE DEIN GLEICHGEWICHT: *Auf dem Weg zum Helfjellet überqueren Sie auch einen kleinen Bach*

STEIL

Der Weg beginnt hinter dem Gemeindehaus. Fahren Sie auf dem klar erkennbaren und leicht ansteigenden Pfad durch Heidekraut, Felsen und Moor. Es kann matschig sein. Nach etwas mehr als einem Kilometer wird das Gelände steil und zerklüftet, rechnen Sie damit, das Fahrrad zu schieben oder zu tragen. Wenn Sie den steilen Abschnitt durchquert haben, erreichen Sie auf ca. 250 m ü.M. ein Plateau. Der Weg, überwiegend aus Erde und Sand, ist gut und wirklich schön zu fahren.

FAHRT ÜBER DEN BERG

Sie haben mehrere Möglichkeiten. Eine coole Tour ist es, am Finnkjerka vorbeizufahren, der bei 392 m ü.M. durch einen großen Stein markiert ist. Weiter gehts auf einem deutlich erkennbaren Grat in östliche Richtung hinunter nach Alstadtuva. Ein Abschnitt am Anfang ist steil und felsig; die meisten werden das Fahrrad hier schieben. Als Nächstes fahren Sie einen guten Weg hinunter in Richtung Birkenwald, dann kommen Sie zu einer breiten Allee zwischen Feldern, durch die Sie fahren, bis Sie den Elektrozaun an der Schotterstraße in Alstad erreichen. Von hier ist es ca. 1 km nach Knutstad zur E 10 und zum Café im Lofoten Turistsenter (www.lofotenturistsenter.no).

SCHÖNE DOWNHILL-FAHRT

Auf dem gleichen Weg geht es zurück oder Sie lassen sich im Café abholen. Wenn Sie zurückfahren, lohnt ein Abstecher zum Vetten, mit 414 m ü.M. der höchste Punkt auf dem Plateau. Auf dem fantastischen Weg können Sie dann einige zusätzliche Höhenmeter genießen. Seien Sie vorsichtig bei der Abfahrt der steilen Abschnitte – und nehmen Sie Rücksicht auf Wanderer! Dies ist auch ein beliebtes Wandergebiet.

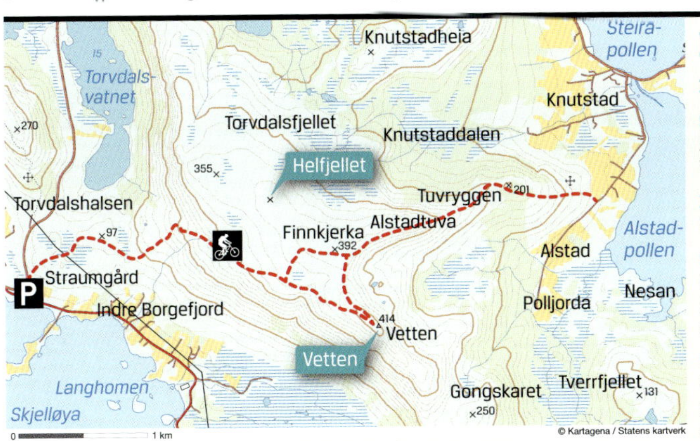

FAKTEN

HÖHE: 392 m ü.M.

SCHWIERIGKEIT: Mountainbike: Mittel
Wandern: Leicht

DAUER: Mountainbike 1-2 Std. bis Alstad

STARTPUNKT: Am Gemeinschaftshaus (Torvdalsveien 23) an der E10 in Straumgård

TYP: Meist sehr guter Weg. Einige steile, felsige Abschnitte muss man das Rad tragen

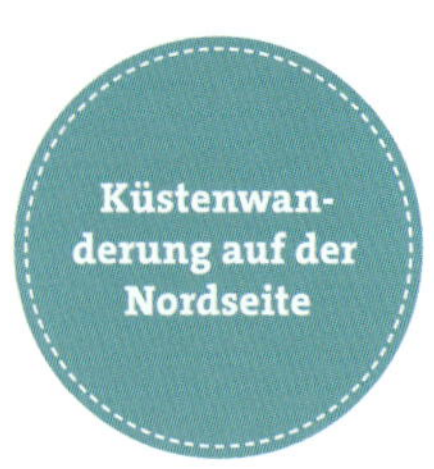

EGGUM – UNSTAD

PLAYA DEL UNSTAD: *Es ist schön, die Wanderung am herrlichen Strand von Unstad zu beenden*

Diese sieben Kilometer lange Wanderung folgt dem hübschen Küstenstreifen zwischen Eggum und Unstad im Norden von Vestvågøy. Gehen Sie die Tour im Schein der Mitternachtssonne.

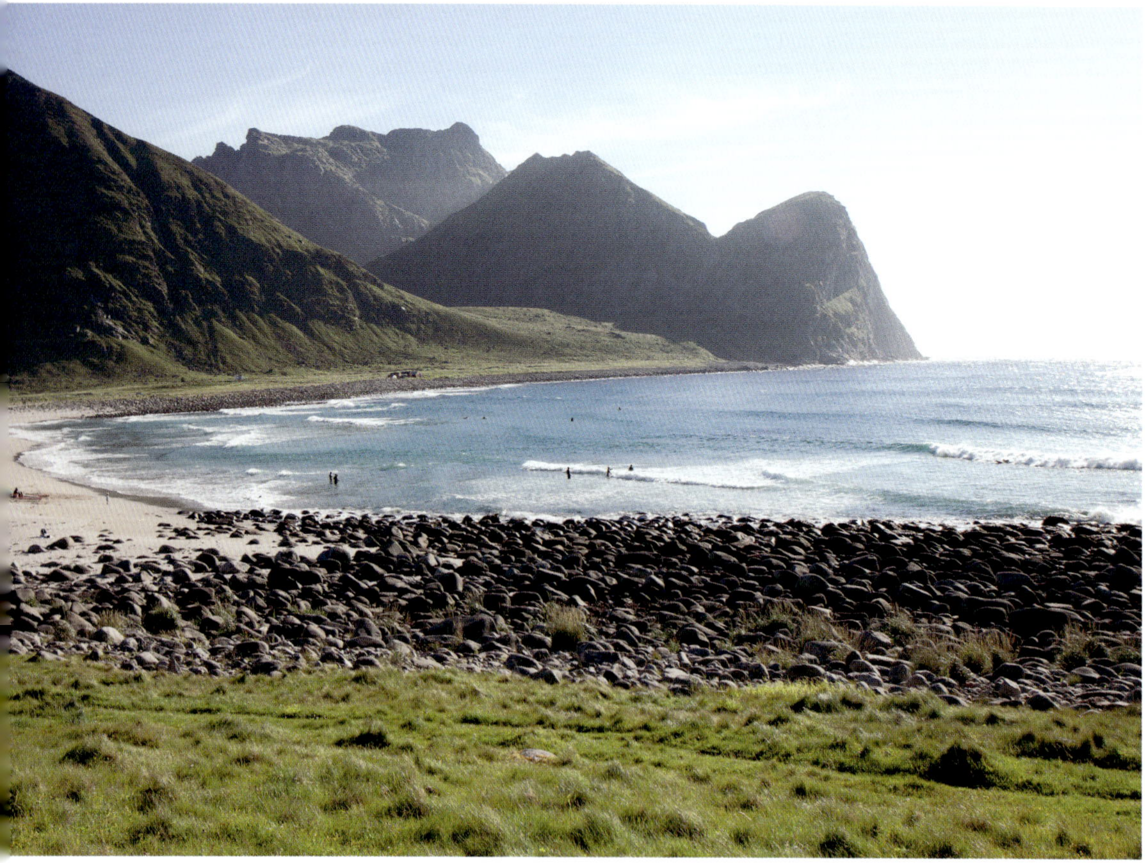

Start ist im Fischerort Eggum im Nordwesten von Vestvågøy. Der Weg beginnt bei Borga, dem Steinkastell, westlich von Eggum. Hier gibt es auch Parkmöglichkeiten.

EIN SPRUNG IN DEN ATLANTIK

Nach einem Kilometer auf dem unbefestigten Weg, kommen Sie zur Steinskulptur „Hode" (Der Kopf), die Teil der Skulpturenlandschaft Nordland ist (s. Seite 234).

Der Weg voraus ist klar ersichtlich; folgen Sie einfach nur der Küste. Mit etwas Glück, steckt ein Seehund den Kopf aus dem Wasser, um Sie mit seinen Knopfaugen neugierig zu mustern.

Wenn Sie den Leuchtturm an der Spitze Kleivneset erreichen, lohnt dort eine Pause, bevor Sie die Landspitze umrunden und die schöne Bucht von Unstad ins Blickfeld rückt.

Der Weg vom Leuchtturm führt ein kleines Stück den Hang hinauf. In einigen Bereichen ist er steil, aber insgesamt gut und leicht begehbar. Bald erreichen Sie die Schotterstraße, die Sie ins Dörfchen Unstad bringt. Beenden Sie den Hinweg mit einem eiskalten Bad in der Norwegischen See!

Wenn Sie nicht die gleiche Strecke zurückwandern wollen, ist ein zweites Fahrzeug (zuvor hier geparkt) eine gute Option (oder der glückbringende Daumen beim Trampen).

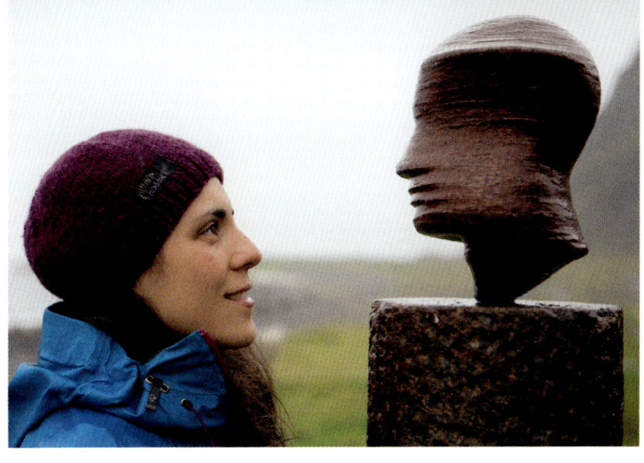

DAS FORT BORGA BEI EGGUM

Während des Zweiten Weltkriegs bauten die Deutschen eine Radarstation bei Eggum. Diese wurde in einem Steinkastell, das heute besichtigt werden kann, errichtet. Die Station war wichtig für die Überwachung des Schiffsverkehrs in die Sowjetunion.

SURFEN IN UNSTAD

Unstad ist der beliebteste Surfstrand auf den Lofoten. Hier werden sowohl der harte Kern der lokalen Surfer als auch Reisende von den schönen Wellen angelockt, um sie vor dieser spektakulären Kulisse abzureiten. Unstad Arctic Surf vermietet Ausrüstung und bietet Kurse an (s. Seite 228).

OUTDOOR-KUNST:
Die Skulptur „Hode" ist eines der Werke in der Skulpturlandskap Nordland. Wie viele verschiedene Kopfformen entdecken Sie, wenn Sie die Skulptur aus verschiedenen Blickwinkeln betrachten? Es sollen 16 sein.

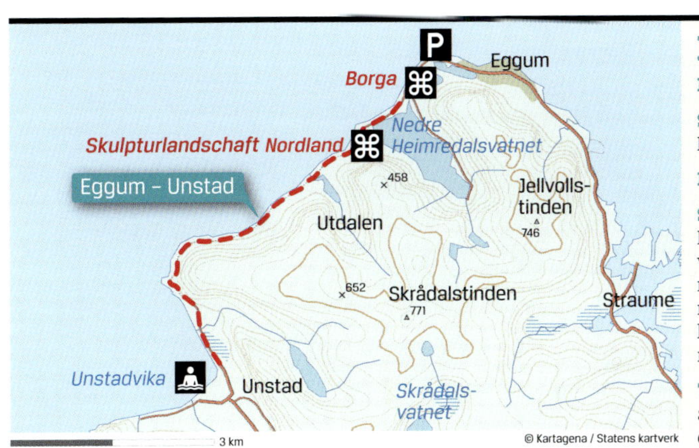

FAKTEN

ENTFERNUNG: 7 km

SCHWIERIGKEIT: Leicht/mittel

DAUER: 3 Std. Hinweg

STARTPUNKT: Festung Borga bei Eggum. Sie verlassen 2 Kilometer nördlich des Wikingermuseums die E 10 nach links und fahren 9 Kilometer nach Norden

TYP: Küstenwandern auf gutem Weg. Einige exponierte Passagen

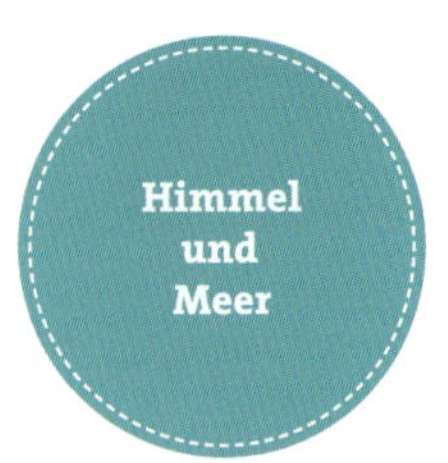

MÄRCHENHAFT: *Auch kopfüber ist die Natur auf den Lofoten die schönste auf unserem Planeten.* Foto: Kari Malmberg

HIMMELTINDEN

Der Himmeltinden (964 m) ist Vestvågøys höchster Berg und wahrscheinlich der einfachste zu begehende Gipfel mit über 900 Metern Höhe auf den Lofoten.

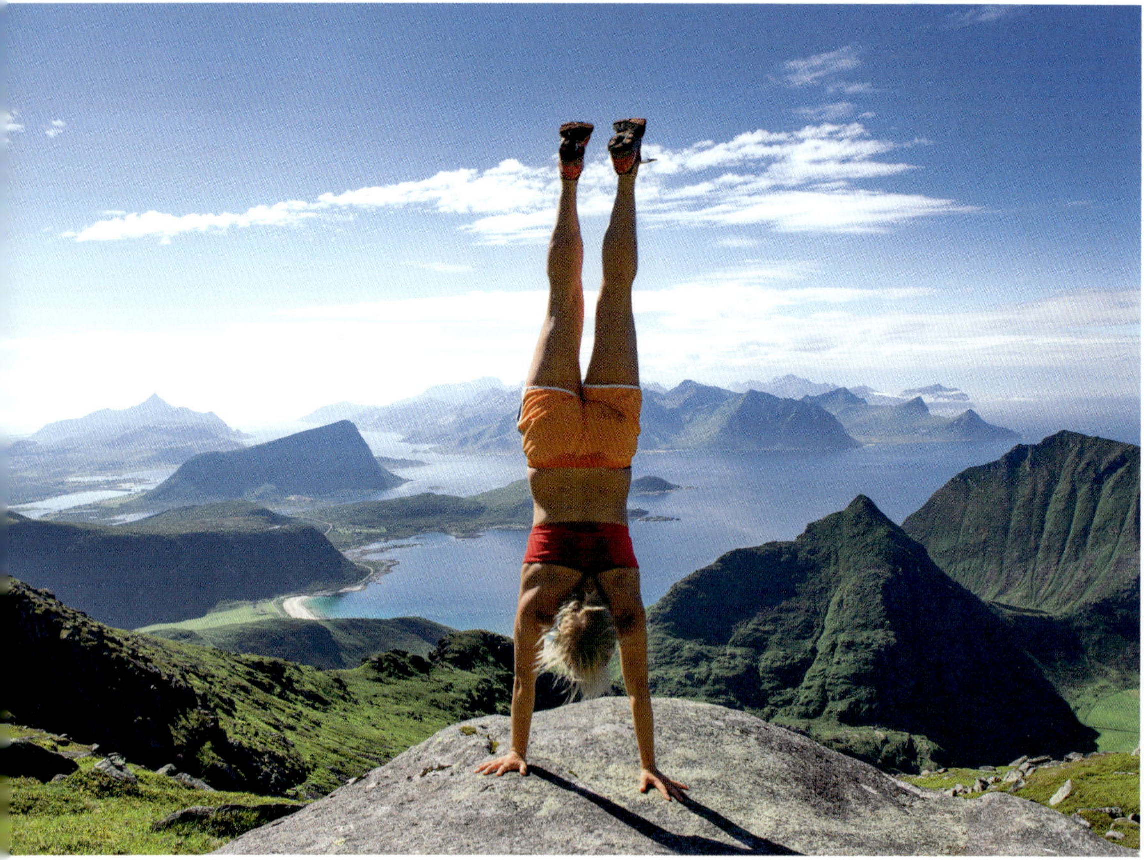

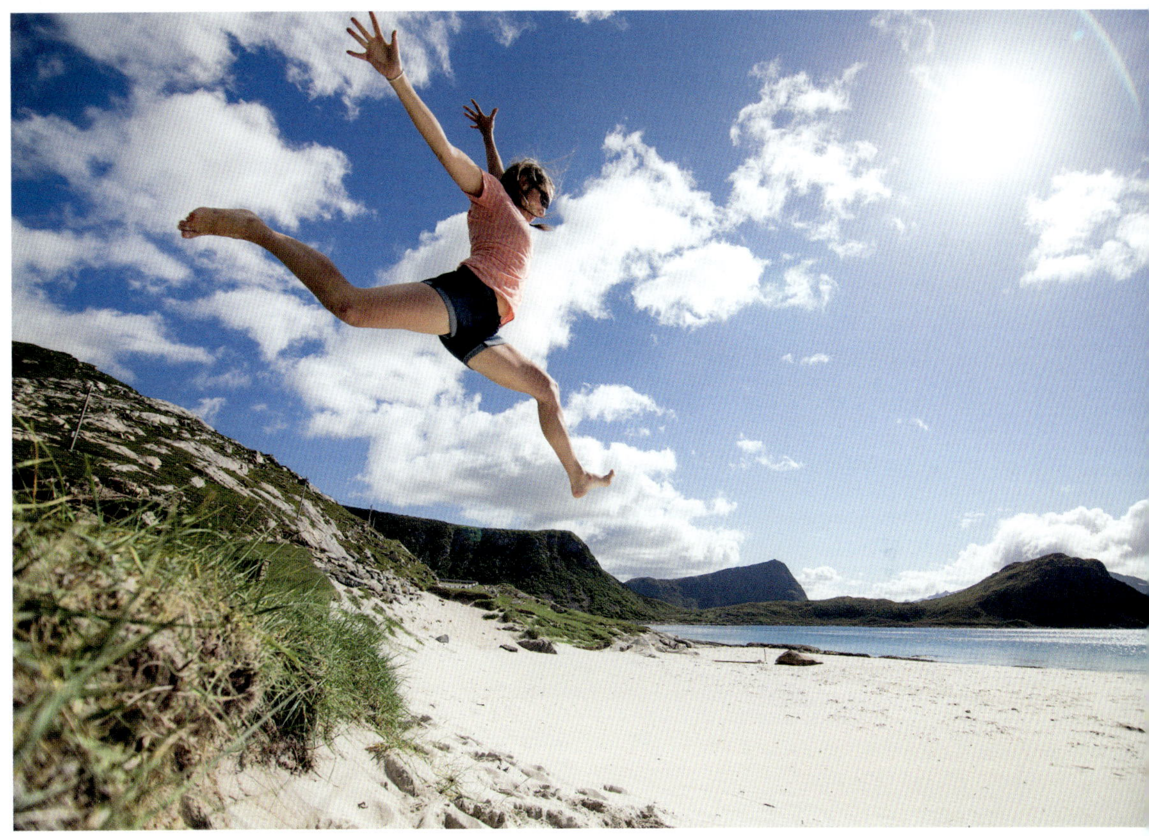

Der Himmeltinden liegt weit im Westen des nördlichen Teils der Insel Vestvågøy, etwa 10 Kilometer nördlich von Leknes.

Vom Parkplatz am Hauklandsstranda folgen Sie ca. 600 Meter der Straße, die rechts (östlich) des Tunnels Utakleivtunnelen leicht bergauf Richtung Nordosten führt. Kurz vor dem See biegen Sie links ab und gehen auf der unbefestigten alten Straße, die über den Berg führt, Richtung Utakleiv bergauf. Wenn Sie zur Hochebene Klumpan kommen, flacht das Gelände zu einem sumpfigen Gebiet ab.

700 METER ... GERADEWEGS NACH OBEN

Kurz vor einem großen, markierten Felsen geht es nach rechts auf einen guten Pfad. Durch das Tal Durmålsdalen erwartet Sie eine Steigung, die Ihre Beinmuskeln zum Brennen bringen wird! Der erbarmungslose Hügel tischt Ihnen 700 Höhenmeter auf. Die Steigung ist konstant bis zum Vorgipfel auf 931 m ü.M.. Es folgt der Eintrag ins Gipfelbuch, das verborgen im Steinhaufen liegt.

Hier haben Sie das beste „Gipfel-Gefühl" – wenn Sie aber zum höchsten Punkt des Himmeltinden wollen, müssen Sie noch auf das Plateau gehen, wo das NATO-Radar steht.

Folgen Sie den Kamm auf einem schlechten Weg hinüber; es gibt einige exponierte, windige Stellen. Nachdem Sie ganz oben waren und die Aussicht inspiziert haben, können Sie wieder auf den Vorgipfel zurückgehen und

HÜPF REIN: *Nach einem Ausflug auf den Himmeltinden, bleibt nur noch den Strand Hauklandsstranda herunterzurennen und ins Meer zu springen!*

gemütlich picknicken. Lehnen Sie sich zurück und lassen Sie den Blick über die wunderschöne Bergwelt schweifen. Der herrlich weiße Strand Hauklandsstranda lockt zu einem erfrischenden Bad im smaragdgrün leuchtenden Meer, fast tausend Meter unter Ihnen.

BERG-SPASS

Trainingsfanatiker, die auf der Jagd nach einem wirklich harten „Bergauf-Training" sind, haben mit dem Himmeltinden das bekommen, was sie wollten. Selten findet man auf den Lofoten einen so hohen Berg, der so gut zu begehen ist.

DIE NATO-RADAR-STATION

Auf dem Gipfel des Himmeltinden befindet sich eine NATO-Radar-Station, die den norwegischen Luftraum überwacht. Das Sindre Radar wurde in den 1980er Jahren aufgestellt.

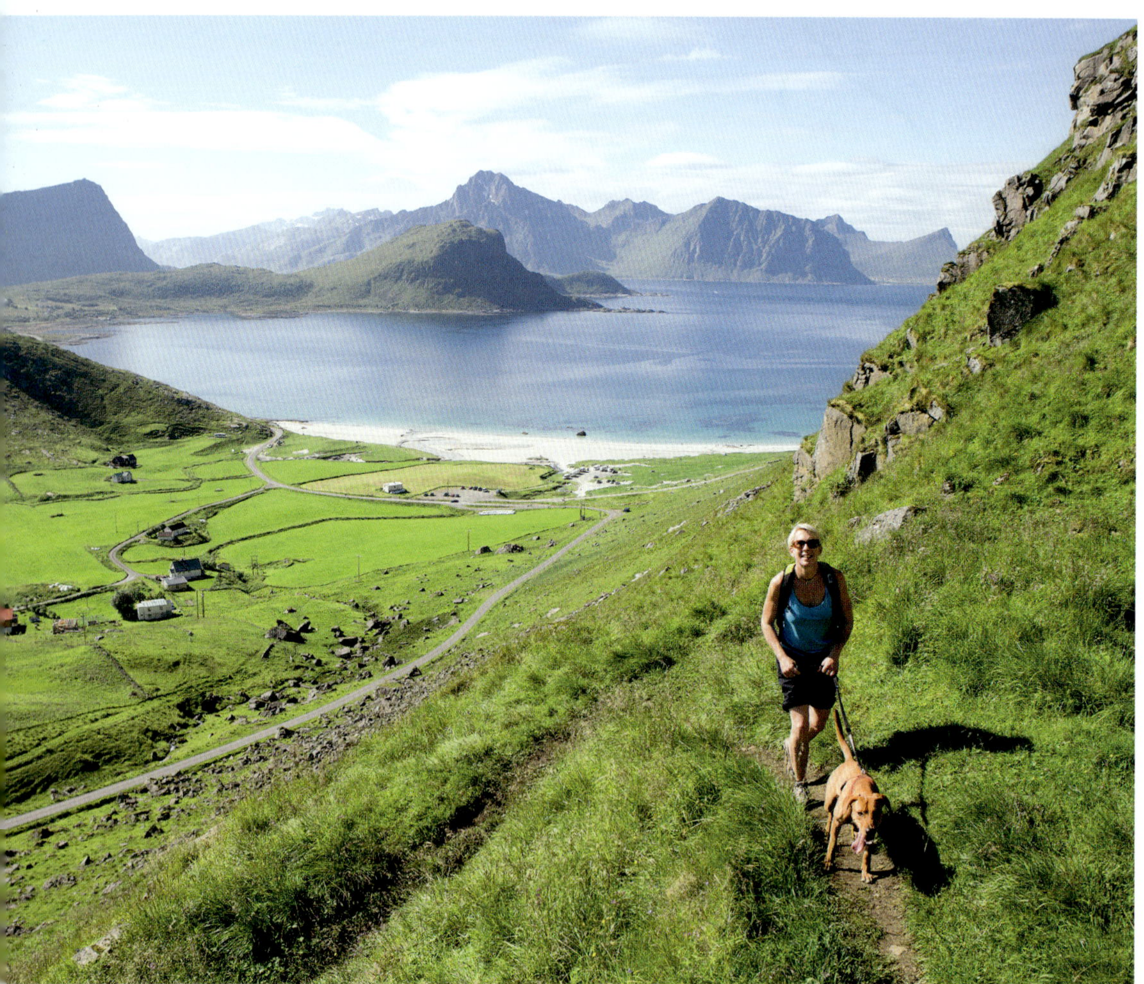

IDYLLISCH: *Auf dem bewachsenen Karrenweg von Haukland kann man gut gehen*

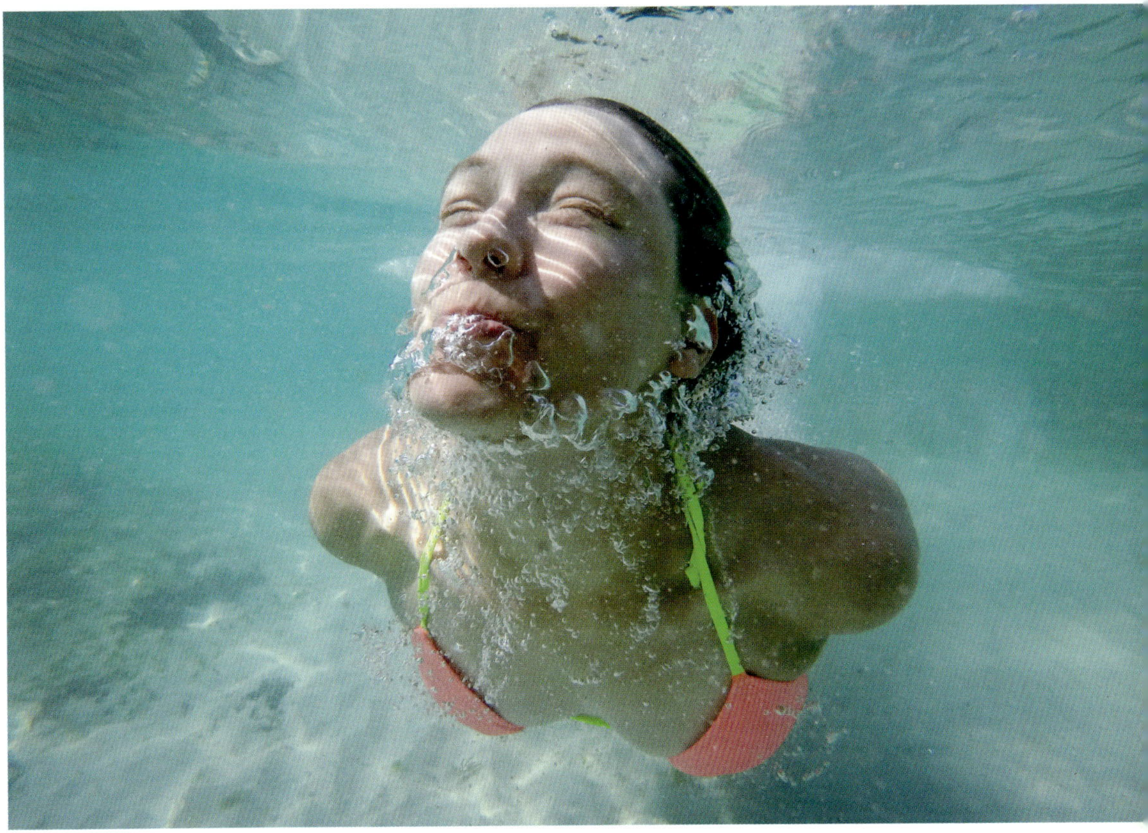

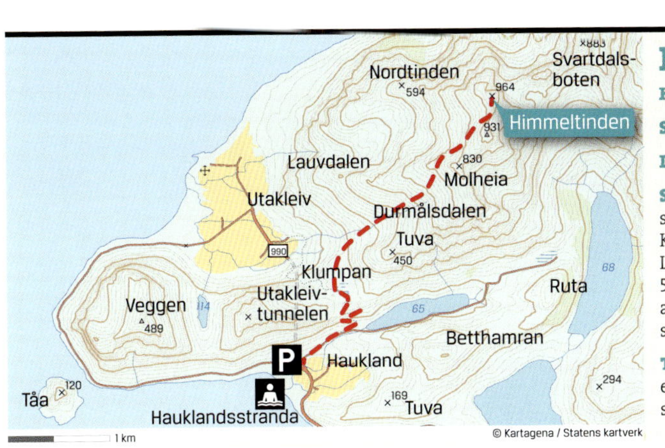

FAKTEN

HÖHE: 964 m ü.M.

SCHWIERIGKEIT: Mittel

DAUER: 2-3 Std. hinauf

STARTPUNKT: Verlassen Sie die E10 etwa 5 Kilometer nördlich von Leknes und fahren Sie ca. 5 km bis zum Parkplatz am Strand Hauklandsstranda

TYP: Alter Fahrweg im ersten Teil, danach ein sehr guter Pfad

ERFRISCHEND: *Kristallklares Wasser und weißer, sandiger Meeresboden bei Haukland*

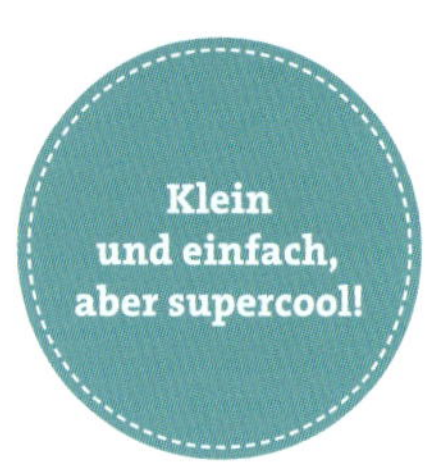

OFFERSØYKAMMEN

ATEMBERAUBEND:
Schöne und kurze Wanderung mit toller Aussicht

Vielleicht eine der beliebtesten Touren auf Vestvågøy – fürs Training oder einfach nur zum Spass.

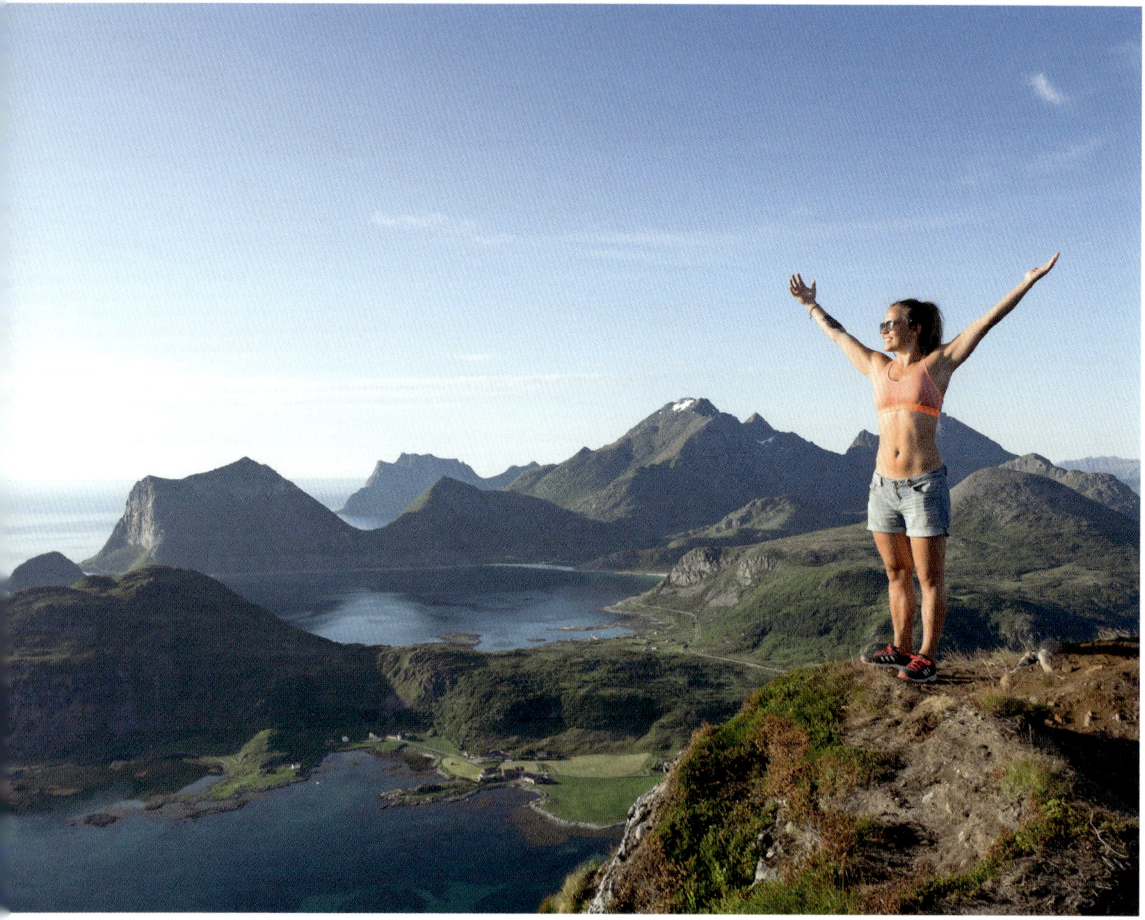

Ganz im Westen von Vestvågøy, direkt neben dem mächtigen Sund Nappstraumen, liegt der Offersøykammen. Offersøy ist eine Halbinsel, die weit in den Nappstraumen hineinragt. Die E10 verschwindet hier im Nappstraum-Tunnel und taucht auf der anderen Seite des Sunds auf Flakstadøy wieder auf.

Der Weg nach oben beginnt am Straßenrand der E10, unterhalb der Südostseite des Offersøykammen. Hier gibt es nicht viel Parkraum am Straßenrand, daher ist es besser, die alte Straße, die parallel zur E10 verläuft, runterzufahren und auf dem Parkplatz am Ende der Straße das Auto abzustellen. Von dort gibt es einen kleinen Pfad, der die wenigen Meter zur Hauptstraße hinaufführt.

KLEIN UND BEEINDRUCKEND

Die Routenauswahl ist supereinfach: Folgen Sie dem Weg nach oben zum Gipfel!

Auch wenn der Offersøykammen niedrig ist, ist die Aussicht nicht weniger beeindruckend als von höheren umliegenden Bergen.

Der Strand Hauklandsstranda liegt weiß und verlockend ein paar Kilometer weiter nördlich, während auf Flakstadøy im Westen und auf Vestvågøy im Süden und Osten endlose Wandermöglichkeiten zu finden sind.

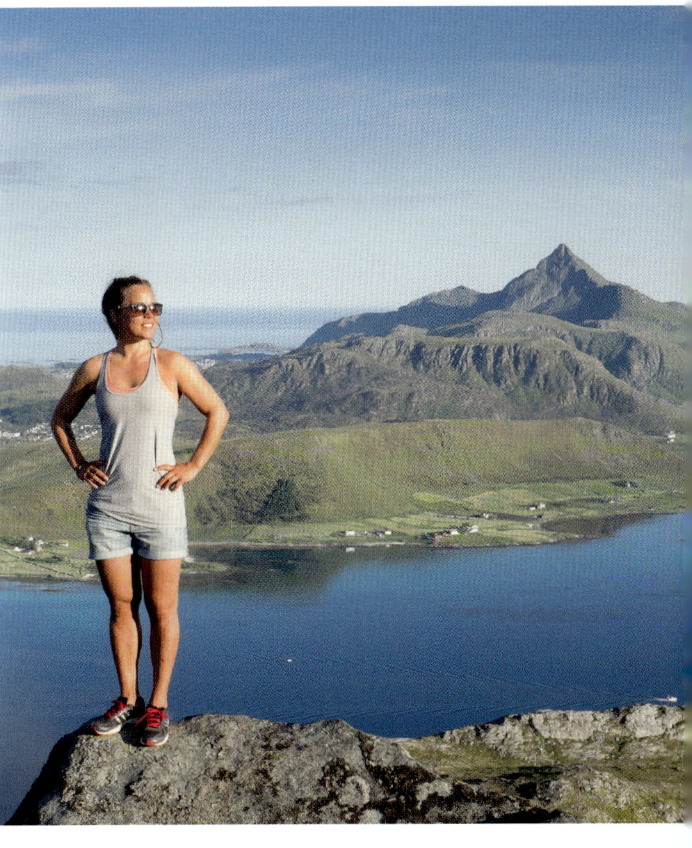

EIN GENUSS: *Der charakteristische Berg Skottinden im Hintergrund*

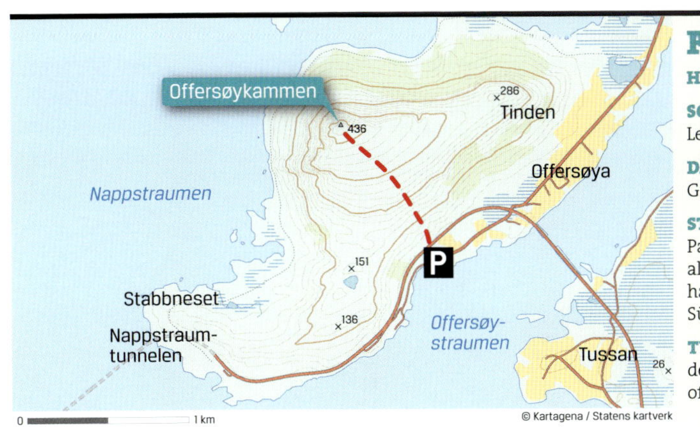

FAKTEN

HÖHE: 436 m ü.M.

SCHWIERIGKEIT: Leicht

DAUER: 1 Std. zum Gipfel

STARTPUNKT: Parken Sie an der alten Straße unterhalb der E10, auf der Südostseite des Berges

TYP: Viel genutzter, deutlicher Pfad in offenem Gelände

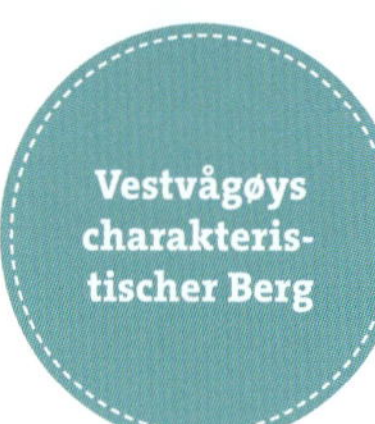

SKOTTINDEN

GERADEWEGS VOM MEER HERAUF: *Die Wanderung beginnt in Vitting und führt durch steiles, grasbedecktes Gelände*

Dieser pyramidenförmige Berg erhebt sich 671 Meter über den Sund Nappstraumen und ist ein attraktives Ziel für diejenigen, die keine Höhenangst haben.

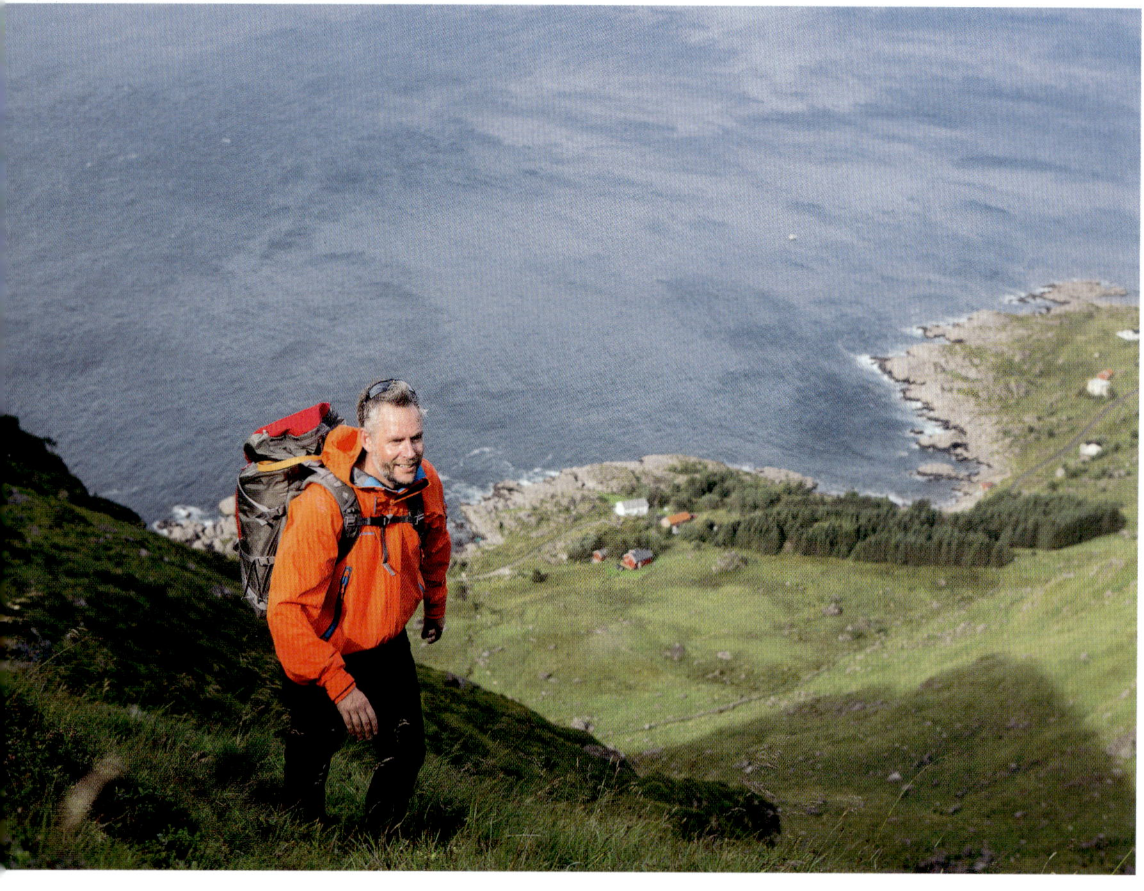

Ganz am Südzipfel von Vestvågøy erhebt sich der Skottinden als einer der letzten markanten Gipfel vor dem Vestfjord. Verlassen Sie die E10 und fahren Sie die Fv 818 Richtung Ballstad. In Gravdal biegen Sie rechts auf die Fv 843 (Sundsveien) ab und folgen ihr nach Westen bis zum Nappstraumen. Diesem entlang Richtung Süden erreichen Sie, am Ende der Straße, Vitting. Hier gibt es keine guten Parkplätze. Blockieren Sie bitte nicht die Straße für die Einheimischen!

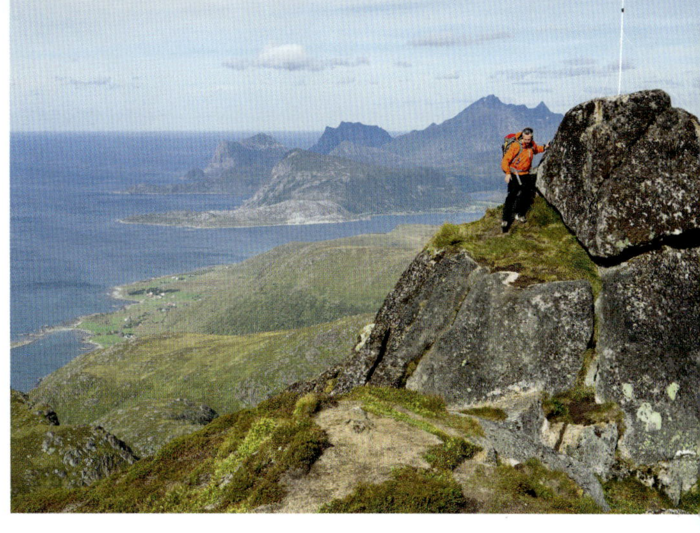

ANSPRUCHSVOLLE ABSCHNITTE

Eine kleine Treppenbrücke bringt Sie über ein Schafszaun. Der Wanderweg folgt dem steilen Hang nach oben durch das Tal auf der Nordseite des Vittingstinden. Nachdem Sie ungefähr 300 m ü.M.erreicht haben, kommen Sie zu einem flachen Abschnitt, östlich des Gipfels des Vittingstinden. Folgen Sie den Hügeln in Richtung der steileren Hänge, die die Westseite des Skottinden hinaufführen.

Weiter oben wird es noch steiler und Sie müssen über einige anspruchsvolle und exponierte Abschnitte klettern. Gehen Sie mit größter Vorsicht – es geht tief nach unten!

GROSSARTIGER BLICK

Kurz vor dem Gipfel kommen Sie zu einem kurzen Grat. Von hier müssen Sie ein paar Meter bergab kraxeln, bevor es das letzte kleine Stück zum Gipfel bergauf geht. Es ist sehr steil und exponiert, wenn Sie den Felsblock hinaufklettern – nun noch einmal um die Ecke und schon sind Sie auf den höchsten Punkt angelangt.

Es ist herrlich hier zu sitzen und die schöne Landschaft rund um Vestvågøy im Osten und Flakstadøy im Westen zu genießen. Schreiben Sie über die Abenteuer des Tages in das Gipfelbuch, bevor Sie, auf der gleichen Route, nach unten aufbrechen.

In der Schlucht knapp unterhalb des Gipfels steht eine Gedenktafel, die an eine Frau erinnert, die hier zu Tode kam.

DAS GRÖSSTE:
Es ist aufregend, dem exponierten Gipfel des Skottinden einen Besuch abzustatten

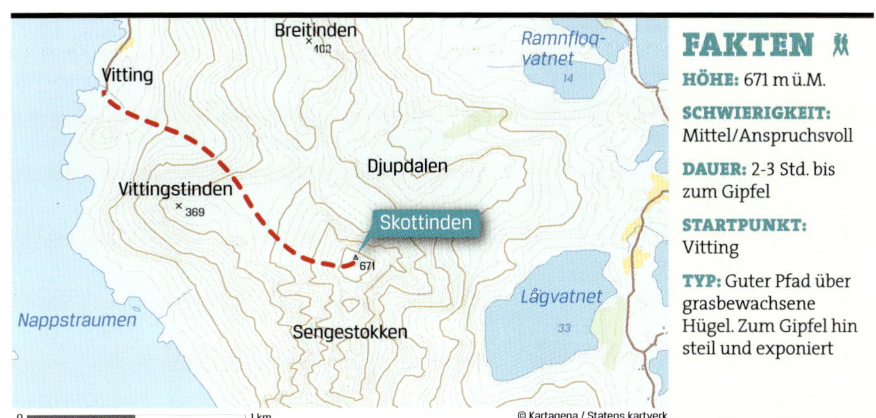

FAKTEN

HÖHE: 671 m ü.M.

SCHWIERIGKEIT: Mittel/Anspruchsvoll

DAUER: 2-3 Std. bis zum Gipfel

STARTPUNKT: Vitting

TYP: Guter Pfad über grasbewachsene Hügel. Zum Gipfel hin steil und exponiert

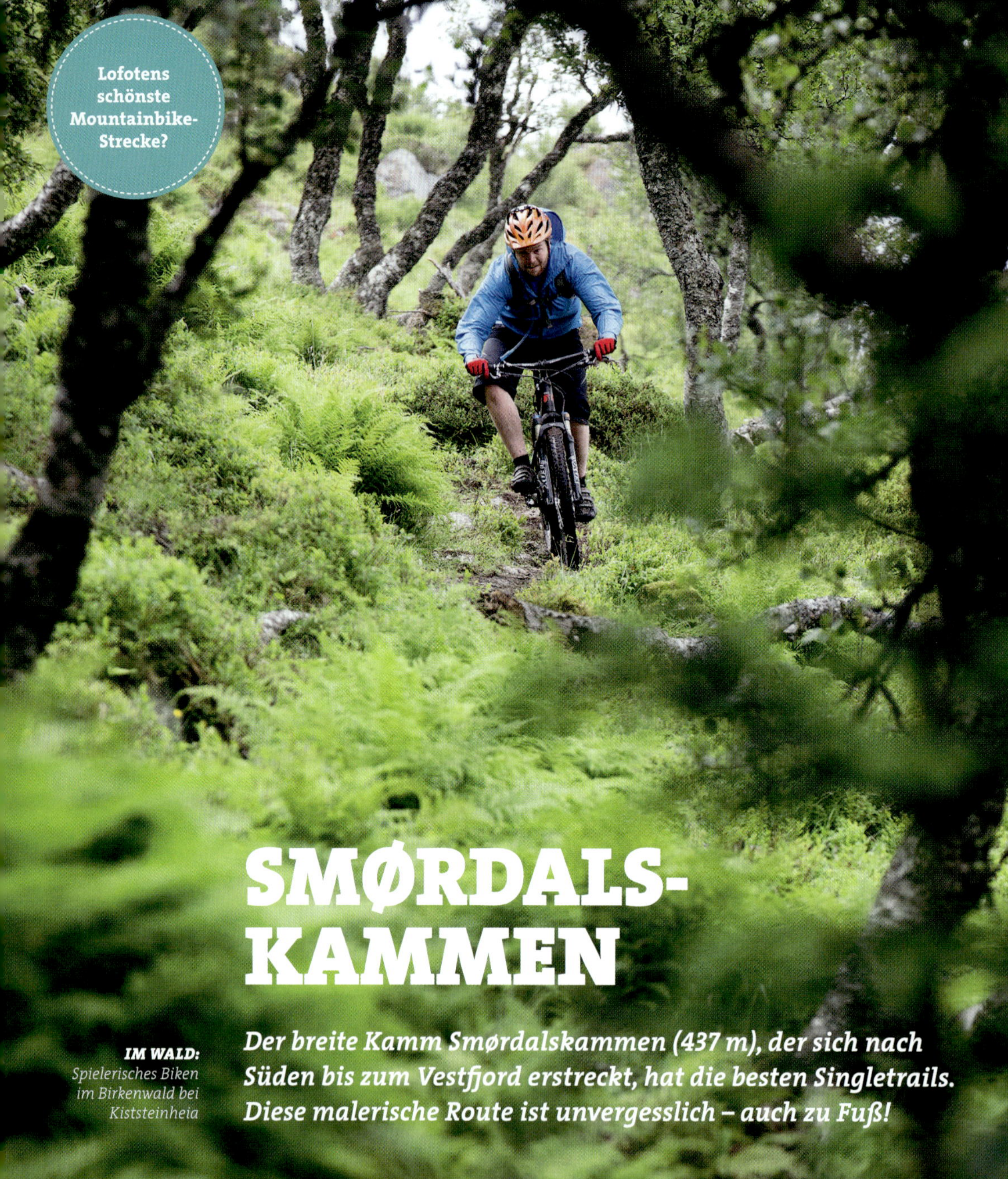

Lofotens schönste Mountainbike-Strecke?

SMØRDALS-KAMMEN

IM WALD: *Spielerisches Biken im Birkenwald bei Kiststeinheia*

Der breite Kamm Smørdalskammen (437 m), der sich nach Süden bis zum Vestfjord erstreckt, hat die besten Singletrails. Diese malerische Route ist unvergesslich – auch zu Fuß!

Ein paar Kilometer südöstlich von Leknes, auf dem südlichen Teil von Vestvågøy, schiebt sich der Smørdalskammen fast unbemerkt Richtung Vestfjord. Der Berg kann zu Fuß oder mit dem Fahrrad erkundet werden.

SCHÖNES FAHRRADGELÄNDE

Sie fahren im Osten von Leknes 3 km die Landstraße Fv 815 Richtung Stamsund (Nordosten) zum Parkplatz bei Hagskaret. Dort überqueren Sie die Hauptstraße und radeln bis zu einem Pfad, der direkt hinter einem Gatter rechts durch einen kleinen Wald führt. Folgen Sie diesem südwärts, vorbei an der Skisprungschanze. Wenn das Gelände flacher wird, biegen Sie auf einen schmalen Pfad ab. Radeln Sie diesen zu einem kleinen Pass zwischen dem Skogtuva (230 m) und dem Rasmusåsen. Sie kommen nun auf einen überwachsenen Fahrweg, halten sich rechts und folgen ihm etwa eineinhalb Kilometer nach unten durch perfektes Bike-Gelände. Knapp oberhalb eines alten Holzhauses führt ein Feldweg links hinauf. Hier kommt die Route, die in Bergsdalen beginnt, dazu. Fahren Sie den Weg wenige 100 m bis zum Ende bergauf.

FELSIGER PFAD IM BIRKENWALD

Jetzt müssen Sie auf einem Wanderweg bergauf, durch einen märchenhaften Birkenwald mit hellgrünem Farn strampeln. Der Pfad hat viele Wurzeln und Felsen und ist ziemlich steil, es wird Dich ordentlich durchrütteln.

Fast auf dem Gipfel, flacht das Gelände ab und ein stetiger, schöner Trail führt auf den Kiststeinheia Höhenzug. Bald sind Sie auf dem Smørdalskammen und haben den höchsten Punkt auf 437 m ü.M. erreicht.

Um zum besten Aussichtspunkt zu gelangen, setzen Sie Ihre Fahrt auf dem Kamm über die holprige Slettheia bis zum Ende des Trails am Finnglunten fort.

Eine fantastische Aussicht in alle Richtungen erwartet Sie hier und der Vestfjord glitzert weit unten. Fahren Sie die gleiche Strecke zurück.

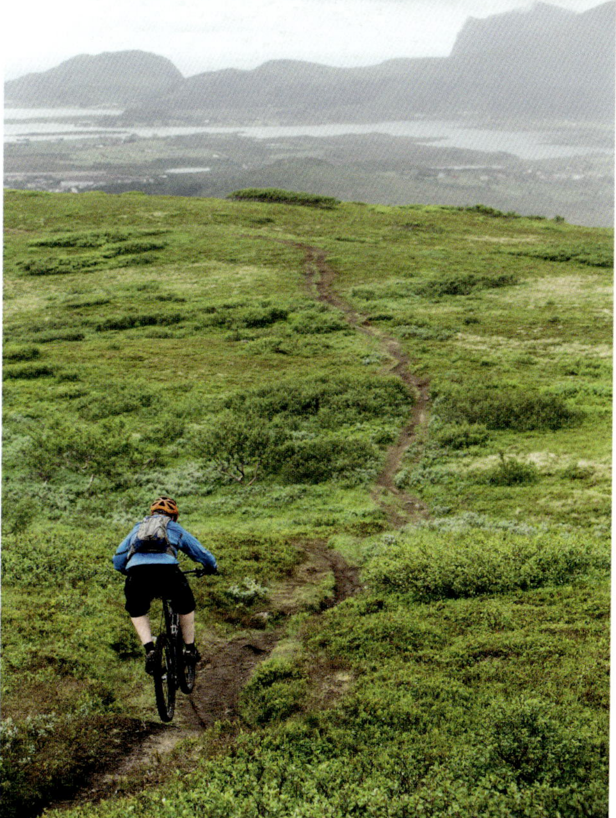

START IN BERGSDALEN

Die Tour beginnt auf einem kleinen Parkplatz am Ende der Straße Bergsdalen. Um hierher zu gelangen, fahren Sie im Osten von Leknes die Fv 997 Richtung Mortsund (Süden), biegen nach 700 m links in den Holsdalsveien und gleich nach 300 m wieder links, kurz darauf rechts in den Weg Bergsdalen. Am Ende der Straße ist der kleine Parkplatz (ca. 70 m ü.M).

Von hier folgen Sie dem Feldweg 600 Meter in nordöstliche Richtung, bis rechts ein Fuhrweg hinauf in den Wald abzweigt. Hier treffen Sie auf die Route, die in Hagskaret beginnt.

WANDER-TIPP

Wenn Sie diese Tour (von Hagskaret) zu Fuß machen, gehen Sie, statt um den Kiststeinheia herum, über den Delsheia nach oben, wo Sie am Kamm auf einen guten Wanderweg kommen.

LOSLASSEN:
Genießen Sie die Fahrt!

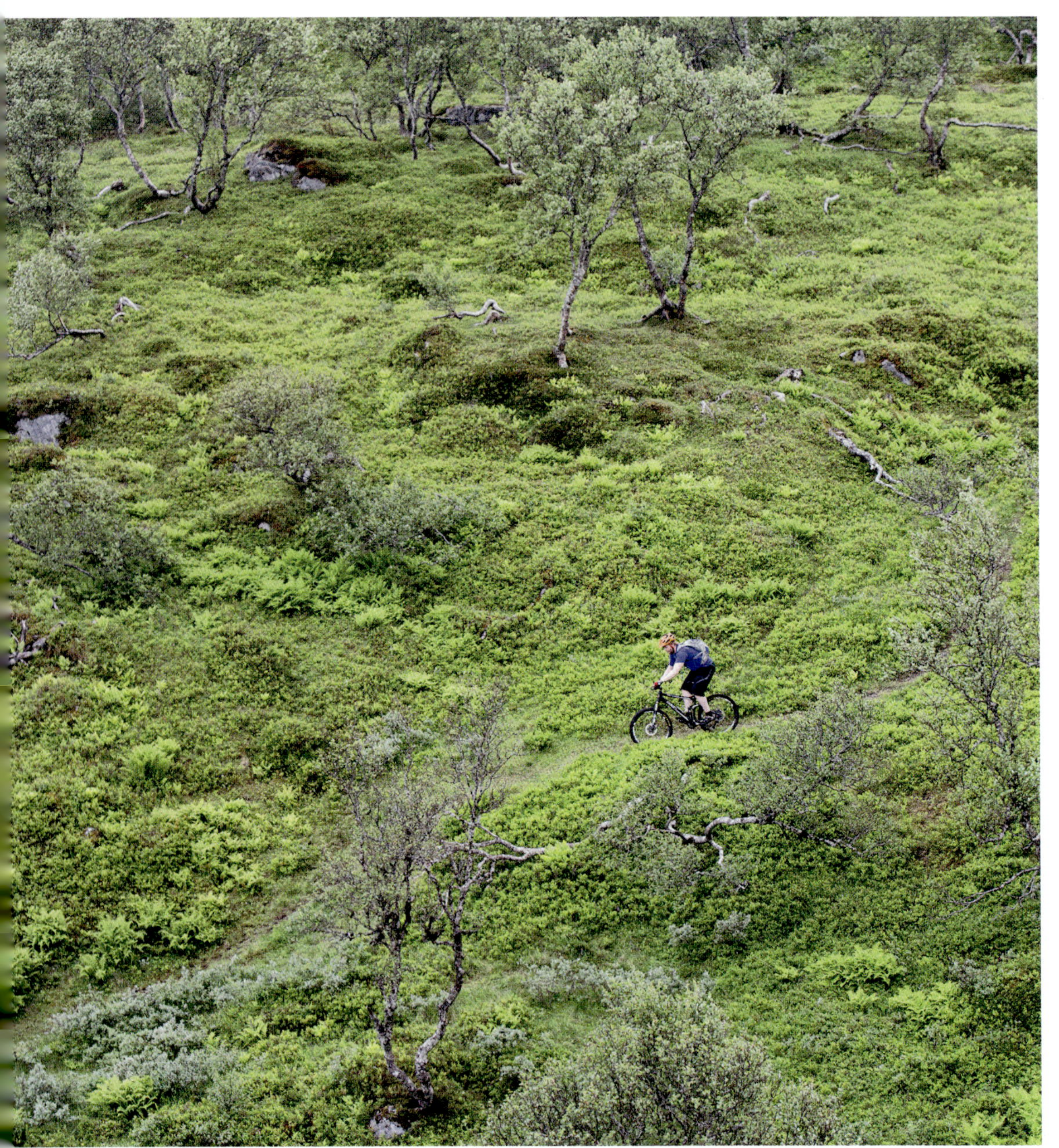

TRAUMPFAD: *Vollgas den Smørdalskammen herunter*

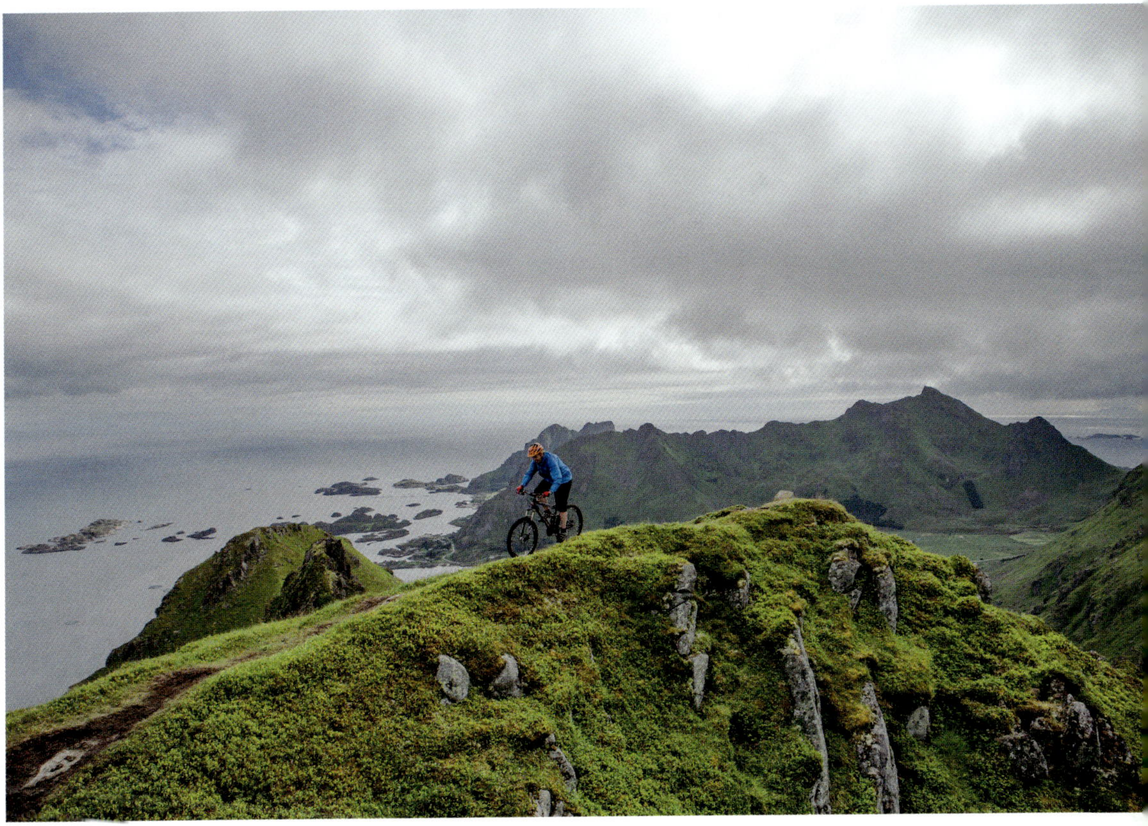

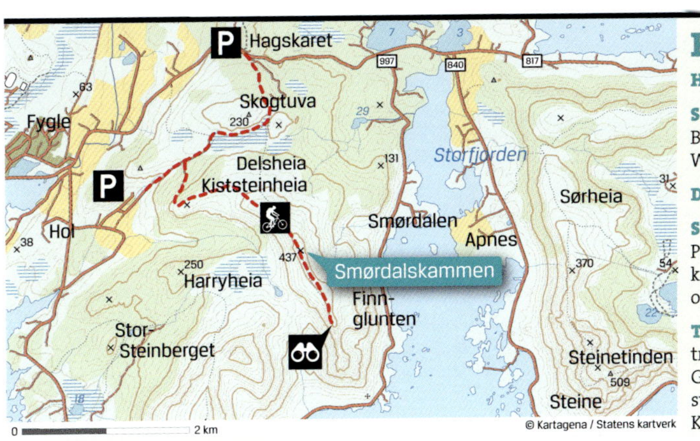

FAKTEN

HÖHE: 437 m ü.M.

SCHWIERIGKEIT: Bike: Leicht/Mittel, Wandern: Leicht

DAUER: 1-2 Std. hinauf

STARTPUNKT: Parkplatz Hagskaret 3 km östlich von Leknes oder Bergsdalen

TYP: Schöner Singletrail entlang des Grates; felsiger und steiler Weg hinauf zur Kiststeinheia.

ÜBERWÄLTIGEND: *Es ist toll, den ganzen Weg hinaus bis zum Finnglunten zu biken und dabei die spektakuläre Umgebung zu genießen*

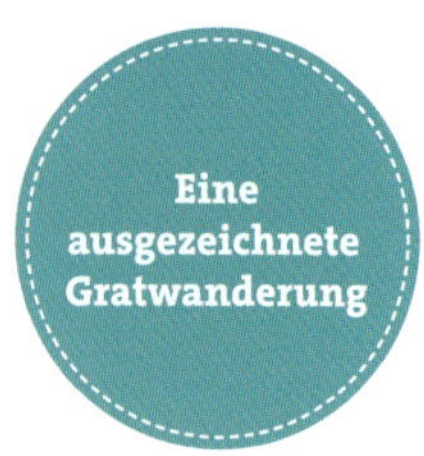

MANNFALLET – SØRHEIA

MACHEN SIE EINE PAUSE: *Die Wanderung führt entlang des Bergrückens hoch über dem Fischerdorf Stamsund*

Oberhalb Stamsunds erstreckt sich eine kleine Bergkette (509 m), die ein spannendes Wandererlebnis bietet.

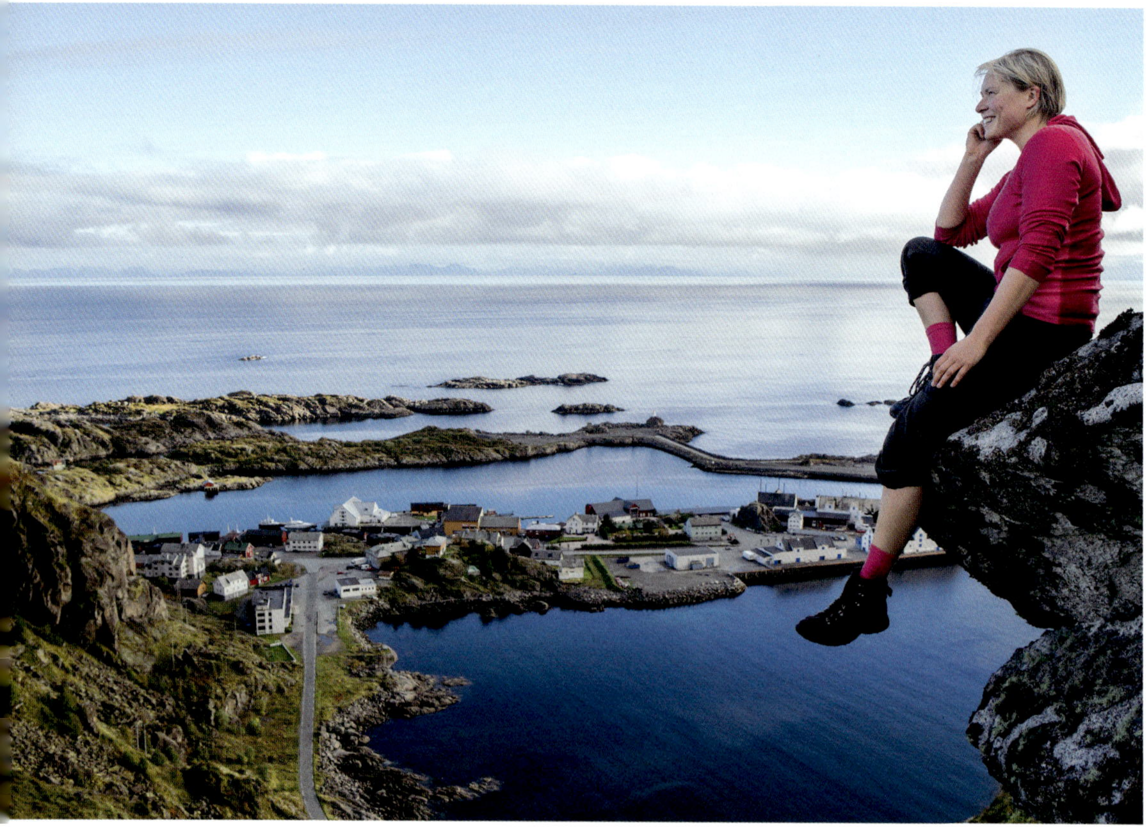

Gleich westlich der Gemeinde Stamsund erhebt sich eine wunderschöne Bergkette. Biegen Sie von der Fv 817 auf die Straße Ringveien entweder bei Joker (Lebensmittelgeschäft) oder bei den beiden Autowerkstätten ab. Fahren Sie den Ringveien bis zum beleuchteten Weg (Ski-Loipe) und parken Sie.

Ein kurzes Stück folgen Sie dem beleuchteten Weg, bevor Sie auf einen guten Wanderweg nach links Richtung Süden abbiegen. Dieser führt über ein Feld landeinwärts und hinauf zum Kattberget, dem ersten Gipfel der Tour. Es bietet sich eine fantastische Aussicht, während Sie Ihre Wanderung über den Mannfallet fortsetzen.

WIE EIN HUFEISEN

Der höchste Punkt ist mit 509 m ü.M. der Steinetinden. Um diesen wieder zu verlassen, müssen Sie ein kurzes Stück zurückgehen und dann den Abstieg beginnen. Der Weg führt in steilem und unebenem Gelände hinunter. Mehrere Stellen sind mit Ketten gesichert, an denen sich die Wanderer festhalten können. Da die Seile/Ketten auch mal lose sein können, ist es sicherer, sie vor der Nutzung zu überprüfen.

FABELHAFTE AUSSICHT

Nun führt der Pfad Sie hinauf auf 498 m ü.M. zum Ramntinden und dann zum Skredkollen (485 m). Meist gehen Sie an der obersten Kante des Kamms entlang, aber an einigen Stellen senkt sich der Weg ein wenig ab, bevor er wieder ansteigt. Die ganze Zeit bietet sich ein fantastischer Ausblick. Setzen Sie Ihre Wanderung über den 370 Meter hohen Nubban fort. Sie müssen an einigen Stellen klettern, bevor Sie hinauf zum Sørheia marschieren können.

Zurück zum Startpunkt gehen Sie die Skipiste nach Stamsund hinunter.

Oder Sie verlängern die Tour, folgen dem Weg zum Nordheia und weiter über den Myklevikaksla hinunter, um die Tour an der Kirche, nördlich von Helle, zu beenden.

ZUM GIPFEL: *Glückliche Frauen auf einer Abendwanderung*

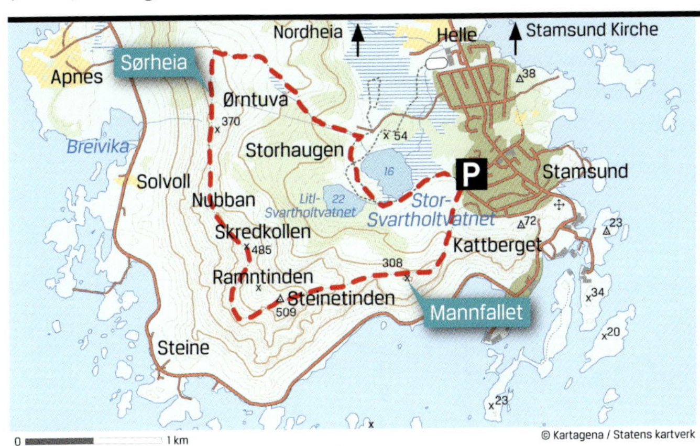

FAKTEN

HÖHE: Höchster Punkt: Steintinden (509 m ü.M.)

SCHWIERIGKEIT: Mittel

DAUER: 4-5 Std.

STARTPUNKT: Der beleuchtete Weg am Ringveien, nahe beim Stor-Svarholtvatnet

TYP: Rundtour auf einem Bergrücken, der an einige Stellen exponiert ist

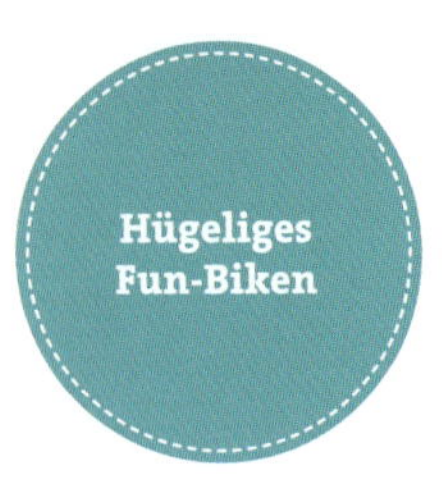

JUSTADTINDEN

EIN GUTES GEFÜHL:
In dieser Umgebung ist gute Laune beim Biken garantiert

Justadtinden (738 m) erhebt sich ein paar Kilometer nördlich von Stamsund aus dem Meer. Obwohl er der höchste Berg auf der Südseite von Vestvågøy ist, können Sie Ihr Fahrrad den ganzen Weg bis hinauf zum Gipfel nehmen. Die Route ist auch zu Fuß sehr schön.

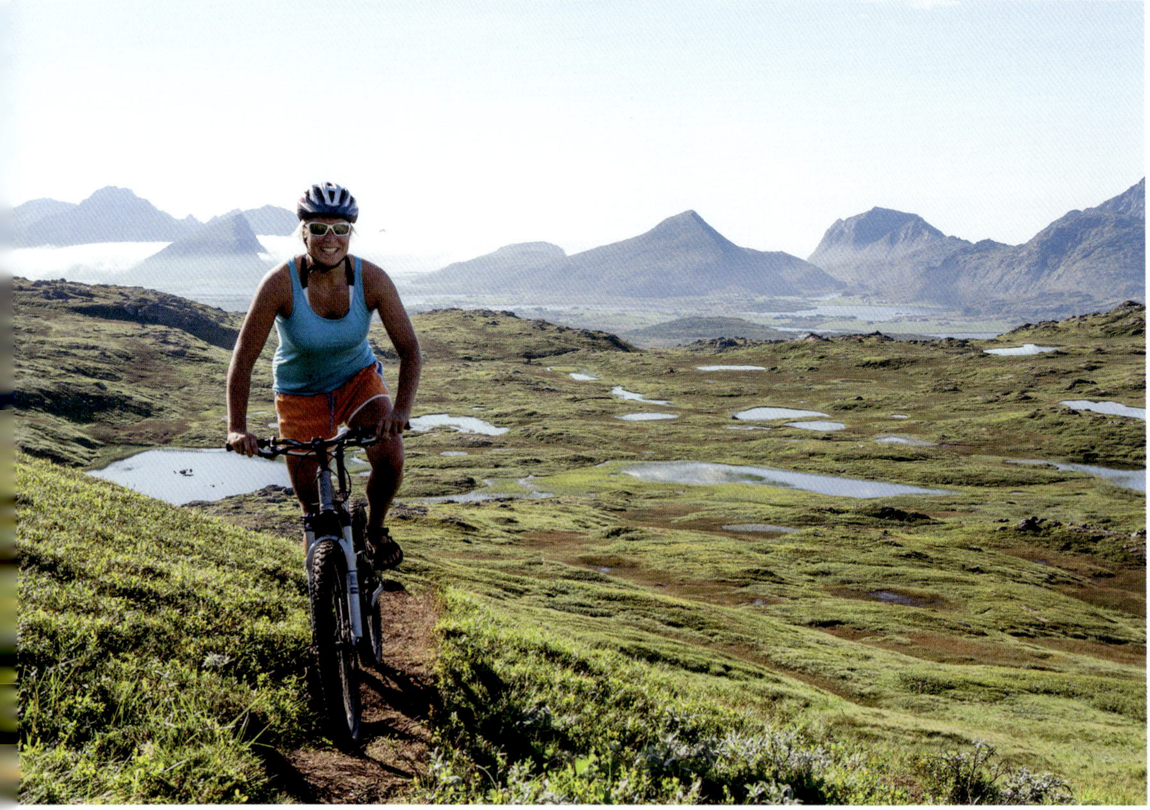

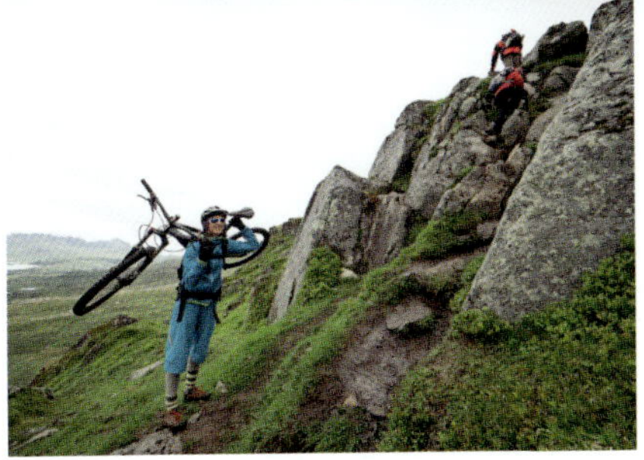

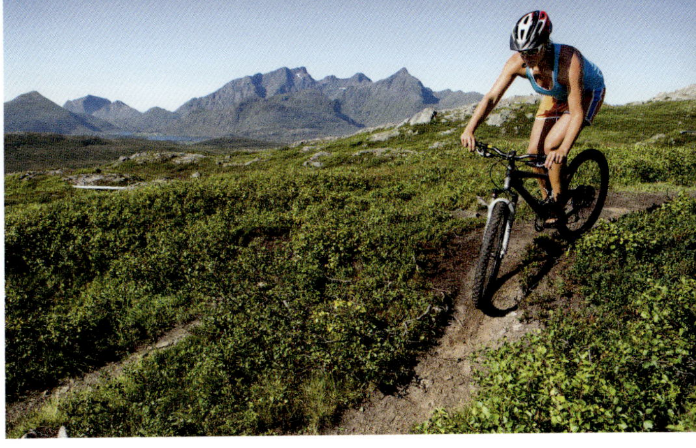

FAHRRAD-FREUNDLICHE BERGE: *Die Berge auf Vestvågøy sind nicht so steil wie sonst auf den Lofoten. Das macht die Gegend so geeignet für Mountainbiker. Auf dem Bild der Weg in Richtung Hagskaret.*

Parken Sie das Auto in Hagskaret, 3 km nordöstlich von Leknes, an der Straße Fv 815.

Radeln Sie auf der Schotterstraße die auf dem Parkplatz beginnt Richtung Norden. Sie kommen an einem Telefonmast vorbei und fahren am Ende des Schotterweges den Pfad Richtung Nordosten, der über Karisteinheia führt. Diese schöne Strecke hat eine konstante, gleichmäßige Steigung, gelegentlich mit etwas steileren Abschnitten und kleinen Felsvorsprüngen.

RECHNEN SIE MIT EINIGEN FAHRRAD-PORTAGEN!

Der Weg führt wenige 100 Meter ostwärts, dann wieder in nordöstliche Richtung durch eine karge Landschaft über Steinheia. Nach Passieren einiger cooler Steinformationen in einer sandigen Gegend, geht es leicht hinunter, bis Sie nach Tjønnan kommen, ein Sumpfgebiet mit mehreren kleinen Teichen. Das Radeln auf den schmalen Stegen, die über den Morast führen, wird Ihre Geschicklichkeit fordern.

Dann geht es Richtung Moshumpan. Das Gelände wird nun steiler und Sie müssen Ihr Rad häufiger tragen. Aber halten Sie durch, Sie werden mit einer ebenen Strecke auf dem oberen Kamm belohnt. Aber zuerst müssen Sie sich durch die sehr felsige Gegend mit kurzen, steilen Abfahrten nach oben arbeiten.

Dann endlich folgt der Trail entlang des markanten Kamms zum Gipfel des Justadtinden. Das allerletzte Stück wird von den meisten Menschen zu Fuß gemacht.

Genießen Sie den herrlichen Blick auf Henningsvær im Nordosten sowie die sanftere Berglandschaft auf Vestvågøy.

BERGAB

Jetzt beginnt der Spaß! Aber sei vernünftig und trage das Rad an den heiklen Stellen. Weiter unten kannst Du sausen.

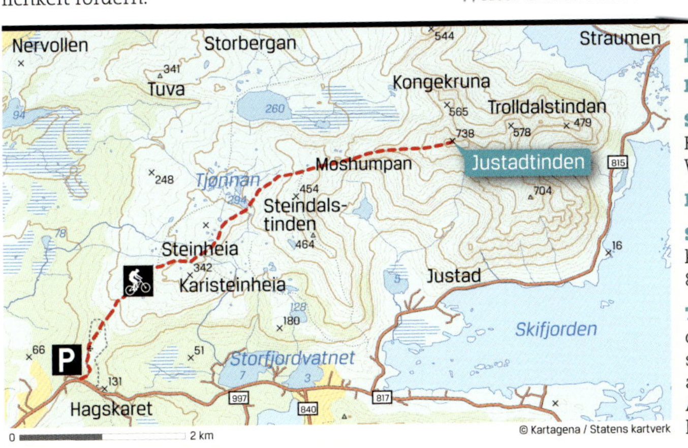

© Kartagena / Statens kartverk

FAKTEN

HÖHE: 738 m ü.M.

SCHWIERIGKEIT: Fahrrad: Anspruchsvoll Wandern: Mittel

DAUER: 2-3 Std. hinauf

STARTPUNKT: Hagskaret, an der Straße Fv 815, 3 km östl. Leknes

TYP: Guter Trail in offener Berglandschaft. Einige wirklich anspruchsvolle Abschnitte für Biker hinauf zum Gipfel

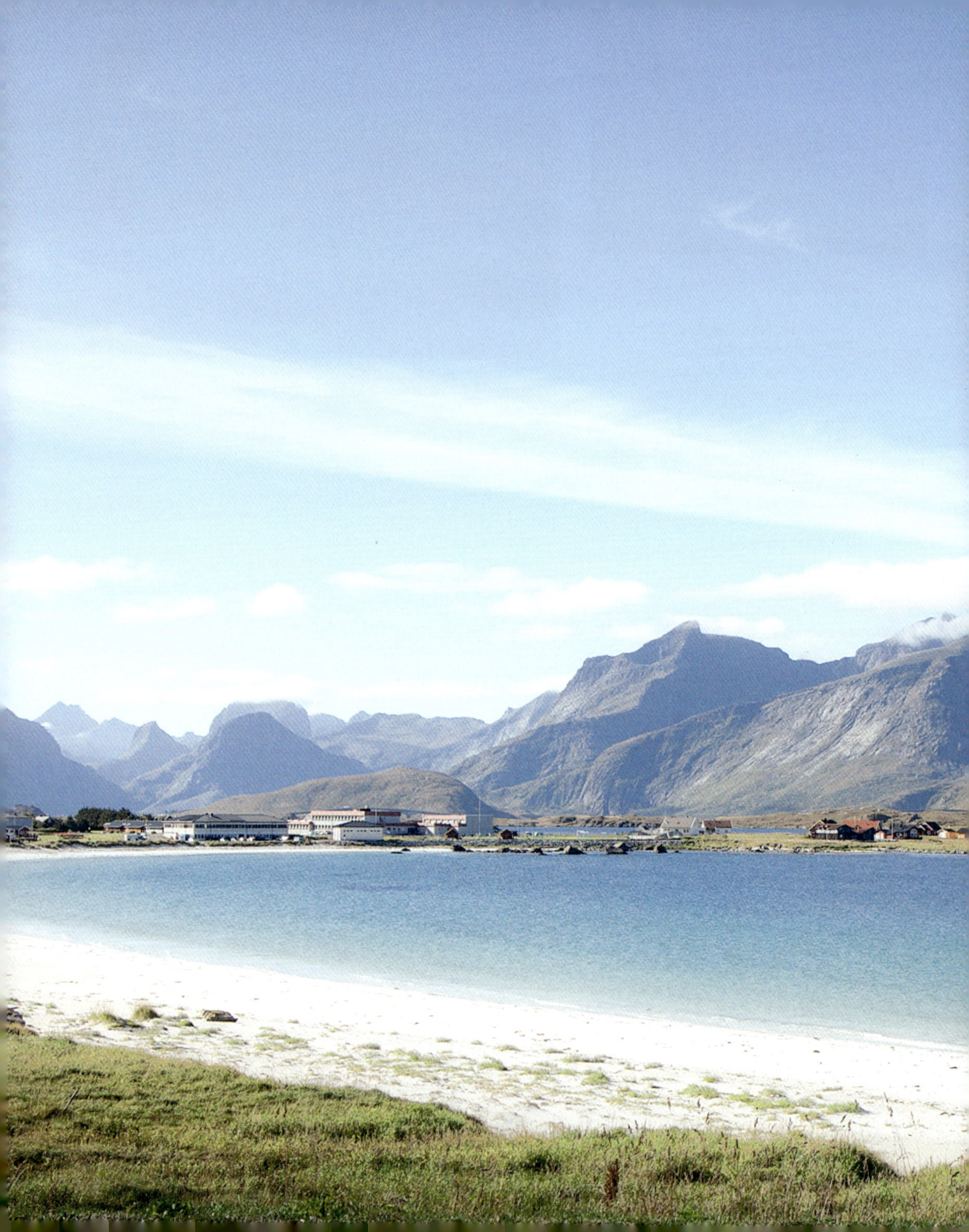

FLAKSTADØY

Auf Flakstadøy gibt es eine Reihe guter Wanderwege, die auf die steilsten Gipfel der Insel führen. Die langen weißen Sandstrände auf der Nordseite, die sich zum offenen Meer hin erstrecken, laden zu schönen Spaziergängen ein.

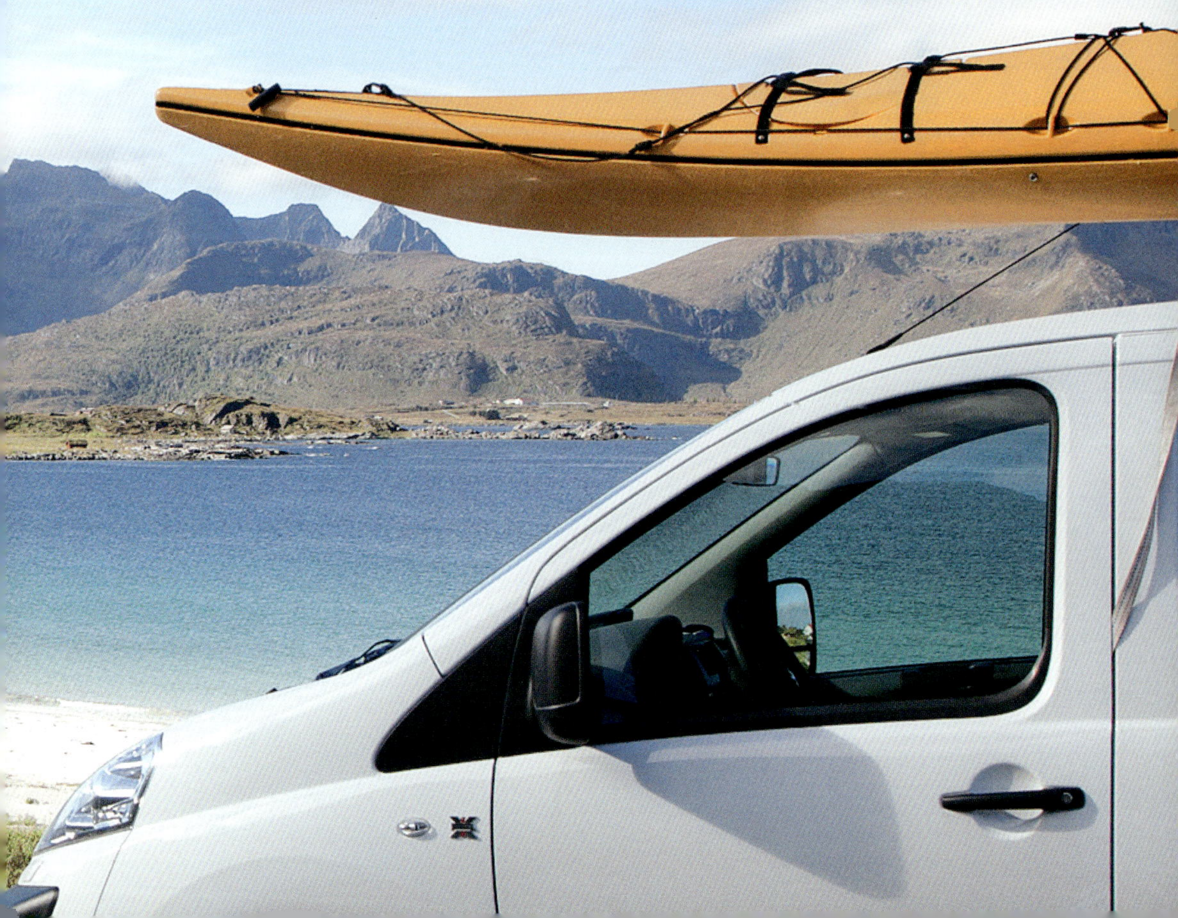

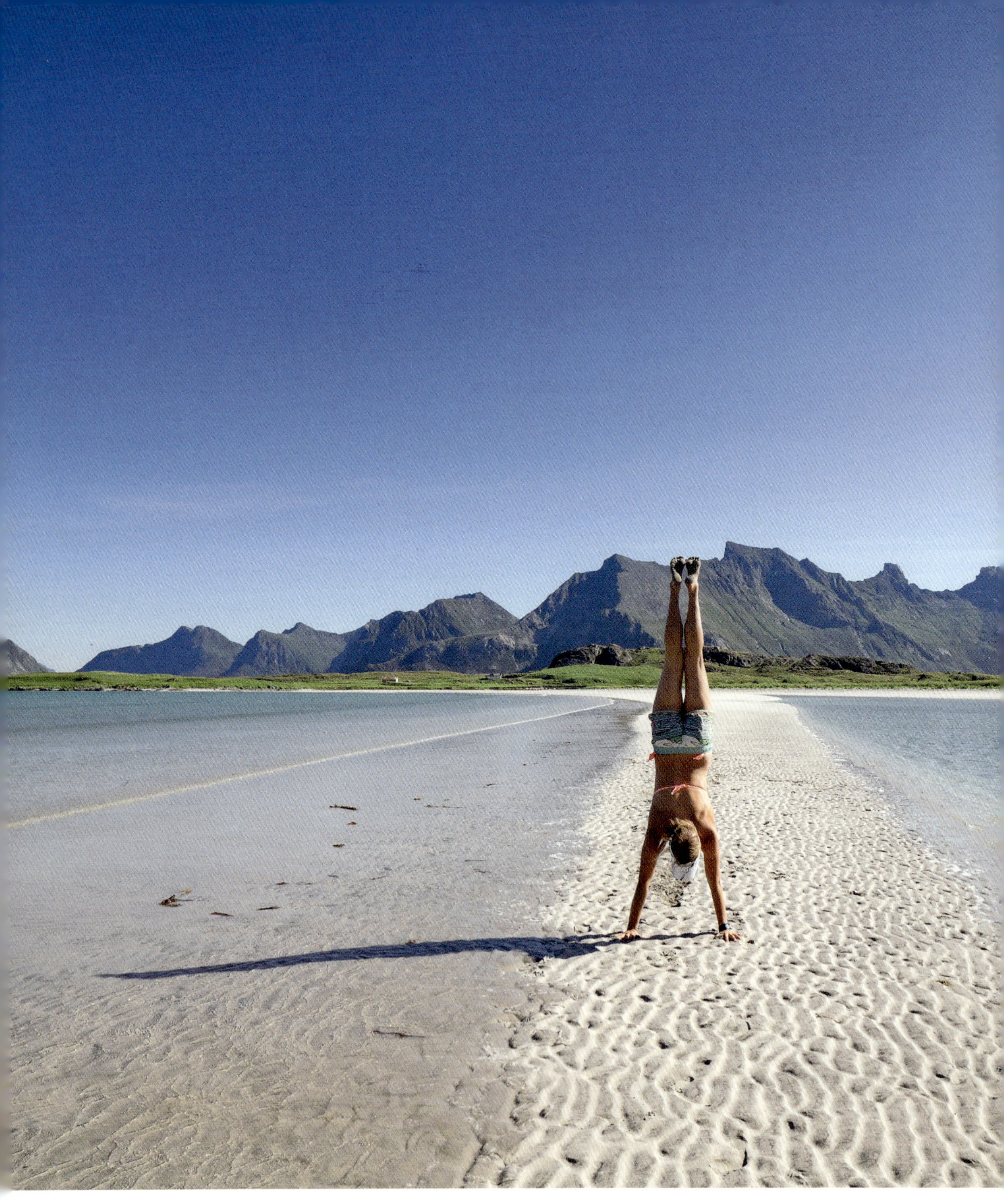

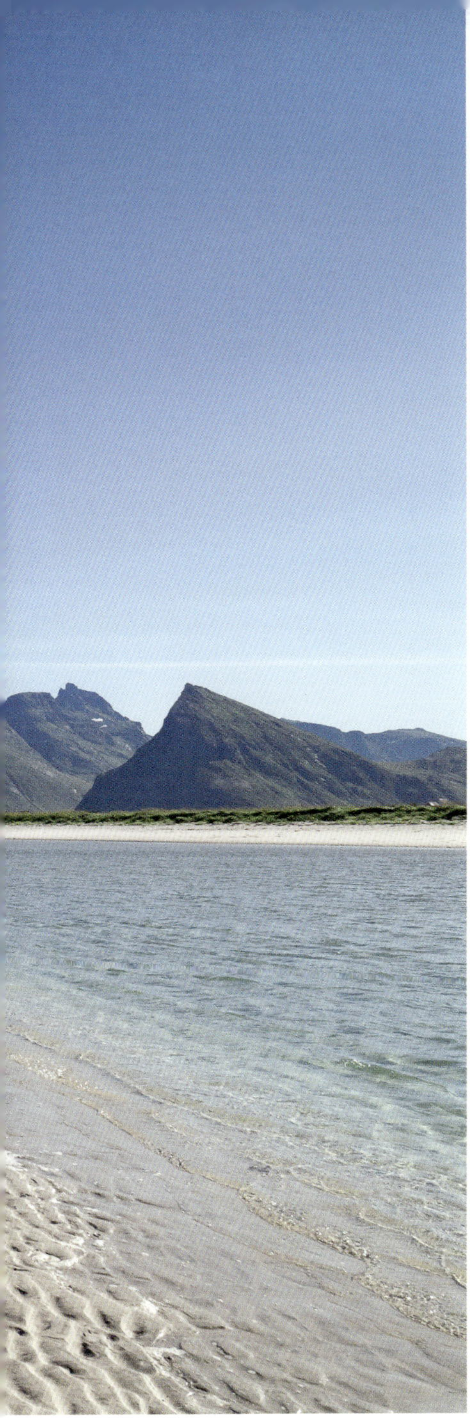

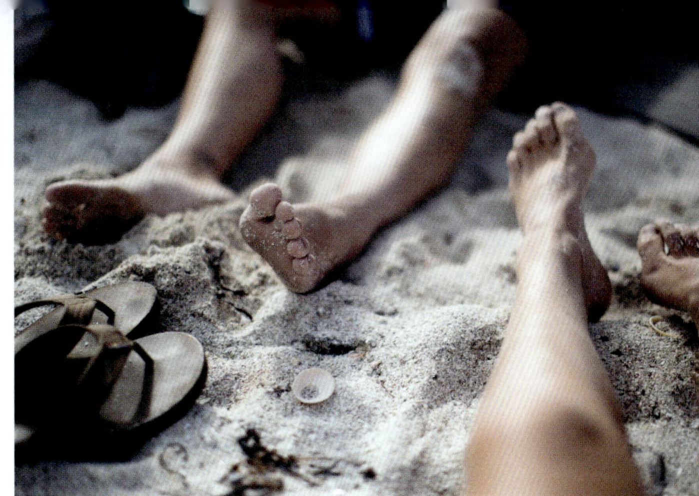

DER AUFMACHER

In einem frechen Hochglanz-Bergmagazin wäre Flakstadøy sicher der Aufmacher. Die langen, weißen Strände, die vielen Fjorde und die steilen Berge sind ein toller Anblick und – besser noch – voll unvergesslicher Abenteuer.

Großartige Outdoor-Möglichkeiten für Jedermann erwarten den Besucher. Vom einfachen Spaziergang entlang der Küste, zum Beispiel von Vikten zum Hornneset, bis hin zu rauen Klettertouren auf exponierte 900-Meter-Gipfel.

Die spektakuläre Säule, die den Hauptgipfel des Stjerntinden (938 m ü.M.) bildet, kann von erfahrenen Bergsteigern erklommen werden.

Moderater ist der 740 Meter hohe Stornappstinden, der im Nordwesten über dem Meer thront. Um die schönsten Urlaubsfotos zu machen, planen Sie eine Tour im Licht der glühenden Mitternachtssonne.

Wenn Sie eine einfachere Tour bevorzugen, ist der Volandstinden (457 m ü.M.) eine ausgezeichnete Wahl. Aber ignorieren Sie nicht den kleinen Nubben. Mit 240 m ü.M. scheint die Höhe eher bescheiden, aber der Blick über den Ramberger Strand ist alles andere als gewöhnlich!

Wassersportler sollten *Schibevaag Adventure* in Nusfjord (und auf Sakrisøy bei

STRANDLEBEN: *Flakstadøy bietet mehrere schöne Strände mit weißem Korallensand*

SÜDSEESTRAND: *Einer der schönsten Strände in der Bucht Sandbotnen beim Camping Fredvang*

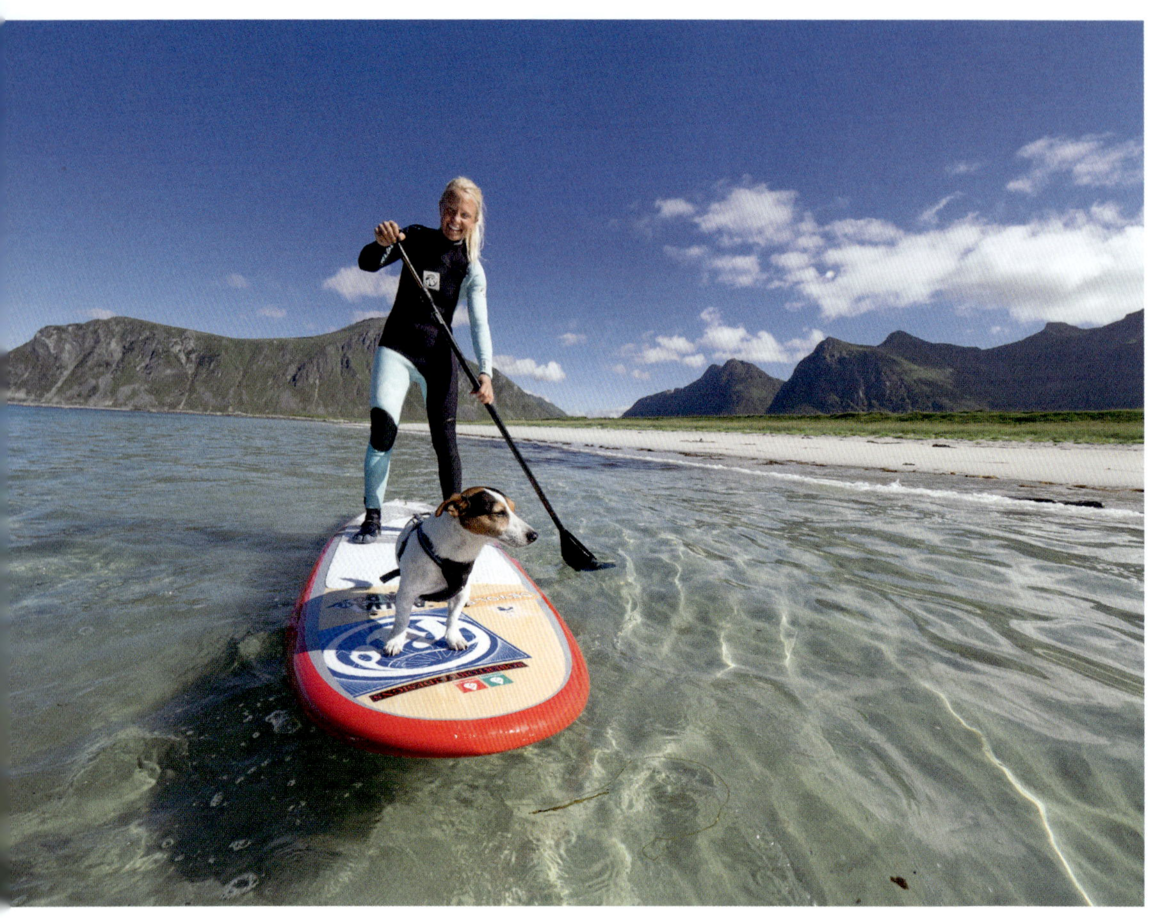

WASSERSPORT: Kontaktieren Sie Schibevaag Adventures, wenn Sie kiten, surfen, schnorcheln oder SUPen gehen möchten

Reine, Moskenesøy) besuchen. SUP, Surfen, Kajakfahren, Kiten und Schnorcheln stehen auf dem Programm. Man kann Ausrüstung mieten oder einen Kurs besuchen. Im Sommer werden am Strand Aktivtage für Kinder organisiert (www.schibevaagadventure.com).

EIN WENIG LOKALE GEOGRAFIE

Die Insel Flakstadøy wird vom mächtigen Sund Nappstraumen im Osten und im Westen vom Selfjord und Sundstraumen eingerahmt. Das Bild der Landschaft prägen steile Berge, die fast senkrecht aus dem Meer emporsteigen, unterbrochen an einigen Stellen durch schmale Landstreifen mit Stränden und Ackerland.

Etwa 1.300 Menschen (2019) leben in der Gemeinde Flakstad, die auch den nördlichen Teil der Insel Moskenesøy einschließt.

Die Kapitel in diesem Buch beziehen sich jedoch auf die Geografie der Inseln und nicht auf die Gemeindegrenzen. Daher werden Orte wie Yttersand und Fredvang – und die Wanderung raus zur schönen Bucht von Kvalvika – im Kapitel über Moskenesøy beschrieben.

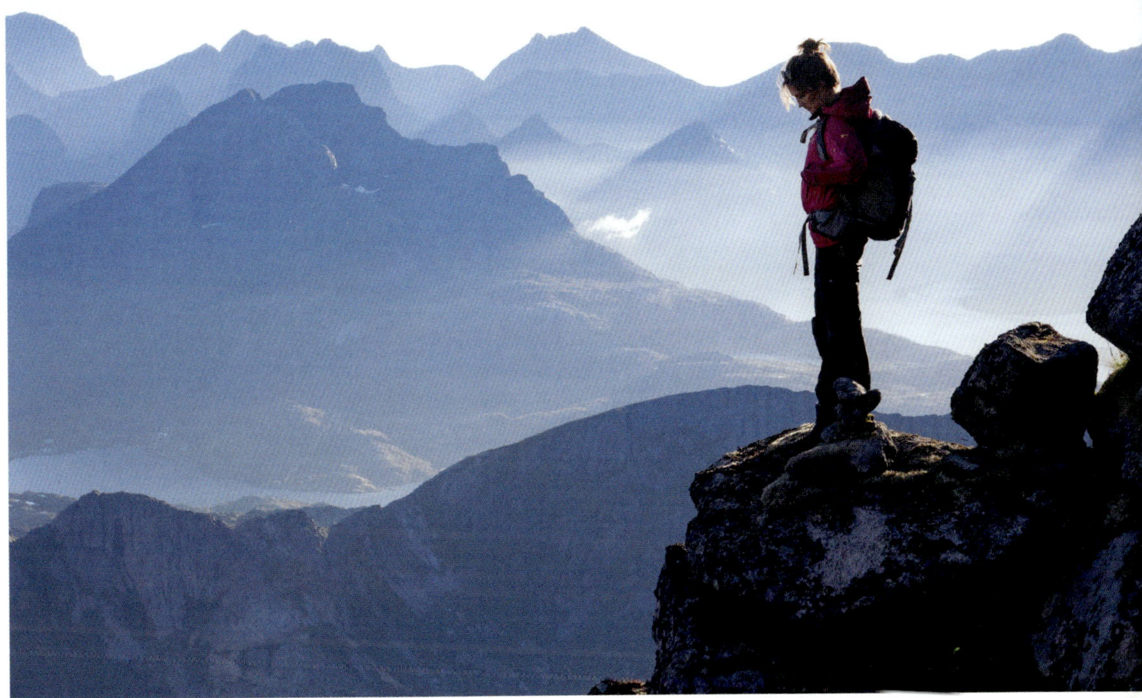

HINAUFKRAXELN: Auf dem Weg nach oben, die letzten steilen Abschnitte auf den Nordgipfel von Stjerntinden

DAS ZENTRUM

Flakstadøy ist dünn besiedelt. Es gibt sowohl auf der Nord- als auch auf der Südseite der Insel Siedlungen, fast überall kann man gut übernachten. Einen Überblick der Unterkünfte erhalten Sie bei der Tourist-Info in der *Galleri Steinbiten* in Ramberg, dem Zentrum der Gemeinde; Neben dem Lebensmittelgeschäft gibt es auch eine Tankstelle, eine Bank mit Geldautomat sowie zwei Cafés.

Bei *„Ramberg Gjestegård"* können Sie Fahrräder, Boote und Kajaks mieten und gut essen (www.ramberg-gjestegard.no).

MEERESNEBEL AN DER NORDKÜSTE

An einem Sommertag am Strand von Flakstad, kann statt der Vorhersage von strahlendem Sonnenschein, dichter Nebel und Regen Sie überraschen.

Meeresnebel oder "Gutwetter-Nebel" rollt dann an der Außenseite der Lofoten ins Landesinnere herein und bleibt für Stunden oder – noch schlimmer – für Tage in den Bergen hängen.

Während Sie an der Nordküste in Wollpullover und Regenjacke stehen, scheint auf der inneren Inselseite vielleicht die Sonne.

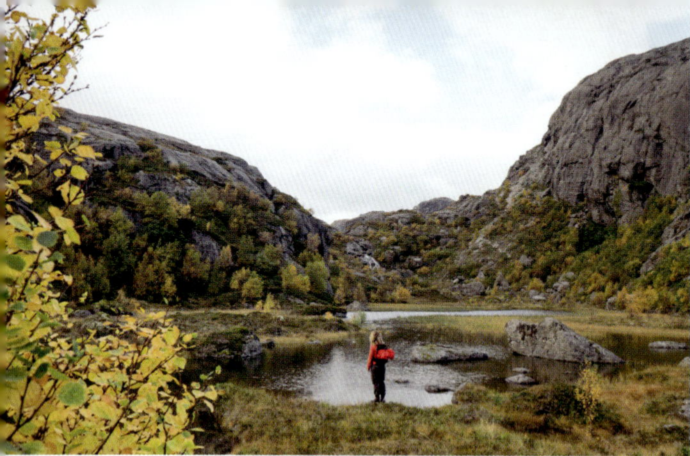

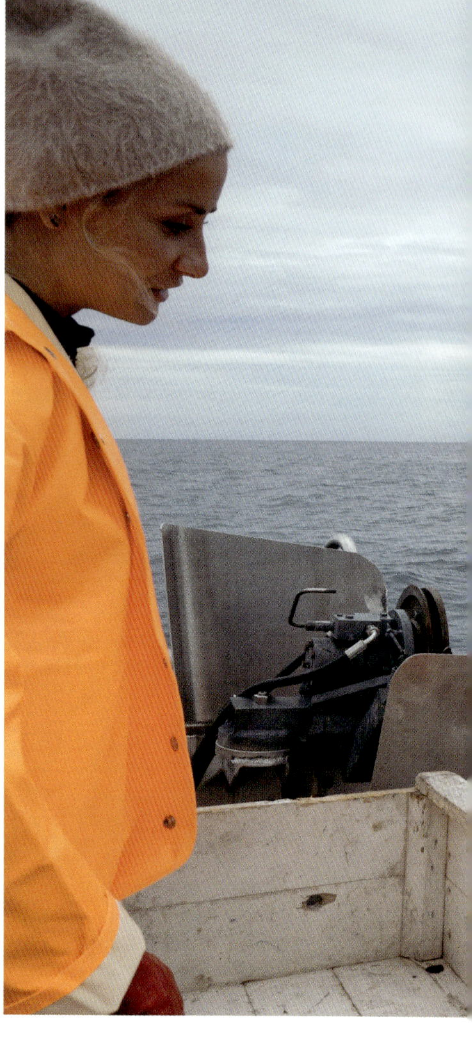

WANDERN: *Nicht alle Berge auf den Lofoten sind steil. Im Bild: der Weg von Kilan.*

Wenn Sie dem Nebel ein Schnippchen schlagen wollen können Sie versuchen, ihm in den Berge zu entkommen. Mit etwas Glück, stehen Sie dort hoch oben über dem Nebelmeer und genießen die wärmende Sommersonne und den kristallklaren Blick.

ALTES FISCHERDORF

Das wohl bekannteste Fischerdorf der Insel liegt auf der Südseite von Flakstadøy. Verlassen Sie die E10 und folgen Sie sechs Kilometer der Straße, die unterhalb senkrechter Felswände nach Nusfjord führt.

Im gemütlichen Fischerdorf können Sie in Fischerhütten (Rorbuer) übernachten, auf großen Booten Angeltouren mitmachen oder selber ein kleines Boot mieten.

Nusfjord gilt als das älteste Fischerdorf der Lofoten und gehört zum UNESCO-Weltkulturerbe. Es gibt hier eine Lebertran-Fabrik, einen Dorfladen mit Café, die gemütliche Kneipe Oriana und das Restaurant Karoline.

Der Ort ist Ausgangspunkt vieler schöner Wanderungen. Folgen Sie zum Beispiel dem alten Fischerpfad, der an der Küste nach Westen Richtung Nesland führt oder testen Sie Ihre konditionelle Verfassung auf dem steilen Anstieg hinauf zum Tønsåsheia.

In Nusfjord gibt es nicht viele Einwohner; das malerische Dorf, das im Sommer von vielen Touristen besucht wird, erinnert vielmehr an ein „Museum" – in der Hochsaison (Mai - August) sind für den Besuch inkl. Parkgebühr 55 NOK (ca. 6 €, 2019) zu bezahlen.

DIE WOHNHÖHLE STORBÅTHELLAREN

Fünf Kilometer südlich von Napp liegt eine alte steinzeitliche Siedlung namens Storbåthellaren. Der große Überhang, etwa 70 Meter lang und 22 Meter tief, wurde im Jahre 1967 entdeckt. Nach umfangreichen Ausgrabungen waren Experten in der Lage, die ältesten Funde auf die Zeit 6.000 v. Chr. zu datieren. Reste von Angel- und Jagdausrüstung, Nähnadeln aus Knochen und Kochgeschirr wurden gefunden. Auch das Grab einer Frau mit vollständigem Skelett wurde entdeckt. Der Name "Storbåthallaren"

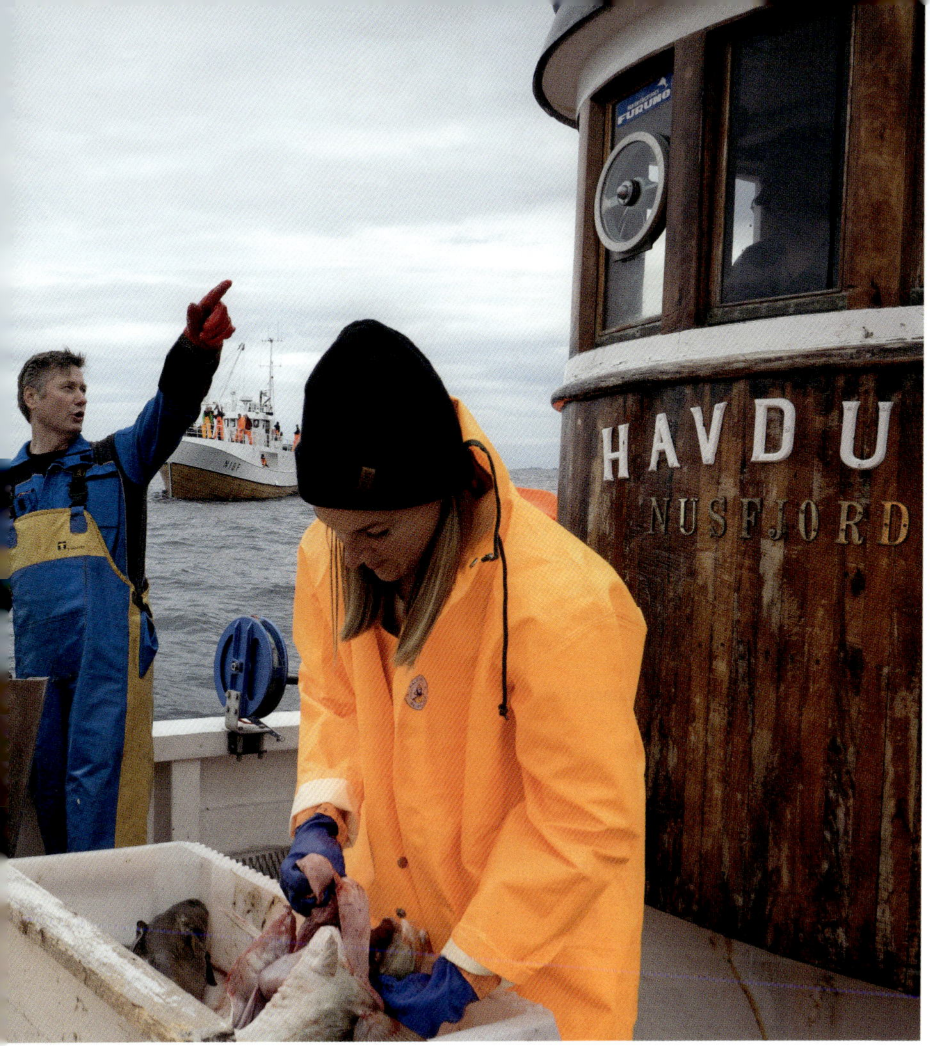

HOCHSEEFISCHEREI: *Von Nusfjord aus können Sie mit mit einem großen Boot fischen gehen oder selber ein kleines Boot mieten*

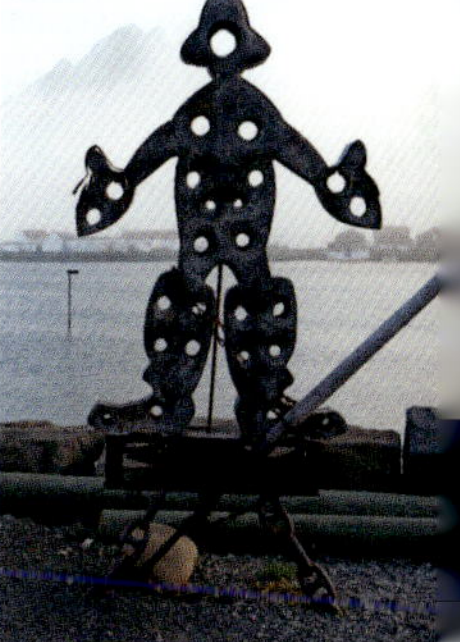

SCHMIEDE-KUNST: *Im kleinen Fischerdorf Sund kann man dem Schmied bei der Arbeit zusehen*

stammt von den großen Booten, die hier einst im Winter gelagert wurden.

KUNST UND HANDWERK

Auf Flakstadøy gibt es eine Reihe interessanter Orte zu sehen.

In Vikten, im Norden der Insel, können Sie dem *Glasbläser* in seiner urigen, fast am Strand gelegenen Glashütte *Glashytta* bei der Arbeit zuschauen. Das Familienunternehmen betreibt auch eine Töpferwerkstatt, ein Sommercafé und einen Laden.

An der Südküste, im Fischerdorf Sund, befindet sich das private *Fischereimuseum* und ein *Kunstschmied*, der seit über 50 Jahren feine Eisenskulpturen und – das älteste Lofoten-Souvenir – schlichte, elegante Kormorane fertigt.

An der Straße Fv 803 Richtung Skjelfjord treffen Sie, kurz nach der Abzweigung von der E10, etwas abseits vom Straßenrand auf einen Stein-Zylinder mit einen Durchmesser von 805 cm. Der japanische Künstler Toshikatsu Endo schuf für die „Skulpturlandskap Nordland" diese 5 Meter hohe Steinskulptur namens „Epitaph".

TIPPS FÜR DIE INSEL FLAKSTADØY

TOURIST-INFO

- **Turistinformasjon & Galleri Steinbiten** mit Lofoten Kunsthandwerk, Flakstadveien 459, 8380 Ramberg, Tel. +47 91 32 09 03, www.facebook.com/steinbitenramberg

OUTDOOR AKTIVITÄTEN

- **Ramberg Gjestegård**, Übernachtung, Camping, Restaurant, Fahrrad-, Boot- und Kajak-Vermietung, Flakstadveien 361, Ramberg, Tel. +47 76 09 35 00, www.ramberg-gjestegard.no
- **Schibevaag Adventure**, Kurse und Ausrüstungsvermieter, Surfen, SUP, Kajakfahren, Kiten, Schnorcheln, Wandern Nusfjord und Sakrisøy bei Reine, Tel. +47 92 07 17 22, www.schibevaagadventure.com
- **Lofoten Beach Camp**, Surfen, Flakstadveien 337, Flakstad (Ramberg), Tel. +47 95 03 52 83, www.lofotenbeachcamp.com
- **Angeltour (Mai-Juli) mit dem Fischerboot M/K Simar und Lofotenfischer Rolf-Helge Eriksen,** Mørkved (ca. 9 km südl. Ramberg), vermieten auch eine Fischerhütte (Tel. +47 99 16 54 49), Fisketurer Tel. +47 97 07 21 06 (nur norwegisch), www.simara.net
- **Angelfahrt (Feb-Nov) mit erfahrenen, lokalen Fischern mit der M/K Elltor** (traditionelles Fischereiboot). Vermietung auch von kleinen Booten (Bootsführerschein erforderlich), Nusfjord, Tel. +47 76 09 30 20, www.nusfjordarcticresort.com
- **Arctic Campers,** vermieten Mini-Camper mit Bett, Küche & Campingausttattung, Bolleveien 213, Leknes (auf der Nachbarinsel Vestvågøy), Tel. +47 40 33 77 02, www.arcticcampers.no

ESSEN UND TRINKEN

- **Oriana** (gemütliche Kneipe), **Restaurant Karoline, Landhandleriet Café**, Nusfjord, www.nusfjordarcticresort.com/cuisine
- **Ramberg Gjestegård**, Flakstadveien 361, Ramberg, Tel. +47 76 09 35 00, www.ramberg-gjestegard.no
- **Kafe Friisgården** (auch B&B), Flakstadveien 422, Ramberg, Tel. +47 41 56 22 81

ÜBERNACHTEN IN FISCHERHÜTTEN (RORBUER)

- **Nusfjord Arctic Resort** (mit Restaurant & Spa), Nusfjord, Tel. +47 76 09 30 20, www.nusfjordarcticresort.com
- **Lofoten Sjøhus** in Sund & **Lofoten Cabins** in Kåkeren, Lofoten Sjøhusutleie, Tel. +47 90 75 83 30, www.lofotencabins.com
- **Smivolden Rorbu,** Gammelværet 2, Sund, Tel. +47 93 20 76 20

MUSEEN UND GALERIEN

- **Nusfjord,** museales Fischerdorf, www.nusfjord.no
- **Galleri Nesland & Lofoten Nesland Guesthouse** (im Sommer kleines Café), Nesland, Tel. +47 90 20 91 87, www.lillanita.com und www.lofoten-nesland-guesthouse.com
- **Smeden i Sund og Fiskerimuseum,** Fischerei-Museum und Schmiede im Fischerdorf Sund mit Sommercafé, Schmiede und Museum Tel. +47 76 09 36 29 od. +47 91 37 17 18, www.smedenisund.no
- **Lofoten Design: Glashytta & Keramikktårnet på Vikten,** Glasbläserei und Töpferwerkstatt mit origineller Kaffeestube, in Vikten im Norden von Flakstadøy, Mär-Mai 10-16, Jun-Aug 10-19, Tel. +47 97 71 60 23, www.glasshyttavikten.no

TRANSPORT

- **Fahrpläne (Bus, Hurtigbåt, Fähren),** www.177nordland.no
- **Fähren und Express-Fähren**, www.torghatten-nord.no & www.reissjøveien.no
- **Sykkelferga Ballstad-Nusfjord**, Fahrradfähre, machen auch Angeltouren in Ballstad auf der Nachbarinsel Vestvågøy, Bertelvika 23-21, Ballstad, Tel. +47 94 08 73 09, www.ballstadgutt.no

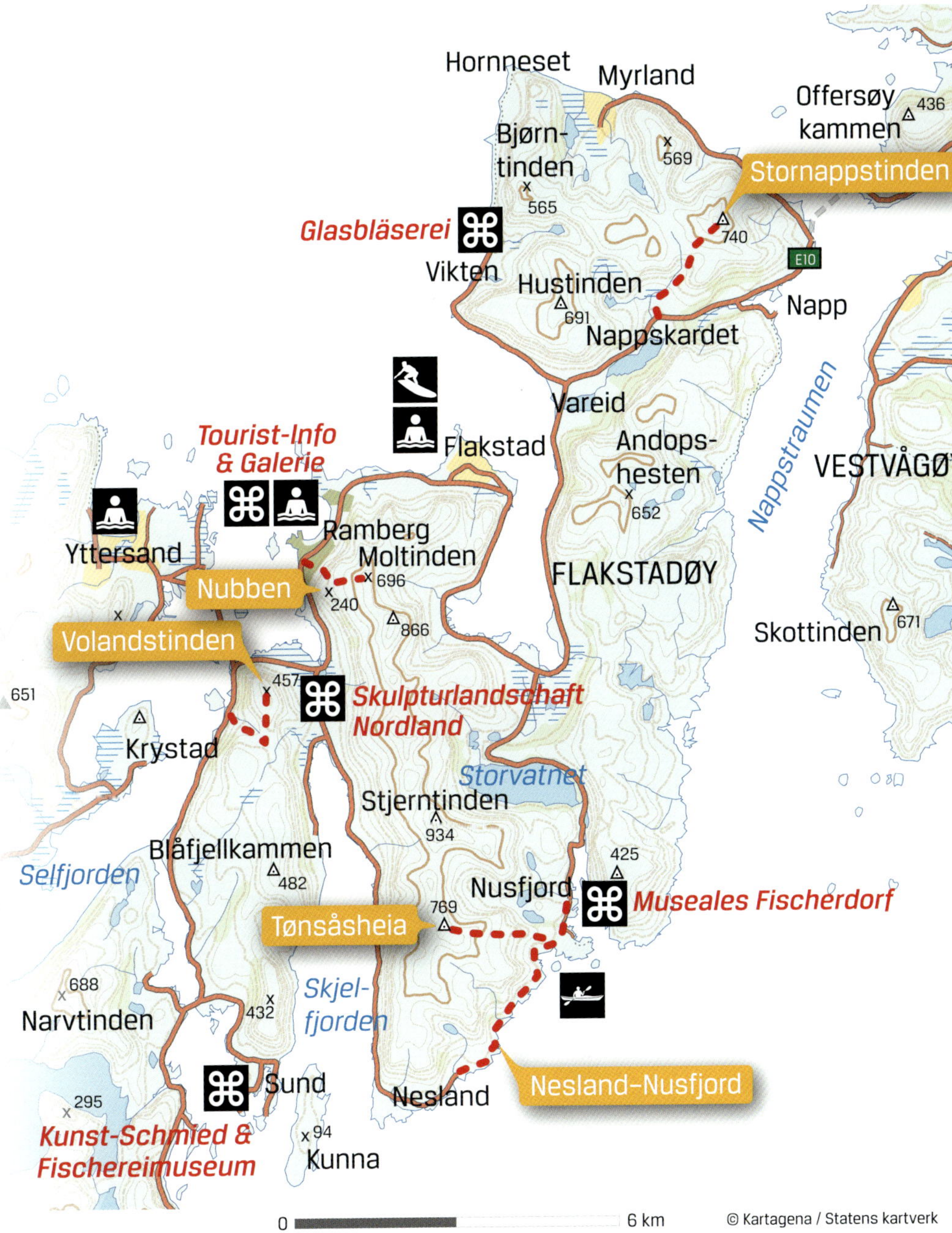
Hornneset
Myrland
Offersøy kammen
436
Bjørn-tinden
569
565
Stornappstinden
Glasbläserei
740
E10
Vikten
Hustinden
691
Napp
Nappskardet
Vareid
Nappstraumen
Tourist-Info & Galerie
Flakstad
Andops-hesten
VESTVÅGØY
652
Yttersand
Ramberg
Moltinden
696
FLAKSTADØY
Nubben
240
866
Skottinden
671
Volandstinden
457
651
Skulpturlandschaft Nordland
Krystad
Storvatnet
Stjerntinden
934
Blåfjellkammen
425
Selfjorden
482
Nusfjord
Museales Fischerdorf
769
Tønsåsheia
Skjel-fjorden
688
432
Narvtinden
Sund
Nesland-Nusfjord
295
Nesland
94
Kunst-Schmied & Fischereimuseum
Kunna
0
6 km

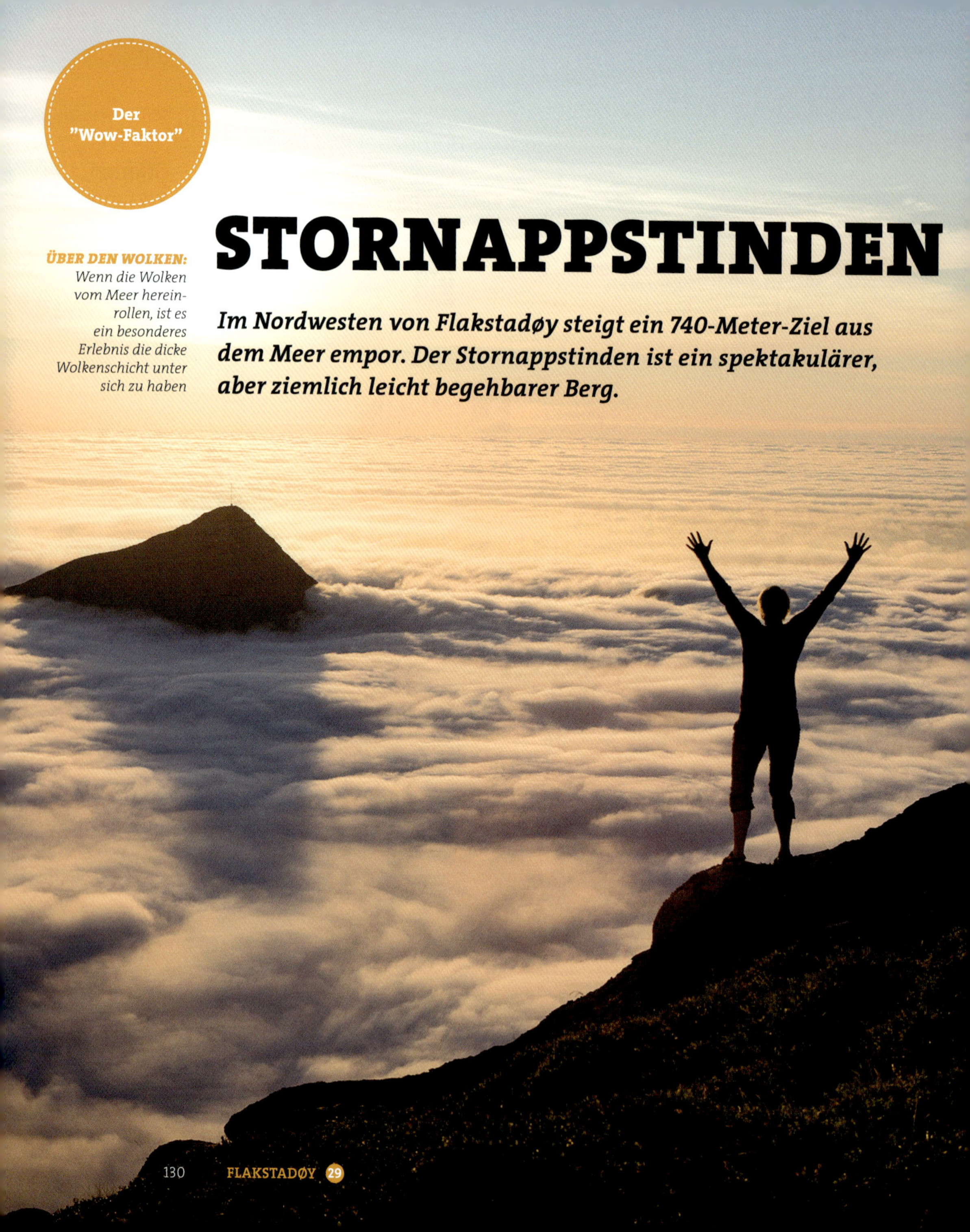

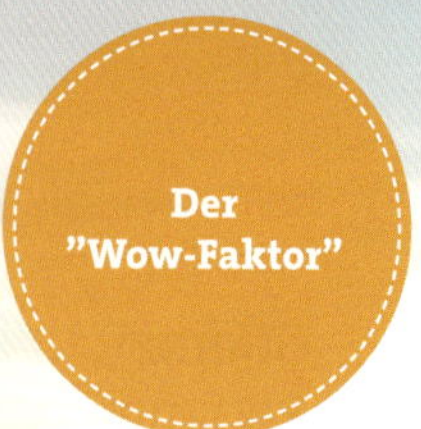

STORNAPPSTINDEN

ÜBER DEN WOLKEN: *Wenn die Wolken vom Meer hereinrollen, ist es ein besonderes Erlebnis die dicke Wolkenschicht unter sich zu haben*

Im Nordwesten von Flakstadøy steigt ein 740-Meter-Ziel aus dem Meer empor. Der Stornappstinden ist ein spektakulärer, aber ziemlich leicht begehbarer Berg.

Der Weg beginnt am höchsten Punkt des Nappskaret-Sattels, an der Parkbucht am Straßenrand, etwa drei Kilometer westlich des Tunnels Nappstraumtunnelen. Sie gehen durch das Schafsgatter und folgen dem Weg hinauf. Vielleicht grasen einige Schafe auf dem Weg die Skipisten nach oben.

Sie müssen auf der Westseite um den Gipfel des Litlnappstinden herumgehen und dem breiten Tal bergauf folgen. Der Weg verläuft rechts des Baches.

Weiter oben überqueren Sie den Bach und setzen Ihre Wanderung ein paar Hundert Meter durch sehr leichtes Gelände fort. Bald wird der Hang steiler und der Pfad verläuft im Zickzack nach oben über den scharfen Grat auf den Gipfel des Stornappstinden.

EIN SCHÖNER BUMMEL ZUM GIPFEL!

Zum Gipfel hin flacht das Gelände ab und Sie können gemütlich hinauf schlendern, begeistert von der wilden Schönheit der Lofoten-Natur. Das offene Meer glitzert im Norden, während sich der mächtige Nappstraumen 15 Kilometer weit nach Süden erstreckt. Richtung Osten blickt man auf den Offersøykammen hinunter, und im Südwesten schweift der Blick über die Außenseite der Inseln Flakstadøy und Moskenesøy – fantastisch!
Im Gipfelsteinhügel finden Sie einen Holzbriefkasten mit dem Gipfelbuch.

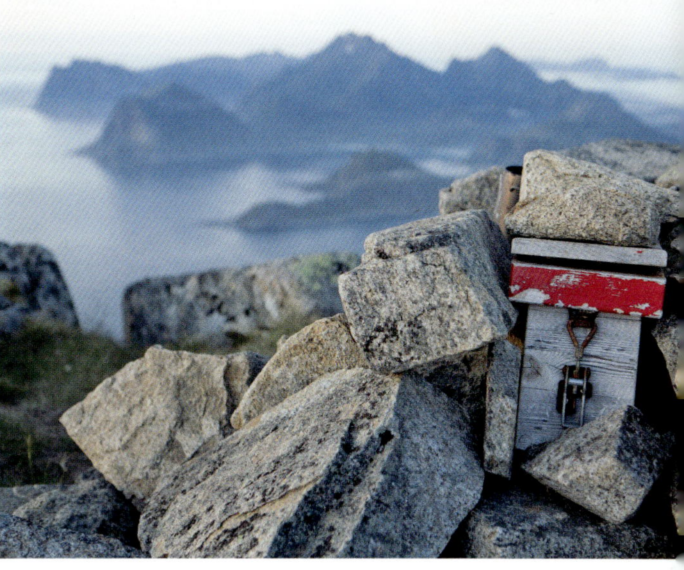

DER NAPPSTRAUMTUNNEL

Der 1.776 Meter lange Tunnel Nappstraumtunnelen wurde 1990 eröffnet. An seiner tiefsten Stelle verläuft er 63 Meter unter der Wasseroberfläche in der Meerenge des Nappstraumen. Bevor der Tunnel gebaut wurde, gab es eine Fähre, die zwischen Lilleeid und Napp fuhr.

GIPFELBUCH: *Auf der Spitze des Stornappstinden finden Sie in einem Holzbriefkasten das Gipfelbuch*

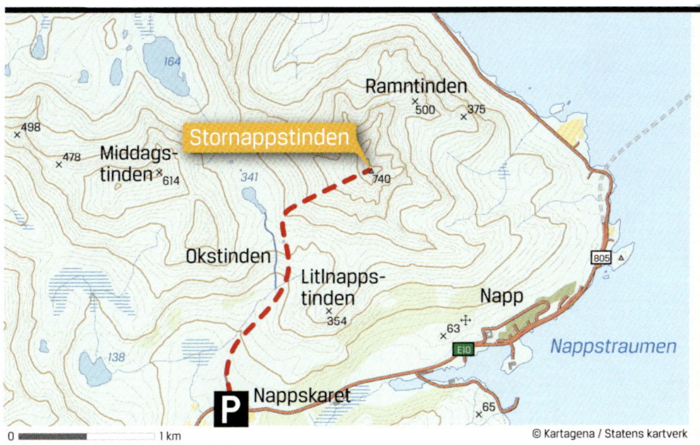

FAKTEN

HÖHE: 740 m ü.M.

SCHWIERIGKEIT: Leicht / Mittel

DAUER: 2-3 Std. bis zum Gipfel

STARTPUNKT: Straßen-Haltebucht an der E10 am Bergsattel Nappskartet, etwa 3 Kilometer westlich des Nappstraumtunnelen

TYP: Gut markierter Wanderweg in mittelsteilem Gelände

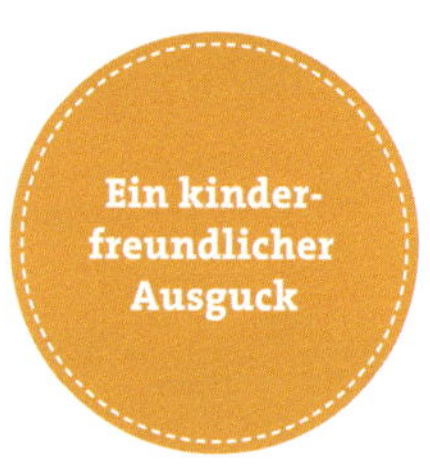

NUBBEN

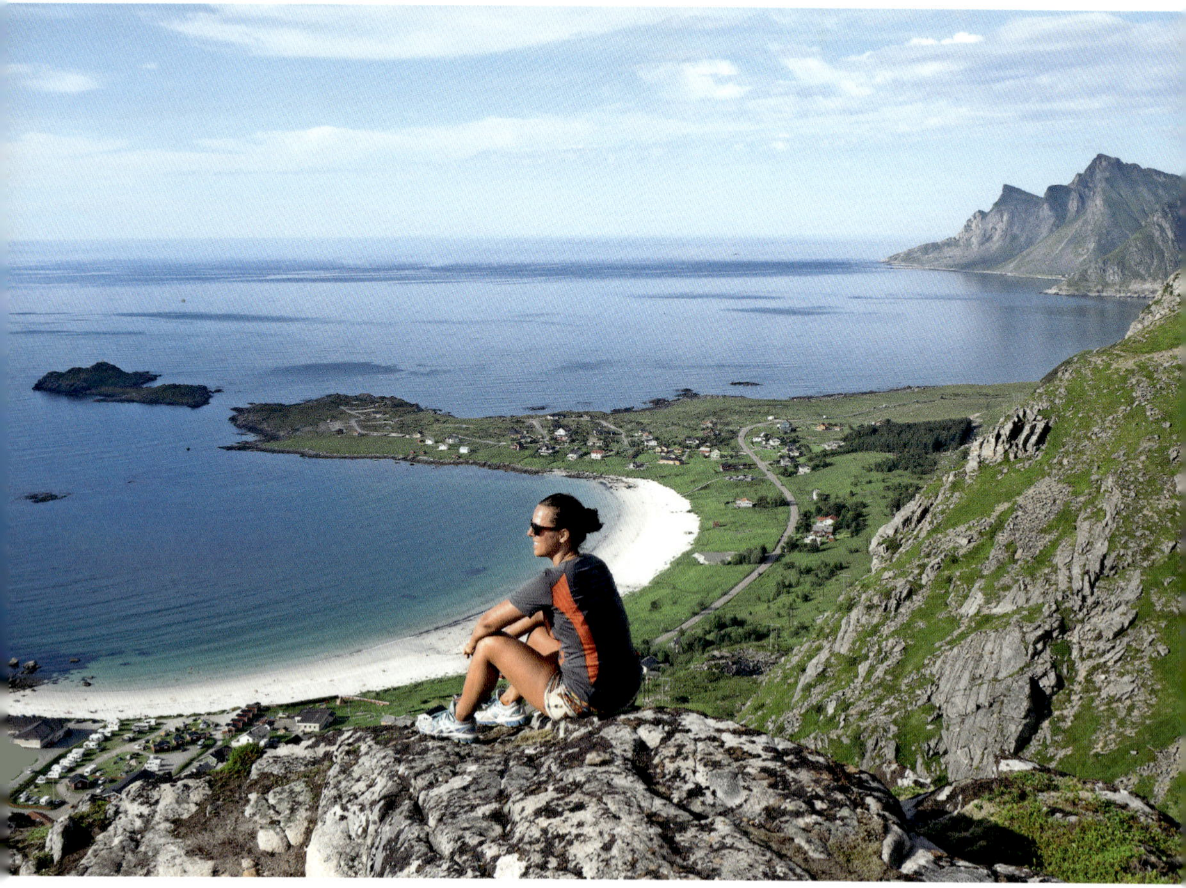

TOLLE AUSSICHT: *Blick hinunter auf den Rambergstranda. Die hinterste Spitze ist Hornneset.*

Mit bescheidenen 240 m ü.M. ist die Gipfeltour zum Nubben die niedrigste im Buch beschriebene Wanderung – dafür aber ein besonderes Kleinod.

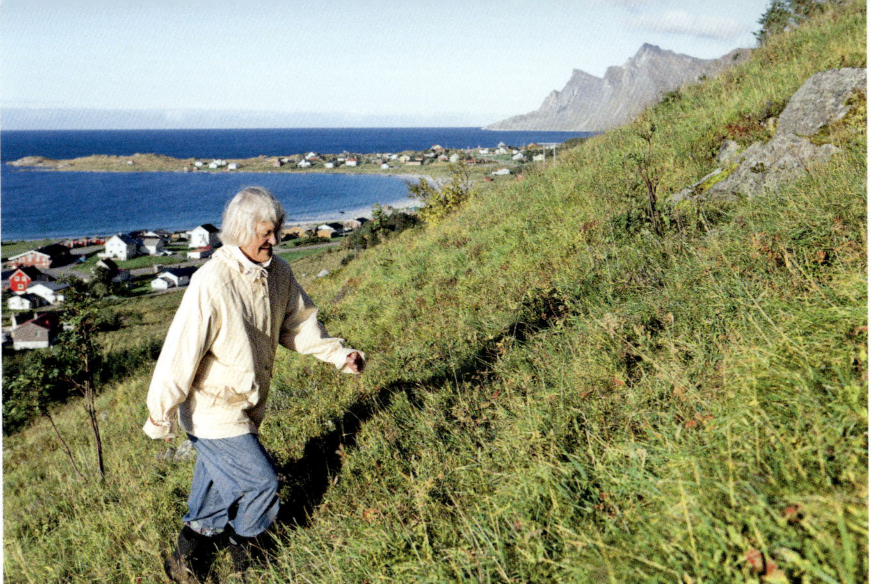

EINLAUFEN: *Die Einheimischen genießen die Tour hinauf auf den Nubben als Trainingsspaziergang. Sie sollten dies auch tun!*

Parken Sie das Auto vor den Geschäften von Ramberg. Sie überqueren die Hauptstraße und folgen der Schotterstraße gegenüber am Jugendzentrum (Ungdomshuset) UL Lysbøen vorbei in Richtung des großen Wasserturms. Von hier führt ein guter Wanderweg den Hang hinauf.

Der Weg teilt sich bei 200 m ü.M. auf. Nach links führt ein Pfad zum Gipfel des Moltinden (siehe Beschreibung rechts), während der rechte sich durch eine heidebewachsene Senke schlängelt und sich zum flachen Aussichtspunkt des Nubben fortsetzt.

Genießen Sie die herrliche Umgebung mit Blick auf den schönen Ramberger Strand. Freu Dich aufs Baden, wenn du wieder unten bist!

MOLTINDEN

Wenn es Sie nach weiteren Ausblicken dürstet, laufen Sie noch auf den 696 Meter hohen Moltinden. Der markierte Wanderweg verläuft den Bergrücken hinauf, wo dieser sich in Richtung des Gipfelsteinhaufens verengt. Wenn Sie zum äußersten Punkt gelangen wollen, folgen Sie dem schmalen Kamm bis zum Steinhaufen. Dieser Abschnitt ist exponiert.

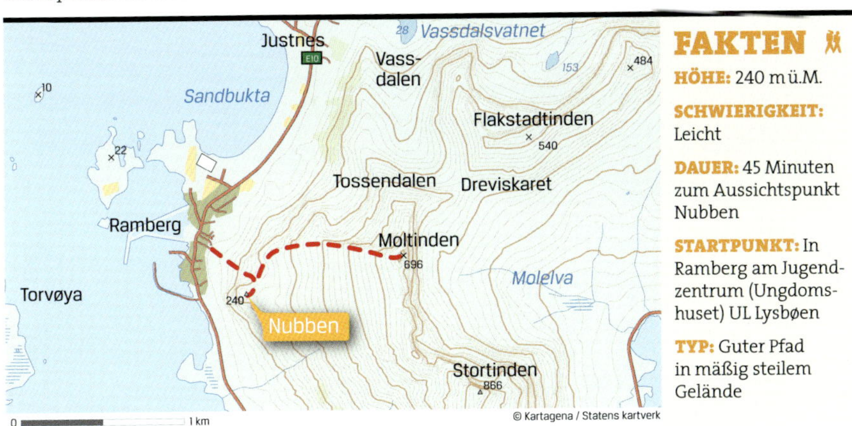

FAKTEN

HÖHE: 240 m ü.M.

SCHWIERIGKEIT: Leicht

DAUER: 45 Minuten zum Aussichtspunkt Nubben

STARTPUNKT: In Ramberg am Jugendzentrum (Ungdomshuset) UL Lysbøen

TYP: Guter Pfad in mäßig steilem Gelände

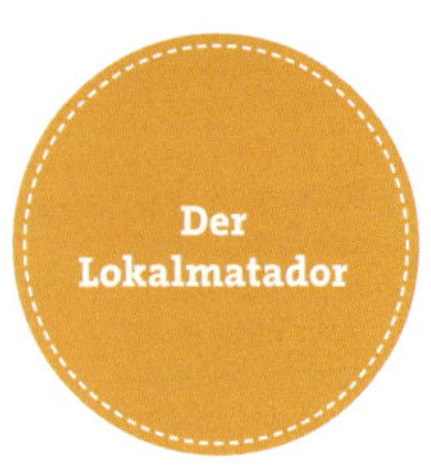

VOLANDSTINDEN

GUTER TRAIL AUF DER OSTSEITE: *Das Gelände bis zum Gipfel ist leicht zu laufen*

Vom Volandstinden (457 m) blickt man weit übers offene Meer. Er ist einfach super in Bezug auf Aussicht versus Aufwand. Ein einfacher Spaziergang für die ganze Familie.

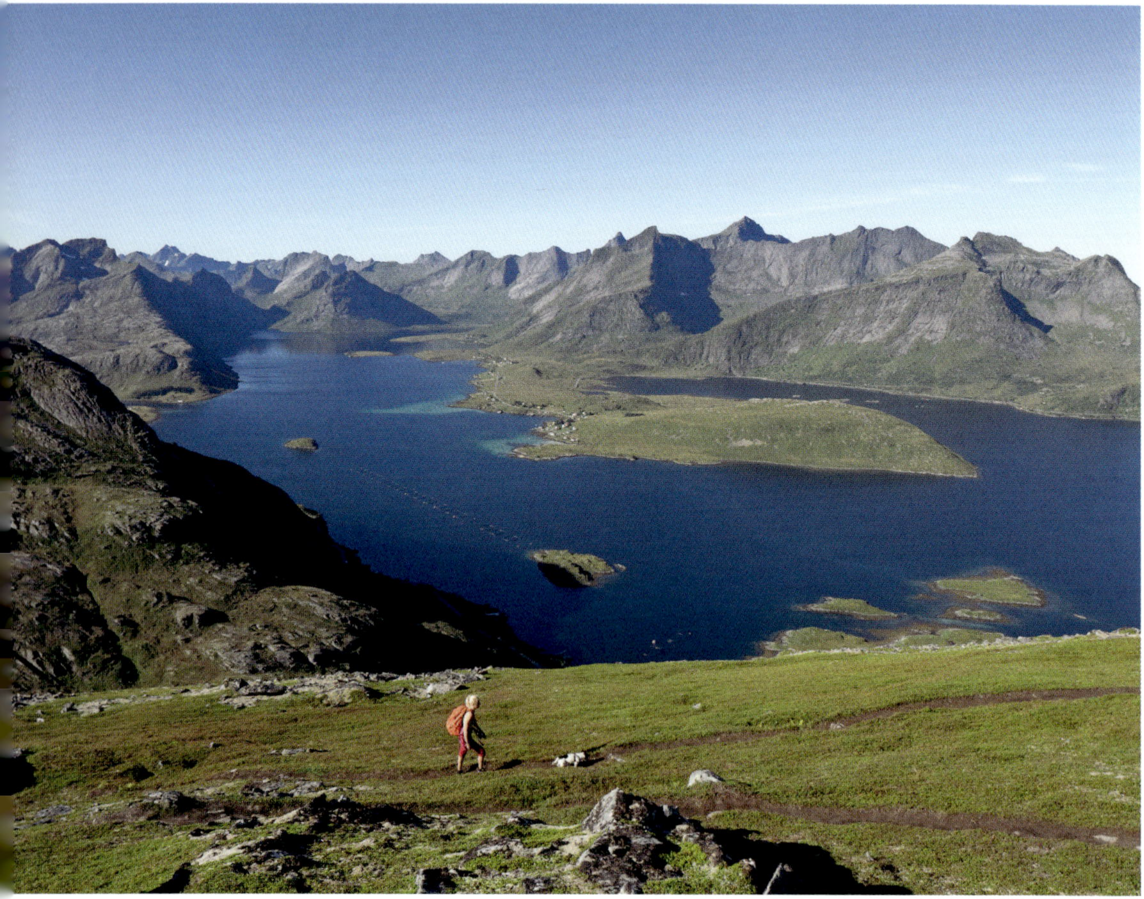

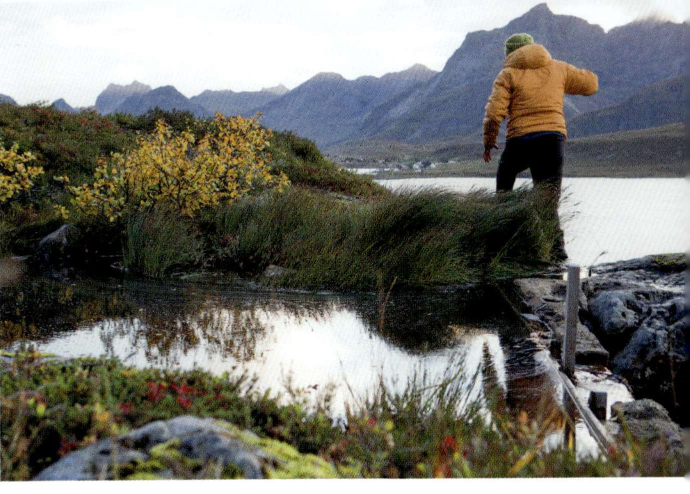

BACHQUERUNG AUF DER WESTSEITE: *Auf halber Höhe der ersten Steigung müssen Sie den Bach auf einem Damm überqueren*

Rund 4 km südlich von Ramberg, an der Westseite von Flakstadøy, thront der Volandstinden. Er kann sowohl von der West- als auch von der Ostseite erwandert werden. Lassen Sie den Sonnenstand entscheiden! Der einfachere Weg nach oben ist auf der Ostseite.

AUF DER OSTSEITE

Die Wanderung beginnt an der Straße Fv 803 am Jugendzentrum (Fußballplatz) in Skjelfjord, 400 m nördlich der Bucht Osen. Sie gehen durch das Schafsgatter und folgen dem Weg, der den Berg hinauf in südwestliche Richtung nach Nesheia führt. Bei ca. 200 m ü.M. queren Sie einen Bach, machen eine spitze Kehre und folgen dem offensichtlichen Grat in nördliche Richtung zum Volandstinden. Kurz darauf gesellt sich der Weg aus Westen dazu. Der Trail ist durchgängig gut, und bald ist der höchste Punkt des Berges (457 mü.M.) erreicht.

HINAUF AUF DEN KAMM

Wenn Sie zum äußersten Aussichtspunkt gelangen wollen, müssen Sie noch ein wenig weiter. Hier ist das Gelände stärker exponiert. Gehen Sie eine kleine Böschung hinunter, bevor Sie einen steilen Hang hinaufklettern, der zur Aussicht führt. Genießen Sie den herrlichen Blick über Selfjorden, Skjelfjorden und das offene Meer und freuen Sie sich aufs Baden an einem der großen Sandstrände, die weit unten in Ramberg und Ytresand weiß leuchten.

DIE BRÜCKEN VON FREDVANG

Von oben haben Sie auch einen tollen Blick auf die beiden Brücken, die das Fischerdorf Fredvang mit Flakstadøy verbinden. Fredvang liegt auf Moskenesøy, gehört aber zur Gemeinde Flakstad. Die Brücken wurden 1988 eröffnet und ersetzten die Fähre.

VON WESTEN HINAUF

Sie parken an der Schotterstraße neben der E 10. Ca. 150 m südlicher startet der Weg, der Sie links des Baches Geitelva bergauf führt. Weiter oben quert der Weg den Bach und führt Sie zum Geitøydalen. Dann flacht das Gelände ab, Sie passieren offenes Sumpfgebiet und bald darauf treffen Sie am Bergkamm des Volandstinden auf den Pfad, der von Skjelfjord heraufkommt.

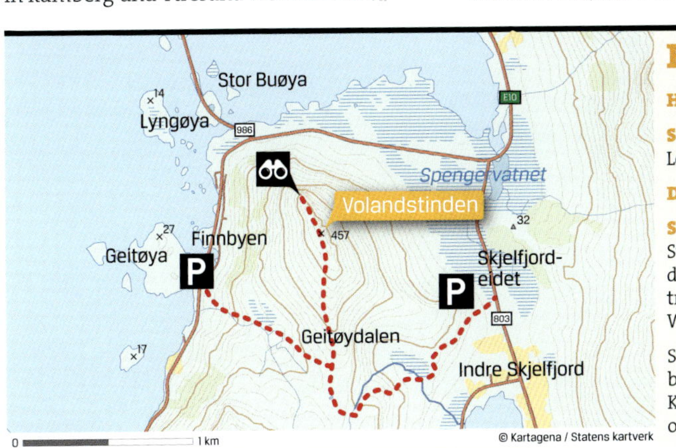

FAKTEN

HÖHE: 457 m ü.M.

SCHWIERIGKEIT: Leicht/ Mittel

DAUER: 1-2 Std. hinauf

STARTPUNKTE & TYP: Start östlich des Berges an der Fv 803 am Jugendzentrum in Skjelfjord. Guter Weg, sanfter Aufstieg.

Start westlich des Berges bei Finnbyen an der E 10. Kleiner Pfad, Gebüsch und offene Berglandschaft.

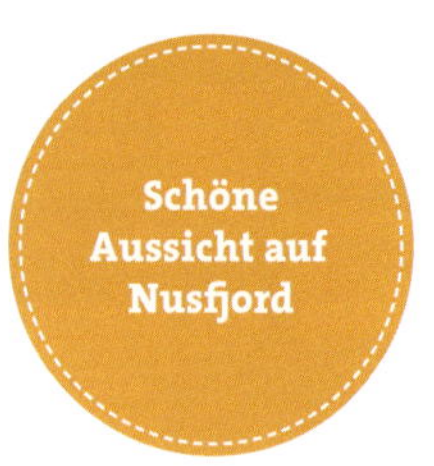

TØNSÅSHEIA

FRÜH UNTERWEGS: *Auf dem Weg den breiten Bergrücken oberhalb des Mosesdalen hinauf*

Ganz unähnlich den sonstigen spitzen Gipfeln der Lofoten ist das große Gipfelplateau des Tønsåsheia (769 m).

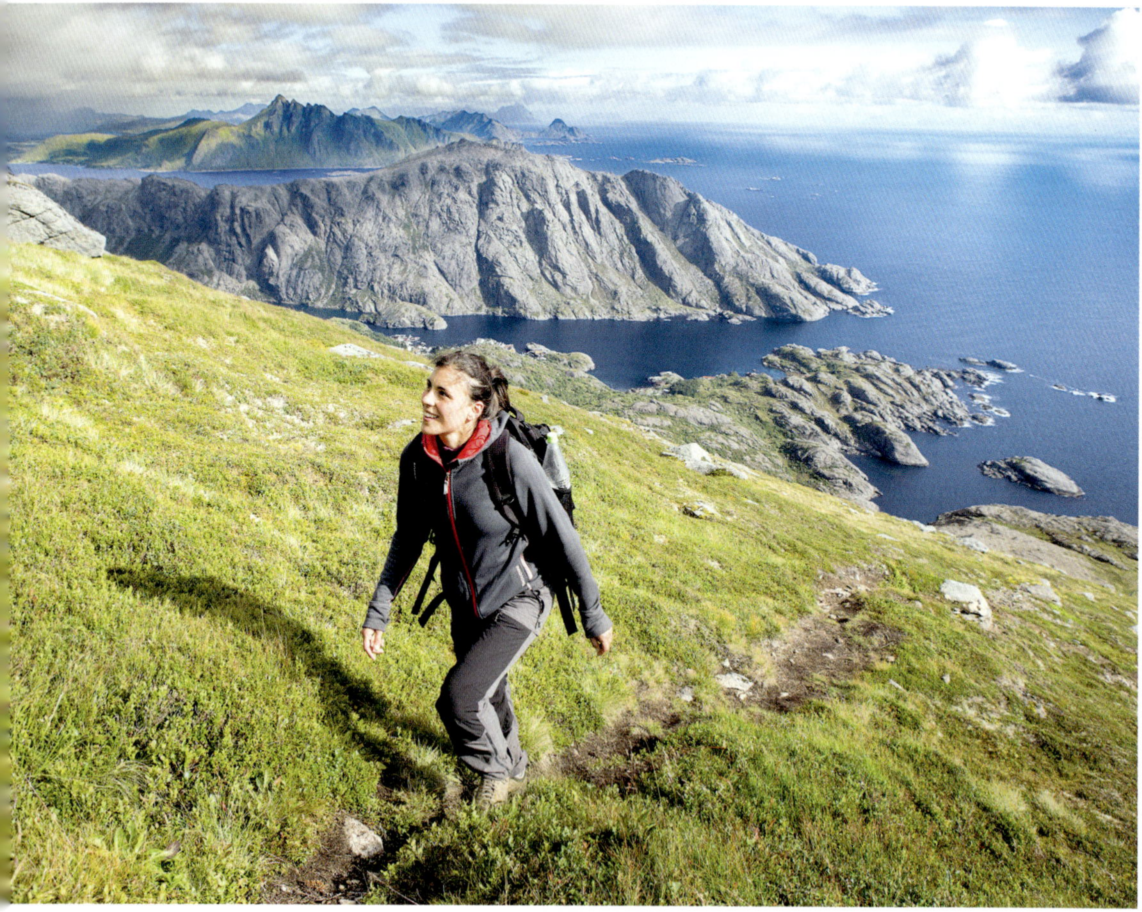

Das malerische Fischerdorf Nusfjord im Südteil von Flakstadøy ist Ausgangspunkt dieser Wanderung. Um dorthin zu kommen, verlassen Sie die E10 am südlichsten Ende des Flakstadpollen und fahren etwa sechs Kilometer nach Süden. In dem Fischerdorf können Sie für 55 NOK (ca. 6 Euro) parken. Die Parkgebühr, die zwischen 22. Mai und 25. August erhoben wird, ist gleichzeitig Eintritt für das „Museumsdorf“ (siehe auch Seite 126 + 139).

STEIL UND LOSER SCHOTTER

Vom Hafen in Nusfjord folgen Sie der Schotterstraße nach Süden. Sie biegen zunächst nach rechts auf den Fischerweg nach Nesland und kurz darauf auf einen kleinen Pfad, der bergan zu den Ausläufern südlich des Sees Eliasvatnet führt. Folgen Sie dem Tal nach oben; Sie müssen einen steilen Berghang mit losem Schotter überqueren, direkt unterhalb einer 311 Meter hohen Kuppe (siehe Karte). Passen Sie auf, dass Sie nicht ausrutschen, es geht steil hinab in die darunterliegende Schlucht!

TOLLER BLICK AUF NUSFJORD

Setzen Sie Ihren Weg, der sich über kleine Bergrücken nach Westen ins Tal Mosesdalen schlängelt, fort und hinauf auf einen breiten Bergrücken. Dann halten Sie auf den Grat zu. Das Gelände ist hier mäßig steil, bevor es zu einem großen Gipfelplateau abflacht. Gehen Sie weiter über die Bergkuppe hinaus zu dem mit einem Steinhaufen markierten 769 Meter hohen Gipfelpunkt. Nun blicken Sie direkt unter sich auf Nusfjord und auf die herrlichen Berge, so weit das Auge reicht.

GANZ OBEN: *Der eigentlich flache Tønsåsheia mündet in einen kleinen, spitzen Gipfel*

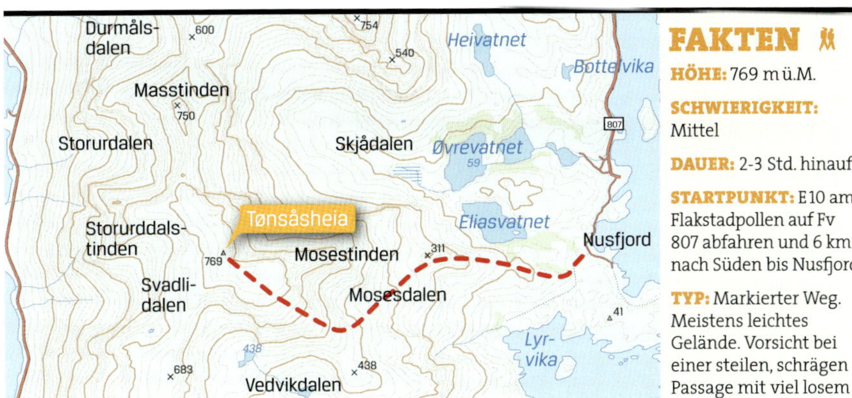

FAKTEN

HÖHE: 769 m ü.M.

SCHWIERIGKEIT: Mittel

DAUER: 2-3 Std. hinauf

STARTPUNKT: E10 am Flakstadpollen auf Fv 807 abfahren und 6 km nach Süden bis Nusfjord

TYP: Markierter Weg. Meistens leichtes Gelände. Vorsicht bei einer steilen, schrägen Passage mit viel losem Schotter.

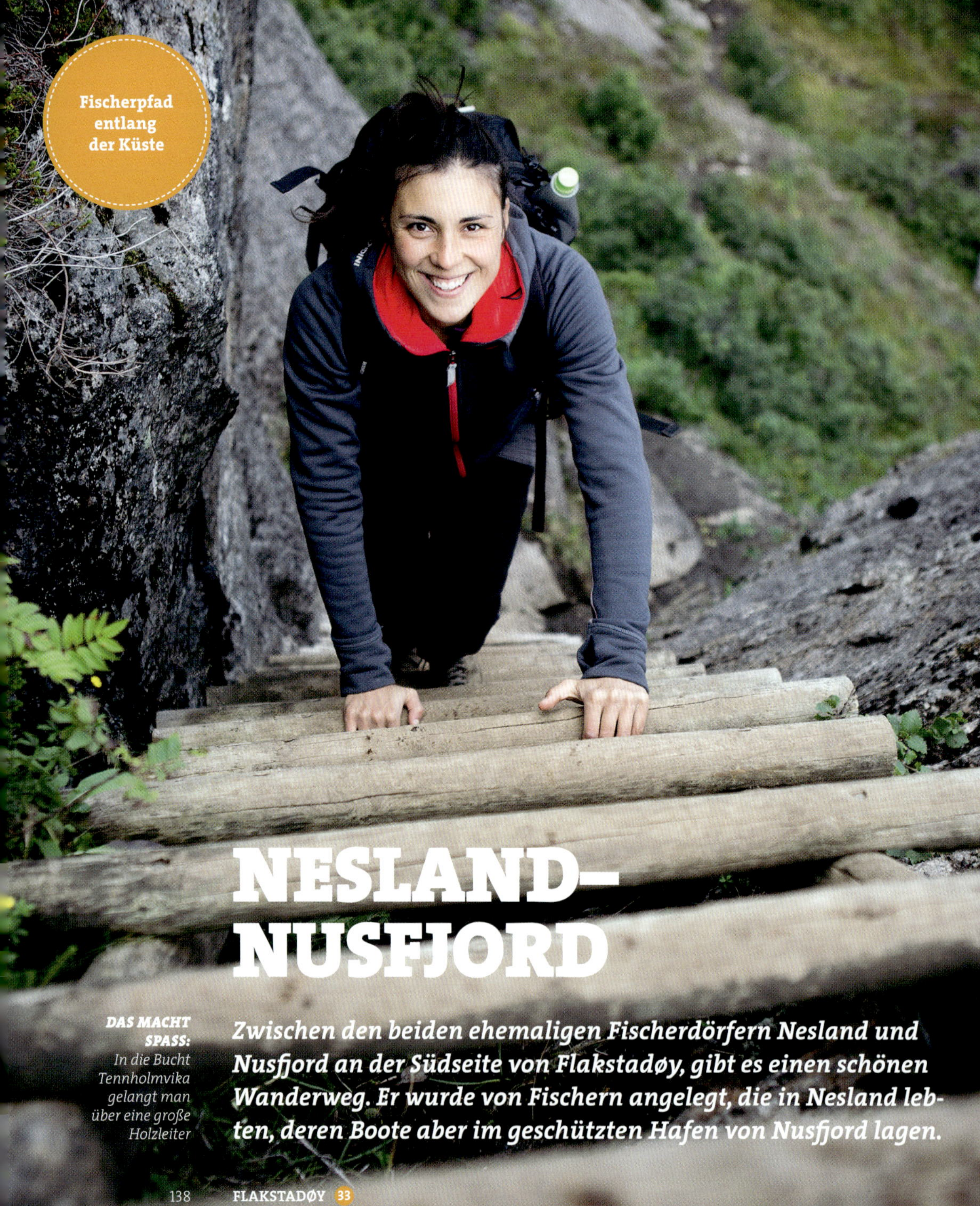

Fischerpfad entlang der Küste

NESLAND–NUSFJORD

DAS MACHT SPASS:
In die Bucht Tennholmvika gelangt man über eine große Holzleiter

Zwischen den beiden ehemaligen Fischerdörfern Nesland und Nusfjord an der Südseite von Flakstadøy, gibt es einen schönen Wanderweg. Er wurde von Fischern angelegt, die in Nesland lebten, deren Boote aber im geschützten Hafen von Nusfjord lagen.

NESLAND

Wo die Straße in Nesland endet, beginnt die Wanderung. Hier kann man auch parken. In der *"Galleri Nesland"* können Sie Werke der lokalen Künstlerin sehen, im Sommer Waffeln essen und Kaffee trinken sowie im liebevoll restaurierten *Lofoten Nesland Gjestehus* übernachten.

ERKUNDUNG DER MEERESKÜSTE

Vorbei an einigen Häusern an der Küste erreichen Sie einen guten Wanderweg. Der Pfad führt Sie rund um die südliche und östliche Seite des Skarslagshaugen. Gleich nach dem Start lockt ein Abstecher hinunter zum Wasser, wo einige schöne Felsenbecken zu sehen sind.

Entlang des Weges ist der Vestfjord mit seinem Bootsverkehr und der reichen Vogelwelt Ihr ständiger Begleiter. Es ist immer was los und gibt viel zu sehen, während Sie auf diesem schönen Küstenweg unterwegs sind.

Laufen Sie hinunter zur Bucht Vedvika; gehen Sie entweder am Strand entlang oder folgen Sie dem Pfad, der in diesem Abschnitt etwas weiter ins Landesinnere führt. Sie überqueren einen kleinen Bach, bevor der Weg Sie wieder nach oben in Richtung Hessura bringt. Um in die Bucht Tennholmvika zu gelangen, müssen Sie eine große Holzleiter hinunterklettern, die in einer steilen Schlucht steht.

Weiter geht es in dem hügeligen Gelände Nusfjord entgegen. Dann führt eine Schotterstraße zum Hafen und in das Fischerdorf.

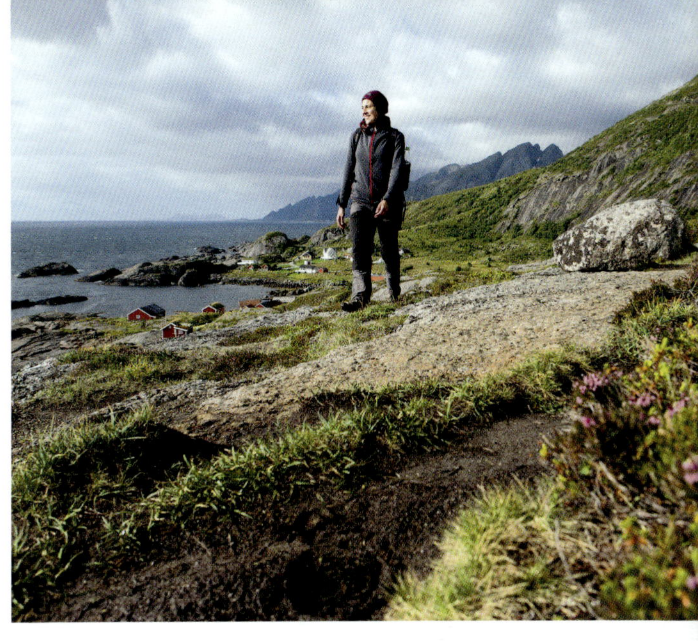

NUSFJORD

Zwischen steilen Berghängen liegt Nusfjord, eines der ältesten und am besten erhaltenen Fischerdörfer Norwegens. Die meisten Häuser stammen aus dem 19. Jahrhundert. 28 Fischerhütten, altes Handwerk, ein Schmied, die Lebertran-Fabrik, ein Laden sowie Kneipe und Restaurant prägen das Bild des malerischen Dörfchens, das zum UNESCO-Weltkulturerbe gehört. Im Sommer sind für den Besuch des „Museumsdorfes" 55 NOK (ca. 6 €) zu zahlen.

FISCHERPFAD: *Treten Sie in die Fußstapfen der Fischer und gehen Sie den alten Pfad der in Nesland beginnt*

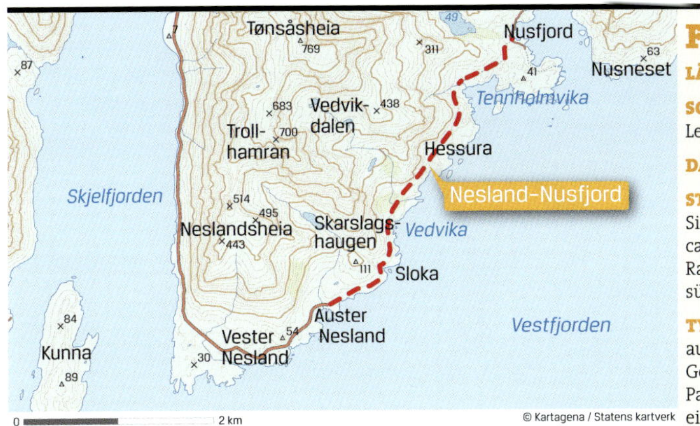

© Kartagena / Statens kartverk

FAKTEN

LÄNGE: 4 km Hinweg

SCHWIERIGKEIT: Leicht/Mittel

DAUER: 2-3 Std. Hinweg

STARTPUNKT: Sie fahren von der E10 ca. 2,5 km südlich von Ramberg ab und 10 km südwärts nach Nesland

TYP: Küstenwandern auf einem gutem Weg. Geröll und einige steile Passagen. An einer Stelle eine lange Holzleiter.

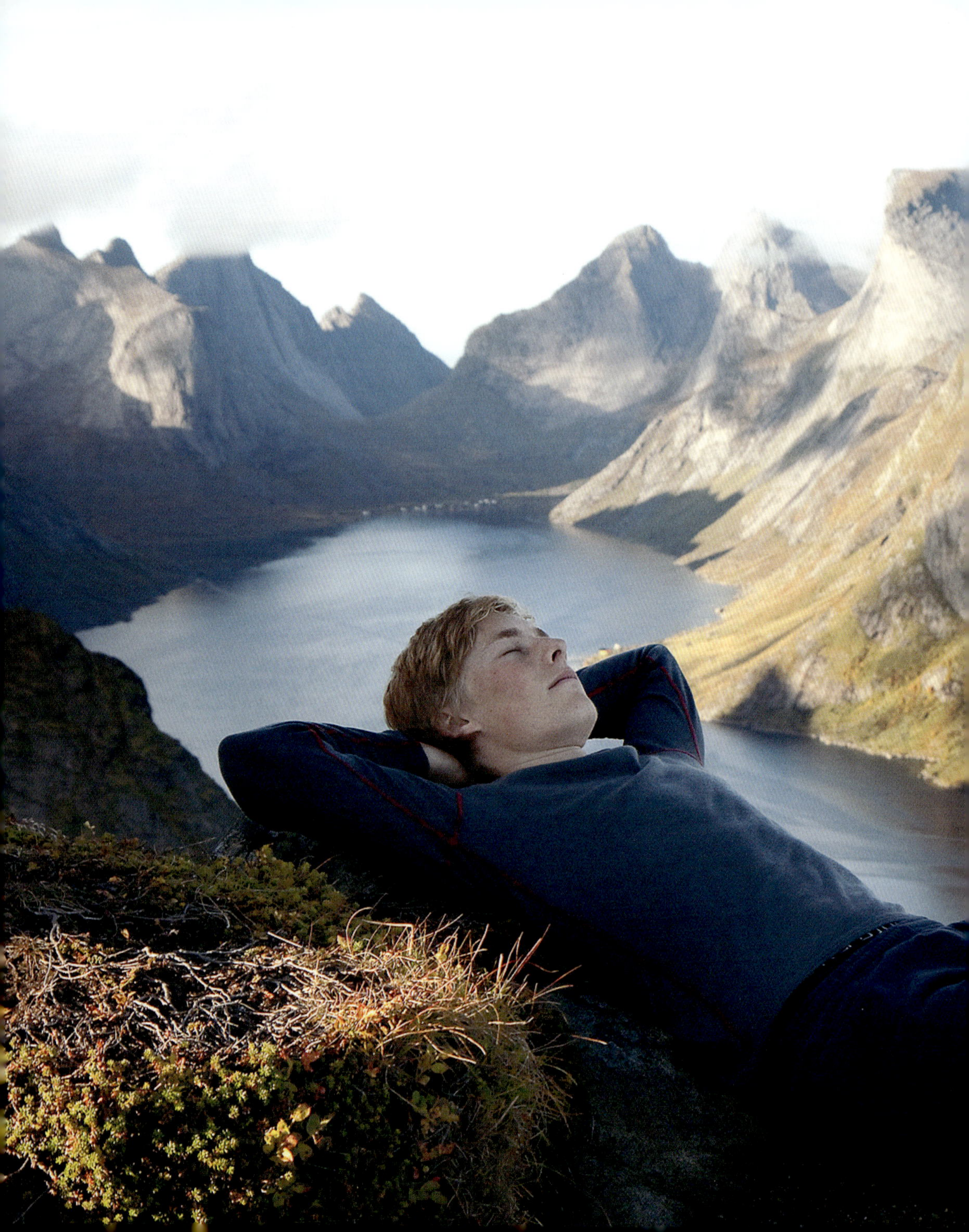

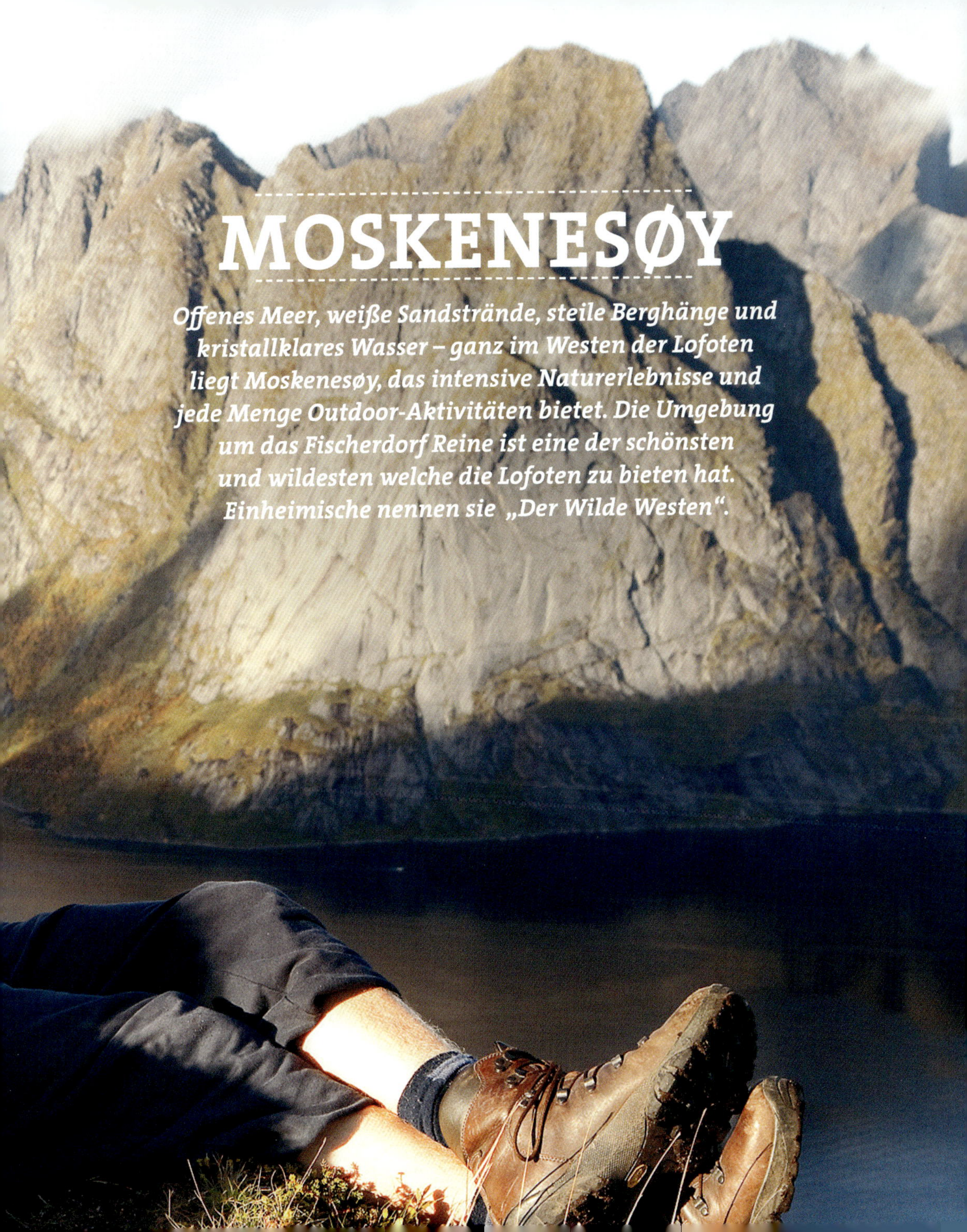

MOSKENESØY

Offenes Meer, weiße Sandstrände, steile Berghänge und kristallklares Wasser – ganz im Westen der Lofoten liegt Moskenesøy, das intensive Naturerlebnisse und jede Menge Outdoor-Aktivitäten bietet. Die Umgebung um das Fischerdorf Reine ist eine der schönsten und wildesten welche die Lofoten zu bieten hat. Einheimische nennen sie „Der Wilde Westen".

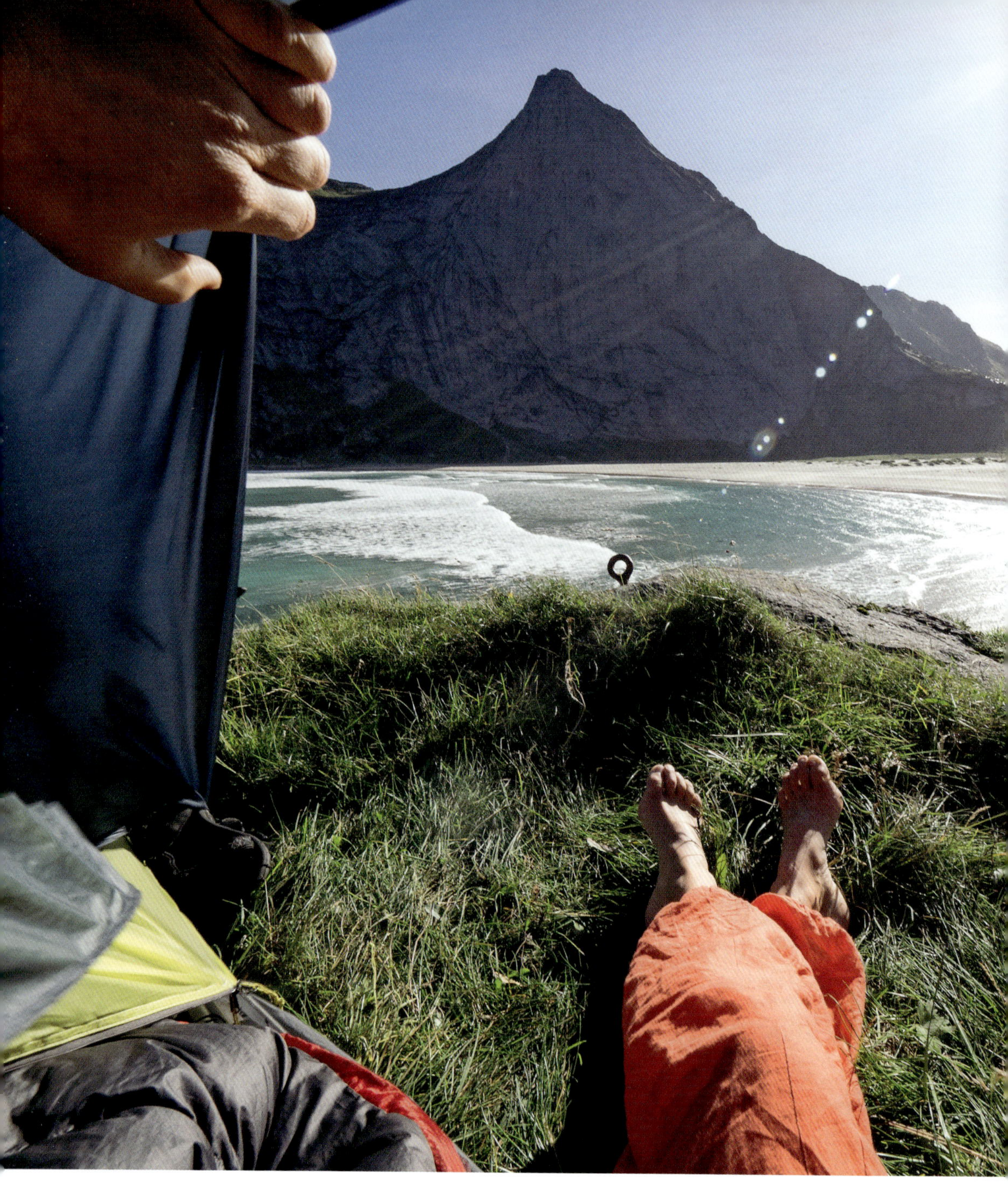

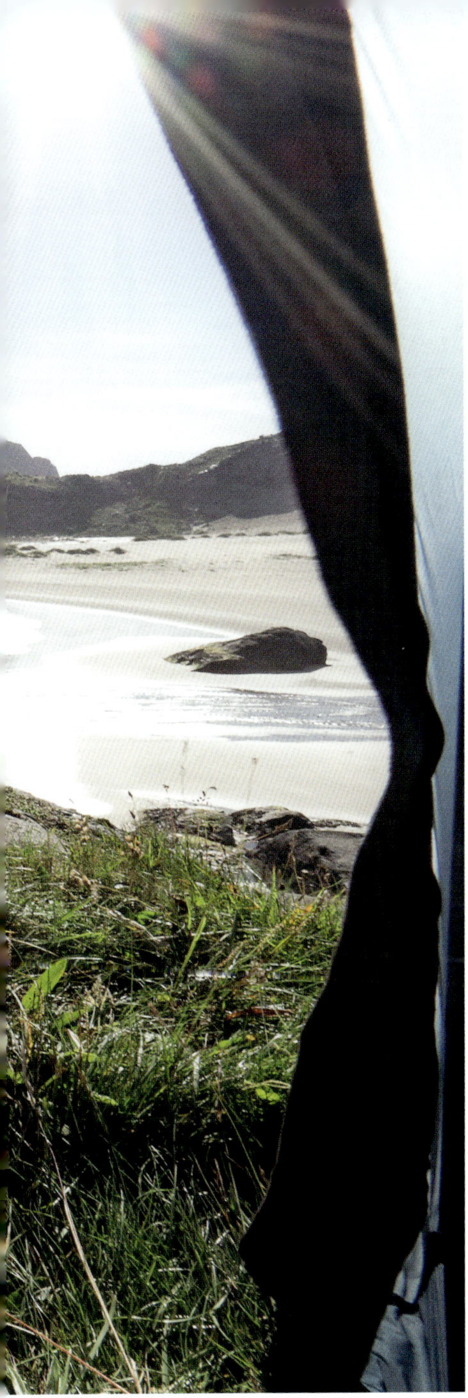

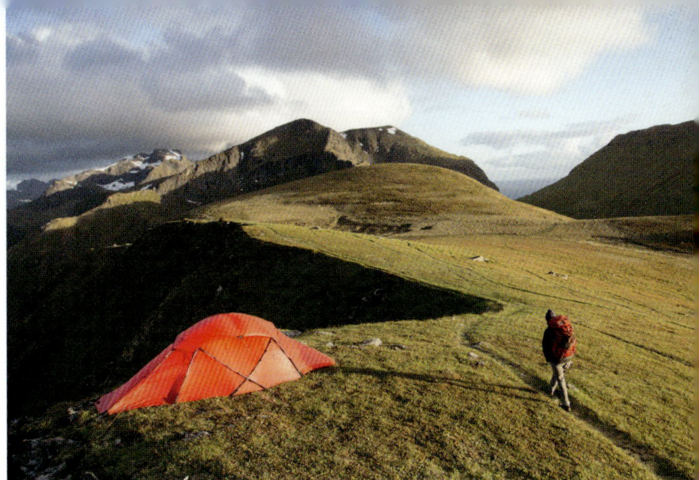

DER WILDE WESTEN

Die Landschaft auf Moskenesøy ist atemberaubend. Hier, an der äußersten Spitze des Lofoten-Archipels, ist die Welt wild und schön. Auf Moskenesøy können Sie klettern, kajakfahren, tauchen und schnorcheln, biken oder charmante Wanderungen unterschiedlicher Länge und Schwierigkeitsgrade machen. Auch wenn die Berge als „rau" bezeichnet werden, gibt es dennoch viele reizvolle Wanderwege, die die gesamte Insel durchziehen.

Einer der klassischen Ausflüge in der Region ist, mit der Fähre von Reine nach Vindstad zu fahren, von wo aus Sie zu Fuß über den Bergsattel Einangen hinunter zum Bunesstranda gelangen. Der schöne Strand, auf der Lofoten-Außenseite gelegen, wird von steilen Bergen eingerahmt. Von dort kann man auch eine Tour ins Hinterland, hinauf auf den Helvetestinden (513 m), machen.

WELTBERÜHMTER GEZEITENSTROM

Moskenes bildet mit der Landzunge Lofotodden die äußerste Spitze des Lofoten Nationalparks. In den Gewässern vor Moskenes tobt der heftige Moskenstraumen. Dieser Gezeitenstrom, der zwischen Moskenes und der Insel Mosken verläuft, hat starke Wasserwirbel und eine extrem kraftvolle Strömung, die Geschwindigkeiten von mehr als 6 Knoten (etwa 11 km/h) erreichen kann.

Der berüchtigte Gezeitenstrom hat viele unglückliche Fischerboote mit sich gerissen

ZIMMER MIT AUSSICHT: *Auf dem langgestreckten Mulstøtinden ist es schön zu zelten*

MAGISCH: *Helvetestinden und Bunesstranda sind einen Besuch wert*

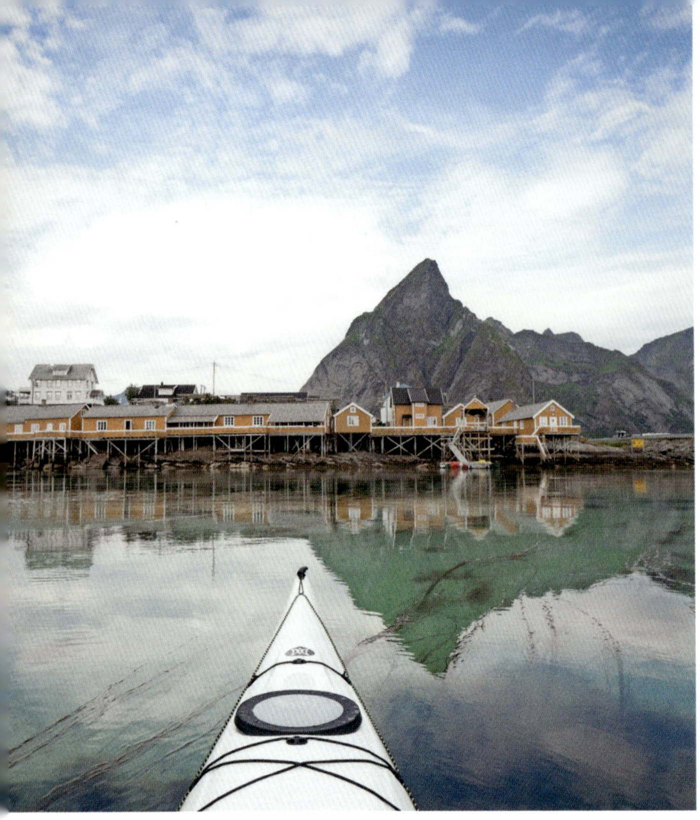

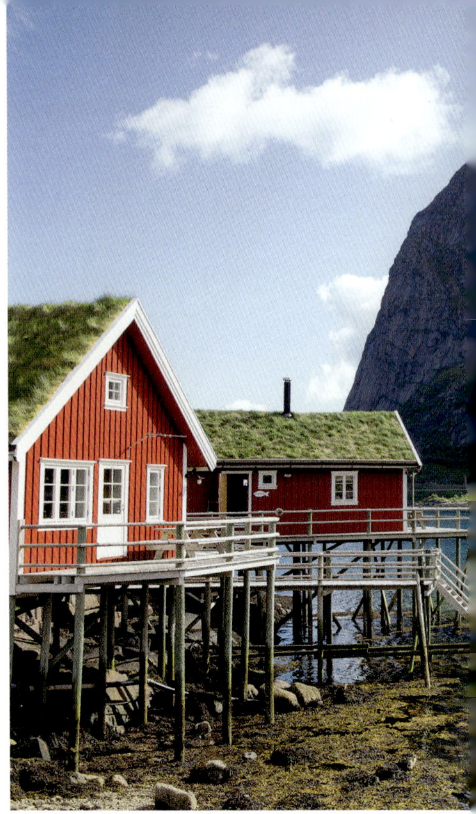

SAKRISØY: *Seit Sommer 2017 ist Sakrisøy Rorbuer Basis für viele Outdoor-Aktivitäten wie Kajakfahren, SUP, Angeltouren, Tauchen, Walsafari und vieles mehr*

und ist Gegenstand von Erzählungen berühmter Autoren wie Jules Verne, Edgar Allan Poe und Petter Dass.

COOLE AKTIVITÄTEN STARTEN IN REINE

Reine liegt zwischen dem offenen Meer und steilen Klippen in der Mitte von Moskenesøy. Hier finden Sie eine Tankstelle mit Kiosk, eine Kunstgalerie, das Walfangmuseum, Cafés, Restaurants und tolle Unterkünfte in Fischerhütten. Dieser kleine Ort ist Ausgangspunkt für eine Vielzahl von Outdoor-Aktivitäten und Standort mehrerer Reiseveranstalter. An der Nordseite des Reinevågen, zwei Kilometer von der Stadt entfernt, ist im Supermarkt auch die Post untergebracht.

Im Büro von *Reine Adventure*, direkt im Zentrum, kann man geführte Wanderungen, Kajak-, Rad- und Skitourentouren buchen. Wenn Sie Ausrüstung mieten und auf eigene Faust losziehen wollen, helfen Ihnen die Mitarbeiter gerne bei der Planung und Logistik. Sogar das ganze Equipment für eine Fahrradtour mit Fahrrad, Zelt, Campingkocher, Taschen und Karten wird zur Verfügung gestellt (www.reineadventure.com).

Gegenüber der Tankstelle liegt das Büro von *Aqua Lofoten Coast Adventure*. Das Familienunternehmen organisiert Tauch-, Schnorchel-, Angel- und Bootsausflüge, unter anderem zu der berühmten Refsvikhula Höhle an der Nordküste der Lofoten. In der 150 Meter langen Höhle sind über 3.000 Jahre alte Höhlenmalereien zu bestaunen. Man kann auch Tauch- und Schnorchelausrüstung mieten, um eigenständige Touren zu machen (www.aqualofoten.com).

Stärken können Sie sich bei *"Bringen Kaffebar og Interior"*, *"Vertshuset Lanternen"* und *"Gammelbua"* bei Reine Rorbuer.

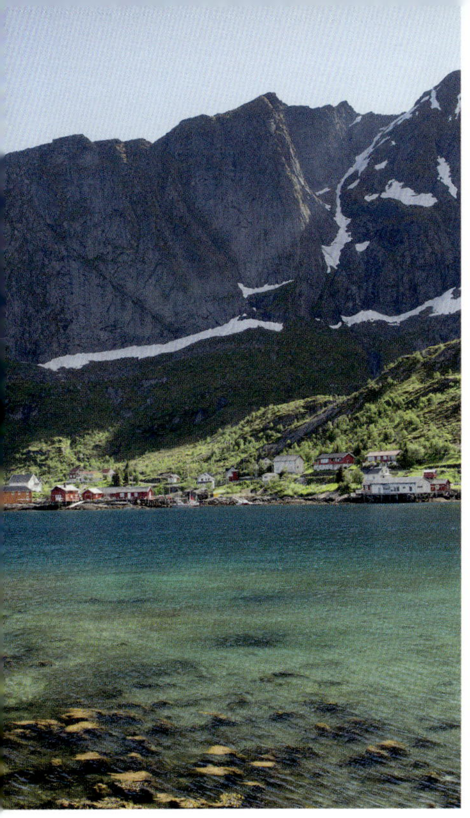

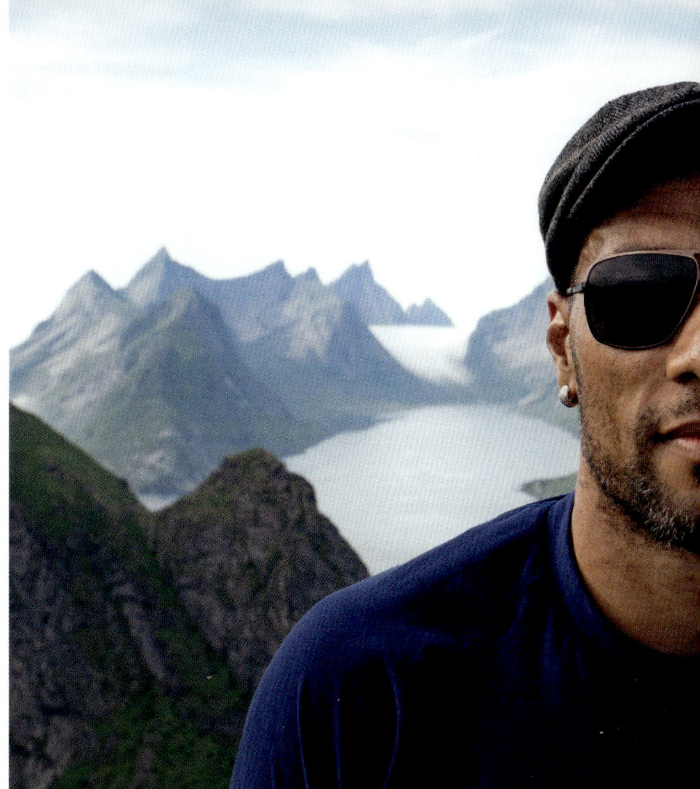

WIE PERLEN AUF EINER SCHNUR

Ganz nah bei Reine liegen die Inseln Andøy, Sakrisøy, Olenilsøy, Toppøy und Hamnøy wie Perlen auf einer Schnur und bilden eine Art Wellenbrecher für den Reinefjord. Es ist großartig, mit dem Kajak zwischen den Inseln rumzupaddeln oder die Landschaft mit der Kamera und einer großen Speicherkarte (die werden Sie brauchen!) zu erkunden.

Auf Hamnøy können Sie in urigen Fischerhütten übernachten und im *"Krambua Restaurant"* leckeren Fisch essen – nur falls Sie Ihr Abendessen nicht selber gefangen haben! (www.krambuarestaurant.no). Boote, mit oder ohne Motor, können bei *"Eliassen Rorbuer"* gemietet werden (www.rorbuer.no).

Auf der Insel Sakrisøy arbeiten die Outdoorunternehmen *Aqua Lofoten, Reine Adventure* und *Schibevaag Adventure* mit *"Sakrisøy Rorbuer"* zusammen. Der Standort ist Basis für Aktivitäten wie Radfahren, Wandern, SUP, Paddeln, Schnorcheln, Tauchen, Kiten, Angeln, Seesafaris, Ski-, Schneeschuh- und Nordlicht-Touren. Außerdem werden Kurse in Kajakfahren, Kiten und Tauchen angeboten – sowie viele Aktivitäten, die für Kinder geeignet sind. Darüber hinaus gibt es bei *Sakrisøy Rorbuer* das Restaurant *"Underhuset"*, eine Kleinbootvermietung und natürlich Unterkünfte in Rorbuer (Fischerhütten). Auch das Puppen- & Spielzeugmuseum *"Dukke- og Leketøymuseum"* sowie der Antik- & Trödel-Laden *"Bric' A' Brac"* sind hier zu finden (www.sakrisoyrorbuer.no).

Ebenso kann man im liebevoll restaurierten Herrenhaus *"Sakrisøy Gjestegård"* übernachten (www.sakrisoy-gjestegard.com).

Auf der gegenüberliegenden Straßenseite bietet *"Anitas Sjømat"* eine reichhaltige Fischtheke und serviert köstliche Fischburger und -suppe sowie lokale Delikatessen.

BERÜHMT: *Die Wanderung zum Reinebringen ist eine der beliebtesten der Lofoten*

FOTO MITTE
DAS REINE PARADIES: *Das malerische Fischerdorf Reine ist Ausgangspunkt toller Outdoor-Touren*

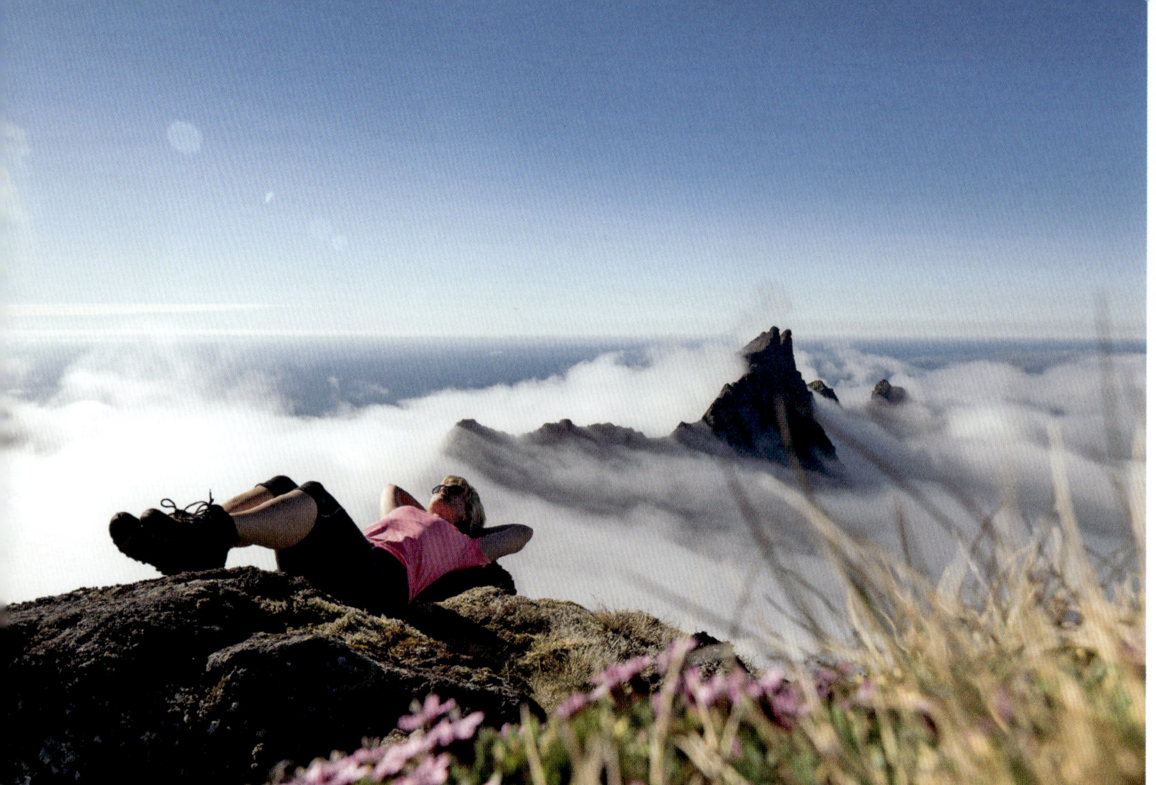

CHILL OUT: *Über den Wolken bei Kitinden*

BERGSPORT AUF MOSKENESØY

Es gibt nicht viele bekannte Kletterrouten in der Gemeinde Moskenes, aber das Gebiet hat ein beträchtliches unerschlossenes Kletterpotenzial. Der Fels ist nicht so gut wie auf Austvågøy und die Anstiege länger und nicht so leicht zugänglich. Wenn Sie aber abenteuerlustig sind, können Sie in der herrlichen Landschaft von Moskenesøy eine Menge aufregende Klettererlebnisse sammeln.

Am Bunesstranda finden Sie ein Bouldergebiet, wenn Sie zum südwestlichen Ende des Strandes gehen und den Klippen Richtung Meer folgen. Dies ist ein schöner Platz, um am späten Abend, wenn die Sonne im Norden steht, einfach rumzuspielen.

Erfahrene Kletterer können die spektakuläre Westwand des Helvetestinden direkt vom Strand Bunesstranda aus erklimmen. Der Blick vom Gipfel ist fantastisch!

ANLEGESTELLE DER FÄHRE

Vom Dörfchen Moskenes fährt die Autofähre nach Bodø, über Værøy & Røst. Während der Hochsaison sollten Sie einen Platz im Voraus buchen. In der Nebensaison ist die Anzahl der Fahrten reduziert (www.torghatten-nord.no).

SØRVÅGEN

Die Hütte Munkebu des norwegischen Wandervereins DNT (Den norske Turistforening) liegt herrlich zwischen den schroffen Bergen im Zentrum von Moskenesøy. Von Munkebu geht die Wanderung, die Sie in der kleinen Ortschaft Sørvågen gestartet haben, weiter auf den höchsten Berg der Westlofoten, den Hermannsdalstinden (1.029 m).

In Sørvågen gibt es neben Geschäften, Post, Galerien, Cafés und Restaurants auch die Tourist-Info, die aktuelle Infos über Aktivitäten und Unterkünfte gibt (www.lofoten-info.no).

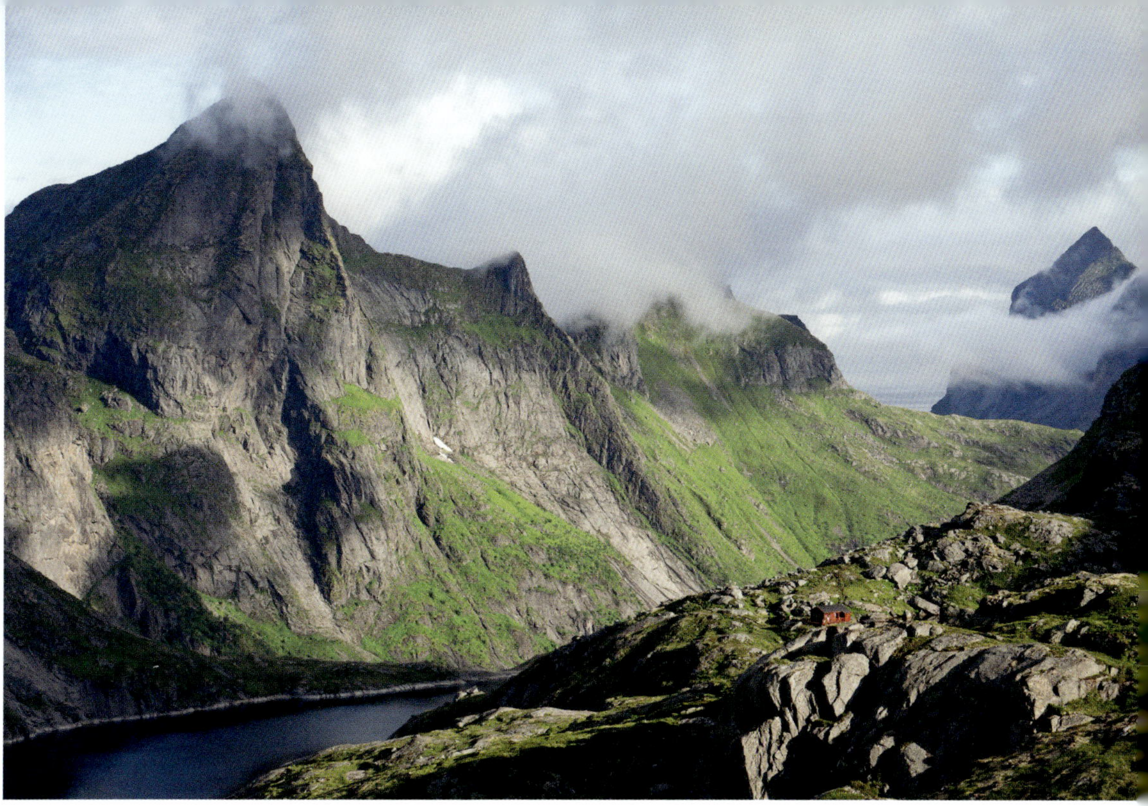

MAGISCHE BERGE:
Wilde Umgebung bei Munkebu

Die Lofoten waren eine der ersten, die Telegrafenleitungen bekamen. Heute erinnert daran das *Telemuseet* (Telekommunikationsmuseum) in Sørvågen. Der Fischfang auf den Lofoten war eine der wichtigsten Einnahmequellen Norwegens, weshalb man hier im Jahre 1860 ein Telefonnetz aufbaute. Während der Fangsaison hatten neun Fischerdörfer eine Telegrafenverbindung und konnten sich so gegenseitig über die Wetterbedingungen, Fanggründe usw. informieren.

Um seinen Hunger zu stillen, stattet man dem Café *"Maren Anna"* einen Besuch ab.

DIE EUROPASTRASSE ENDET IN Å

Die südlichste Siedlung des Lofotodden heißt Å. Nur zu Fuß gelangt man weiter an den äußersten Punkt, zur Landspitze Hellsegga. Dies ist eine anspruchsvolle Wanderung in schwierigem Gelände. Eine einfachere Tour die in Å beginnt, ist die Route entlang des Sees Ågvatnet hinauf zum Stokkvikskaret. Bei Regenwetter kann es hier sehr rutschig sein.

In Å werden Sie in vergangene Zeiten zurückversetzt. Sie finden hier das *Tørrfiskmuseum* (Stockfischmuseum), das *Norsk Fiskeværsmuseum* (Norwegisches Fischerdorfmuseum), den alten Dorfladen *"Gammelbutikken"* und die Steinofenbäckerei *"Bakeriet på Å"* aus dem Jahre 1844, wo Sie dampfend heißes, frisches Brot und Zimtschnecken kaufen können. Neben einer Lebertran-Fabrik, einer Schmiede und einem Herrenhaus gibt es verschiedene Unterkünfte in Fischerhütten und Hostels.

DER FISCH, DER DAS LAND AUFGEBAUT HAT

Seit über tausend Jahren sind die Lofoten das größte Zentrum der Kabeljaufischerei weltweit – und das auch noch heute. Der arktische

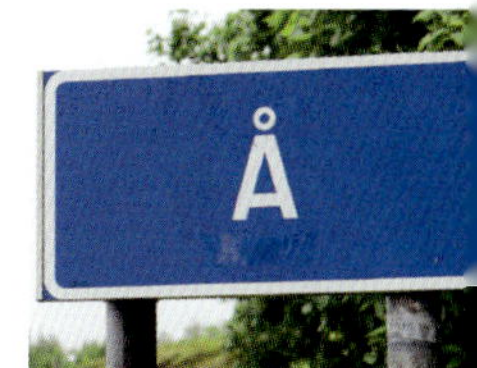

AM ENDE DER STRASSE:
Das Fischerdorf Å

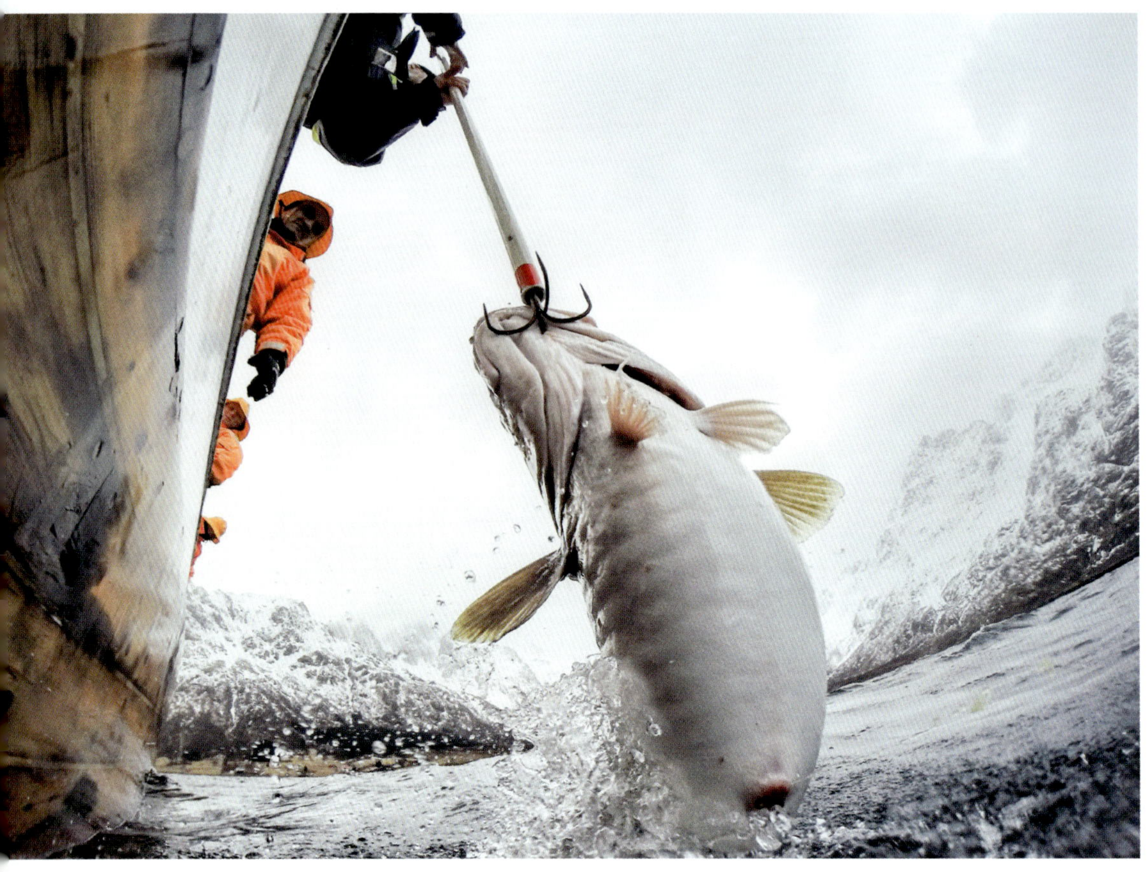

TRADITION: *Seit mehr als tausend Jahren sind die Lofoten das weltweit größte Zentrum der Kabeljaufischerei*

Kabeljau, in Norwegen auch Skrei genannt, legt jeden Winter eine lange Reise von der Barentssee zu den Lofoten zurück, um zu laichen. Hier ist das weltweit größte Laichgebiet für Kabeljau. Das Wort "skrei" stammt vom alten norwegischen Wort „skrida" und bedeutet „wandern". Erst wenn der Kabeljau im Alter von 6 bis 7 Jahren ausgereift ist, macht er diese lange Reise.

Der Skrei folgt seit Jahrtausenden der gleichen Wanderroute, wahrscheinlich seit der letzten Eiszeit. Dies führte zu unglaublichen Fischfangmöglichkeiten vor der Küste der Lofoten. Nach einem schwierigen Fischfang-Jahrzehnt in den frühen 2000er Jahren, haben die Fische wieder den Weg in den Vestfjord gefunden, und es geht wieder aufwärts mit der Fischergemeinde.

STOCKFISCH - GETROCKNETE FISCHE

Ein großer Teil des Kabeljaufangs wird für die Trockenfischproduktion verwendet. Das Klima auf den Lofoten ist dafür hervorragend geeignet, denn der Wind sorgt für den optimalen Trocknungsvorgang. Weder ist es so kalt, dass der Fisch durch Frost zerstört wird, noch so warm, dass er verrottet oder Fliegen Eier in sein Fleisch legen. Der Kabeljau wird im Februar / März auf die berühmten Trockengestelle zum Trocken aufgehängt und

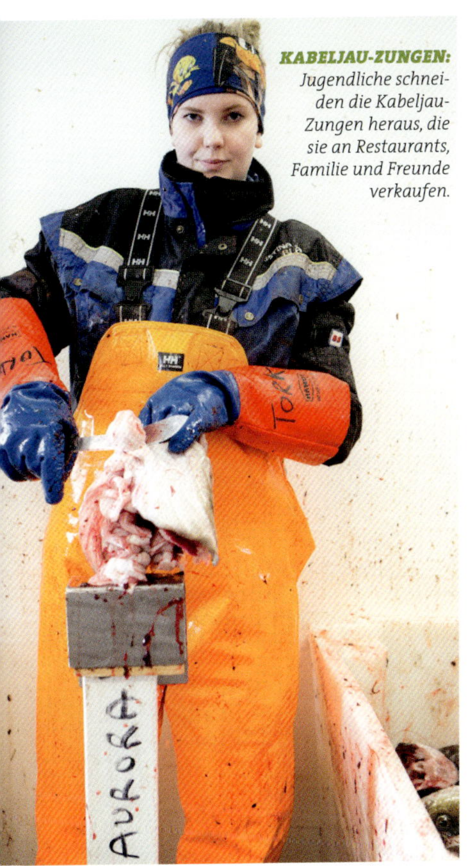

KABELJAU-ZUNGEN: *Jugendliche schneiden die Kabeljau-Zungen heraus, die sie an Restaurants, Familie und Freunde verkaufen.*

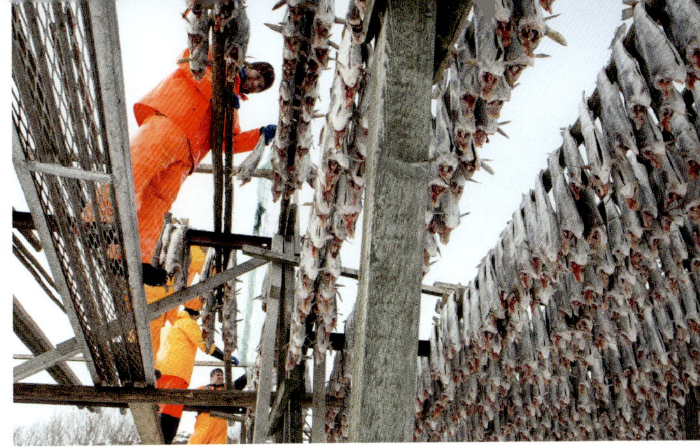

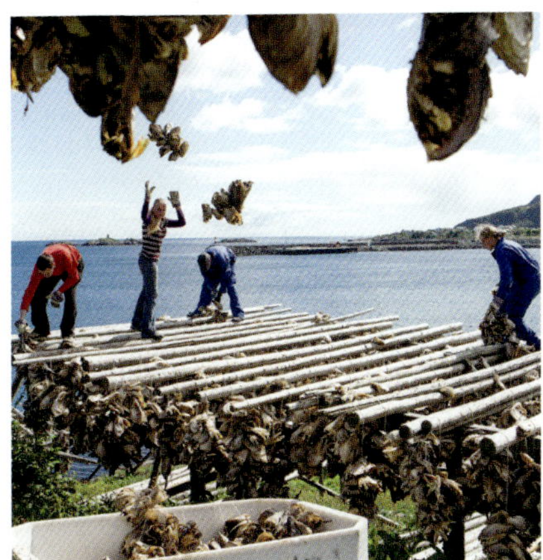

HARTE ARBEIT: *Das Aufhängen des Fischs auf Trockengestelle ist ein schwerer Job*

ENDE DER TROCKNUNG: *Im Juni werden die getrockneten Fische von den Gestellen abgehängt*

SORTIERUNG DER FISCHE: *Der Trockenfisch wird in viele verschiedene Qualitätsstufen getrennt, je nach Größe, Gewicht und Geruch*

im Juni abgenommen.
Der getrocknete Fisch verliert etwa 70% seines Gewichts. Er ist gut haltbar und leicht zu transportieren. Der größte Teil der Fischexporte geht nach Italien, Kroatien, USA und Nigeria. Bevor der Fisch verschifft wird, muss er einen sorgfältigen Sortierungprozess durchlaufen, der „vraking" (Aussortierung) genannt wird. Ein „vraker" entscheidet über die Qualität jedes einzelnen Fisches durch Sehen, Riechen und Fühlen.

Wenn Sie mehr über diese traditionelle Industrie erfahren wollen, die eine große wirtschaftliche Bedeutung für Norwegen hat, besuchen Sie das *Tørfiskmuseet* in Å.

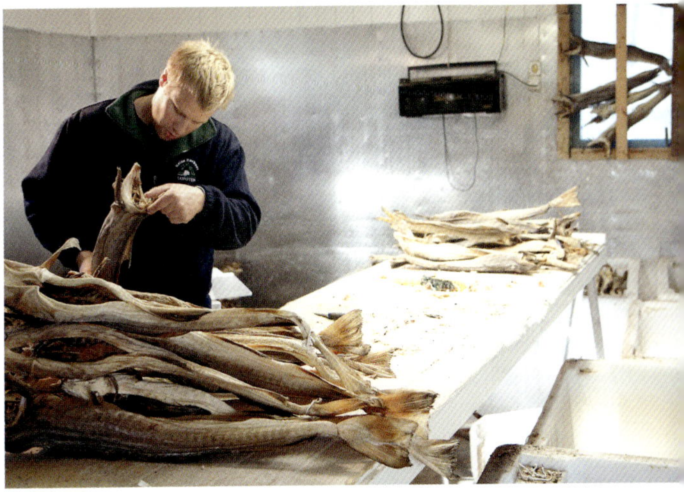

TIPPS FÜR MOSKENESØY

TOURIST-INFO

- **Turistinformasjon Sørvågen**, gegenüber der Schule, Tel. +47 98 01 75 64, www.lofoten-info.no
- **Kulturzentrum Reine** mit Café, Galerie Eva Harr, Tel. +47 48 07 99 11 (Schlüssel für Munkebu Hütte* bis 24.06.)
- **Laden am Moskenes Fähranleger,** Tel. +47 48 07 99 11 (Schlüssel für Munkebu Hütte* vom 24.06 bis Saisonende)

OUTDOOR-AKTIVITÄTEN

- **Reine Adventure**, geführte Wander-, Kajak-, Radtouren, Radvermietung, Reine & Sakrisøy, Tel. +47 93 21 45 96, www.reineadventure.com
- **Aqua Lofoten Coast Adventure**, Tauch- & Schnorchelausflüge, Angel- & Bootstouren u.a. zur berühmten Refsvikhula Höhle, Reine und Sakrisøy bei Reine, Tel. +47 99 01 90 42 und +47 48 09 08 20, www.aqualofoten.com
- **Schibevaag Adventure**, Kurse und Ausrüstungsvermieter, Surfen, SUP, Kajakfahren, Kiten, Schnorcheln, Wandern, Sakrisøy bei Reine und Nusfjord, Tel. +47 92 07 17 22, www.schibevaagadventure.com
- **Boot- und Fahrradvermietung bei "Eliassen Rorbuer"** auf Hamnøy bei Reine, Tel. +47 45 81 48 45, www.rorbuer.no

ESSEN UND TRINKEN

- **Krambua Restaurant**, Hamnøy bei Reine, Tel. +47 48 63 67 72, www.krambuarestaurant.no
- **Anitas Sjømat,** Fischladen, Imbiss, Café, Sakrisøy bei Reine, Tel. +47 90 06 15 66, www.sakrisoy.no/seafood
- **Gammelbua,** Fischrestaurant in Reine Rorbuer, Reine, Tel. +47 76 09 22 22, www.reinerorbuer.no
- **Bringen Kaffebar og Interior**, Café und Interieur, 10-17 Uhr, Reine, Tel. +47 76 09 13 00
- **Vertshuset Lanternen,** gemütliches Restaurant in Reine, Tel. +47 941 33 793
- **Maren Anna Kafé,** Restaurant & Pub (auch Zimmer), Sørvågen, Tel. +47 76 09 20 50, www.marenanna.no
- **Holmen,** tolle Slow Food Küche (auch Zimmer), Reservierung empfohlen, Sørvågen, Tel. +47 93 44 23 01, www.holmenlofoten.no
- **Kinoen Restaurant** im Lofoten Rorbuhotell, Besselvågveien 8, Sørvågen, Tel. +47 76 09 21 00, www.lofotenrorbuhotell.com
- **Brygga Restaurant,** Å i Lofoten, Tel. +47 76 09 11 21, www.bryggarestaurant.no

ÜBERNACHTEN IN FISCHERHÜTTEN (RORBUER)

- **Lydersen Rorbuer,** Fredvang, Tel. +47 92 02 02 74, www.lydersenrorbuer.no
- **Eliassen Rorbuer**, Hamnøy bei Reine, Tel. +47 45 81 48 45 www.rorbuer.no
- **Reinefjord Sjøhus,** Hamnøy bei Reine, Tel. +47 90 72 56 83, www.reinefjord.no
- **Sakrisøy Rorbuer,** Sakrisøy bei Reine, Tel. +47 76 09 21 43 od. 90 03 54 19, www.lofoten-info.no/sakrisoy/
- **Anitas Sjømat,** mit Fischladen & Café, Sakrisøy bei Reine, Tel. +47 90 06 15 66, www.sakrisoy.no/sjomat.htm
- **Reinebua,** Reine, Tel. +47 95 45 96 10 od. +47 41 42 92 86, www.reinebua.no
- **Reine Rorbuer,** Reine, Tel. +47 76 09 22 22, www.reinerorbuer.no und www.classicnorway.no/hotell/reine-rorbuer
- **Å-hamna Rorbuer** (auch Zimmer im Stockfischmuseum), Å i Lofoten, Tel. +47 76 09 12 11, www.lofotenferie.com
- **Å Rorbuer & Brygga Restaurant,** Å i Lofoten, Tel. +47 76 09 11 21, www.lofoten-rorbu.no und www.arorbuer.no

MUSEEN UND GALERIEN

- **Dagmars Dukke- og Leketøymuseum** (Puppen- und Spielzeugmuseum) **& Bruktbutikk Bric-a-brac** (Antik- & Trödelladen), Sakrisøy bei Reine, Tel. +47 76 09 21 43, www.sakrisoyrorbuer.no
- **Telemuseet** (Telegrafenmuseum, 20.06-20.08), Sørvågen, Tel. +47 76 09 14 88 od. +47 99 42 35 45, www.museumnord.no/telemuseum
- **Tørrfiskmuseum** (Lofoten Stockfischmuseum, 01.06-20.08), Å i Lofoten, Tel. +47 76 09 12 11, www.lofotenferie.com
- **Norsk Fiskeværsmuseum** (Norwegisches Fischerdorfmuseum, 01.01-31.12), Å i Lofoten, www.museumnord.no/fiskevarsmuseum

TRANSPORT

- **Fahrpläne (Bus, Hurtigbåt, Fähren),** www.177nordland.no
- **Fähren und Express-Fähren,** www.torghatten-nord.no & www.reissjøveien.no
- **Lokale Fährverbindungen in Reinefjord,** www.reinefjorden.no

* Schlüssel für die Munkebu Hütte erhalten nur für DNT Mitglieder gegen Vorlage des Mitgliedsausweises und Hinterlegung einer Kaution

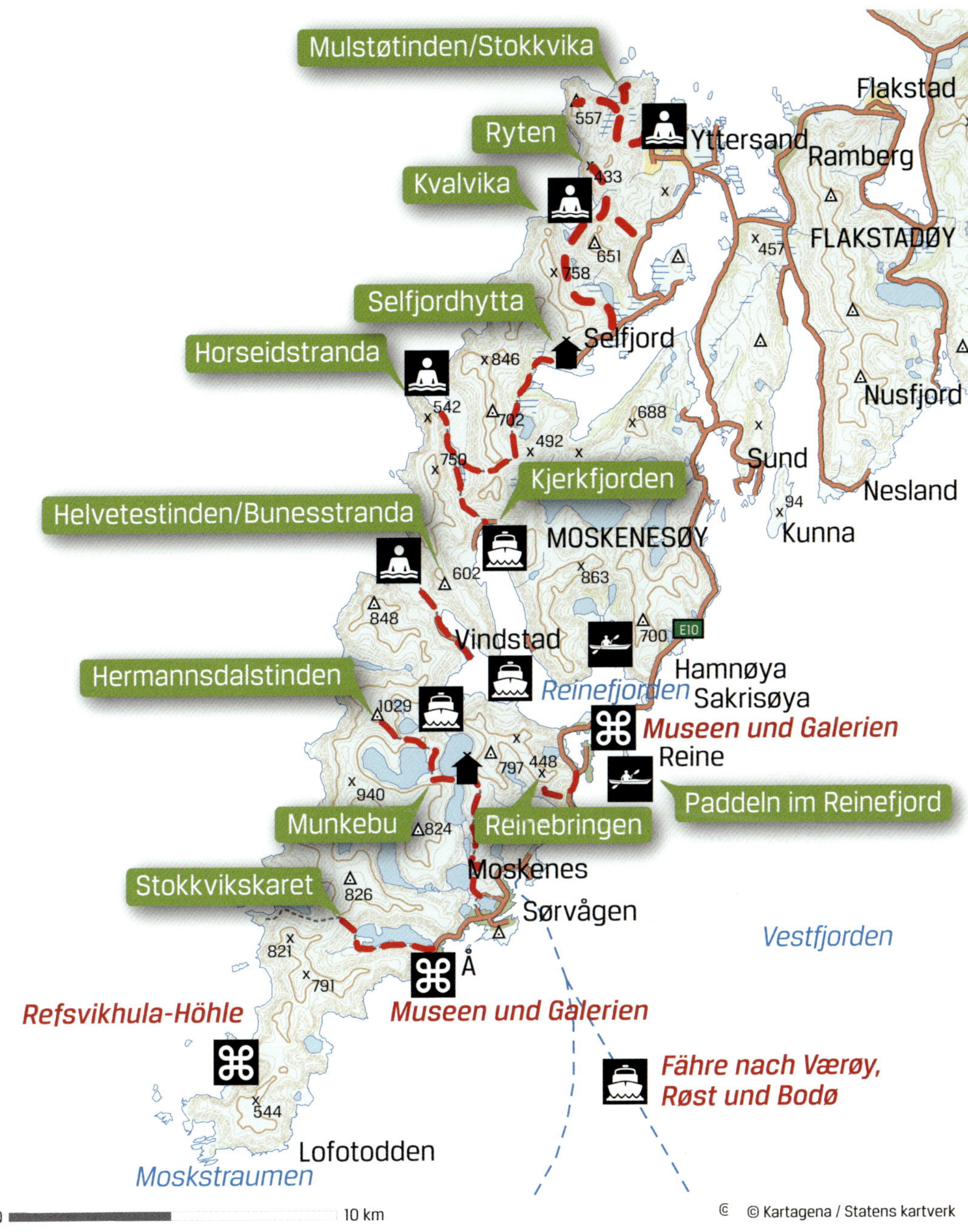
Mulstøtinden/Stokkvika
Ryten
Kvalvika
Selfjordhytta
Horseidstranda
Helvetestinden/Bunesstranda
Kjerkfjorden
Hermannsdalstinden
Munkebu
Reinebringen
Stokkvikskaret
Paddeln im Reinefjord
Museen und Galerien
Museen und Galerien
Refsvikhula-Höhle
Fähre nach Værøy, Røst und Bodø
Flakstad
Yttersand
Ramberg
FLAKSTADØY
Selfjord
Nusfjord
Sund
Nesland
Kunna
MOSKENESØY
Vindstad
Hamnøya
Reinefjorden
Sakrisøya
Reine
Moskenes
Sørvågen
Å
Vestfjorden
Lofotodden
Moskstraumen
E10
0
10 km

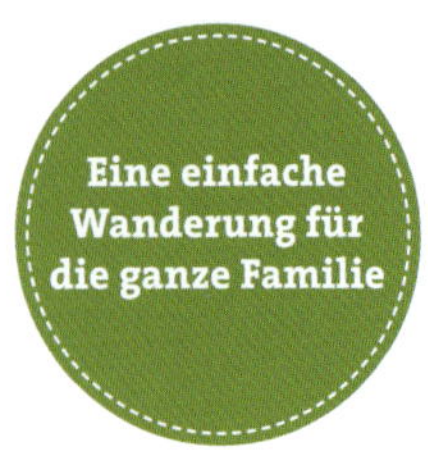

MULSTØTINDEN & STOKKVIKA

LOGENPLATZ:
Es ist traumhaft, die Nacht auf dem flachen, langgestreckten Mulstøheia zu verbringen

Die langgestreckte, flache Heide auf dem Plateau des Mulstøtinden (220 m) ist ein prima Ort, um die Mitternachtssonne zu erleben. Diese einfache Wanderung ist ein Genuss für die ganze Familie.

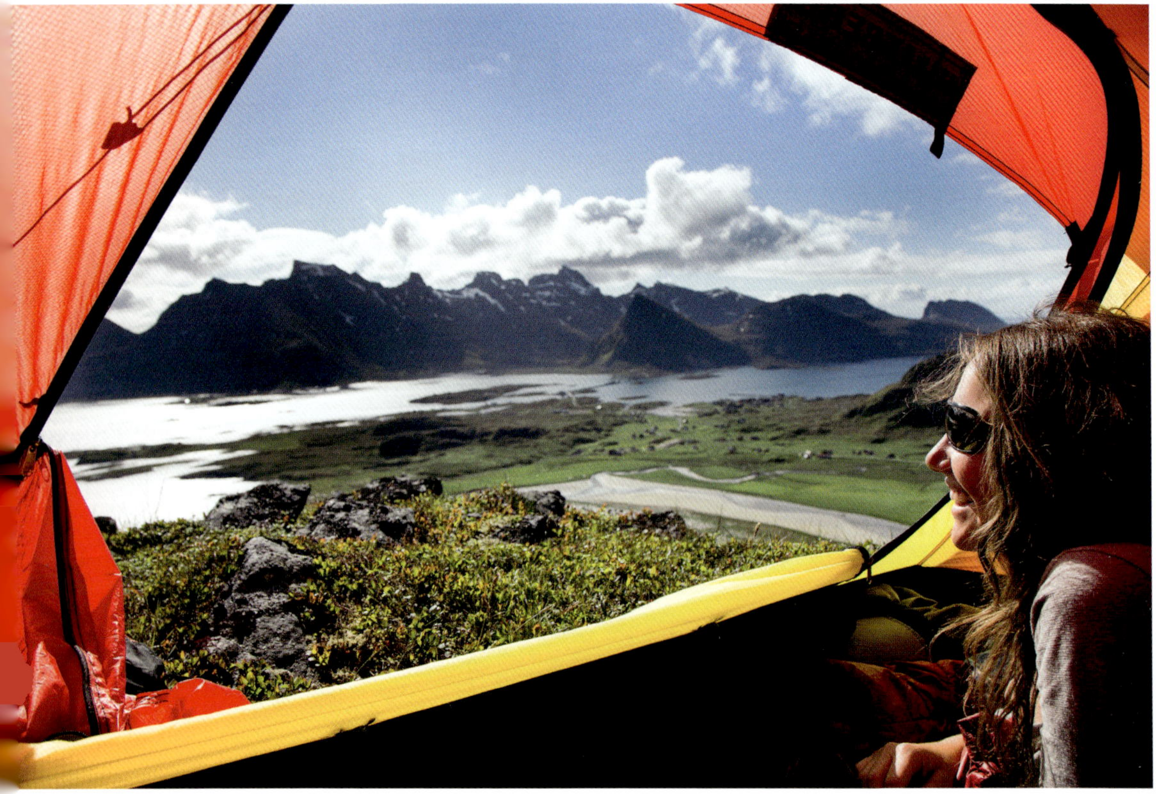

Obwohl der Mulstøtinden das nördliche Ende von Moskenesøy markiert, gehört das Gebiet zur Gemeinde Flakstad.

Die Tour beginnt in Yttersand, wo sich am Ende der Straße ein Parkplatz befindet. Sie gelangen hierher, indem Sie die E 10 etwa 3 km südlich von Ramberg verlassen, den Røssøystraumen überqueren und ein paar Kilometer weiter nach Yttersand fahren.

HINAUF AUF DEN YTRESANDHEIA

Der Weg beginnt mit einer Treppenbrücke über den Schafzaun. Wählen Sie den Pfad, der nach links führt. Folgen Sie ihm den Berg hinauf Richtung Südwesten. Am kleinen Pumpenhaus auf dem Gipfel des Møllelva macht der Weg fast eine 180-Grad-Kurve und führt nun nach Norden bis zum langgestreckten Plateau von Ytresandheia. Das Gelände hier oben ist sehr einfach zu begehen und Sie können die Umgebung auf dem Weg in Richtung Mulstøtinden so richtig genießen.

Wenn Sie eine spektakuläre Nacht auf dem Berg verbringen wollen – hier haben Sie eine großartige Gelegenheit. Bauen Sie das Zelt auf, mit herrlichem Blick auf das Meer und den Sandstrand unten in der Bucht.

RUSTIKALE HÜTTE IN STOKKVIKA

Wenn Sie vorhaben, zur kleinen Hütte in der Bucht Stokkvika weiterzugehen, folgen Sie einem der Wanderwege, die auf der Westseite des Mølstøtinden talwärts führen. Der Weg ist nicht immer eindeutig, aber das Gelände einfach und gut zu begehen.

Unten in der Bucht folgen Sie dem Kieselsteinstrand, bis zu einer blau gestrichenen Hütte, die herrlich in der Landschaft liegt. Diese kleine Hütte wurde 1991 auf den Resten eines Steinfundaments eines alten Bootshauses gebaut. Die Hütte steht offen. Es gibt einen Holzofen und eine kleine Koje, in der man schlafen kann. Gönnen Sie sich eine Tasse Kaffee aus Ihrer Thermoskanne, den Blick aufs offene Meer und schreiben Sie ein paar nette Sätze ins Gästebuch.

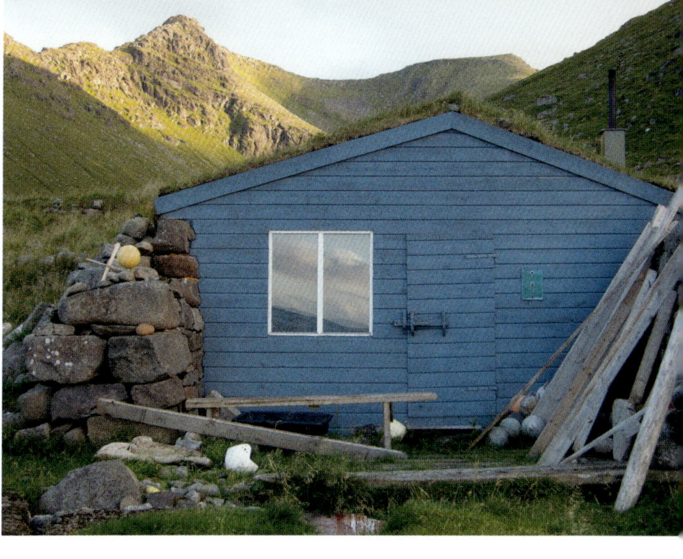

RUSTIKALE HÜTTE: *In der Bucht Stokkvika finden Sie eine kleine blaue Hütte*

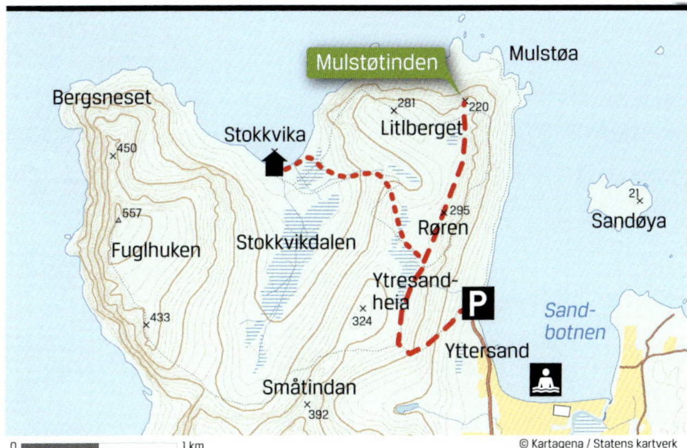

FAKTEN

HÖHE: 220 m ü.M.

SCHWIERIGKEIT: Leicht

DAUER: 1 Std. bis zum Mulstøtinden, 1 weitere Std. zur Bucht Stokkvika

STARTPUNKT: Verlassen Sie die E 10 vier Kilometer südlich von Ramberg. Fahren Sie vier Kilometer bis zum Parkplatz in Yttersand.

TYP: Guter Pfad zum Mulstøtinden. Weniger deutlich zur Stokkvika

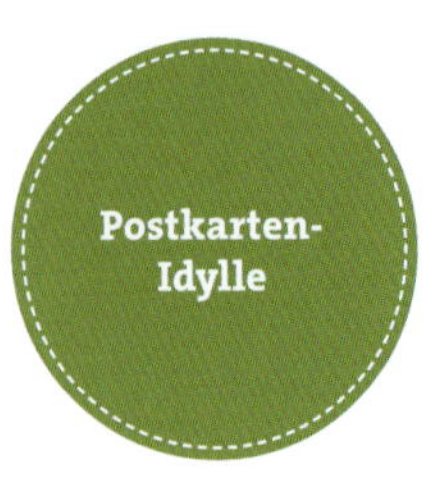

KVALVIKA & RYTEN

DAS PARADIES: *So stellt man es sich vor – der Strand von Kvalvika*

Umgeben von leuchtend grünen Ebenen und steilen Bergwänden liegt ein idyllischer Sandstrand, der einen Besuch wert ist.

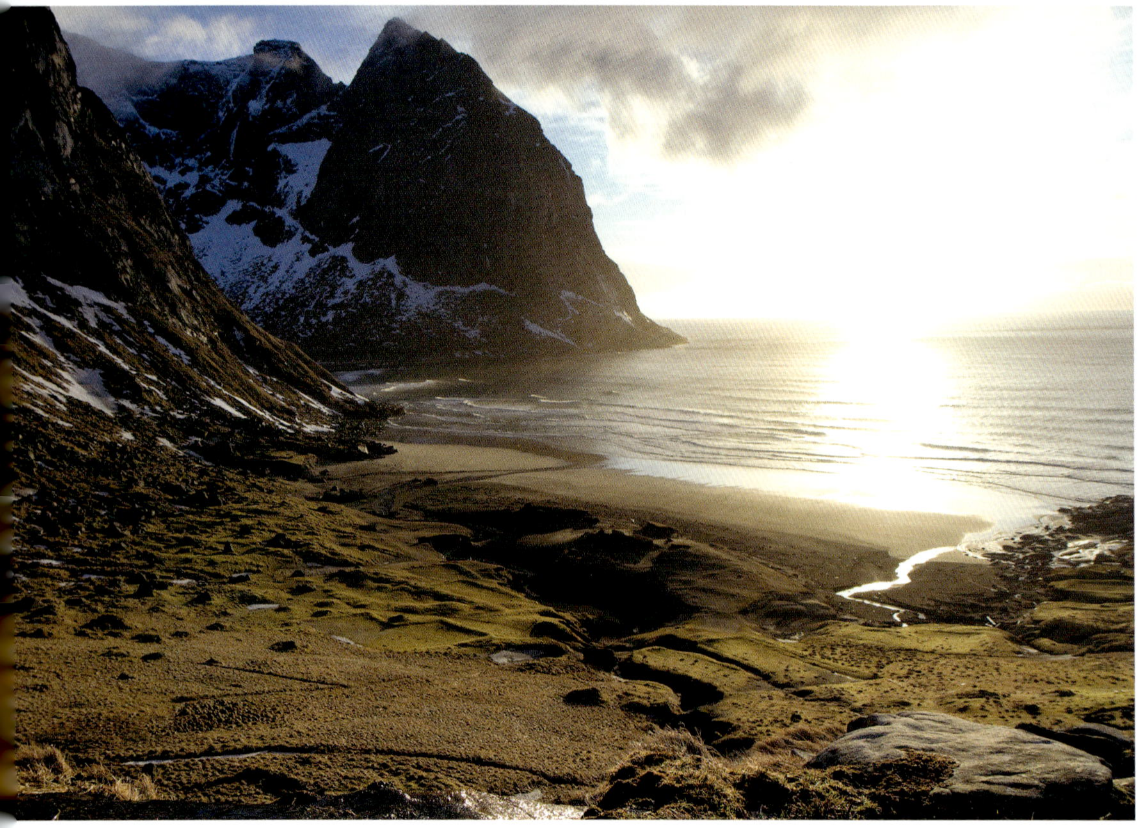

Die Wanderung zum traumhaften Sandstrand in der Bucht Kvalvika, im Norden von Moskenesøy, ist im Sommer sehr beliebt. Der Parkplatz am Torsfjord soll 2019 geschlossen werden. Informieren Sie sich bitte vorab, wo Sie parken und die Tour beginnen können (mögliche alternative Startpunkte: Bergland, Medvoll oder Marka). Diese Beschreibung startet am Torsfjord.

EIN SCHÖNER SANDSTRAND WARTET

Starten Sie am Bootshaus, wo die Straße am Fuß des Berges Torsfjordfjellet eine Kurve beschreibt. Auf der gegenüberliegenden Strassenseite beginnt ein guter Pfad, der dem sanften Gelände auf der Südseite des Torsfjordtinden folgt. Wenn Sie über den Skoren Pass (170 m ü.M.) kommen, werden Sie von einer atemberaubenden Aussicht begrüßt – die Norwegische See trifft auf steile Berghänge.

In der Bucht unter sich sehen Sie schon den langen, schönen Sandstrand. Gehen Sie über das Geröll hinunter und folgen Sie dem felsigen Weg bis zum Strand Kvalvika.

AUFSTIEG RYTEN

Zum 543 Meter hohen Ryten führt der Pfad auf der Südseite des Berges am Bach entlang und setzt sich bis zum Gipfel durch leicht zu gehendes Gelände fort; die Aussicht ist wahrhaftig großartig – die Westseite des Berges stürzt regelrecht senkrecht hinab ins Meer.

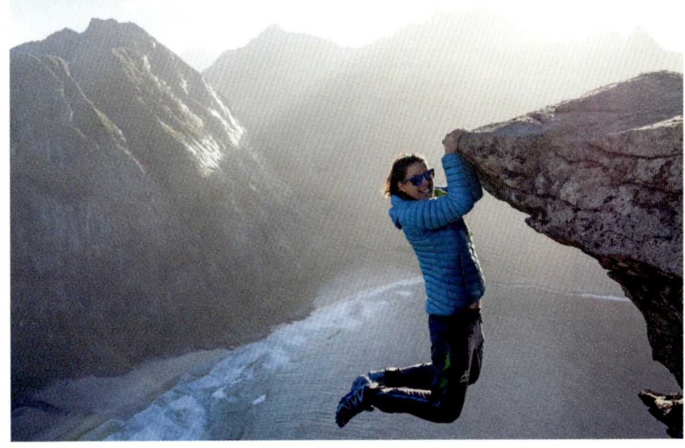

HANG LOOSE: Es geht weit hinunter zum Meer von der Spitze des Ryten

RUNDWANDERUNG

Kehren Sie auf gleichem Weg zurück oder machen Sie eine Rundwanderung Richtung Süden, um über Markjorda zum Ausgangspunkt zurückzukommen.

Für die Rundtour, folgen Sie dem Strand Richtung Südwesten. Am Kuhella müssen Sie den ins Meer hineinragenden Berg, der den Strand in zwei Teile zerschneidet, überqueren. Der Weg ist ein wenig exponiert und an einigen Stellen helfen Ketten dem Wanderer. Auf der Westseite des Strandes drehen Sie nach Süden ab und gehen die sanfte Steigung hinauf durch das Tal, dem Ostufer von Kvalvikvatnet, Ågotvatnet und Markavatnet folgend. Schließlich kommen Sie einen sanften Hang hinunter nach Markjorda. Von hier sind es 4 km entlang der Straße zurück zum Parkplatz.

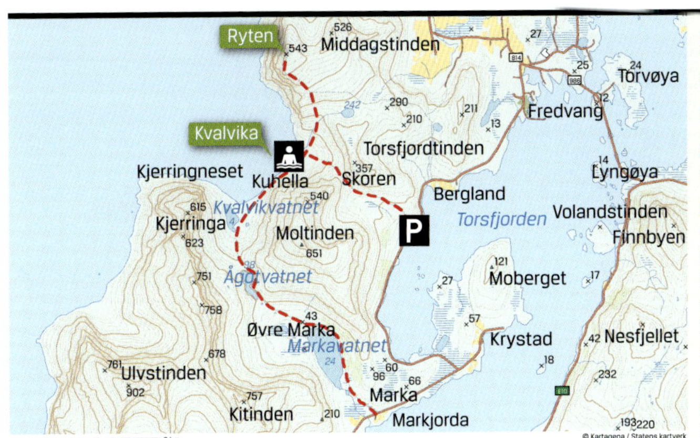

FAKTEN

HÖHE: 543 m ü.M.

SCHWIERIGKEIT: Leicht

DAUER: Die ganze Rundwanderung: 5 Stunden

STARTPUNKT: Abfahrt von der E 10 etwa 4 km südlich von Ramberg. Über den Røssøystraumen, dann etwa 2 km Richtung Süden entlang des Torsfjord

TYP: Guter Weg über heidebewachsene Hänge. Geröll, Strand

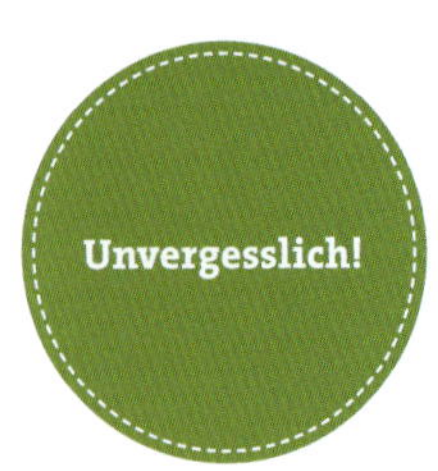

HORSEIDSTRANDA DELUXE

KARIBIK?: *Weiße Sandstrände und türkisblaues Wasser sind schon ein wunderschöner Anblick. Wenn dann noch bei 68° Nord die Sonne herauskommt, ist es einfach fantastisch.*

Am äußeren Rand der Lofoten liegt ein Strand, der sich fast zwei Kilometer tief ins Gelände erstreckt. Es ist anstrengend, aber ein tolles Erlebnis vom Selfjord über die Berge zu wandern.

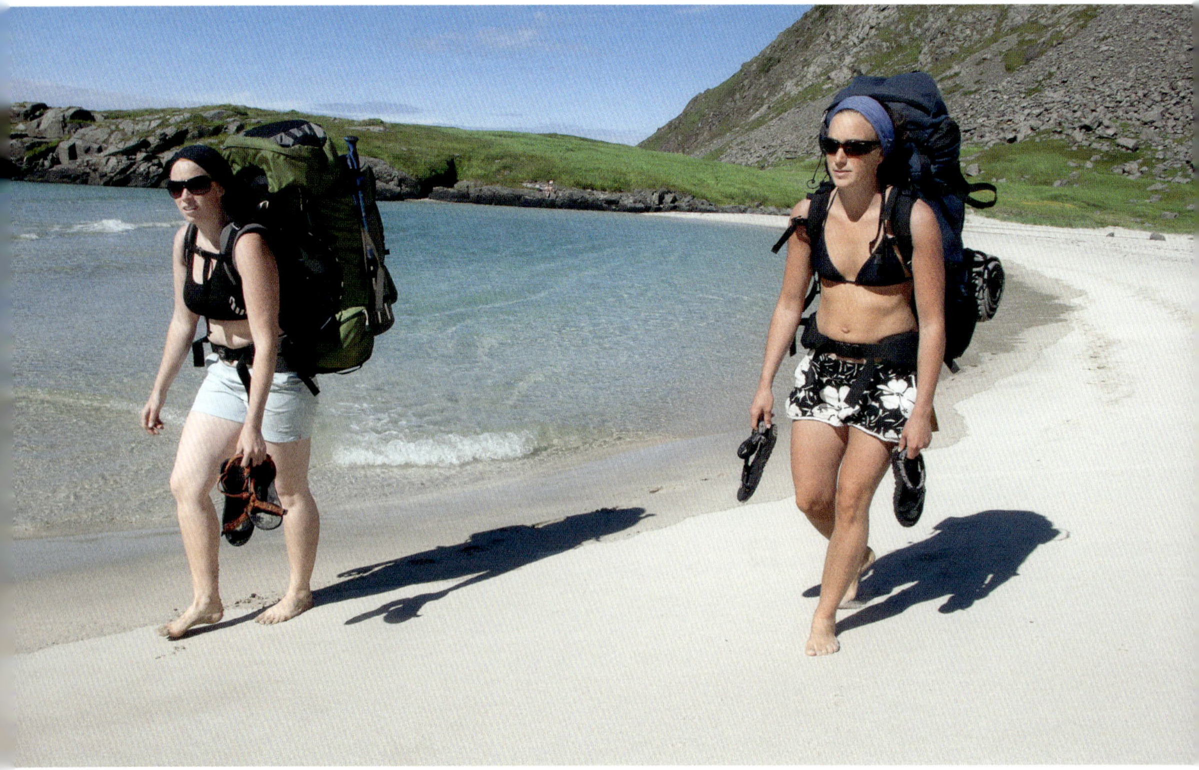

Starten Sie am Selfjord, der sich zwischen Flakstadøy und dem nördlichen Teil von Moskenesøy tief in die Landschaft schneidet. Sie verlassen die E10 südlich von Ramberg, überqueren die Brücke des Røssøystraumen und fahren an der Westseite des Torsfjords und Selfjords entlang, bis die Straße nach etwa 11 Kilometern im Weiler Selfjord endet. Nachdem das Auto geparkt ist, gehen Sie zur Hütte Selfjordhytta, wo der Weg beginnt.

DURCH FAGERÅDALEN ZUM HORSEIDSTRANDA

Der Weg führt rund um die Bucht Stormarkpollen und weiter in das Sumpfgebiet von Fageråa. Folgen Sie dem Tal hinauf zum See Fageråvatnet. Hier ist es oft ziemlich nass. An der Westseite des Fagertåvatnet entlang gelangen Sie hinauf ins Tal Fagerådalen. Nun wird das Gelände steiler und etwas felsiger.

Bald sind Sie auf dem Sattel in einer Höhe von etwa 400 m ü.M.. Gehen Sie westwärts über den Rand und folgen Sie der Südseite des Markan in einem Bogen Richtung Nordwesten. Beim Horseidvatnet wird das Gelände eben und es erwartet Sie eine 2 km lange Strecke am Strand Horseidstranda entlang, um das Meer zu erreichen.

Es ist herrlich auf dem grasbewachsenen Hang zu zelten, der sich auf der östlichen Seite des Strandes bis ans Meer zieht.

KJERKFJORDEN ENTGEGEN

Wenn Sie die Wanderung verlängern möchten, gehen Sie den Horseidstranda wieder landeinwärts und folgen der Westseite des Sees Horseidvatnet. Der Weg führt dann durch das Tal zwischen Moltbærtinden und Marklitinden hinauf. Der höchste Punkt des Sattels ist fast 200 m ü.M. hoch. Von hier aus geht es leicht bergab zu den Häusern im Weiler Kjerkfjorden.

ALTERNATIVE KURZE TOUR

Von Kjerkfjorden zum Horseidstranda zu wandern, ist eine schöne Alternative für eine kürzere Wanderung und bietet ein vielfältiges Naturerlebnis für jedes Alter.

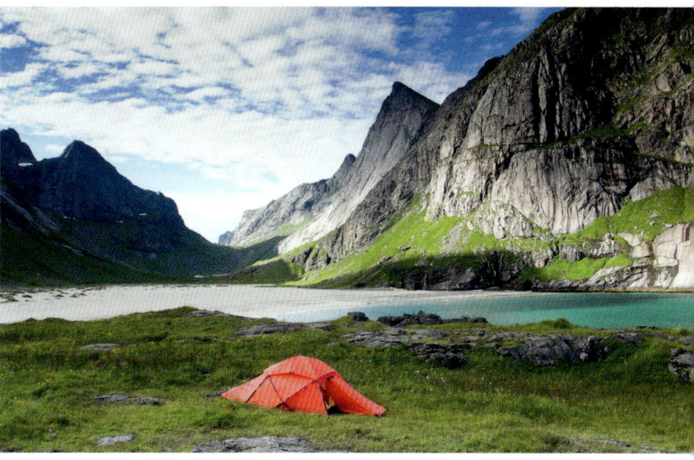

FÄHRFAHRT

Es gibt keine Straße zum Dorf Kjerkfjorden, daher müssen Sie, wenn Sie hier starten wollen, die Fähre M/S Fjordskyss von Reine aus nehmen, die täglich von Reinefjorden verkehrt (www.reinefjorden.no). Optional können Sie von hier auch mit der Fähre nach Vindstad fahren und die Tour mit einem Besuch des Bunesstranda und einer Wanderung zum Helvetestinden verlängern (s. Seite 160).

EIN TRAUMHAFT SCHÖNER STRAND: *Einen Besuch des großartigen Horseidstranda, werden Sie für den Rest Ihres Lebens nicht vergessen*

DIE SELFJORDHYTTA

Die unbewirtschaftete Selfjordhytta, wo Sie die Wanderung begonnen haben, liegt auf der Nordseite der Bucht Stormarkpollen, tief im Selfjord. Sie ist guter Ausgangspunkt für kurze und lange Ausflüge im Sommer wie im Winter.

Die verschlossene Hütte gehört zum Wanderverband Lofoten Turlag, der dem Norwegischen Tourismusverband (DNT) angeschlossen ist. Sie verfügt über Strom, Herd und Wasser (Brunnen). Im Haupthaus gibt es 9 Betten, 6 weitere im Nebengebäude. Der Schlüssel (nicht Standard-DNT-Schlüssel) kann von DNT-Mitglieder (Ausweis) und Hinterlegung einer Kaution in der Tourist-Info Steinbiten in Ramberg abgeholt werden (nur während der Öffnungszeiten, 15. Jun-15. Aug 10-18 Uhr, Tel. +47 91 32 09 03). Kontakt Hütte: Svenn-Arne Gundersen, Leknes, Tel. +47 48 17 11 08, post@lofoten-turlag.no.

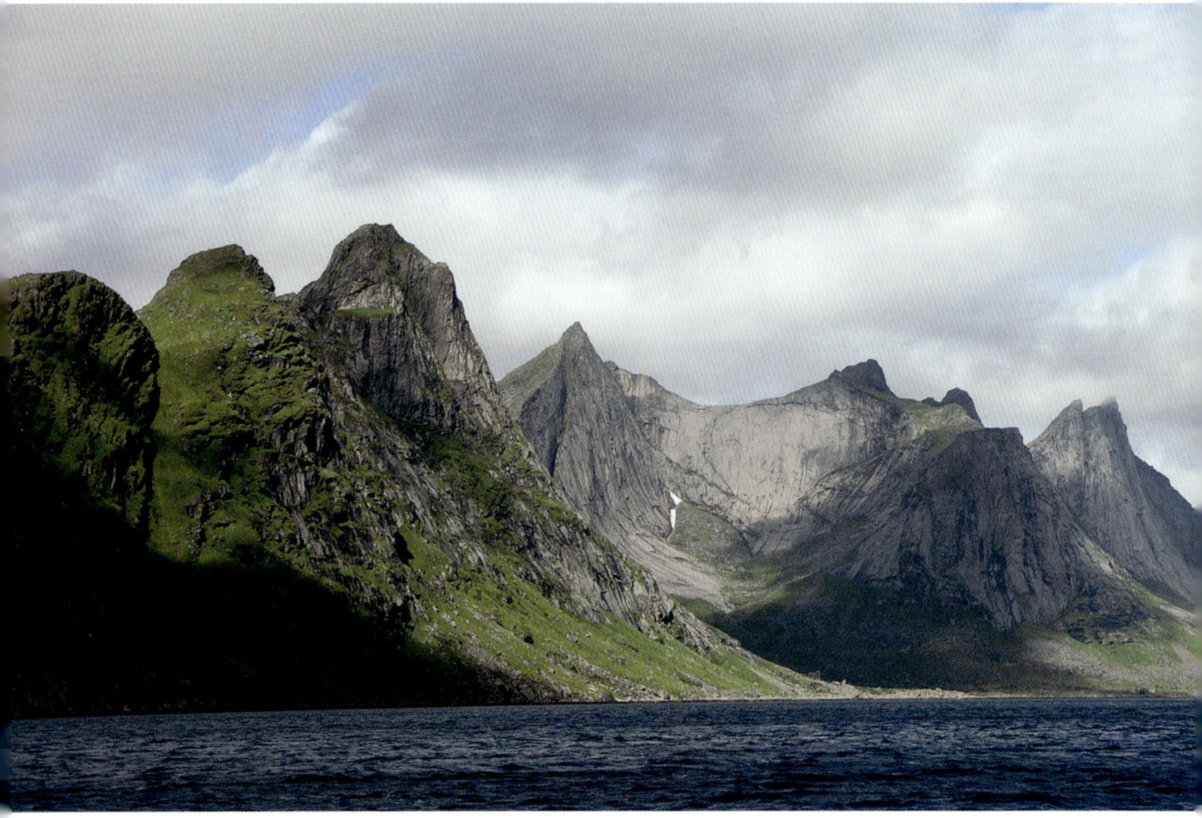

VORHANG AUF:
Großer Auftritt für den idyllischen Horseidstranda

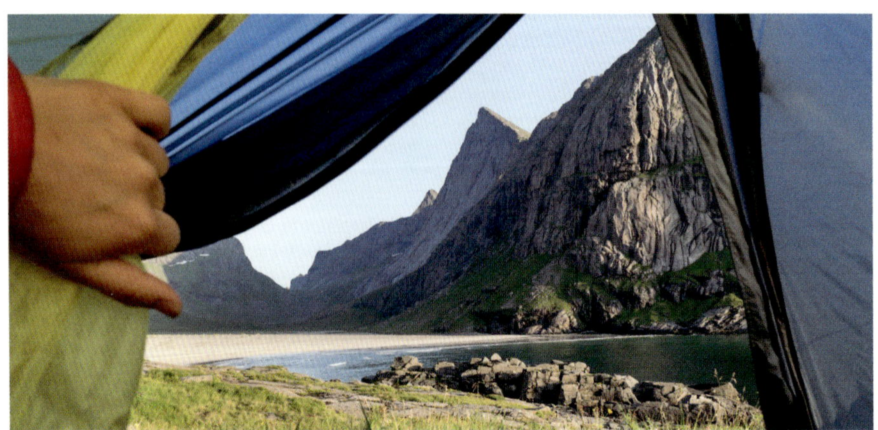

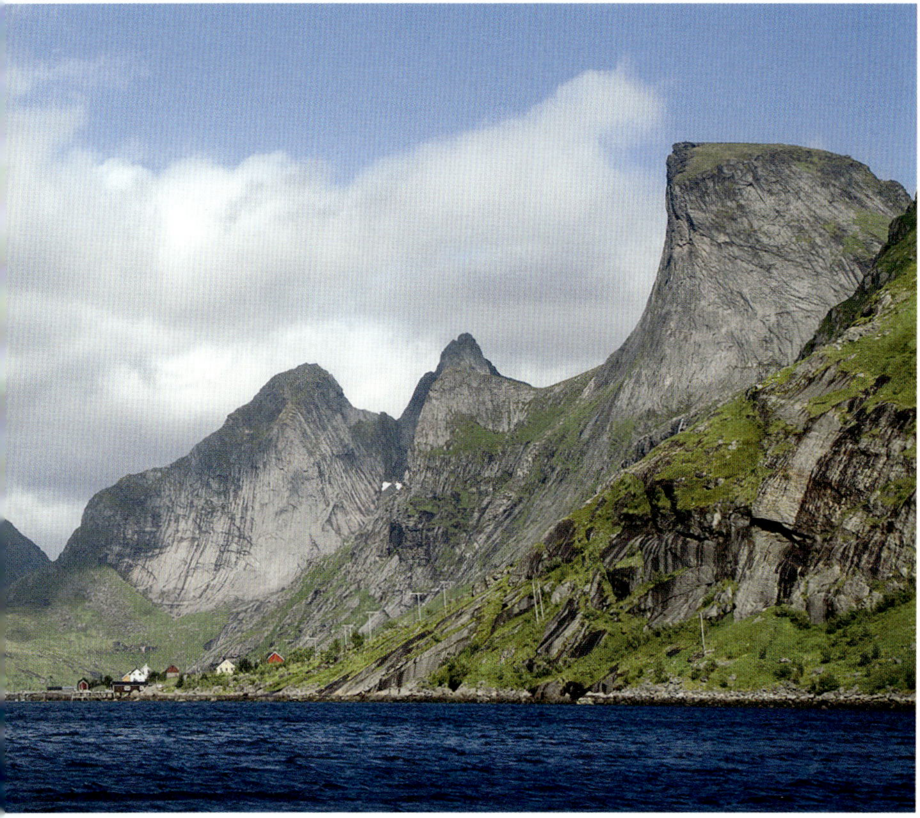

FÄHR-FAHRT: *In das Dorf Kjerkfjorden gelangt man mit der Fähre von Reine aus*

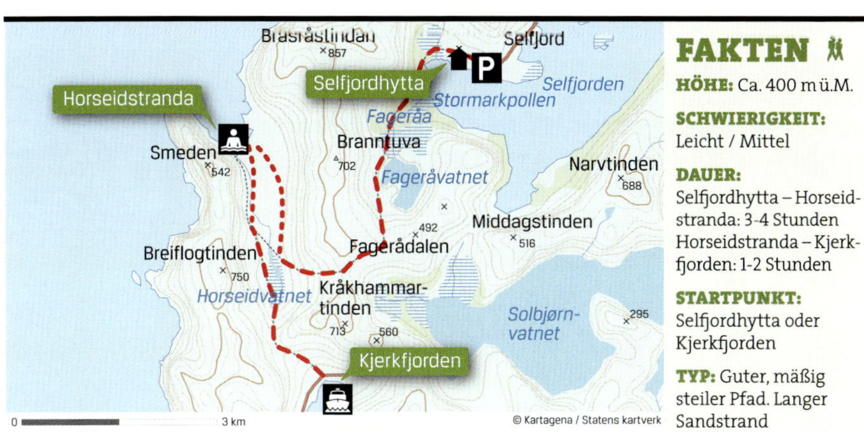

FAKTEN

HÖHE: Ca. 400 m ü.M.

SCHWIERIGKEIT: Leicht / Mittel

DAUER: Selfjordhytta – Horseidstranda: 3-4 Stunden Horseidstranda – Kjerkfjorden: 1-2 Stunden

STARTPUNKT: Selfjordhytta oder Kjerkfjorden

TYP: Guter, mäßig steiler Pfad. Langer Sandstrand

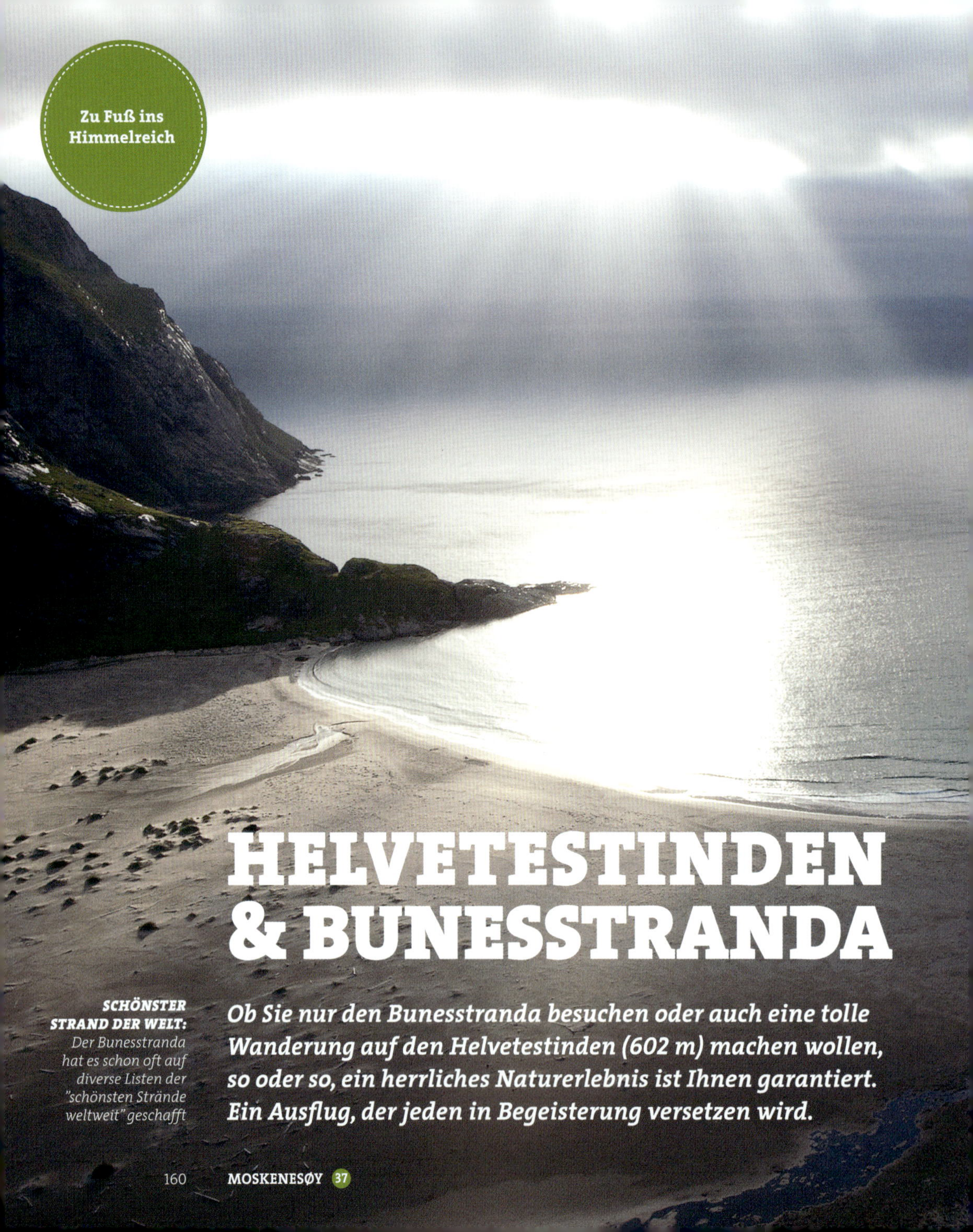

Zu Fuß ins Himmelreich

HELVETESTINDEN & BUNESSTRANDA

SCHÖNSTER STRAND DER WELT: *Der Bunesstranda hat es schon oft auf diverse Listen der "schönsten Strände weltweit" geschafft*

Ob Sie nur den Bunesstranda besuchen oder auch eine tolle Wanderung auf den Helvetestinden (602 m) machen wollen, so oder so, ein herrliches Naturerlebnis ist Ihnen garantiert. Ein Ausflug, der jeden in Begeisterung versetzen wird.

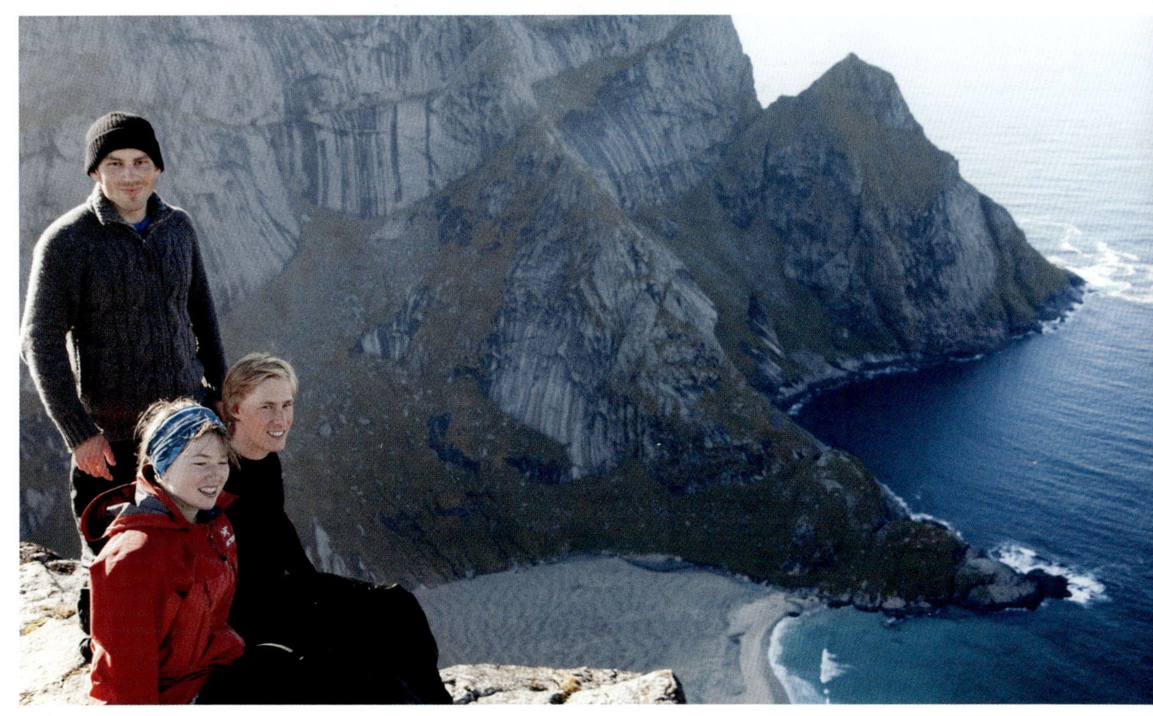

Die Fähre von Reine entführt Sie zum Fähranleger Vindstad. Folgen Sie der Schotterstraße entlang der Ostseite des Bunesfjords, bis zum Ende des Fjords. Von hier gehen Sie auf dem alten Karrenwegs zum Bergsattel Einangen (70 m ü.M.). Wenn Sie nur zum Bunesstranda wollen, folgen Sie dem markierten Weg geradeaus, den Hügel hinunter, zum herrlichen Strand.

LASSEN SIE DIE BEINE BAUMELN

Wollen Sie weiter zum Helvetestinden, verlassen Sie den Pfad an der Oberseite des Sattels nach rechts und laufen am Berghang nach Brunaksla Richtung Osten. Sie passieren eine Geröllhalde und gehen weiter auf einem guten Pfad, der hinauf zum Brunakseltinden führt.

Der letzte Abschnitt zum Helvetestinden ist exponiert und dem Wind ausgesetzt, aber sehr schön. Es ist unglaublich auf dem Gipfel zu sitzen, 600 Meter über dem Bunesstranda die Beine über den Rand baumeln zu lassen und zu hören, wie sich weit unten am Ufer die Wellen brechen.

EIN KÜHLES BAD UND EIN WUNDERBARER ZELTPLATZ

Sie befinden sich im Herzen eines der wildesten und schönsten Naturgebiete auf den Lofoten. Freuen Sie sich auf den Strand, wo Sie für eine schnelle Abkühlung in die Wellen springen können!

Nach dem Schwimmen finden Sie sicherlich einen hervorragenden Platz zum Zelten auf dem riesigen Bunesstranda.

FÄHRE

Es gibt täglich Fährverbindungen mit der M / S Fjordskyss von Reine durch den Reinefjord nach Vinstad und zurück (www.reinefjorden.no).

IDYLLISCHES NORD-NORWEGEN: *Vom Gipfel des Helvetestinden hat man einen schönen Blick auf den Bunesstranda und die Wellen, die von der Norwegischen See heranrollen*

SPANNENDES GELÄNDE: *Auf dem Weg vom Helvetestinden nach unten, kommen Sie über einen freiliegenden, aber breiten Bergrücken*

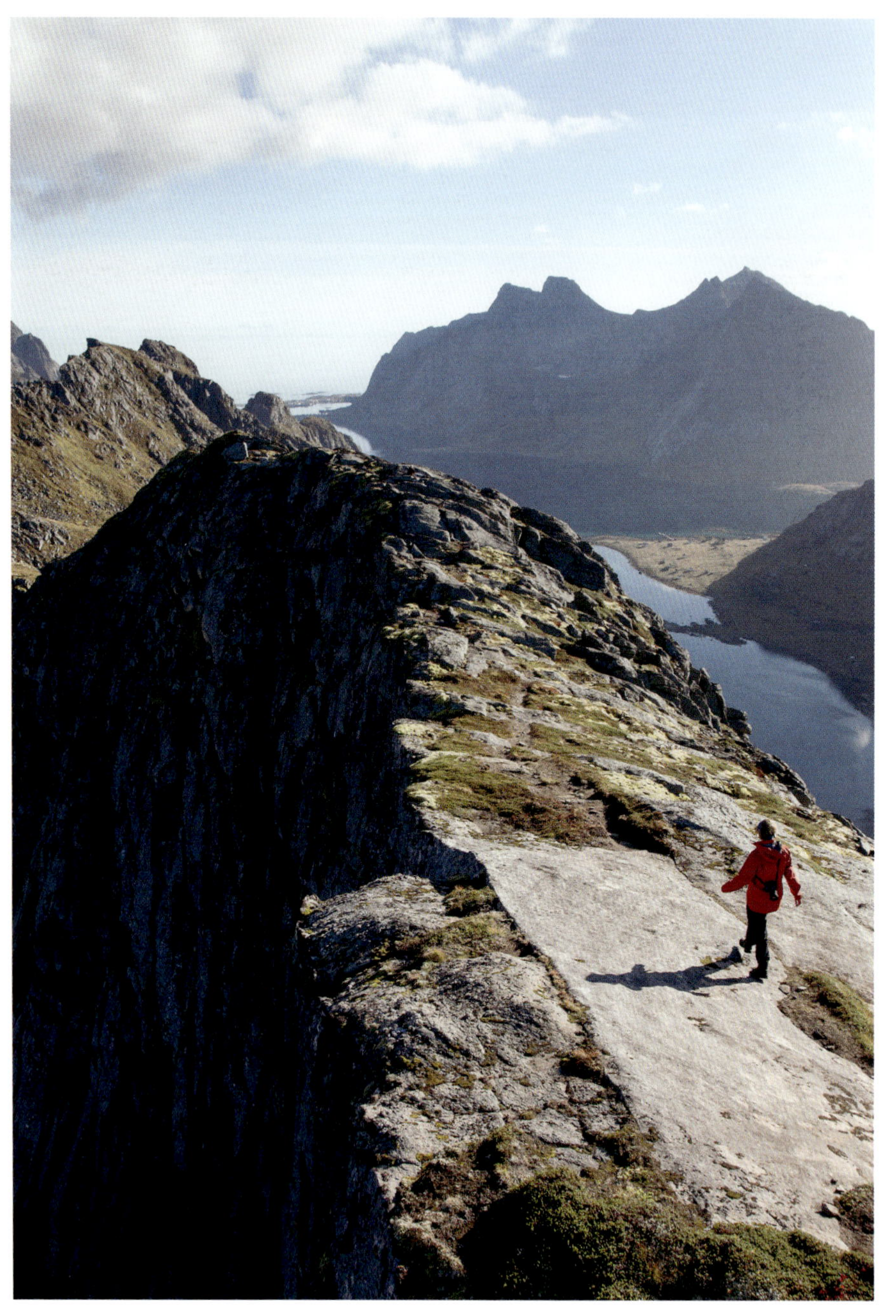

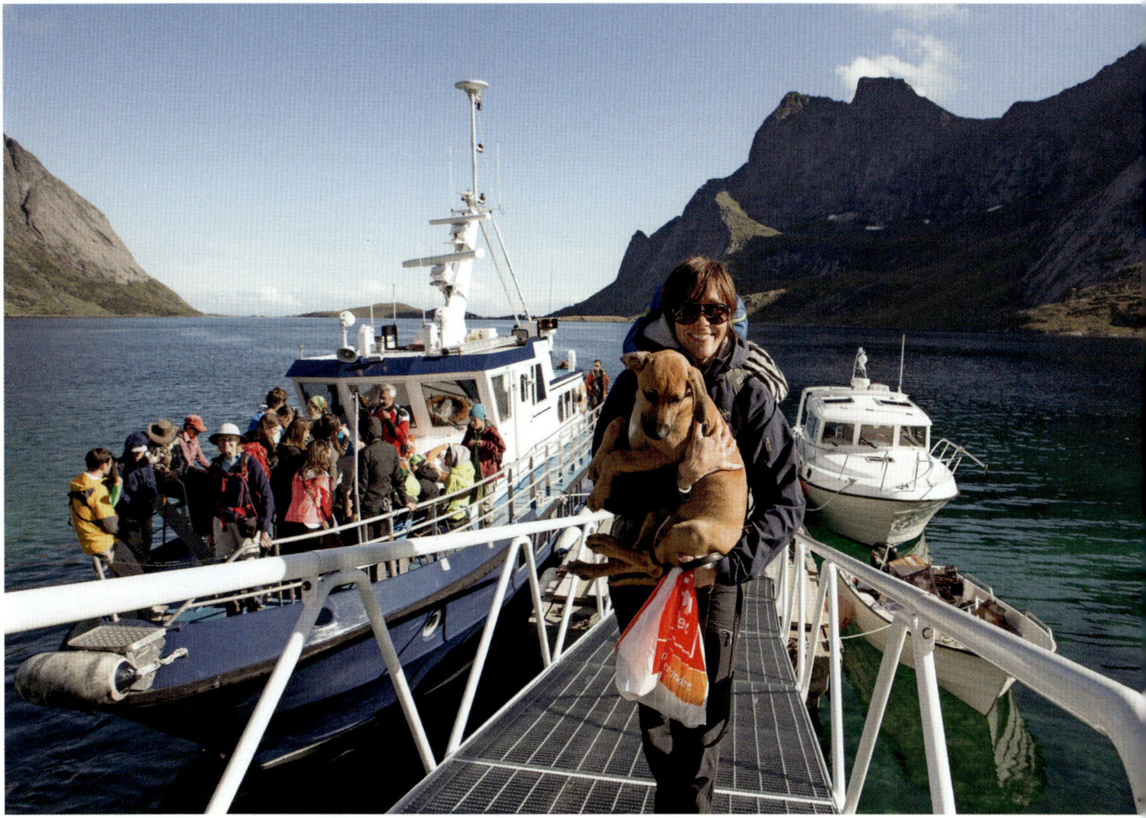

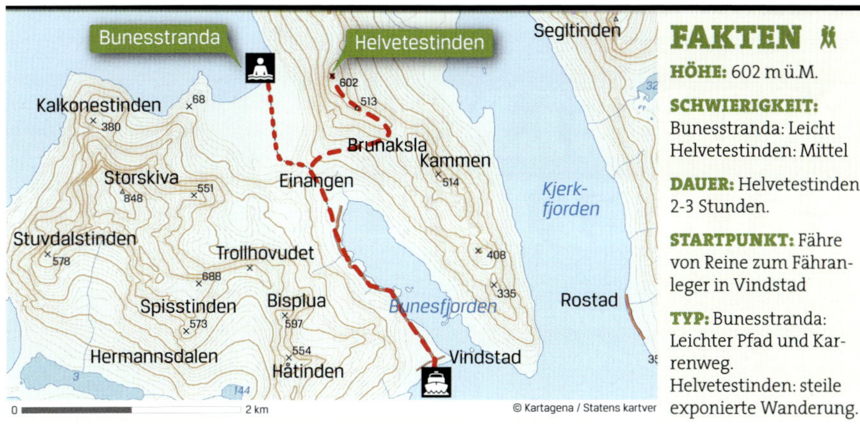

FAKTEN

HÖHE: 602 m ü.M.

SCHWIERIGKEIT: Bunesstranda: Leicht Helvetestinden: Mittel

DAUER: Helvetestinden 2-3 Stunden.

STARTPUNKT: Fähre von Reine zum Fähranleger in Vindstad

TYP: Bunesstranda: Leichter Pfad und Karrenweg. Helvetestinden: steile exponierte Wanderung.

REINEFJORDEN: *Die Personenfähre fährt von Reine zum Fährhafen Vinstad*

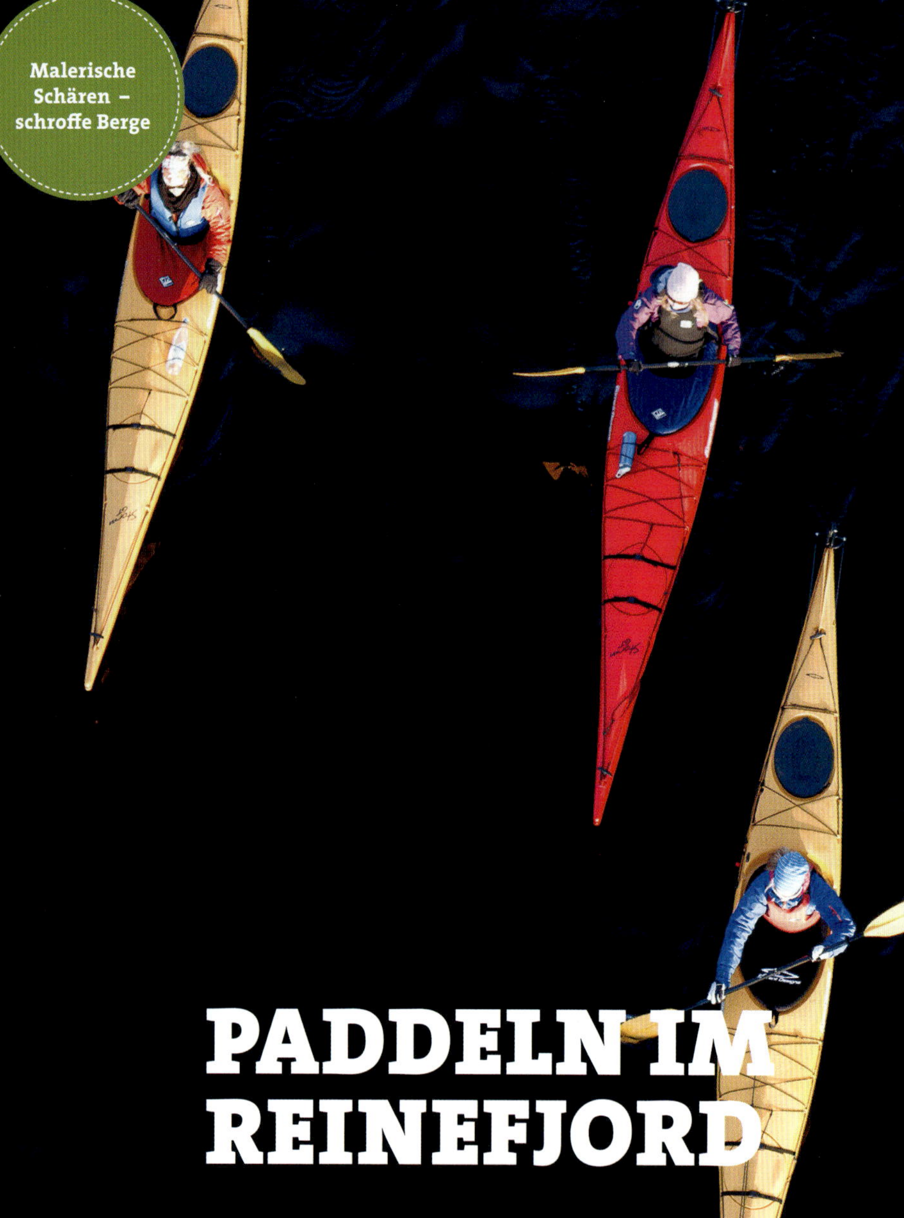

Malerische Schären – schroffe Berge

PADDELN IM REINEFJORD

Reine ist Ausgangspunkt schöner Kajaktouren auf de
Lofoten. Gleiten Sie lautlos zwischen den vielen Insel
und Schären hindurch oder paddeln Sie im Reinefjord

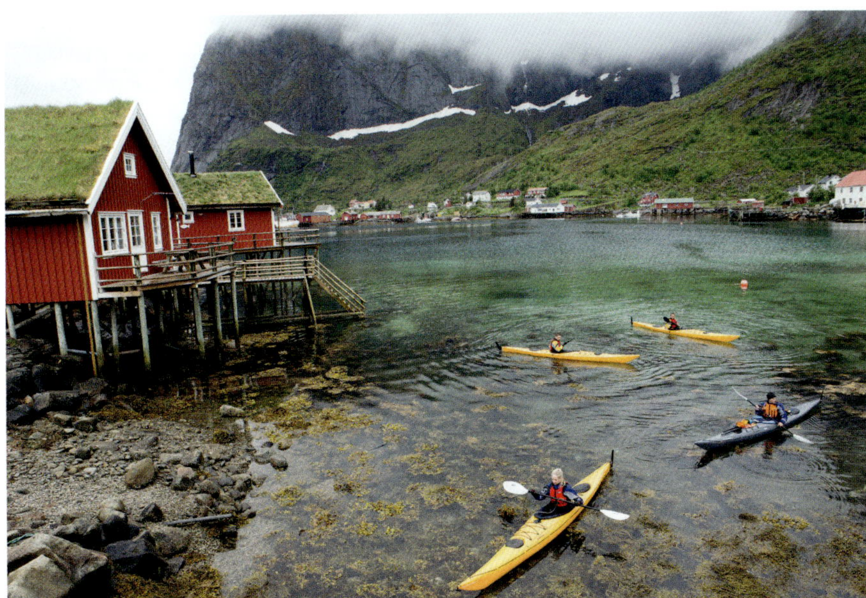

ZENTRAL GELEGEN: *Es gibt nicht viele Häfen in denen man so schöne Paddelerfahrung machen kann wie in Reine*

Brechen Sie am Schwimmpier im Zentrum von Reine auf. Es ist schön, vom Kajak aus den Hafen zu entdecken und zu beobachten, was auf der Mole so geschieht.

SIGHTSEEING MIT DEM KAJAK

Wenn Sie auf Kajaktour mit einem Hauch von Sightseeing gehen wollen, ist die Strecke zwischen den Inseln Andøy, Sakrisøy, Olenilsøy, Toppøy und Hamnøy hervorragend geeignet. Durch Brücken miteinander verbunden, locken sie mit malerischen Fischerdörfern und bunten Fischerhütten, die auf Pfählen im Wasser stehen. Eine Fischlandestelle, ein Fischladen, Cafés und ein Puppenmuseum laden zum Landgang.

Vielleicht tuckert gerade ein voll beladenes Fischerboot vorbei oder ein Seeadler auf Jagd präsentiert seine Spannweite. Im Sommer können Sie erleben, wie Abertausende von Makrelen das Wasser im Fjord „zum Kochen bringen". Wenn Sie richtig Glück haben, treffen Sie auf einen neugierigen Seehund, der seinen Kopf aus dem Wasser streckt um Sie und Ihr seltsames Gefährt zu untersuchen. Für eine Mittagspause können Sie gut im Restaurant auf Hamnøy oder Sakrisøy einkehren. Hier werden frisch gebratene Kabeljauzungen und frischer Fisch auf den Tisch gebracht, abhängig vom Tagesfang.

LANGE MEERESTOUR

Für eine längere Tour können Sie nach Südwesten, Richtung Ånstadvika, paddeln. Dann passieren Sie Sørvågen und Å und kommen weit draußen zum äußersten Punkt der Lofoten. Hier sind die Wellen- und Windbedingungen bisweilen rau. Wählen Sie diese Route in die Abgeschiedenheit mit Vorsicht und berücksichtigen Sie unbedingt die Erfahrung aller Gruppenteilnehmer. Die Kajaktour dauert etwa sechs Stunden.

Sie können auch Richtung Nordosten zum Nusfjord auf Flakstadøy paddeln. Dies ist auch eine 6-stündige Tour übers offene Meer.

Bevorzugen Sie eine kürzere Tour, kann das Tagesziel auch der südlich von Reine gelegene Djupfjord sein.

FJORD-ABENTEUER: *Sie können durch den Reinefjord zum Bunesfjord paddeln und zum schönen Strand Bunesstranda laufen.* *Siehe Seite 160.*

IM FJORD

Im Reinefjord gibt es ebenfalls gute Paddelbedingungen. Hier sind die Holme und Schären zwar nicht so aufregend wie auf dem offenen Meer, aber Sie können unter atemberaubenden Felswänden entlang paddeln und alte Siedlungen besuchen.

Vorfjord, Kjerkfjord, Bunesfjord und Forsfjord erstrecken sich wie Zweige vom Baum vom Reinefjord und liegen tief eingeschnitten in der mächtigen Berglandschaft.

In der kleinen Siedlung Kjerkfjorden, zu der keine Straße führt, werden die Häuser meist nur in den Sommerferien genutzt.

Wer mag, paddelt in den Bunesfjord, um nach einem kurzen Fußweg über den kleinen Kamm Einangen, am schönen Bunesstranda ins kühle Wasser zu springen.

KAJAK-VERMIETUNG

Wenn Sie kein eigenes Kajak haben, können Sie sich eines mieten. Aber Sie müssen eine "våttkort" (Kajaksicherheitszertifikat) haben, um unbegleitet auf Kajaktour zu gehen. Wenn Sie diese Karte nicht haben, können Sie vor Ort einen "våttkort-Kurs" machen oder an einer geführten Touren teilnehmen. Infos: *Reine Adventure*: www.reineadventure.com

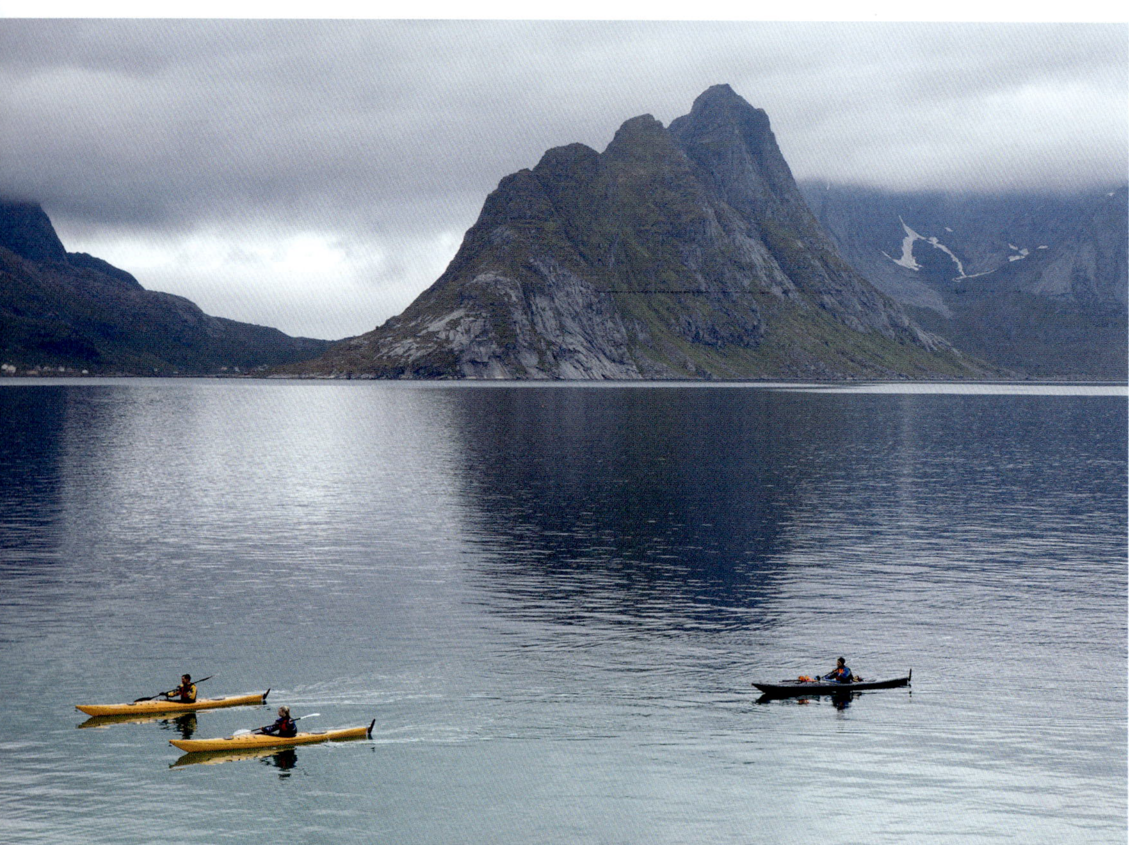

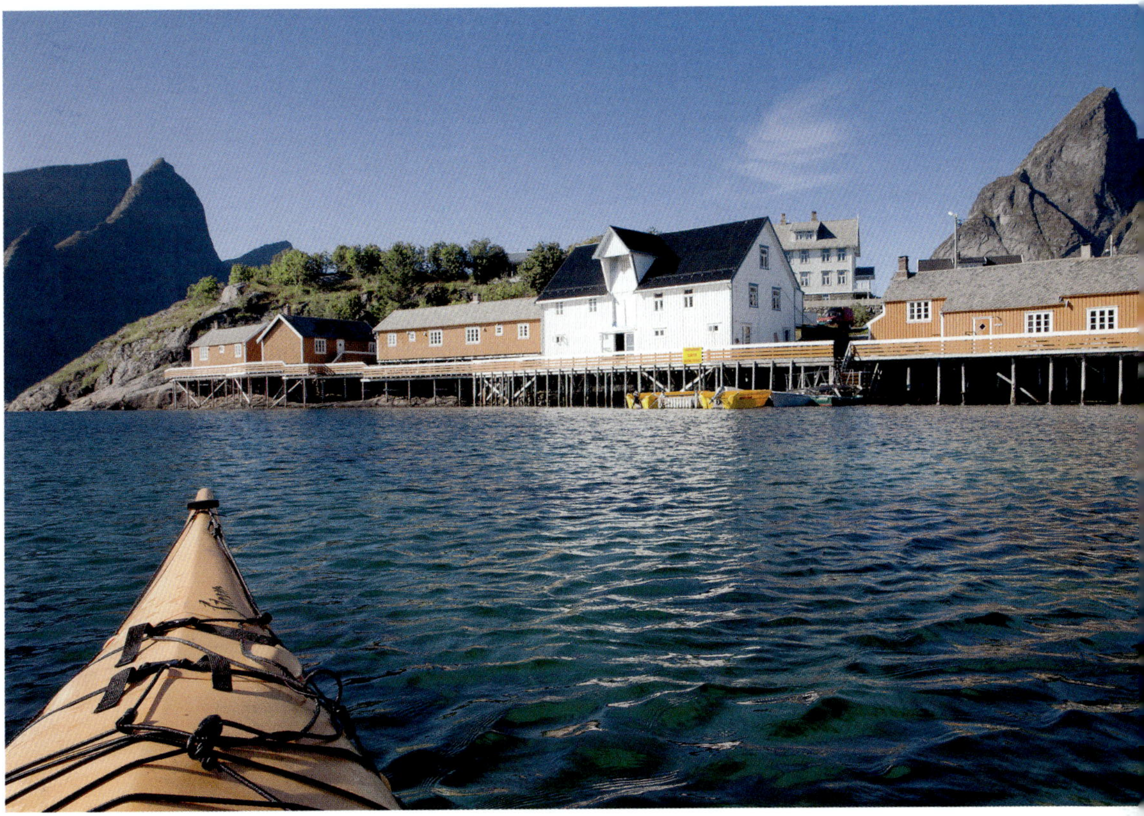

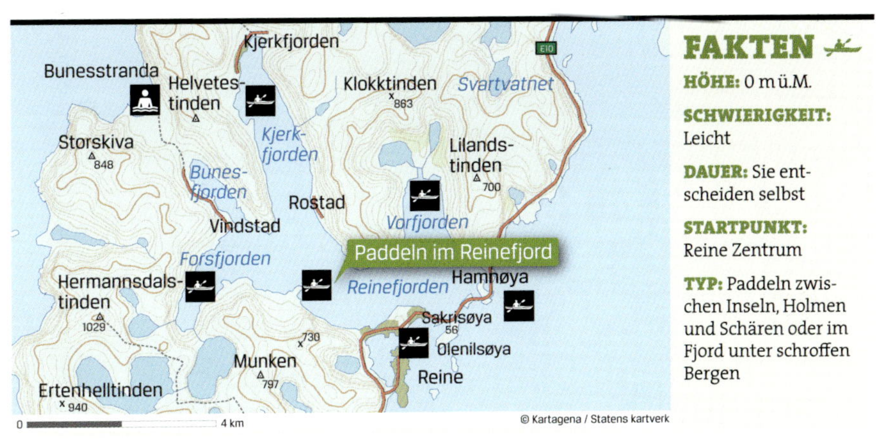

FAKTEN

HÖHE: 0 m ü.M.

SCHWIERIGKEIT: Leicht

DAUER: Sie entscheiden selbst

STARTPUNKT: Reine Zentrum

TYP: Paddeln zwischen Inseln, Holmen und Schären oder im Fjord unter schroffen Bergen

STILLE: *Zwischen den Holmen und Schären außerhalb von Reine können Sie auf Entdeckungstour gehen*

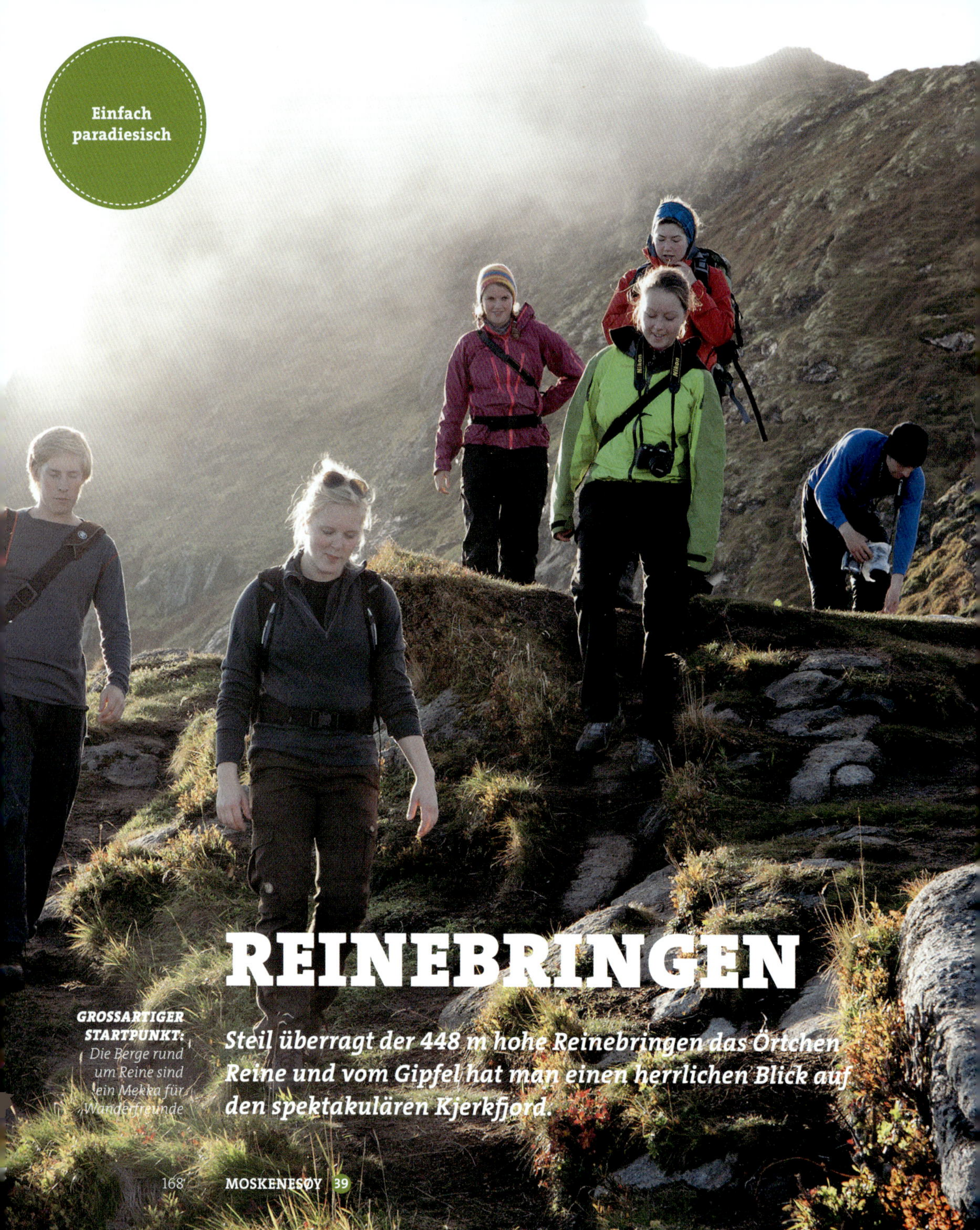

REINEBRINGEN

Steil überragt der 448 m hohe Reinebringen das Örtchen Reine und vom Gipfel hat man einen herrlichen Blick auf den spektakulären Kjerkfjord.

GROSSARTIGER STARTPUNKT: *Die Berge rund um Reine sind ein Mekka für Wanderfreunde*

DRUCK AUF DAS GELÄNDE
Jedes Jahr erklimmen Tausende von Menschen den Reinebringen, was zu erheblichem Abrieb und Erosionen geführt hat. Ein gepflasterter Weg, der von Sherpas aus Nepal angelegt wird, ist fast fertig (2019). Wenden Sie sich an die Tourist-Info, um aktuelle Informationen zum Weg zu erhalten.

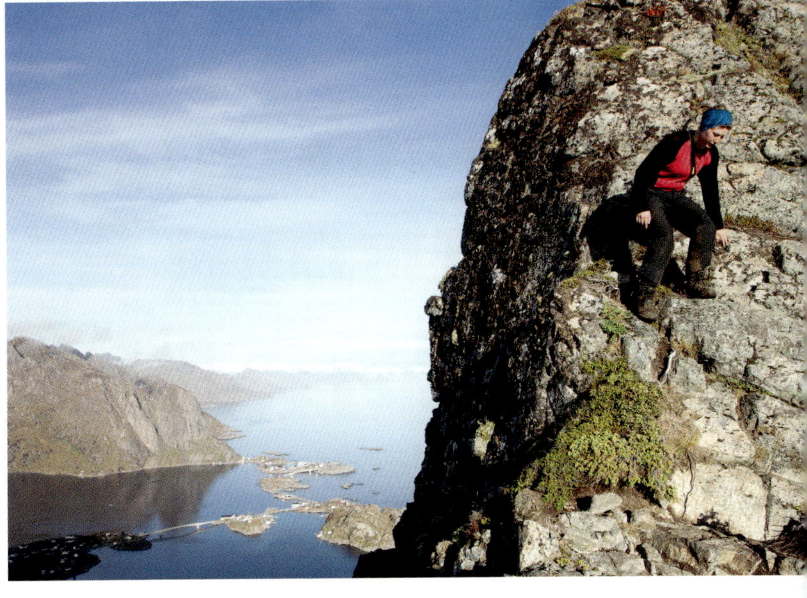

STEILE STEIGUNG
Parken Sie bei Reinehalsen, wo die Straße ins Zentrum nach Reine von der E 10 abgeht. Von hier laufen Sie ein paar hundert Meter an der E 10 nach Süden, bis diese im Tunnel verschwindet. Folgen Sie nun der alten Straße auf der Außenseite des Tunnels. Wenn Sie die Bucht Ramsvika erreichen, beginnen Sie den Aufstieg zum Reinebringen.

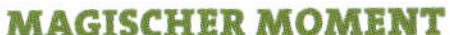

MAGISCHER MOMENT
Zwischen Gras und Vogelbeersträuchern finden Sie eine Steintreppe und einen schönen Pfad, dem Sie den Berghang hinauf folgen. An einigen Stellen ist es steil, aber klar, wo Sie lang gehen müssen. In der Nähe des Gipfels, gibt es viel loses Gestein, also seien Sie vorsichtig.

Wenn Sie auf 400 Metern Höhe über den Rand schauen, werden Sie wahrscheinlich angesichts des Ausblicks vor Freude aufschreien. Direkt unter Ihren Schuhspitzen liegt Reine und Boote dümpeln im Meer – wohin man schaut, besteht die Welt aus Meer, Fjord und Bergen.

Ein magisches Glücksgefühl breitet sich in Ihrem Körper aus. Dies ist das Reine-Paradies!

***EXPONIERT:** Sie müssen vom äußersten Punkt aus nach unten klettern*

***MANPOWER:** Erfahrene Sherpas aus Nepal machen den neuen Weg zum Reinebringen*

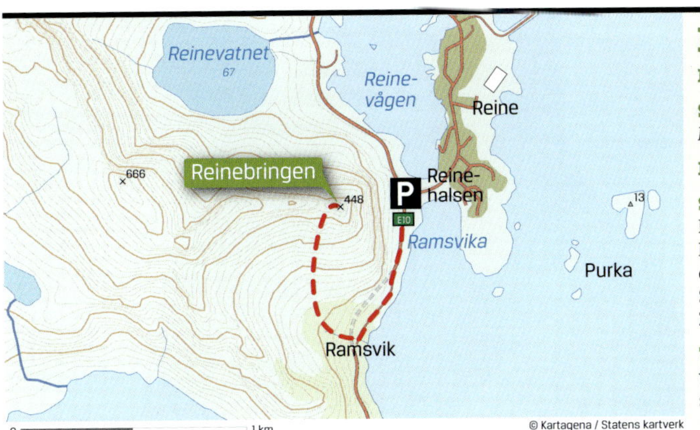

FAKTEN

HÖHE: 448 m ü.M.

SCHWIERIGKEIT: Mittel

DAUER: 1-2 Std. hinauf

STARTPUNKT: Parken an der E 10 bei Reinehalsen, nahe der Einmündung der Straße nach Reine Zentrum

TYP: Steingepflasterter Sherpa-Pfad, einige steile Abschnitte

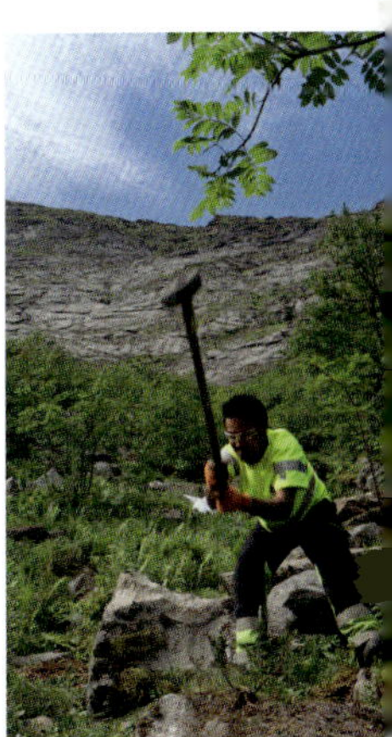

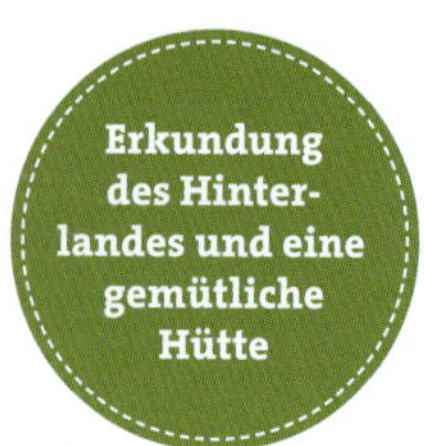

HERMANNSDALS-TINDEN & MUNKEBU

IM NEBEL: *Auch wenn der Nebel die Sicht versperrt, ist es ein schönes Erlebnis den Gipfel des Hermannsdalstinden zu erreichen*

Ein rund 1.000 Meter hoher Gipfel ist der Hauptgang des Menüs, eine gemütliche Hütte der Nachtisch. Kehren Sie in die Hütte Munkebu zur Übernachtung ein (nur DNT Mitglieder).

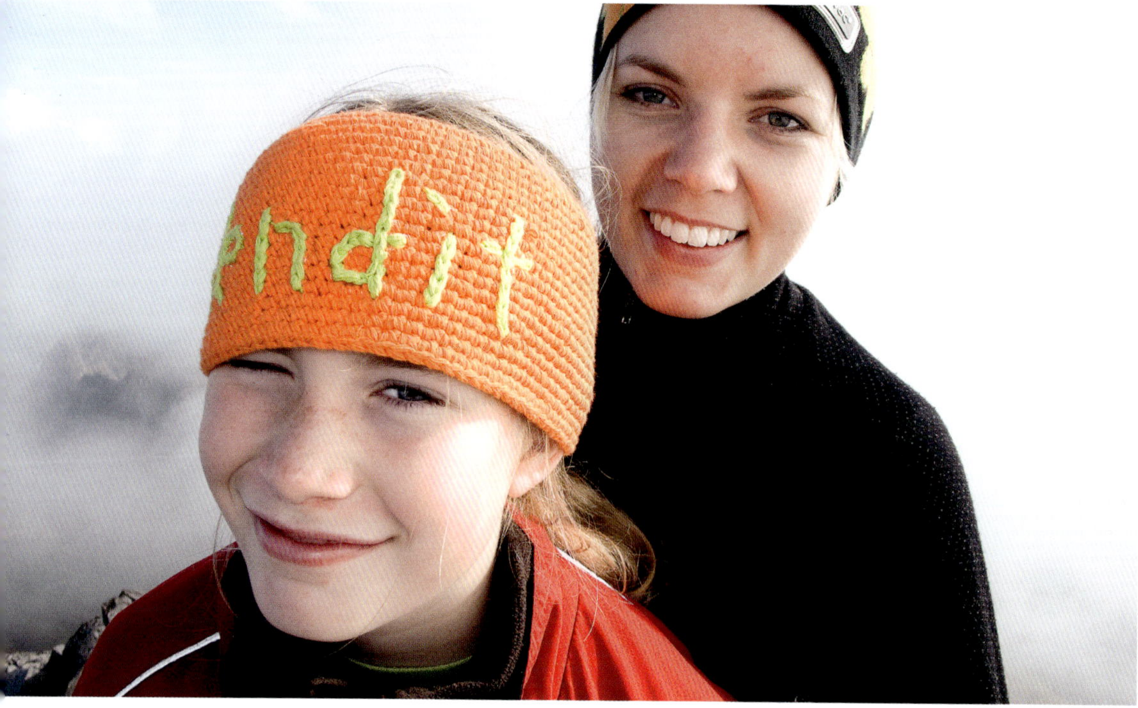

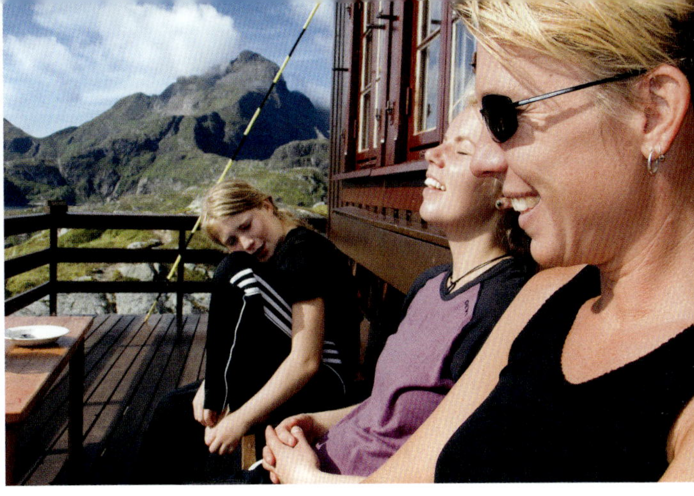

HÜTTEN-GEMÜTLICHKEIT: *Von der Terrasse der Munkebu Hütte hat man einen herrlichen Blick in Richtung Hermannsdalstinden*

Die Tour beginnt im Süden von Moskenesøy im Dorf Sørvågen, zwischen Moskenes und Å. Parken Sie am Sørvågvatnet und folgen Sie dem beleuchteten Wanderweg entlang des Sees landeinwärts und weiter auf einem guten Wanderweg entlang der Ostseite des Stuvdalsvatnet.

Am Tridalsvatnet müssen Sie ein paar steile Hügel hinaufgehen, die Sie zum Bergrücken bringen, welcher das Ufer des Tridalsvatnet begrenzt. Dann steigt der Weg an und führt über leichteres, ebenes Terrain auf die Djupfjordheia zu und setzt sich über die Lamheia nach unten ins Tal fort, wo die Hütte Munkebu majestätisch über dem Tennesvatnet thront.

Die Hütte ist ausgezeichnete Basisstation für weitere Ausflüge. Eine Abendwanderung zum Munken, 797 m ü.M., ist sehr empfehlenswert.

HERMANNSDALSTINDEN

Mit 1.029 Metern ist der Hermannsdalstinden der höchste Berg der westlichen Lofoten.

Von Munkebu folgen Sie dem Weg, der die Südseite des Tennesvatnet umrundet und dann entlang des Bergrückens zwischen Tennesvatnet und Krokvatnet verläuft. Am Ende des Krokvatnet halten Sie sich nach Westen und folgen dem Weg längs der Grats zwischen Litlforsvatnet und Krokvatnet und hinauf auf den markanten Grat dem Hermannsdalstinden entgegen. An manchen Stellen sind Seile angebracht und Sie müssen ein paar Geröllabschnitte queren. Einige Passagen sind exponiert. Tragen Sie sich ins Gipfelbuch ein und genießen Sie die herrliche Aussicht. Freuen Sie sich auf die Entspannung vor dem Holzofen in der Munkebu!

MUNKEBU

Die gemütliche Wandervereinshütte (DNT) liegt perfekt zwischen steil aufragenden Bergen. Sie verfügt über einen Holzofen, Küche mit Gasherd und Betten für 15 Personen. Den Schlüssel erhält man bei der Moskenes turistinformasjon (bis 24. Juni im Reine Kultursenter, 25. Juni bis Saisonende im Laden am Moskenes Fähranleger). Sie müssen Ihre DNT-Mitgliedskarte zeigen und eine Vorauszahlung leisten (www.ut.no/hytte/10947/munkebu).

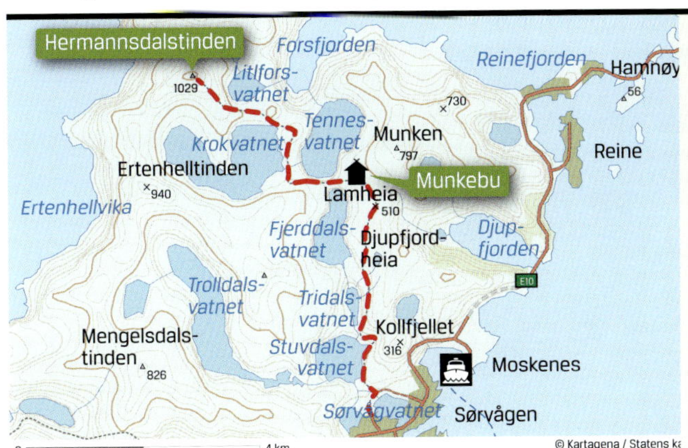

FAKTEN

HÖHE: 1.029 m ü.M.

SCHWIERIGKEIT: Munkebu: Leicht
Hermannsdalstinden: Mittel

DAUER: Zur Munkebu: 2-3 Std., Munkebu – Hermannsdalstinden: 3-4 Std.

STARTPUNKT: Westseite des Sørvågvatnet in Sørvågen

TYP: Munkebu: teils markierter Wanderweg. Zum Hermannsdalstinden: Guter Weg an steilen Hänge, viel Fels, teils exponierte Abschnitte

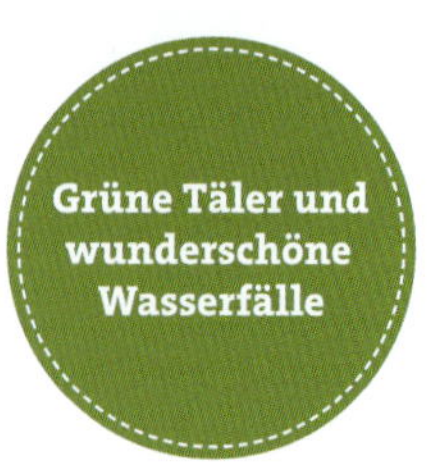

STOKKVIKSKARET

BERGSPASS: *Vom Gipfel des Stokkvikskaret hat man eine tolle Aussicht, sowohl auf das offene Meer als auch, wie hier, in Richtung Å*

Die Wanderung entlang des Ågvatnet ist eine der beliebtesten in der Gegend um Å.

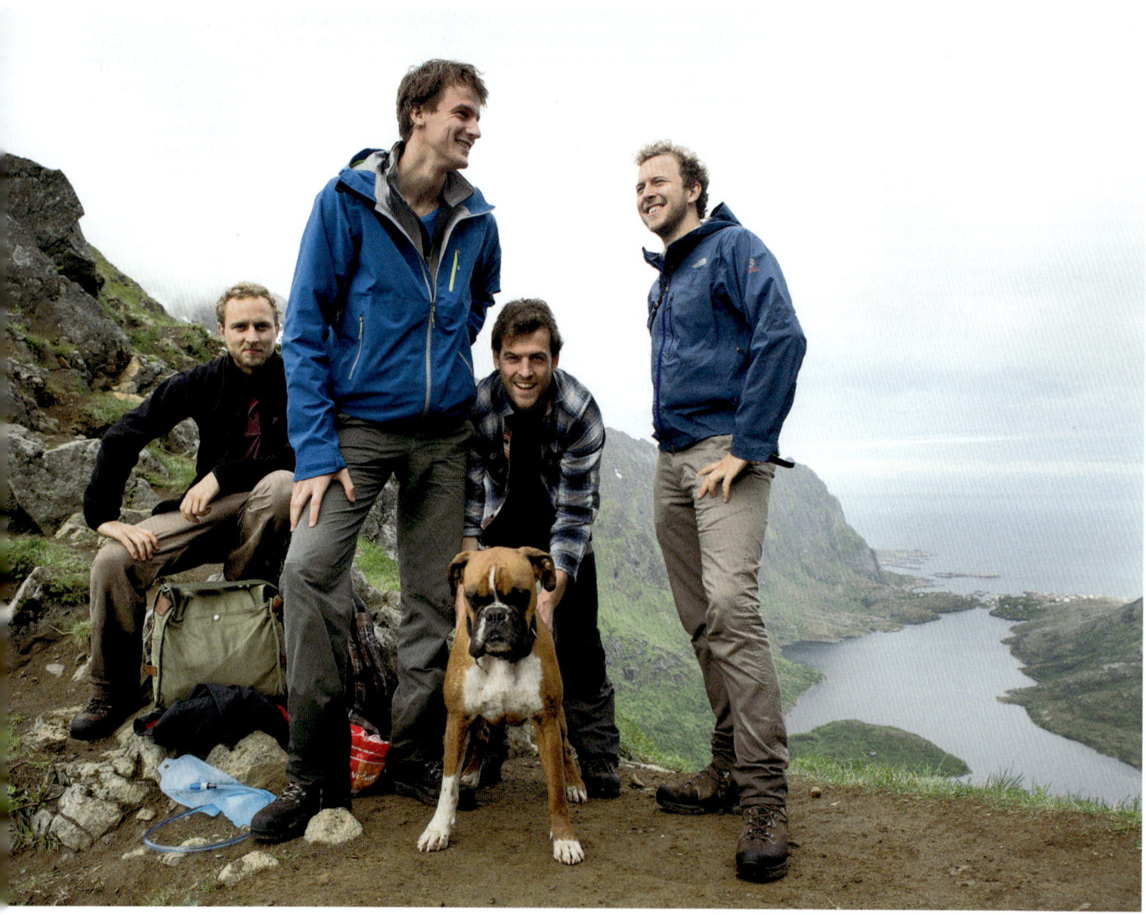

Die Wanderung beginnt im malerischen Å, der äußersten Siedlung auf dem Südkap der Lofoten. Folgen Sie dem Weg, der an der Südseite des 2,5 km langen Ågvatnet verläuft. Der Weg ist gut, kann bei Regen aber sehr rutschig sein. Entlang des Weges kommen Sie an einige steile Abschnitte, wo Ketten zur Sicherung angebracht sind.

Am Ende des Ågvatnet kommt man zu einem kleinen Strand mit dunkelbraunem Sand. Hier sind Sie von grün bewachsene Bergen mit wunderschönen Wasserfällen umgeben.

Überqueren Sie den Bach und halten Sie sich, durch sumpfiges Gelände, Richtung Norden. Folgen Sie dem mit Steinpyramiden markierten Pfad den steilen Hang hinauf zum Stokkvikskaret. Oben auf dem Grat bietet sich ein herrlicher Ausblick in beide Richtungen. Sie schauen auf das offene Meer und die Stokkvika im Westen, im Osten auf Å und den Vestfjord. Wenn Sie hier umkehren, können Sie an der Nordseite des Ågvatnet zurück nach Å gehen und somit eine reizvolle Rundwanderung machen.

STOKKVIKA

Wenn Sie hinunter zur Bucht Stokkvika wollen, folgen Sie einem kleinen Pfad zwischen steilen Hängen die Westseite des Stokkvikskaret hinunter. Dann gehen Sie entlang der Südseite des Stokkvikvatnet. Der Weg verläuft oberhalb des Sees, es gibt mehrere steile Abschnitte, die mit Vorsicht überquert werden müssen. Der Abstieg hinunter zur Bucht ist okay, aber weit davon entfernt vom Schönsten, was die Lofoten zu bieten haben.

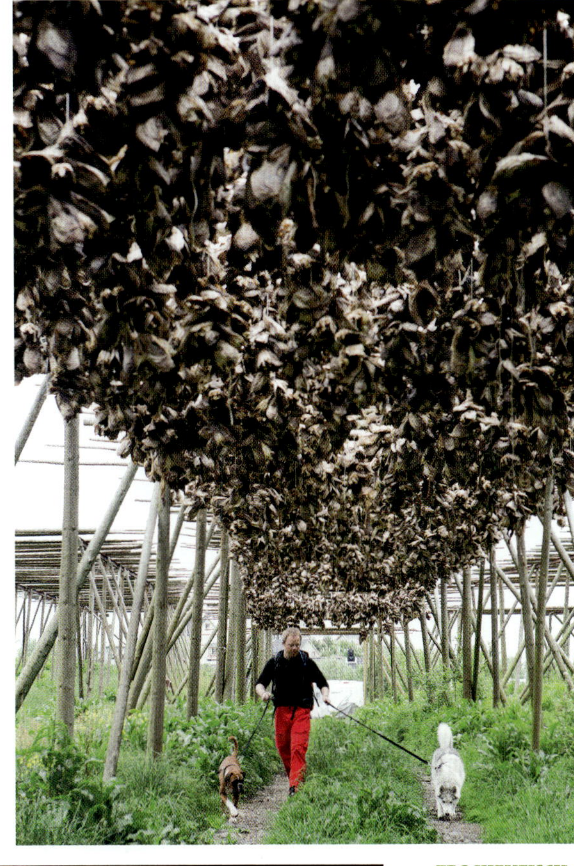

TROCKENFISCH-PORTAL: *Vom Parkplatz in Å geht es unter vielen Fischtrockengestellen hindurch, bevor Sie den Wanderweg erreichen*

Stokkvikmulen 271 · ×810 · Mengelsdalstinden 826 · 345 · Stokkvika · Stokkvikvatnet · 743 · Stokkvikskaret · Småtindan 574 · 502 · 257 · Tinddalstinden · 67 · 164 · Torshaugen · 490 · Tind · Gjerdtindan 821 · 800 · 41 · Ågvatnet · E10 · Draugvika · P · Å · 336 · Ågdalen · Andstabben 514 · 25 · Mannen 791 · Gjerdvika · 735 · 280 · Tindsvika

0 2 km · © Kartagena / Statens kartverk

FAKTEN

HÖHE: Ca. 450 m ü.M.

SCHWIERIGKEIT: Mittel

DAUER: Stokkvikskaret: 2 Std. Hinweg Weiter zur Stokkvika: 1,5 Std. Hinweg

STARTPUNKT: An den Fischtrockengestellen oberhalb des großen Parkplatzes bei Å

TYP: Meist guter Pfad. Einige steile Klippen

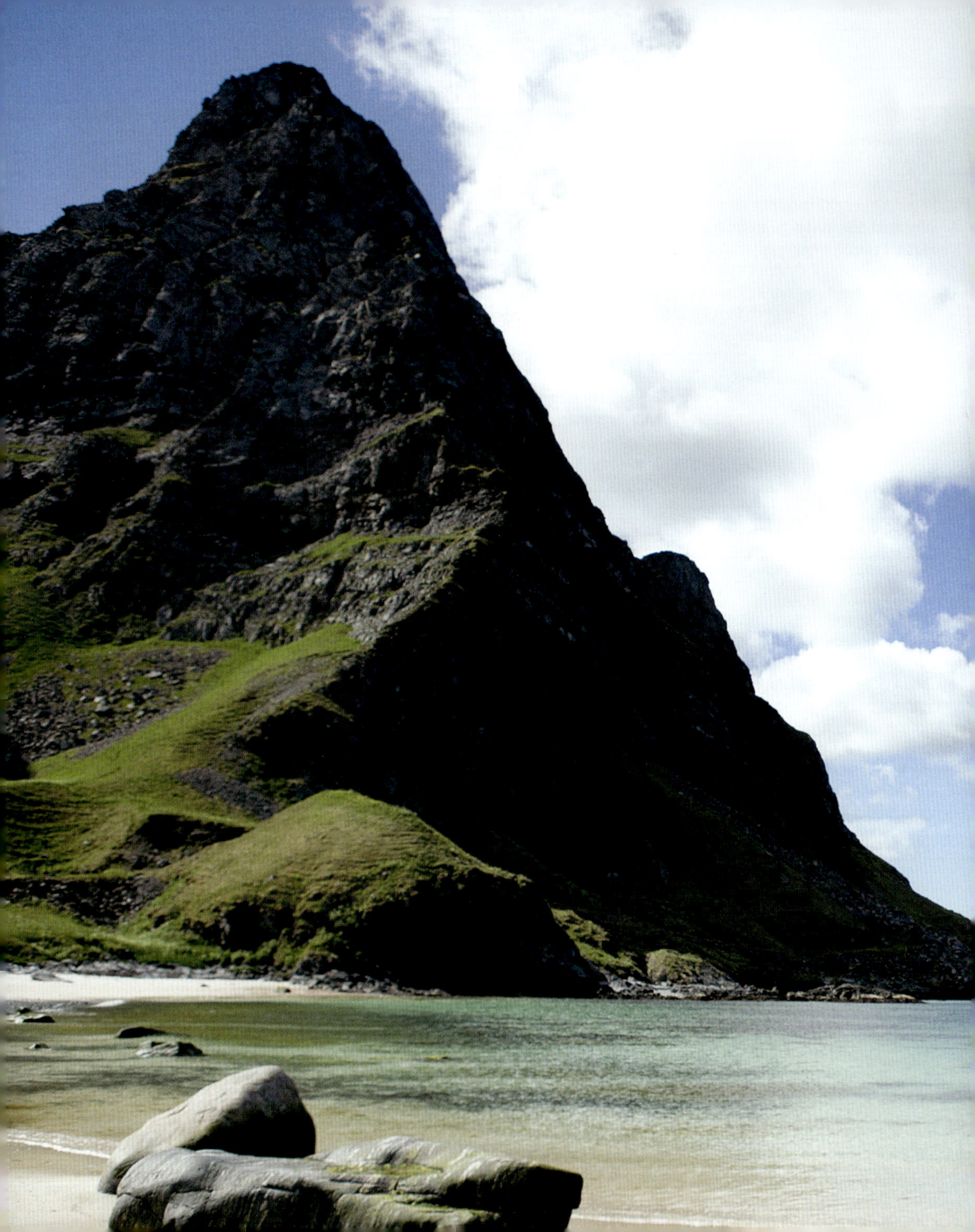

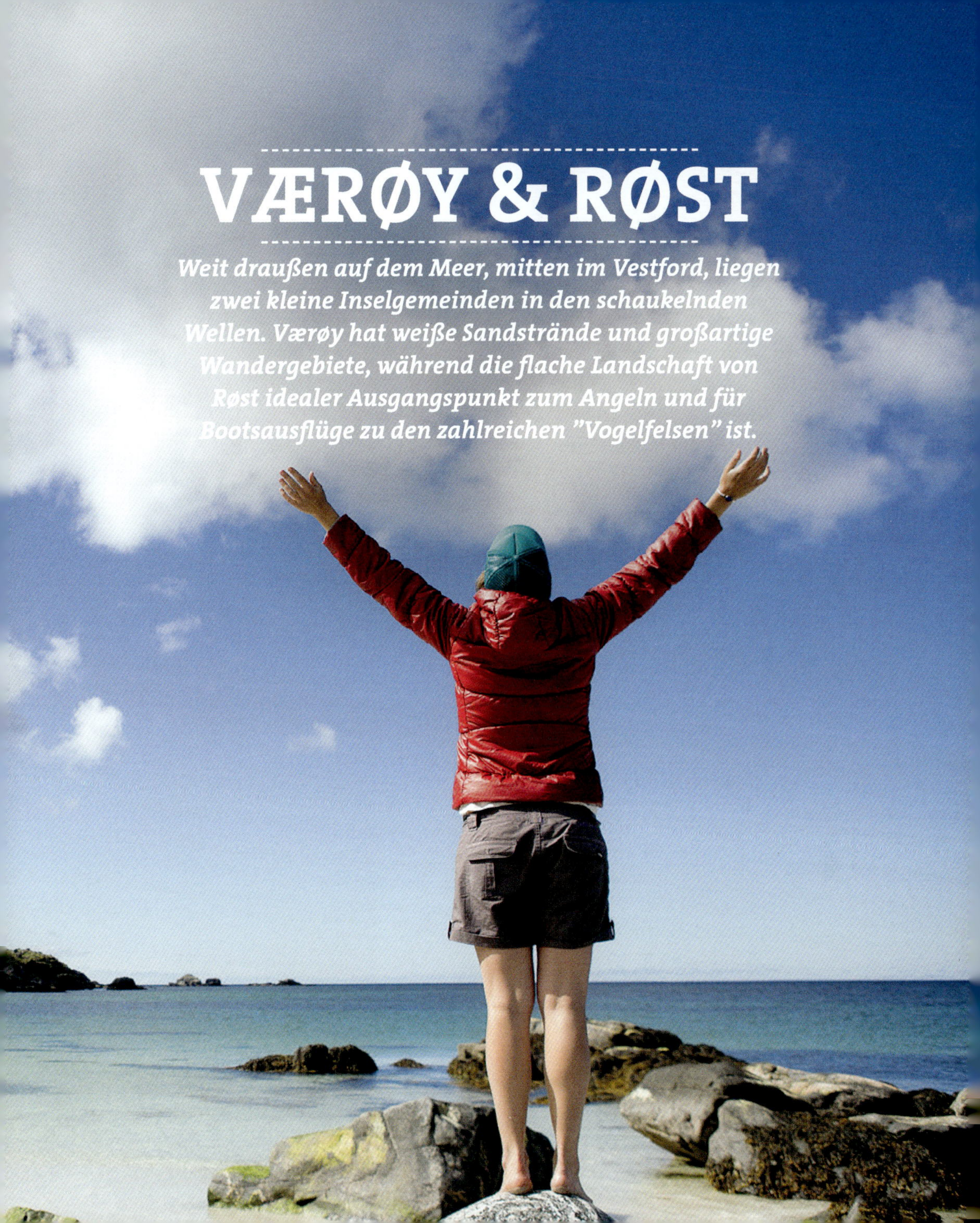

VÆRØY & RØST

Weit draußen auf dem Meer, mitten im Vestford, liegen zwei kleine Inselgemeinden in den schaukelnden Wellen. Værøy hat weiße Sandstrände und großartige Wandergebiete, während die flache Landschaft von Røst idealer Ausgangspunkt zum Angeln und für Bootsausflüge zu den zahlreichen "Vogelfelsen" ist.

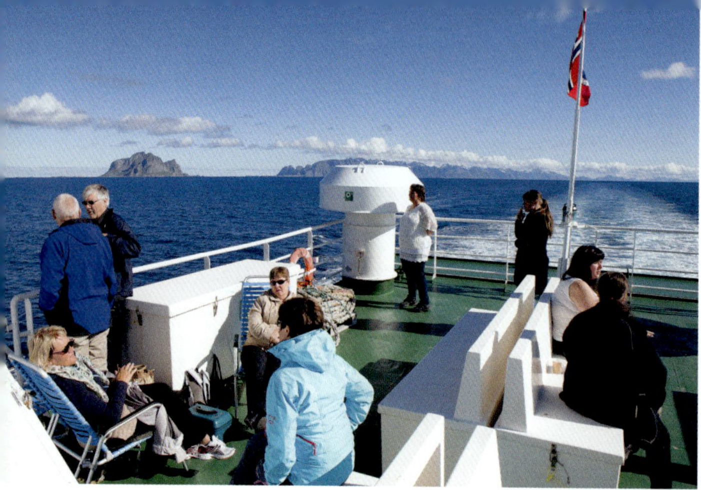

ABGELEGENE INSEL:
Værøy kann man mit dem Hubschrauber von Bodø sowie mit der Fähre von Moskenes und Bodø aus erreichen

VÆRØY: ABENTEUER-PARADIES

Wenn Sie die Fähre von Moskenes nach Bodø nehmen, ist Værøy der erste Stopp. Hier liegt ein kleines Wanderparadies, das sowohl weiße Sandstrände als auch atemberaubende, einfache Bergtouren mit fantastischer Aussicht bietet. Auf der charmanten Insel mit den rauen Wetterbedingungen leben zur Zeit etwa 732 Menschen.

Von Bodø kann man entweder mit einer Fähre übersetzen oder mit dem Hubschrauber fliegen. Es gibt einmal täglich Abflüge.

ZWEI SIEDLUNGEN AUF VÆRØY

Fast 670 Menschen leben in Sørland im Zentrum der Gemeinde. Hier finden Sie eine Auswahl an Übernachtungsmöglichkeiten sowie bei *Lofoten Værøy Brygge* ein Restaurant. Außerdem gibt es ein Lebensmittelgeschäft, ein Café, zwei Pubs (*DrømmeBua*, und *Lofoten Pub1*), Handwerksläden und einen Geldautomaten.

In der kleinen Siedlung Nordland, im Nordosten von Værøy, leben rund 60 Menschen. Sie können hier im alten Pfarrhaus *Værøy Gamle Prestegård* übernachten (www.prestegaarden.no).

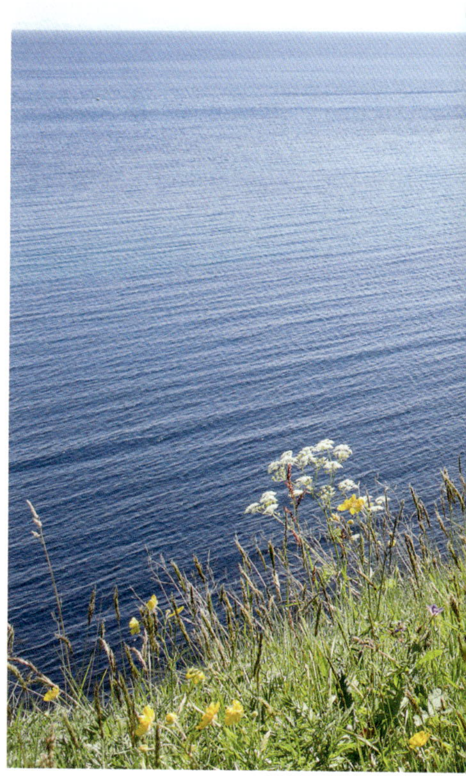

WANDERER-TRAUM:
Værøy ist ein fantastischer Ort für einfache und wunderschöne Wanderungen

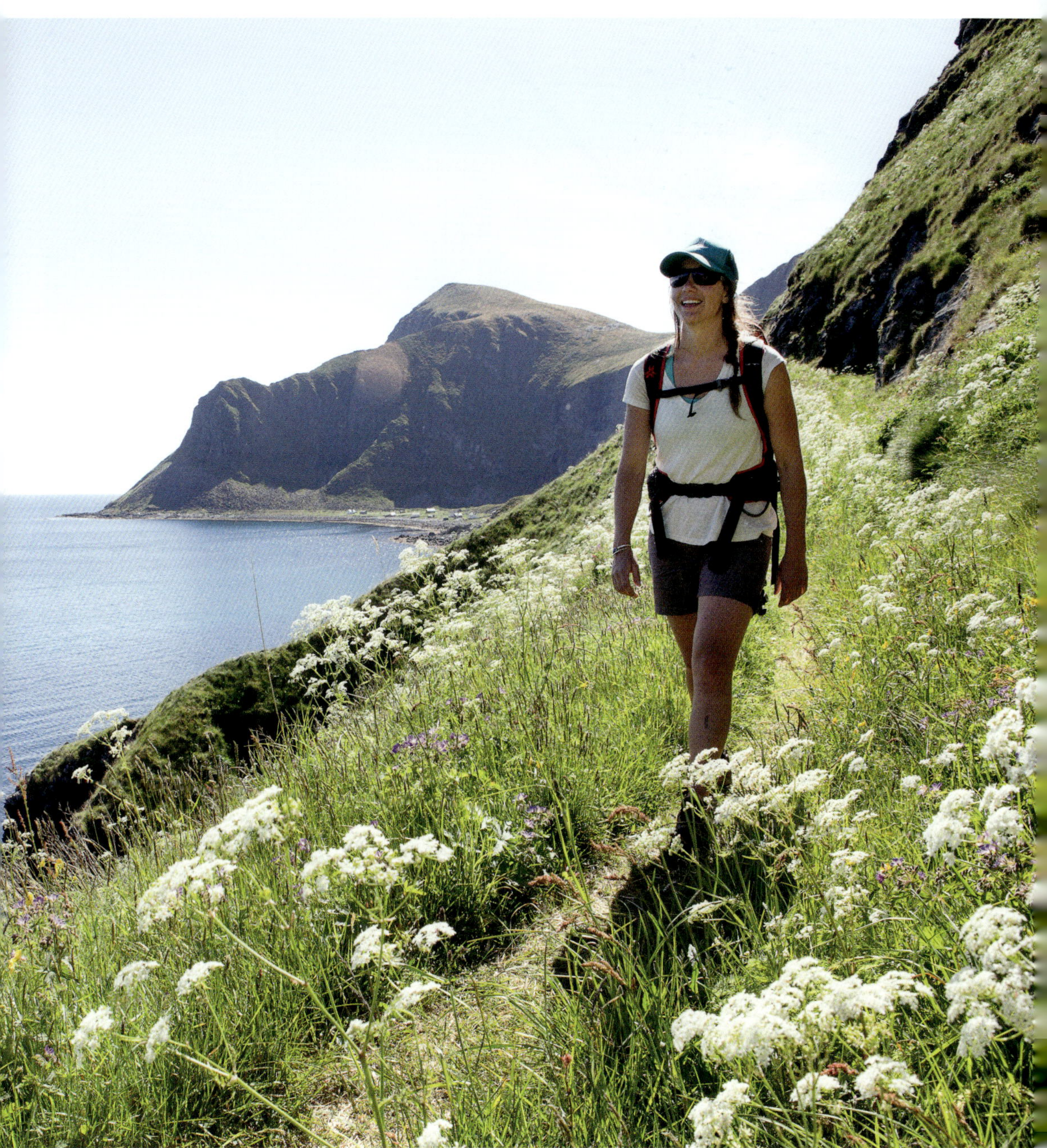

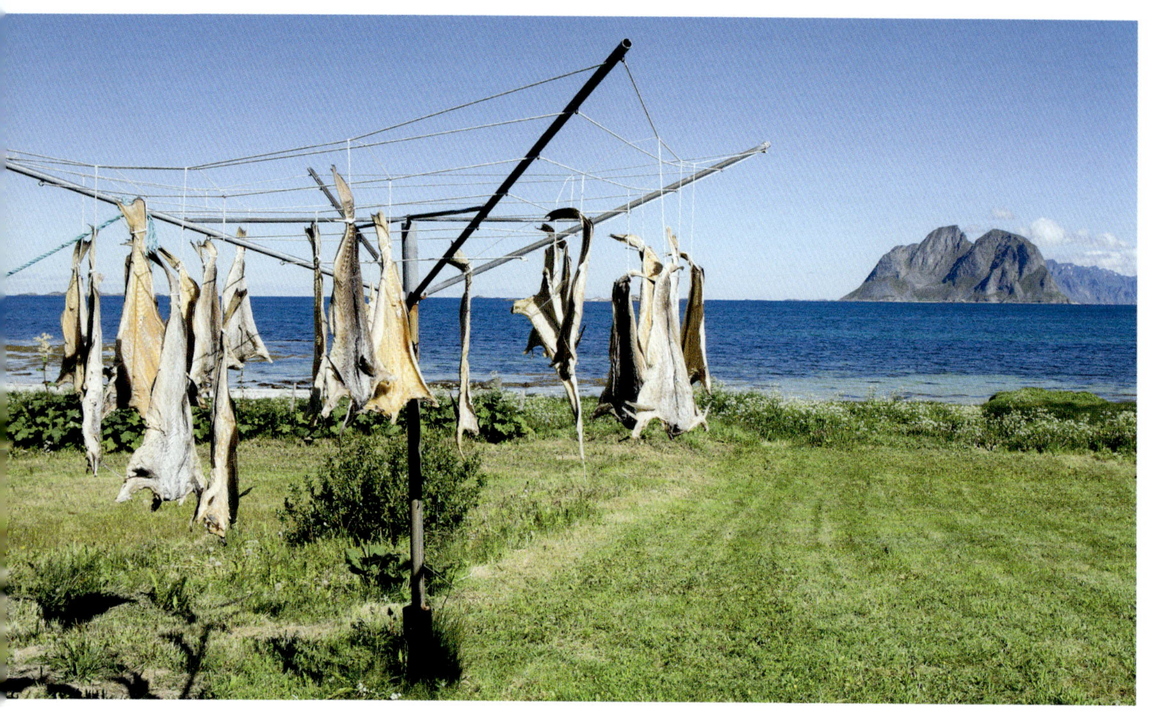

ALTERNATIVES TROCKENGESTELL:
Es gibt viele Möglichkeiten Fische zu trocknen

WANDERFREUDE

Eine kleine Bergkette erstreckt sich fast über die gesamte Länge von Værøy. Auf den meisten Bergen finden sich gute Wanderwege.

Um das Strandleben, die Kultur und die Berge zu erleben, ist eine Wanderung zur verlassenen Siedlung Måstad und weiter auf den Måhornet empfehlenswert.

Wenn Sie der Typ sind, der es liebt auf jeder Wanderung den höchsten Berg der Region zu erklimmen, macht es Ihnen Værøy einfach. Mit schlappen 450 Metern ist der Nordlandsnupen der höchste Berg auf Værøy.

FAHRRADFREUNDLICH

Auf Værøy kann man prima Fahrradfahren. Es gibt eine 22 Kilometer lange asphaltierte Straße mit wenig Verkehr. Wenn Sie kein eigenes Fahrrad dabei haben, können Sie eins beim *Kiosken Fru Johansen*, Sørland 46 (in der Nähe der Kirche) mieten.

BOOTSFAHRT ZU DEN „VOGELFELSEN“

Im Sommer brüten in den steilen Vogelklippen, im äußersten Südwesten von Værøy, Tausende von Seevögeln, wie Papageitaucher, Dreizehenmöwen, Tordalken und Trottellummen. Die Vögel kommen Mitte April und verlassen die Insel Anfang August. Von Juni bis August gibt es Bootsfahrten zu den von Vögeln wimmelnden Felsen.

Neben den oben genannten Vögeln, können Seeadler und Eiderenten hautnah erlebt, Eissturmvögel, die über die Wellenspitzen gleiten, Kormorane, die ihre Flügel trocknen sowie verschiedenste Arten von lebhaften Möwen beobachtet werden.

Die Boote starten von der *Lofoten Værøy Brygge* in Sørland (www.lvb.no).

FISCHFANG AUF VÆRØY

Für die Bewohner auf Værøy ist der Fischfang die wichtigste Einnahmequelle. Bis

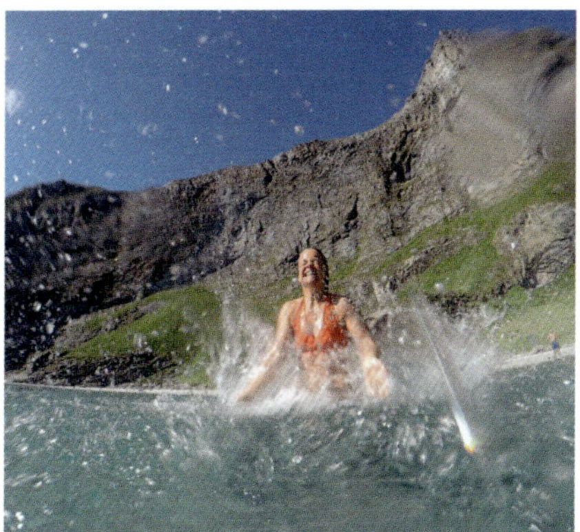

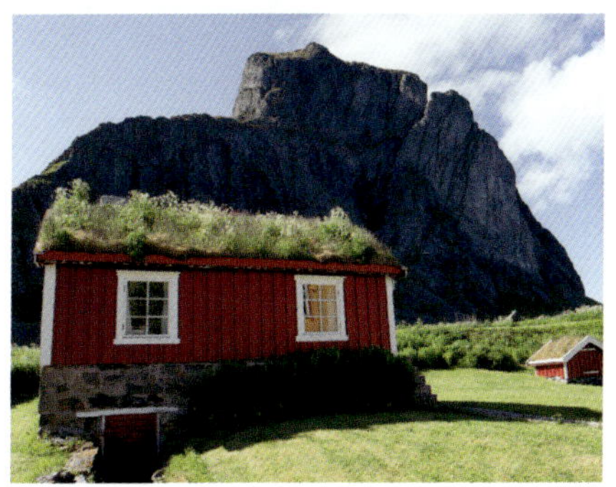

zu 43% der Bewohner haben Arbeit in der Fischindustrie. Viele arbeiten in der Fischverarbeitung oder Fischerei auf Dorsch, Heilbutt, Seelachs und Hering. Der Export von Trockenfisch nach Italien ist riesig.

Wenn Sie begeisterter Hochseefischer sind, ist Værøy der richtige Ort für Sie. Zwei Betreiber vermieten in Sørland hochwertige Fischerboote, ausgestattet mit allen erforderlichen Gerätschaften.

Am besten ist aber, sie buchen eine geführte Hochseeangeltour – so gelangen Sie zu den wirklich guten Fanggebieten. Boote & Touren:
Sjybrygga: www.sjybrygga.no
Lofoten Værøya Brygge: www.lvb.no

ADLER FANGENDE LÖCHER

Auf dem Weg zur NATO-Station auf dem Berg Håen, wo die Straße nach steilen Kurven wieder gerade verläuft, kann man ehemalige Adlerfängerlöcher im Geröll entdecken. Die engen Verstecke waren aus Stein gebaut, und die Adlerfänger saßen in ihnen und warteten geduldig.

Der Adlerfänger warf einen Köder aus, der an ein Seil gebunden war. Wenn ein Adler landete, zog der Vogelfänger das Seil ein, so dass der Greifvogel immer näher kam. Sobald er in Reichweite war, streckte der Vogelfänger seine Hände aus dem Loch und griff nach beiden Beinen des Vogels.

Das Fangen der Tiere geschah angeblich, weil die Adler Lämmer rissen, letztlich war es auch ein Sport und "Beweis" der Männlichkeit..

1968 wurde der Seeadler komplett unter Schutz gestellt, die Fangmethode wurde jedoch noch einige Jahre angewandt– allerdings nur zur Markierung und Beringung der Greifvögel.

BILD LINKS OBEN
AQUA PARK: *Genießen Sie das saubere Wasser und die tollen Sandstrände*

BILD LINKS UNTEN
NORWEGISCHER STIL: *Im Dorf Nordland gibt es schöne Häuser mit Grasdächern*

BILD OBEN RECHTS
VERSPIELT: *Es macht Spaß mit dem Mountainbike über den Håheia zu fahren*

DAS INSELREICH RØST

Ganz im Westen der Lofoten, am weitesten draußen, liegt der Røst-Archipel. Die Landschaft auf der Hauptinsel Røstlandet unterscheidet sich deutlich vom Rest der Lofoten. Die 3,6 Quadratkilometer große Insel ist flach wie ein Pfannkuchen, ihr höchster Punkt erreicht mit Mühe 11 m ü.M.

Gemessen an der geografischen Größe, ist Røst die kleinste Gemeinde der Provinz Nordland und hat nur 508 Einwohner (2019).

Um nach Røst zu gelangen, können Sie eine kleine Propellermaschine von Bodø oder Leknes (www.wideroe.no) oder aber die Fähre von Bodø, bzw. Moskenes nehmen. Studieren Sie die Fahrpläne sorgfältig, vor allem außerhalb der normalen Urlaubssaison, ist die Auswahl der Fährfahrten nicht groß.

DER REIZ DES FLACHEN GELÄNDES

Røst ist ein schöner Ort für jene, die Radtouren und Wanderungen in flachem Gelände bevorzugen. Besuchen Sie die kulturellen Schätze der Inseln oder spazieren Sie entlang markierter Wanderwege. Eine Karte können Sie in der Tourist-Info bekommen. Dort, sowie beim *Røst Bryggehotell* und *Røst Havfiske Camping*, kann man auch Fahrräder mieten.

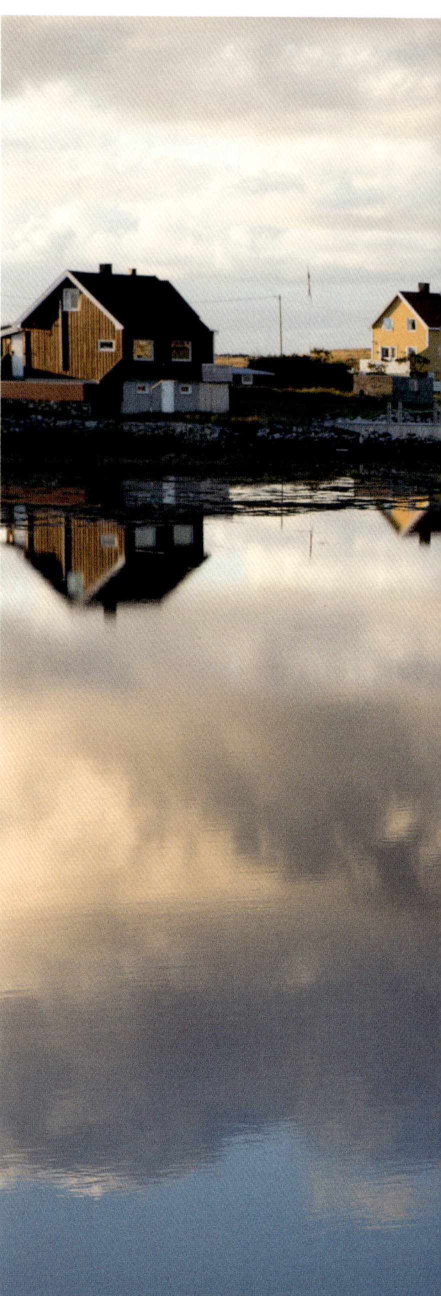

FLAUTE: *Schöne Spätsommerstimmung auf der Insel Røstlandet, die flach wie ein Pfannkuchen ist*

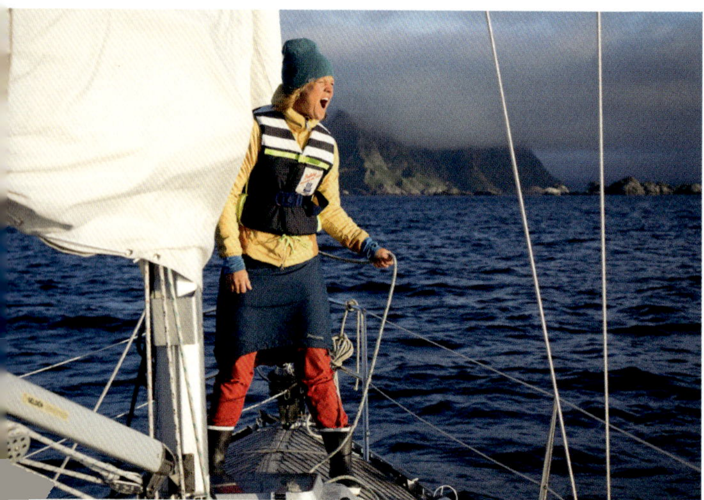

INSELHÜPFEN: *Vollkommene Freiheit mit dem eigenen Boot auf dem Vestfjord*

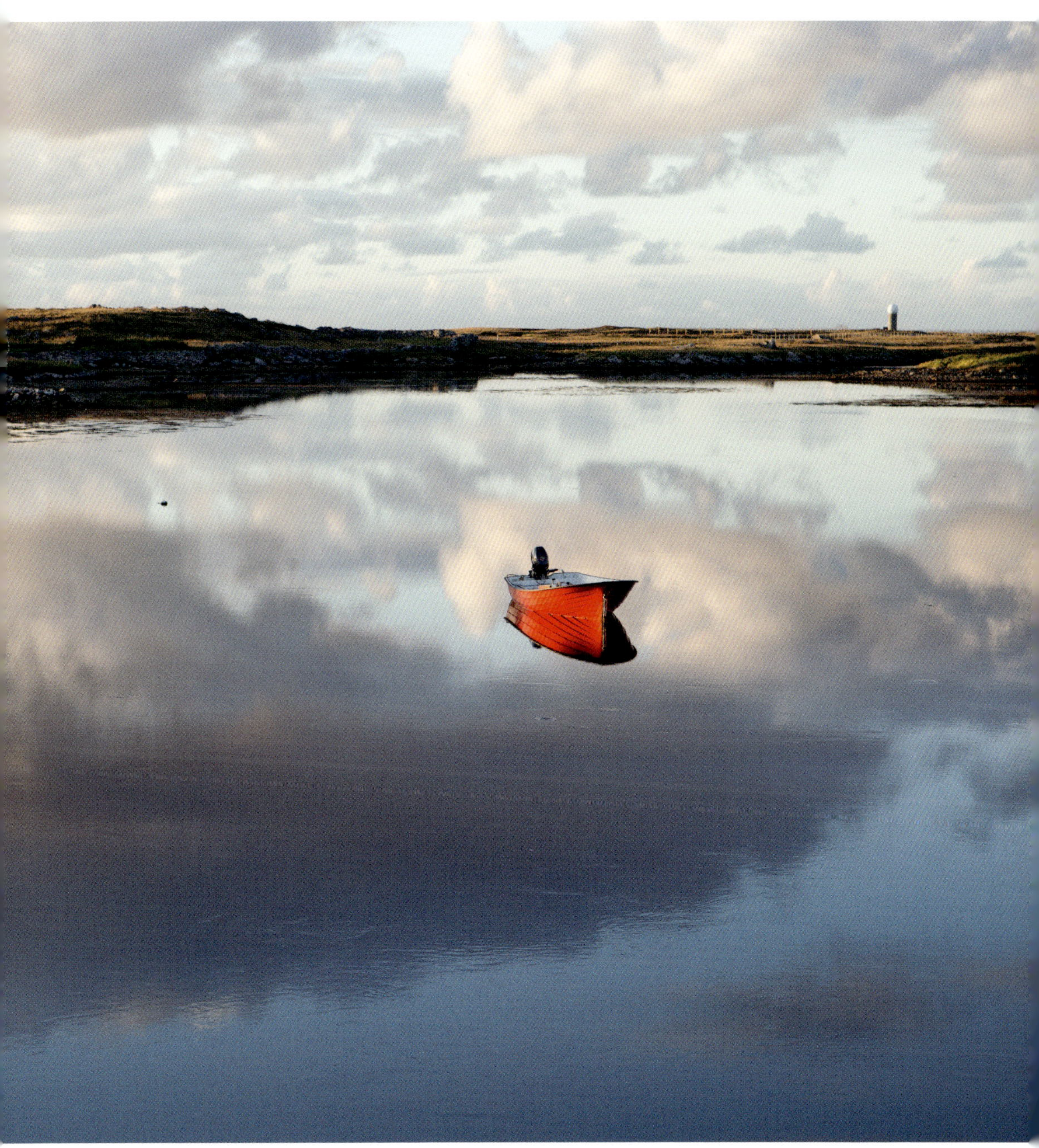

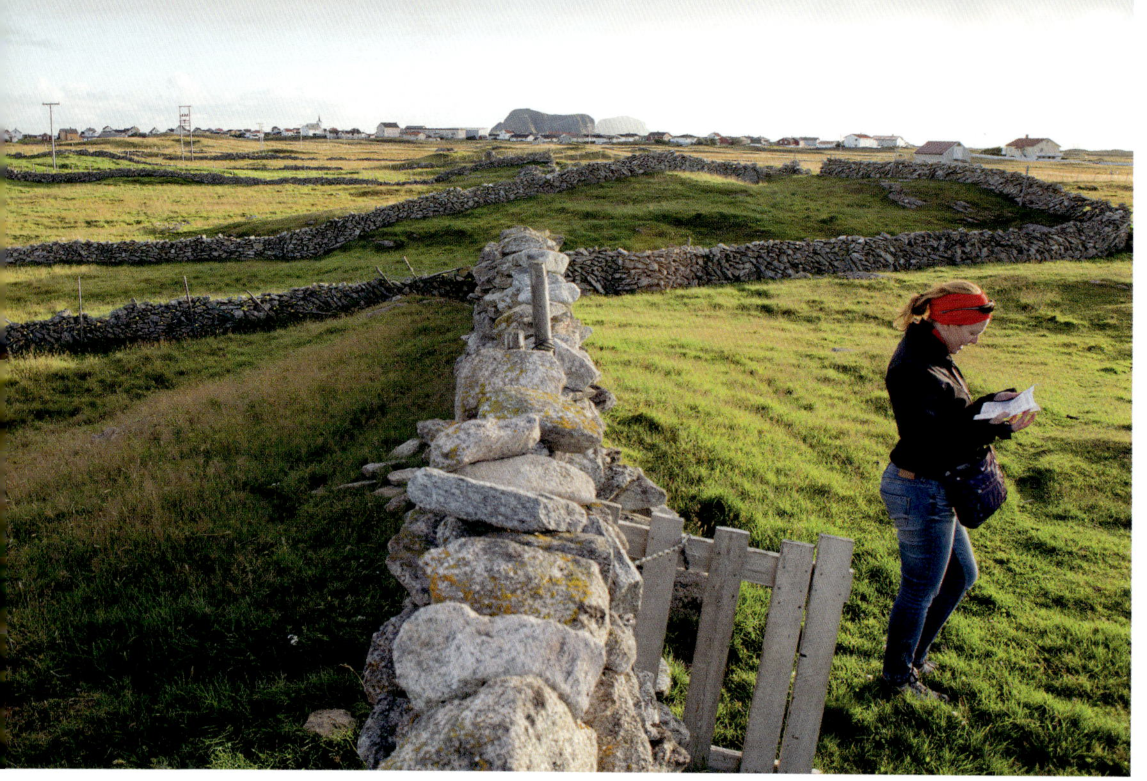

DIE RUINEN AUF RØST: *Von diesen Steinzäunen vermutet man, dass sie schon um eine der frühesten Kirchen von Røst gestanden haben*

EIN ELDORADO DER HOCHSEEFISCHEREI

Røst ist das ultimative Ziel für jene, die unter „Angel-Besessenheit“ leiden. Im Meer direkt vor der Tür ist die „Gefahr“ sehr groß, Dorsch, Schellfisch, Wolfsbarsch oder Heilbutt an den Haken zu bekommen. Nehmen Sie an einer organisierten Angeltour teil oder fahren Sie auf eigene Faust raus. Bei *Fishing Camp Røst* als auch auf dem Campingplatz *Røst Havfiske Camping* können Sie ein Boot mieten oder an geführten Angeltouren teilnehmen. Es gibt kleine Fischerboote "sjark" oder ein offenes Boot mit Kartenplotter und Echolot – Bootsführerschein vorausgesetzt.
www.rostfishing.com
www.facebook.com/HavfiskeCamping

ÜBERNACHTEN UND ESSEN AUF RØST

Die Tourist-Info vermittelt Ihnen die richtige Unterkunft. Es gibt 7 bis 8 Möglichkeiten in verschiedenen Standards und Preisklassen.

Auf dem Inselchen Kårøya, gegenüber von Røstlandet, finden Sie das *Kårøya Rorbucamp*. Für jene, die auf der Suche nach einem einzigartigen und charmanten Erlebnis jenseits von „5-Sterne-Komfort“ sind, ist dies ein cooler Ort zum Übernachten. Wenn Sie ein abenteuerlustiger Typ sind, dann werden Sie es hier lieben, am schiefen Steg, wo sich praktisch seit den 1960er Jahren nichts verändert hat. Sogar ein Ruderboot, um über den Sund auf die Hauptinsel zu gelangen, steht den Gästen kostenlos zur Verfügung (www.karoy.no). *Røst Bryggehotell* dagegen bietet gar einen holzgefeuerten Whirlpool direkt am Steg.

Wenn Sie zum Essen ausgehen wollen, können Sie zwischen *Skomværkroa*, *Querini Pub & Restaurant*, dem *Røst Bryggehotell* oder *Kaikanten Rorbuer* und (nicht zuletzt) *T.H.E. CREATOR Event House* wählen. Letzteres ist eine verrückte Mischung aus Galerie, Bar, Restaurant und Veranstaltungsort.

DAS KÖNIGREICH DER VÖGEL

Etwas südwestlich von Røstlandet liegen die Inseln Vedøya, Storfjellet, Ellefsnyken, Trenyken und Hernyken wie Perlen einer gerissenen Schnur im Vestfjord verstreut. Røst ist nicht nur für seine außergewöhnlich guten Angelmöglichkeiten bekannt, sondern auch für seine vielen Vogelfelsen, wo von April bis August Tausende von Seevögeln nisten.

Die Papageitaucher sind die bekanntesten, aber auch Dreizehenmöwen, Tordalken, Trottellummen und Kormorane können beobachtet werden. Um die Vogelfelsen zu besuchen, müssen Sie mit dem Boot fahren. Lesen Sie mehr über das, was man auf solch' einer Bootsfahrt erleben kann auf Seite 200.

DER PAPAGEITAUCHER

Røst ist Heimat der größten Papageitaucher-Population Norwegens. Der Vogel steht auf der nationalen Roten Liste der gefährdeten Vogelarten und die Bestände schrumpfen weiterhin drastisch.

Der taubengroße Vogel wird wegen seines bunten Schnabels auch „Meer-Papagei" genannt. Er ist ein sehr guter Taucher und jagt seine Nahrung oft in bis zu 30 Metern Tiefe. Der tiefste registrierte Tauchgang liegt bei 68 Metern. Der Papageitaucher baut seine Nester in Felsspalten oder Erdlöchern, die er mit seinem Schnabel gräbt.

DIE ITALIENISCHEN SEELEUTE

„Querini" ist ein Name den man auf Røst immer wieder hört, dank des italienischen Kapitäns Pietro Querini und seiner Mannschaft, die an einem kalten Januartag 1432 auf Sandøya an Land gespült wurden. Querini war eigentlich auf dem Weg von Kreta nach Flandern, wurde aber am 17. Dezember 1431 von einem heftigen Sturm überrascht, der die Mannschaft zwang, die Rettungsboote zu Wasser zu lassen. Eines der Rettungsboote mit 47 Mann trieb nach Norden ab. Nur wenige überlebten die Strapazen und waren noch in der Lage auf Sandøya an Land zu kriechen. Lofoten-Fischer fanden die dem Tod Geweihten nach ein paar Wochen und brachten sie nach Røstlandet, wo die Einheimischen ihnen eine gute Pflege angedeihen ließen. Insgesamt überlebten 11 Männer und konnten schließlich nach Italien zurückreisen, nachdem sie drei Monate auf Røst verbracht hatten.

Querini schrieb einen langen Bericht über die Erlebnisse die er auf Røst hatte und erwähnte dabei sowohl die Menschen als auch die Landschaft positiv.

Heute steht auf Sandøya ein Denkmal das an Querini und seine Mannschaft erinnert.

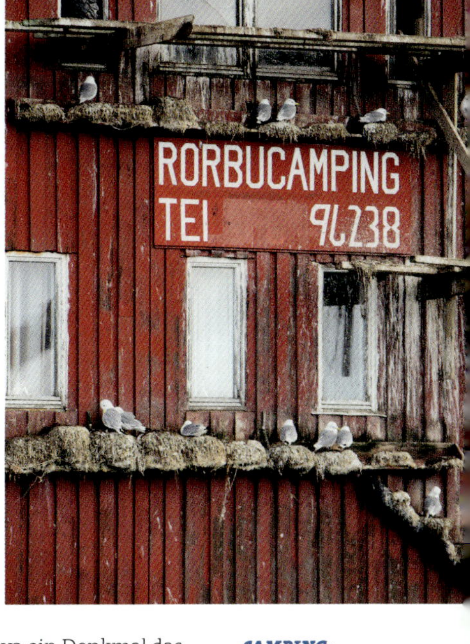

CAMPING: *Beide – Vogel und Mensch fühlen sich im Kårøy Rorbucamp gut gebettet*

PINGUINE AUF RØST?

In den 1930er Jahren wurden 36 Königspinguine von norwegischen Walfangschiffen aus Südgeorgien verschifft und auf Røst ausgesetzt, weil der Geschäftsmann Helge Helgesen sehen wollte, ob eine Pinguin-Kolonie im Norden angesiedelt werden könnte. Helgesens Kinder schlossen so sehr Freundschaft mit den Pinguinen, dass diese in dem Familienhaus ein- und ausgingen.

Obwohl das Klima auf den Lofoten dem auf Südgeorgien ziemlich ähnlich ist, endete der Versuch nicht gut. Die meisten Pinguine sind gestorben, einige entwichen, und es wird behauptet, dass ein Pinguin noch 1954 auf Hamarøy gesichtet wurde.

DER ÄUSSERSTE VORPOSTEN

Am weitesten draußen, in der Mitte des Nordmeers, liegt der Leuchtturm Skomvær auf der gleichnamigen Insel. Im Jahre 1887 errichtet, wurde der gusseiserne Turm knapp 90 Jahre später auf automatischen Betrieb umgestellt. Nach aufwändiger Restaurierung steht er seit 1999 unter Denkmalschutz.

TIPPS FÜR VÆRØY & RØST

TOURIST-INFO

- **Værøy Turistinformasjon**, Fähranleger & Husfliden (gegenüber Rathaus), Tel. +47 75 42 06 14 od. 75 42 06 00, www.varoy.kommune.no
- **Røst Turistinformasjon**, Fähranleger & Rathaus, Tel. +47 45 49 21 86 od. 76 05 05 00, www.lofoten.info/rost & www.rost.kommune.no

OUTDOOR-AKTIVITÄTEN

- **Fahrradvermietung Værøy, Kiosken Fru Johansen**, Sørland, Tel. +47 90 77 99 13 od. +47 92 67 00 45, kann wegen Fahrrädern auch außerhalb der Öffnungszeiten kontaktiert werden, www.facebook.com/Kiosken-Fru-Johansen-As-1668143816828091
- **Lofoten Værøy Brygge**, Hochseeangel- & Vogeltouren, Boote, Sørland auf Værøy, Tel. +47 70 69 50 10 oder +47 92 41 14 46, www.lvb.no
- **Sjybrygga Fiskecamp,** Hochseeangeltouren, Seeadlersafari, Boote, Sørland auf Værøy, Tel. +47 90 05 14 19, www.sjybrygga.no
- **Fahrradvermietung in Røst,** Tourist-Info, Røst Bryggehotell und Røst Havfiske Camping
- **Fishing Camp Røst**, Boote & Touren, Tyvsøyvn 24, Røst, Tel. +47 96 51 96 71, www.rostfishing.com
- **Utrøst Eventyrferie** (Pub, Übernachtung, Boote, Touren), Tyvsøyvn 16, Røst, Tel. +47 95 40 26 26, www.utrost.no
- **Røst Havfiske Camping**, Vermietung Fischkutter und offenes Fischerboot, Fahrräder, Færøya, Tel. +47 99 25 83 48, www.facebook.com/Røst-Havfiske-Camping-128292297184563

ESSEN UND TRINKEN

- **Kornelius Kro** (Kneipe), im Zentrum von Sørland, Værøy, Tel. +47 760 95 299
- **Lofoten Værøy Brygge,** Restaurant, Nähe Fähranleger, Værøy, Tel. +47 760 95 010, www.lvb.no
- **Skomværkroa Pub,** Kneipe mit Bücherei, Tyvsøyvn 16, Røst, Tel. +47 926 85 601, www.utrost.no
- **Querini Pub og Restaurant**, Kneipe und Restaurant, Klakken, Røst, Tel. +47 760 96 480
- **Røst Bryggehotell** (Hotel, Restaurant, Fahrräder, Wanderungen), am Kårøysund, Røst, www.rostbryggehotell.no

ÜBERNACHTEN IN FISCHERHÜTTEN (RORBUER)

- **Sjybrygga Fiskecamp**, Sjyen 15, Værøy, Tel. +47 900 51 419, www.sjybrygga.com
- **Lofoten Værøy Brygge**, Værøy, Tel. +47 760 95 010 od. 932 11 446, www.lvb.no
- **Værøy Gamle Handelssted** (Schlafen im alten Telegrafenhaus, Fiskarheimen Havly), Røstnesvågen 32, Værøy, Tel. +47 970 42 982 od. 928 00 096, www.vgh.no
- **Kaikanten Rorbuer** (auch Restaurant), Tyvsøyvn 24, Røst, Tel. +47 760 96 090, www.kaikant.no
- **Utrøst** (Skomværkroa Pub), Røst, Tel. +47 926 85 601, www.utrost.no
- **Kårøy Rorbucamping** (unkomplizierte Unterkunft seit 1964 in alter Stockfischfabrik, Gemeinschaftsküche, Ruderboote), Kårøya, Røst, Tel. +47 760 96 238, www.karoy.no

SEHENSWÜRDIGKEITEN

- **Værøy Gamle Kirke**, älteste Kirche der Lofoten, in Nordland auf Værøy
- **Ruinen von Siedlungen**, Røst

TRANSPORT

- **Hubschrauber Værøy,** www.lufttransport.no
- **Flugzeug nach Røst,** www.wideroe.no
- **Routeninfos (Bus, Hurtigbåt, Fähren),** www.177nordland.no
- **Fähre & Schnellfähre,** www.torghatten-nord.no & www.reissjøveien.no

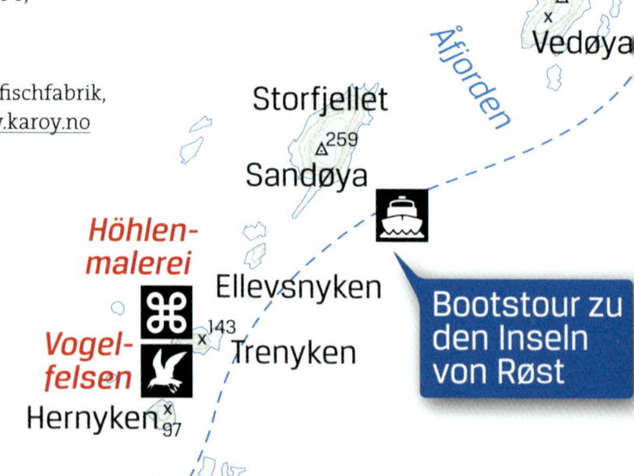

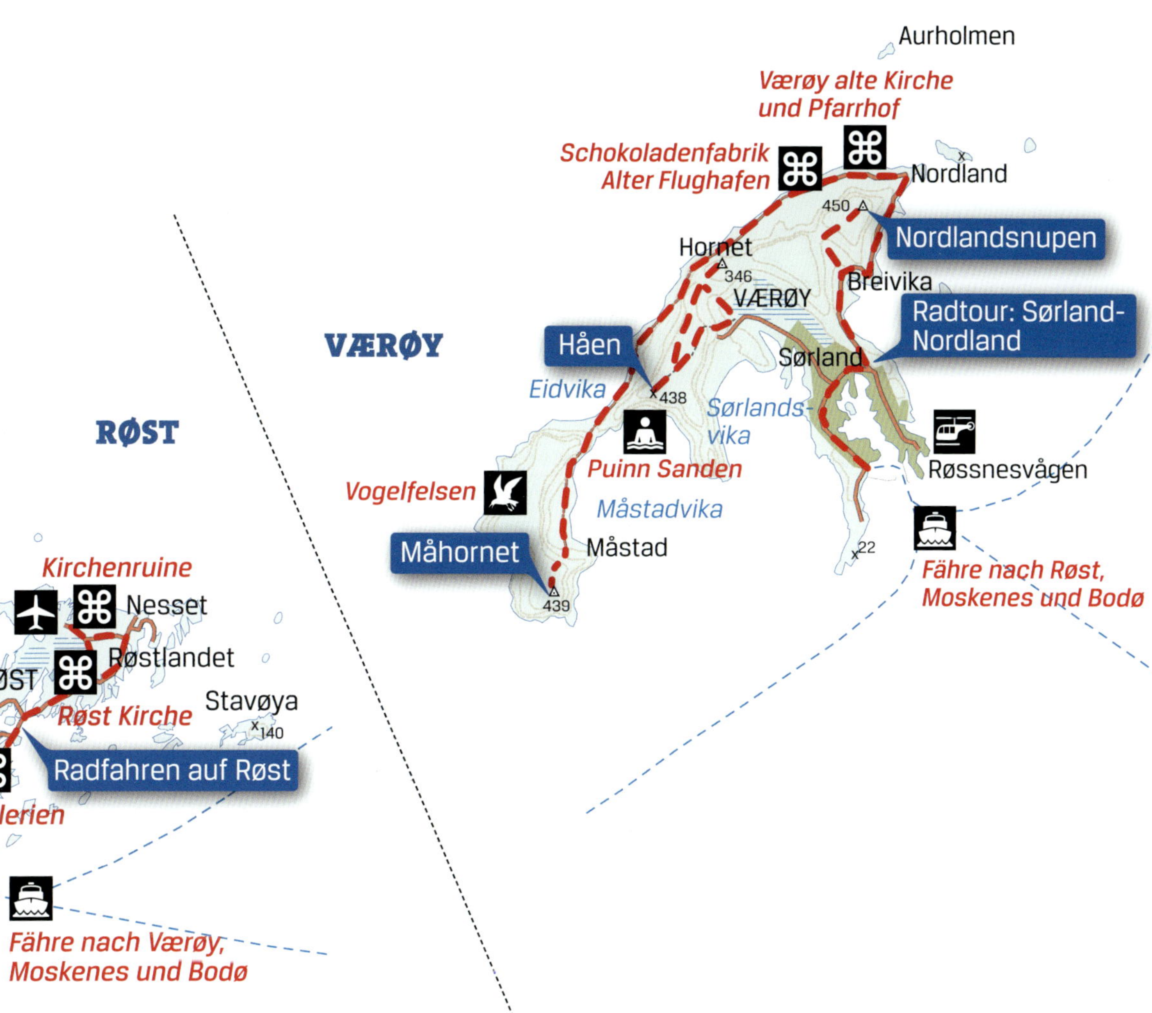

0 5 km

© Kartagena / Statens kartverk

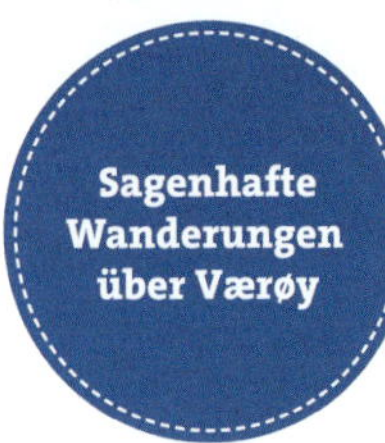

NORDLAND – MÅHORNET

DER GLÜCKLICHE WANDERER: *Es macht Spass, auf den mit Heidekraut bedeckten Hügeln nördlich des Måhornet entlang zu spazieren*

Der Ausflug zum Måhornet (439 m), oberhalb des verlassenen Ortes Måstad, bietet ein abwechslungsreiches Wandergebiet entlang der Küste und schöner Blumenwiesen an steilen Berghängen.

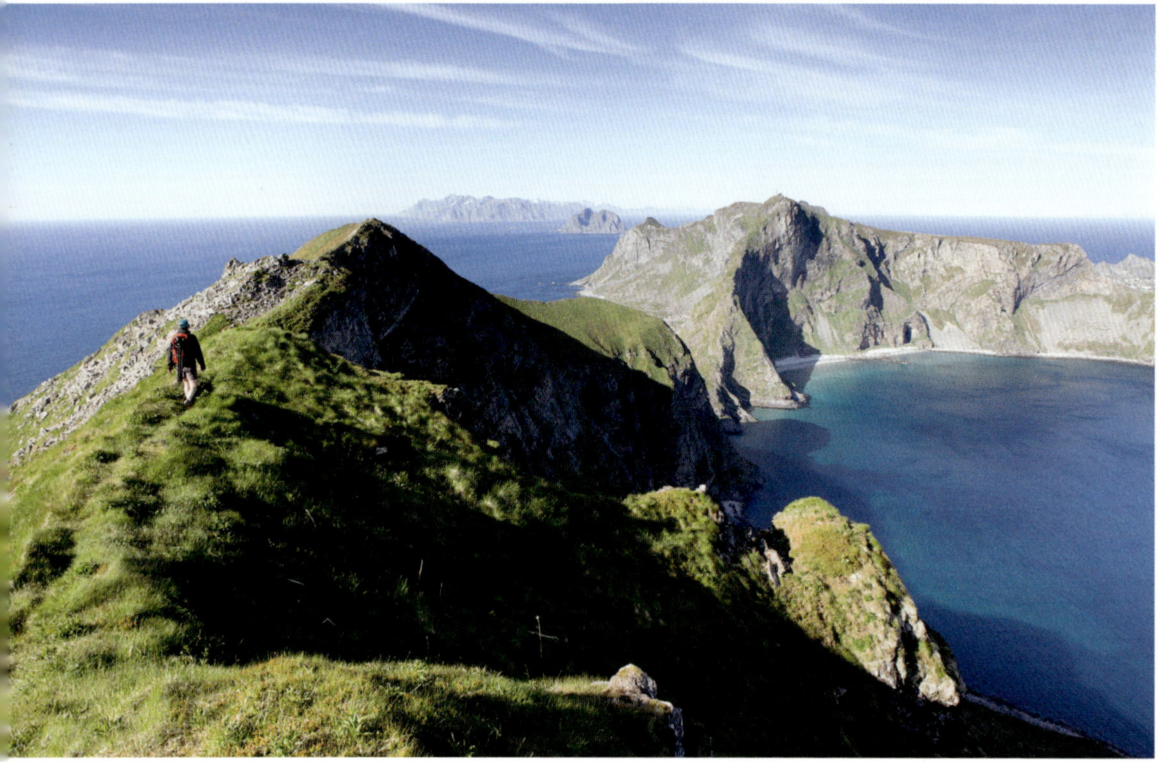

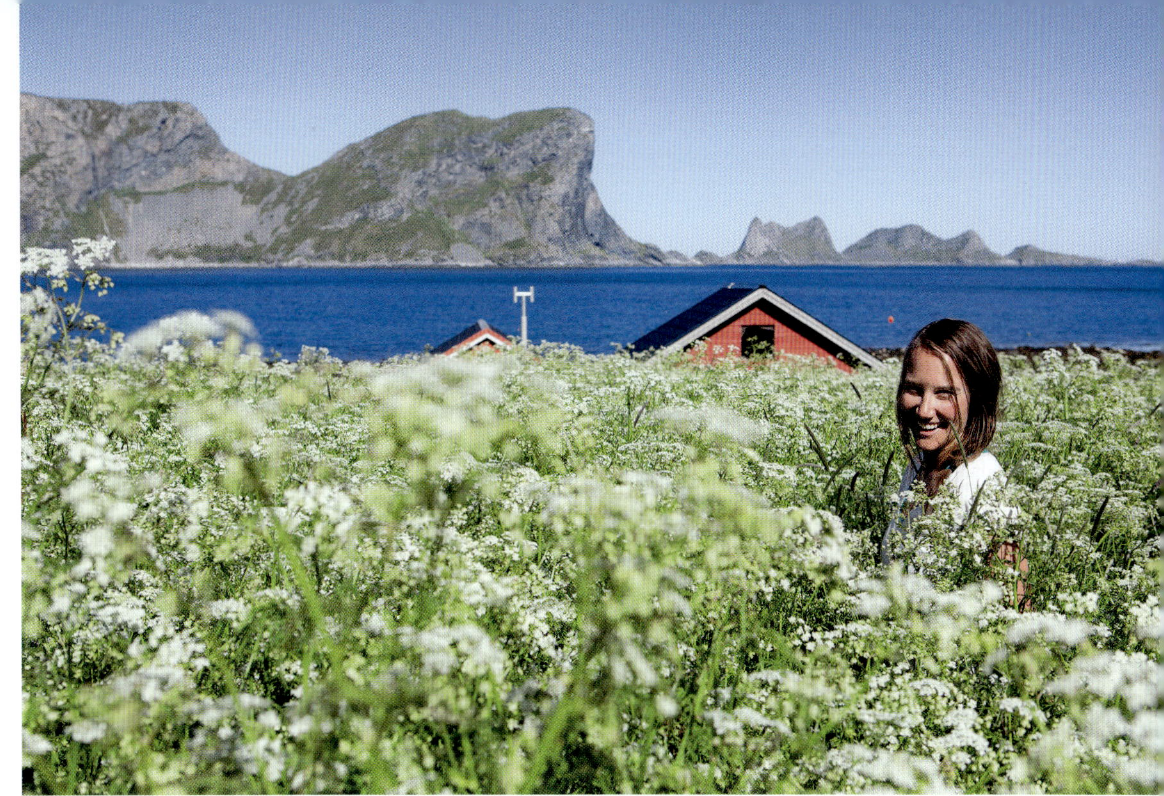

Die Tour startet im Norden von Værøy am Ende der Straße, die am stillgelegten Flughafen vorbeiführt. Folgen Sie dem reizvollen Pfad entlang der Küste. Der Weg führt bald auf den grasbedeckten Berghang und ist hier relativ steil. Dann geht es wieder hinunter aufs Meer zu und über einen Strand. Hier gibt keinen eindeutig markierten Weg, gehen Sie einfach immer in die gleiche Richtung.

BLUMENWIESEN & „LOFOTEN-MAGIE“

Bei Eidvika, wo Værøy am schmalsten ist, führt der Weg hinüber auf die Südostseite der Insel. Wenn Sie im Sommer unterwegs sind, wandern Sie nun mitten in einer blühenden Blumenwiese. Der Weg zieht sich über den Berghang, bevor er hinunter zur verlassenen Siedlung Måstad führt.

Gehen Sie durch die ganze Siedlung und nehmen Sie den Pfad, der sich im Zickzack über den nordöstlichen Berghang des Måhornet schlängelt. Aus der Ferne sieht es steil aus, stellt sich aber als recht einfach heraus, wenn man dort ist. Das Gelände flacht nach oben ab und eröffnet vom Gipfel eine herrliche Aussicht auf die Røst Inseln, die im Vestfjord schaukeln.

DER HÖHEPUNKT

Wenn Sie noch ein wenig weiter gehen möchten, folgen Sie dem Bergrücken entlang eines Pfades in nördliche Richtung über mehrere kleine Gipfelspitzen durch die wilde Umgebung. Legen Sie sich ins Heidekraut und saugen die „Lofoten-Magie“ in sich auf!

MÅSTAD

Die kleine Siedlung im Südosten von Værøy wurde in den 1970er Jahren aufgegeben. In früheren Zeiten lebten die Menschen vom Fischfang und der Jagd auf Papageientaucher (norwegisch *Lunde*). Das Vogelfleisch wurde

BLUMENWIESE: *Auf den Ebenen um Måstad wächst eine Vielzahl von Blumen*

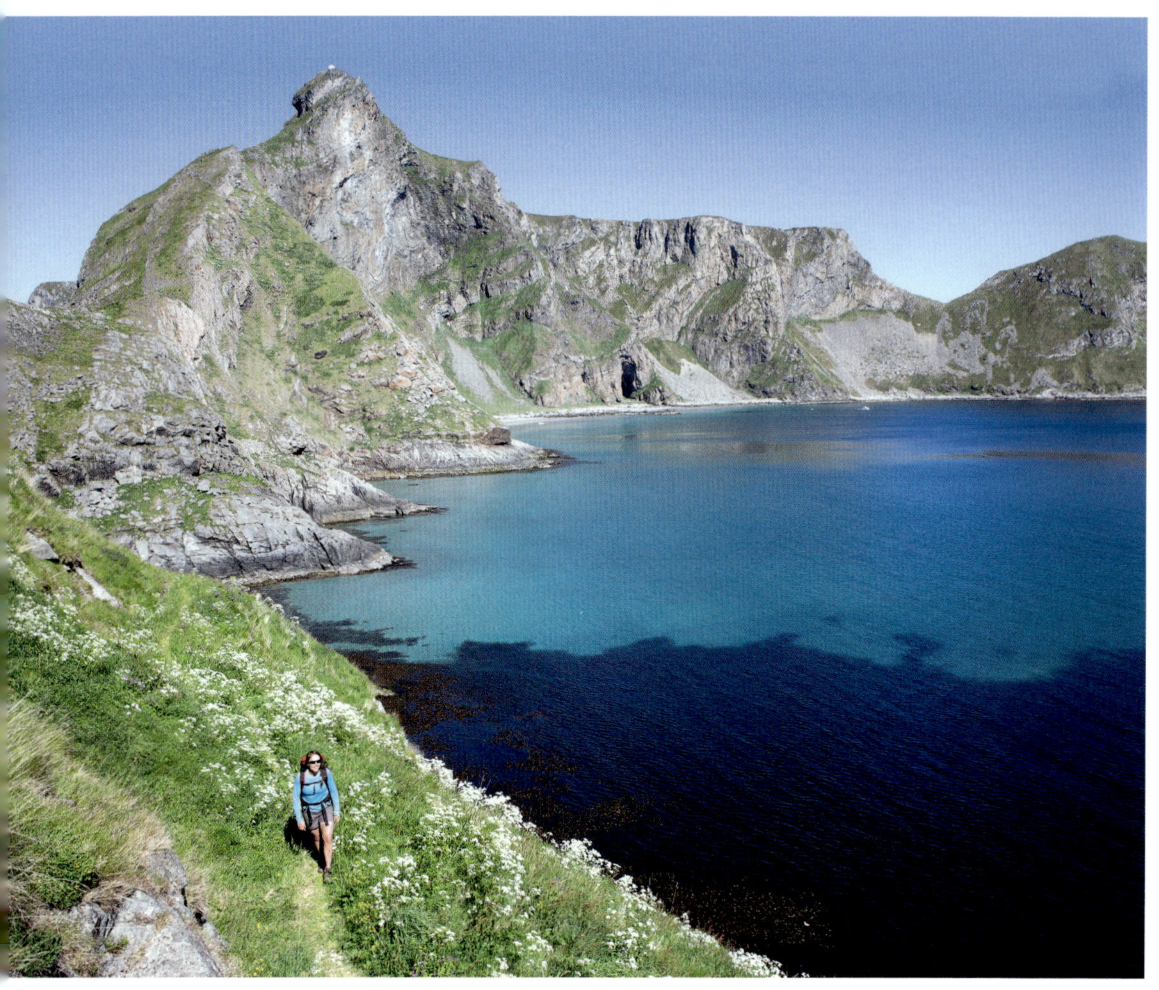

ABWECHSLUNG:
Der Weg quert Værøy an der engsten Stelle und führt nach Måstad. Im Hintergrund liegt Puinn Sanden, ein herrlicher kleiner Sandstrand, der am besten mit dem Boot zu erreichen ist.

gesalzen und konnte so über einen längeren Zeitraum gelagert werden. Um die Vögel aufzuspüren, wurden einzigartige, hochspezialisierte Jagdhunde eingesetzt, auch „Lundehunder“ (Papageienhund) genannt.

SELTENE HUNDERASSE

Der Lundehund ist eine Art Norwegischer Spitz und wird auch „Måstadhund“ genannt, weil der Ursprung aller „Lundehunder“ Måstad ist. Der Papageienhund hat ungewöhnliche körperliche Eigenschaften wie dem Vorhandensein von sechs Zehen an jedem Fuß, einem fehlenden Backenzahn, der Fähigkeit sein Außenohr physisch zu schließen und sehr flexible Gelenke und Muskeln. Das war für die Jagd nach dem Papageientaucher in dem sehr steilen Gelände auf Værøy von Vorteil. Der Lundehund apportiert auch Eier ohne sie zu zerbrechen.

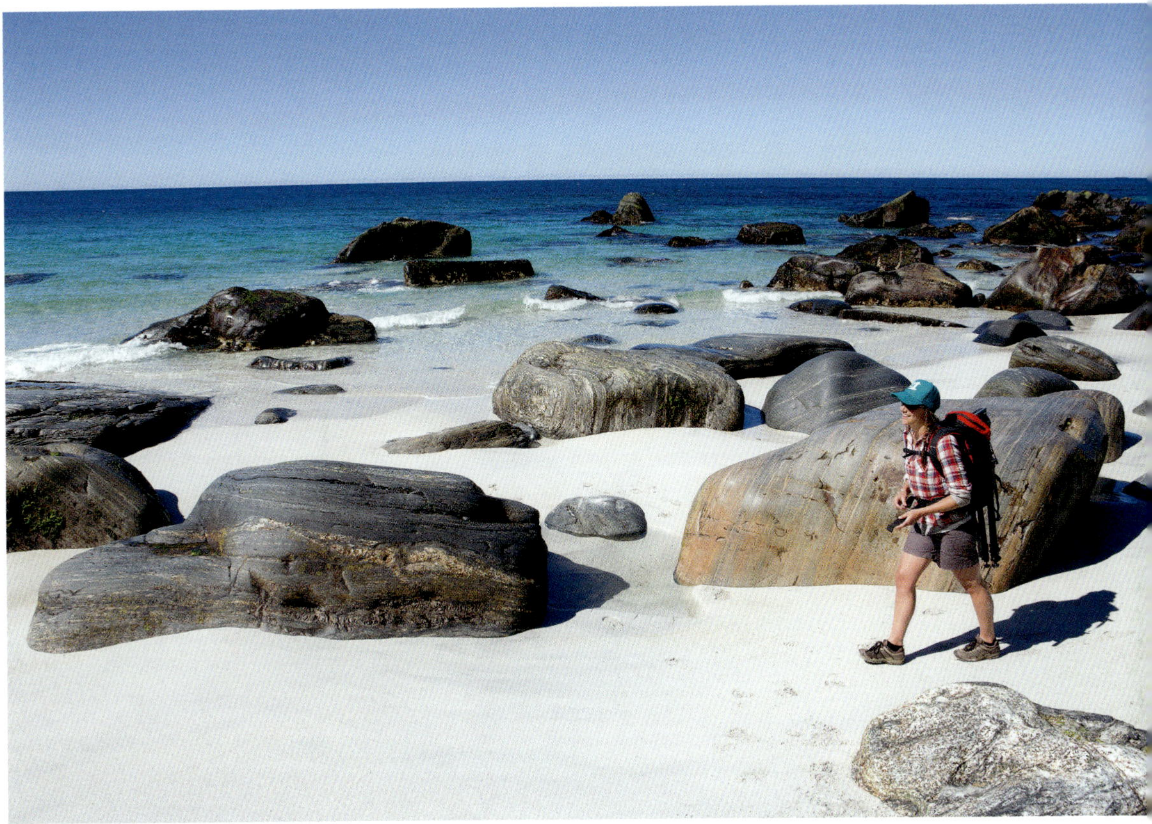

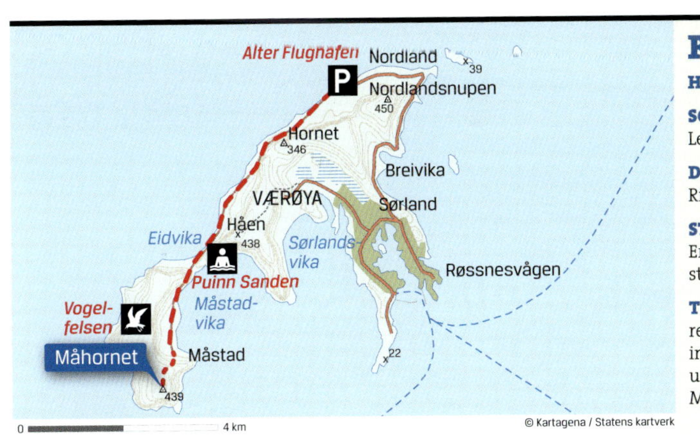

FAKTEN

HÖHE: 439 m ü.M.

SCHWIERIGKEIT: Leicht/Mittel

DAUER: 2-4 Std. eine Richtung

STARTPUNKT: Am Ende der Straße am stillgelegten Flughafen

TYP: Abwechslungsreiche Wanderung in bergigem Gelände und entlang der Küste. Meist markierter Weg

SMARAGDGRÜNES MEER: *Teilweise führt die Wanderung nach Måstad auf der Nordseite der Insel über hübsche Sandstrände*

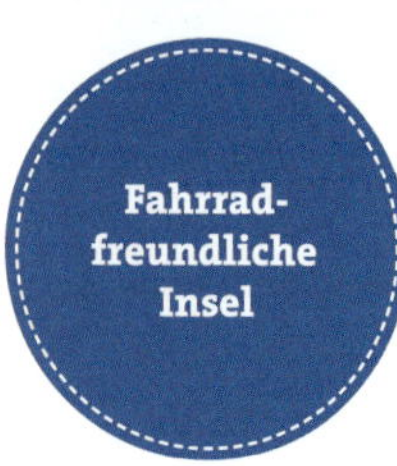

RADTOUR: SØRLAND – NORDLAND

WENIG VERKEHR: *Die Straßen auf Værøy sind ideal zum Fahrradfahren. Værøys höchster Berg, der Nordlandsnupen, ist im Hintergrund zu sehen.*

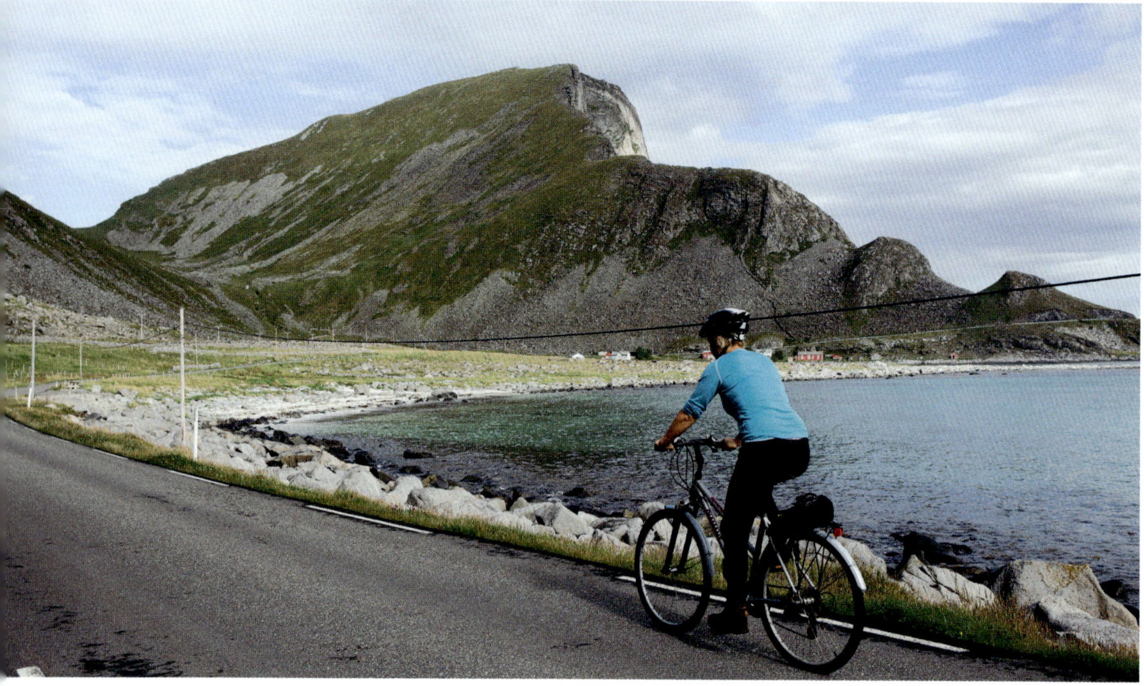

Eine Radtour zwischen Værøys beiden Gemeinden Sørland und Nordland, bietet frische Luft, spektakuläre Umgebung sowie interessante Geschichte.

Vom Fähranleger brauchen Sie nur die gute Asphaltstraße Richtung Sørland, der „Hauptstadt" von Værøy, entlangrollen. Sie kommen an der Kirche vorbei, mit einem Altargemälde von Karl Erik Harr, einem der bedeutendsten neoromantischen Künstler Norwegens. Fahren Sie weiter bis zur Kreuzung, wo ein Schild nach links in Richtung Nordland weist.

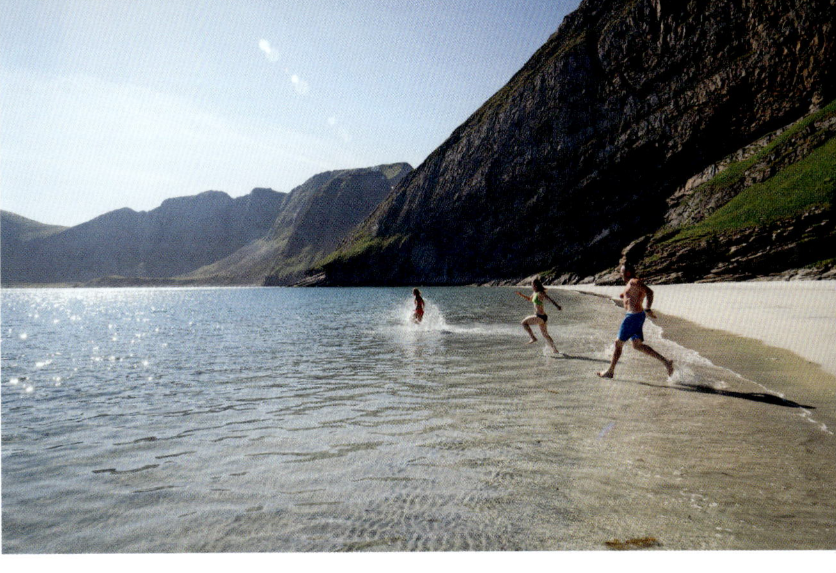

ENTLANG DER OSTSEITE DER INSEL

Von der Kreuzung aus strampeln Sie einen kleinen, steilen Hügel bis nach oben zum Gångskaret hinauf. Dann lösen Sie die Bremsen und sausen nach unten zur Bucht Breivika. Die Straße führt nun die ganze Zeit am Meer entlang und falls Sie Lust zum Schwimmen haben – es gibt reizvolle Strände.

Die Straße wendet sich bald in einer Linkskurve um die Nordspitze von Værøy Richtung Nordland, der anderen Inselgemeinde. Nach etwas mehr als einem Kilometer passieren Sie den stillgelegten Flughafen.

Nun erwarten Sie die letzten Kilometer bis zum Ende der Straße – treten Sie in die Pedale. Schöne Wiesen und weiße Strände laden zu einem erfrischenden Bad und einer langen Pause, bevor Sie den gleichen Weg zurückradeln.

DIE ALTE KIRCHE VON VÆRØY

In Nordland finden Sie die alte Kirche *Værøy gamle kirke*, die 1714 in Kabelvåg gebaut und 1799 hierher versetzt wurde. Diese hübsche, rote Holzkirche mit der schwarzen Zwiebelkuppel ist die älteste der Lofoten.

Das alte Pfarrhaus *Værøy Gamle Prestegård* dient heute als Urlauberunterkunft und bietet auch traditionelle norwegische Gerichte an (www.prestegaarden.no).

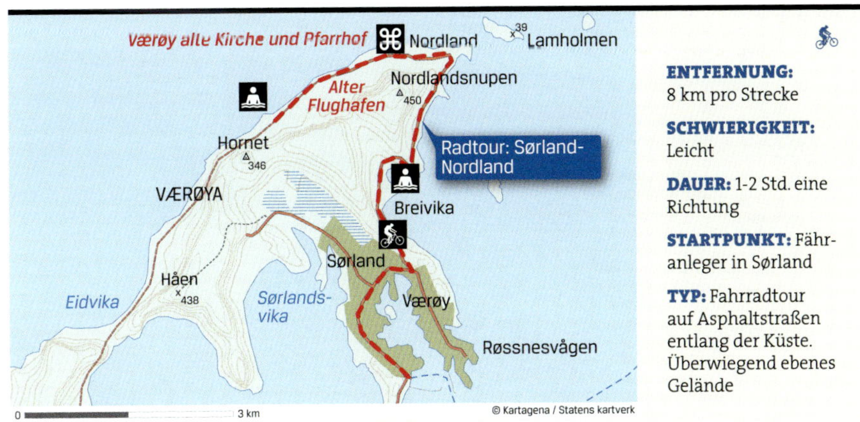

ENTFERNUNG:
8 km pro Strecke

SCHWIERIGKEIT:
Leicht

DAUER: 1-2 Std. eine Richtung

STARTPUNKT: Fähranleger in Sørland

TYP: Fahrradtour auf Asphaltstraßen entlang der Küste. Überwiegend ebenes Gelände

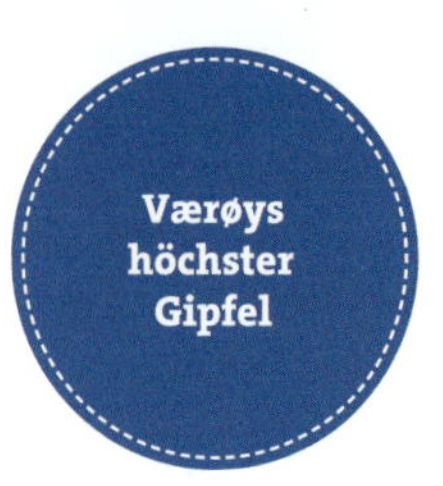

NORDLANDS-NUPEN

VÆRØY AUF DEM TABLETT: *Von der Spitze des Nordlandsnupen blicken Sie über die ganze Bergwelt Værøys*

Obwohl der höchste Berg Værøys die anderen Berge auf der Insel nicht wirklich deutlich überragt, hat man von hier aus einen schönen Blick auf die gesamte Bergkette.

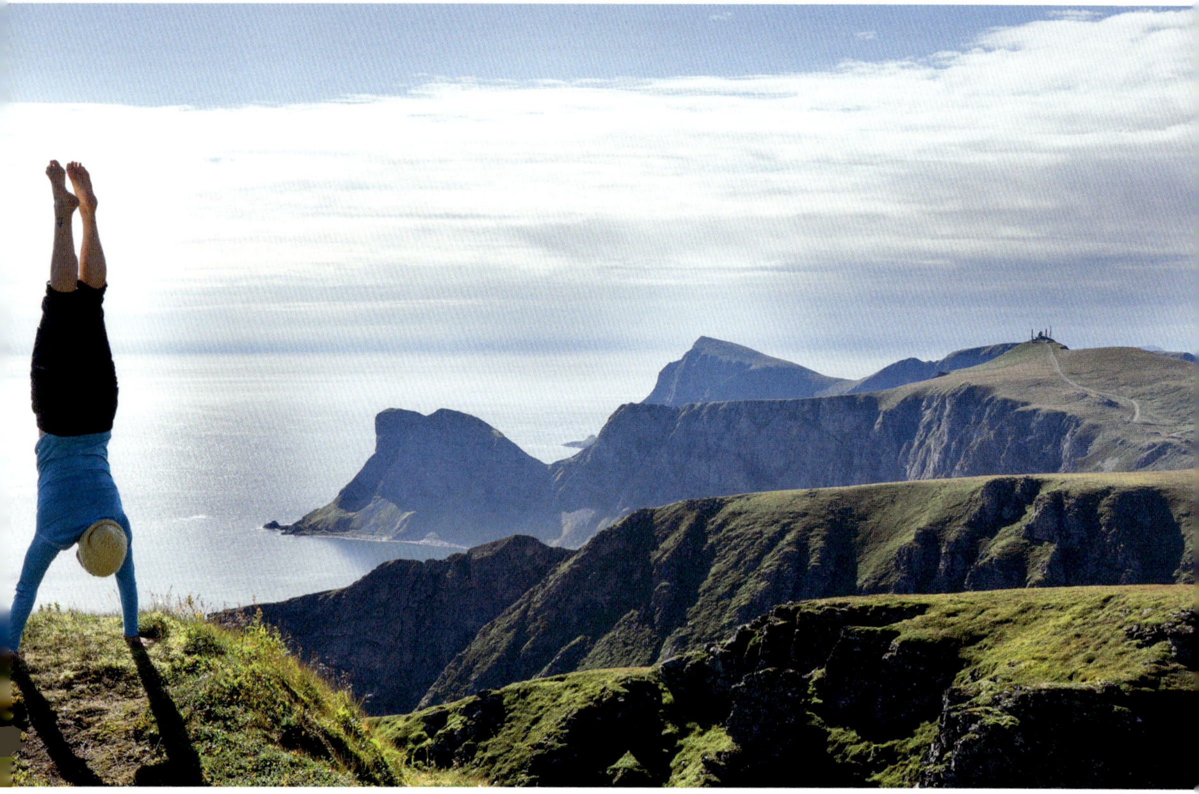

Nordlandsnupen thront im Nordosten der Insel 450 Meter über dem Meer. Der Startpunkt für die Wanderung ist die Bucht Breivika, etwa auf halbem Weg zwischen Sørland, dem Zentrum von Værøy, und dem alten Flughafen bei Nordland.

SCHÖNE AUSSICHTEN

Wo die Straße Richtung Nordland eine Rechtskurve um die Bucht Breivika beschreibt, beginnt ein kleiner Pfad, der Sie nordwestwärts über eine Wiese führt. Folgen Sie ihm das Tal Breivikdalen hinauf, das sich zwischen dem Nordlandsnupen (450 m) und dem 379 Meter hohen Berggipfel Gjerdheia erstreckt. Am Kalvskaret (176 m) knickt der Weg nach rechts und folgt dem markanten Westgrat des Nordlandsnupen. Der Berg fällt steil ab in Richtung Nordland und dem stillgelegten Flughafen. Knapp unterhalb des Gipfels, müssen Sie ein wenig nach unten gehen, bevor Sie das letzte Stück zum höchsten Punkt von Værøy kraxeln.

Vor Ihnen erstreckt sich die gesamte Lofotveggen (Lofotenwand) im Nordosten, während Sie im Südwesten über die Bergkette von Værøy bis zu den Inseln von Røst blicken.

FLUGZEUGABSTURZ

Værøy bekam im Jahre 1986 einen eigenen Flughafen und es gab große Uneinigkeit darüber, wo der Flughafen erbaut werden sollte. Die Landebahn liegt knapp unterhalb einer steilen Bergflanke, wo oft starke Fallwinde herrschen. Ein furchtbarer Absturz im April 1990 mit tödlichem Ausgang gab leider den Skeptikern recht. Der Flughafen wurde sofort geschlossen und stattdessen ein Hubschrauberlandeplatz bei Tabbisodden, im Süden der Insel, errichtet. Seitdem gibt es täglich Hubschrauberflüge von und nach Bodø.

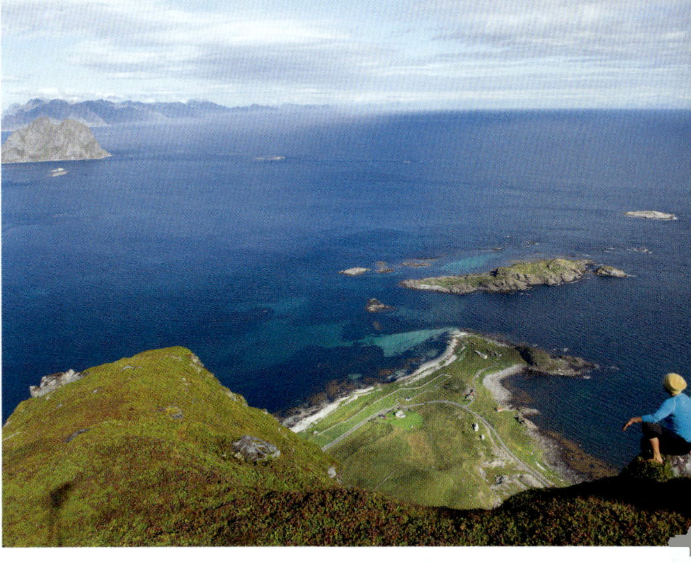

GUTE ÜBERSICHT: *Richtung Nordosten sehen Sie die Insel Mosken und einen Teil der Lofoten-Wand (Lofotveggen)*

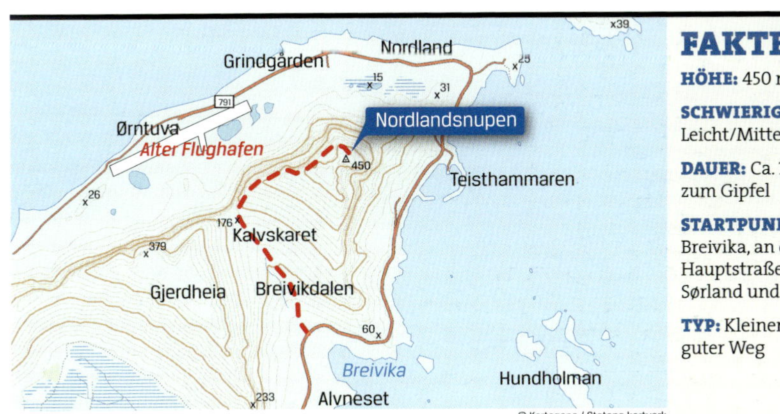

FAKTEN

HÖHE: 450 m ü.M.

SCHWIERIGKEIT: Leicht/Mittel

DAUER: Ca. 1 Std. bis zum Gipfel

STARTPUNKT: Breivika, an der Hauptstraße zwischen Sørland und Nordland

TYP: Kleiner, aber guter Weg

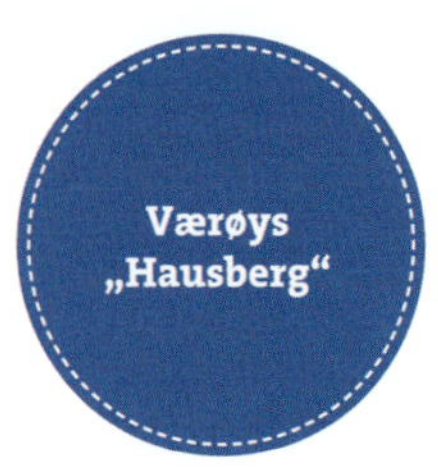

HÅEN

AUSSICHTSPUNKT:
Vom Håen, schauen Sie auf den Berg Måhornet und den verlassenen Ort Måstad

Eine Tour auf den Håen oder „NATO-Berg", wie er auch genannt wird, bietet ein gutes Training und eine wunderbare Aussicht.

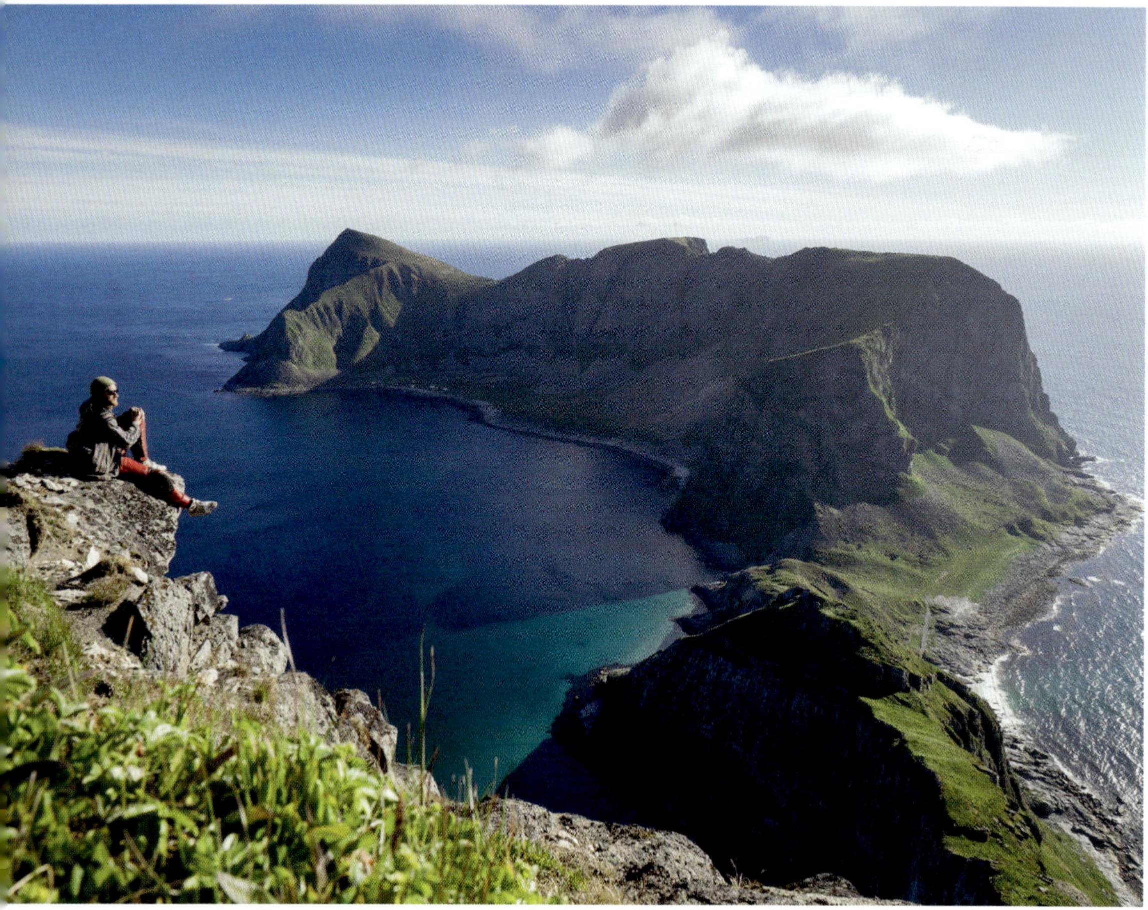

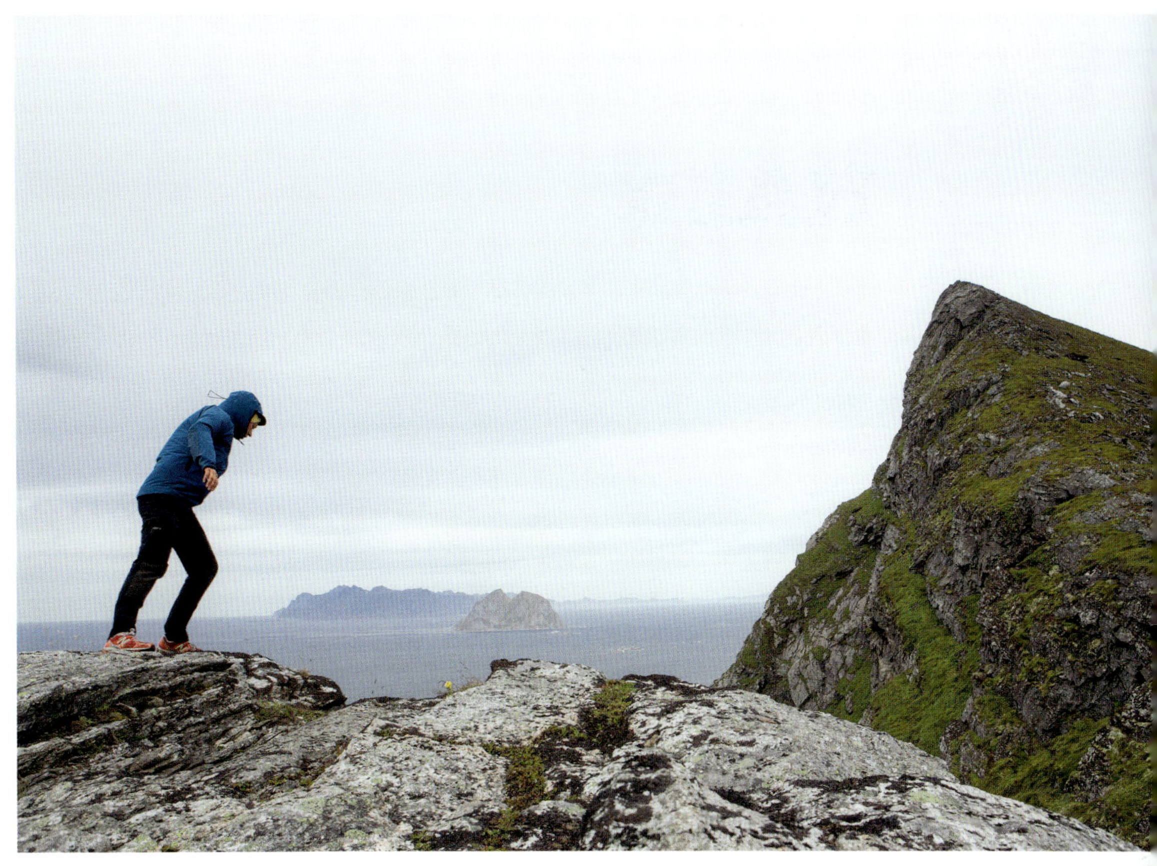

SEHR STEIL: Am Pass zwischen Håen und Hornet geht es auf der Nordseite der Insel steil hinunter zum Meer

Der Håen (438 m) liegt mitten auf Værøy, genau zwischen den beiden anderen markanten Bergen und ist in etwa so hoch wie der Nordlandsnupen (450 m) im Norden und der Måhornet (439 m) im Süden.

Der massive Håen erhebt sich aus der flachen Landschaft nur wenige Kilometer von Sørland, dem Zentrum der Insel. Beginnen Sie die Tour am beleuchteten Weg (Ski-Loipe) westlich von Sørland. Folgen Sie dem guten Weg, der sich im Zickzack in der Mitte des Tals hinaufzieht. An einigen Stellen verläuft der Wanderweg auf der Asphaltstraße, aber man kann auch, um etwas weicher zu gehen, am Straßenrand entlanglaufen.

SCHÖNE AUSSICHT RICHTUNG MÅSTAD

Bald kommt man an einen Pass mit einem fantastischen Blick auf den nordwestlichen Teil der Insel und das Meer. Machen Sie einen Abstecher hoch zum Hornet (346 m), bevor Sie vom Pass weiter dem schönen Berggrat Richtung Südwesten zur NATO-Station folgen. Die Wegführung ist die ganze Zeit gut.

Gehen Sie an der Anlage vorbei zu einem kleinen Aussichtspunkt. Von hier haben Sie einen herrlichen Blick Richtung Måstad und den tollen Sandstrand Pund-Sand oder "Puinn Sanden", wie die Einheimischen ihn nennen. Der beste Weg, um zu dem abgelegenen Strand zu gelangen, ist mit dem Boot.

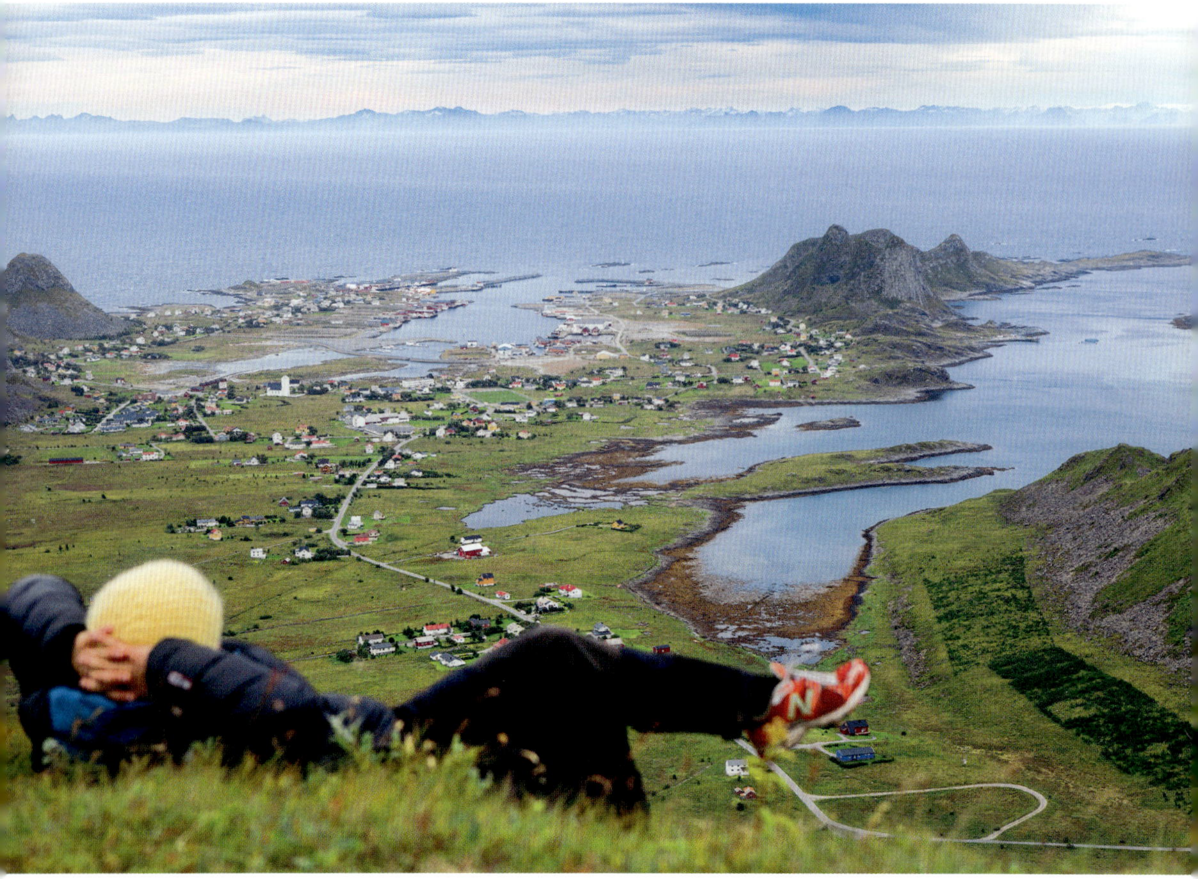

ZENTRAL: *Auf dem Weg zum Håen haben Sie einen tollen Blick auf Værøys «Haupststadt», Sørland*

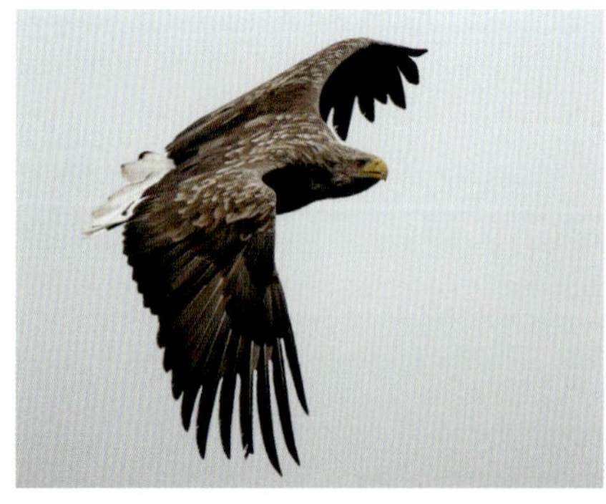

KÖNIG DER LÜFTE: *Als größter Greifvogel Nordeuropas beeindruckt der Seeadler jeden. Bis er 1968 unter Schutz gestellt wurde, gab es auf Værøy Adlerfänger.*

Auf dem Rückweg vom Håen können Sie zunächst dem kleinen Weg parallel zum Natoveien folgen, der später nach Osten den Hang hinunter zur Asphaltstraße führt. Sie kommen auf den Hauptweg und beenden die Tour wieder auf der beleuchteten Ski-Loipe.

ADLERFÄNGERLÖCHER

An der Straße zur NATO-Station, wo der Natoveien nach steilen Kurven wieder gerade verläuft, kann man alte Adlerfängerlöcher im Geröll entdecken. Siehe mehr dazu Seite 179.

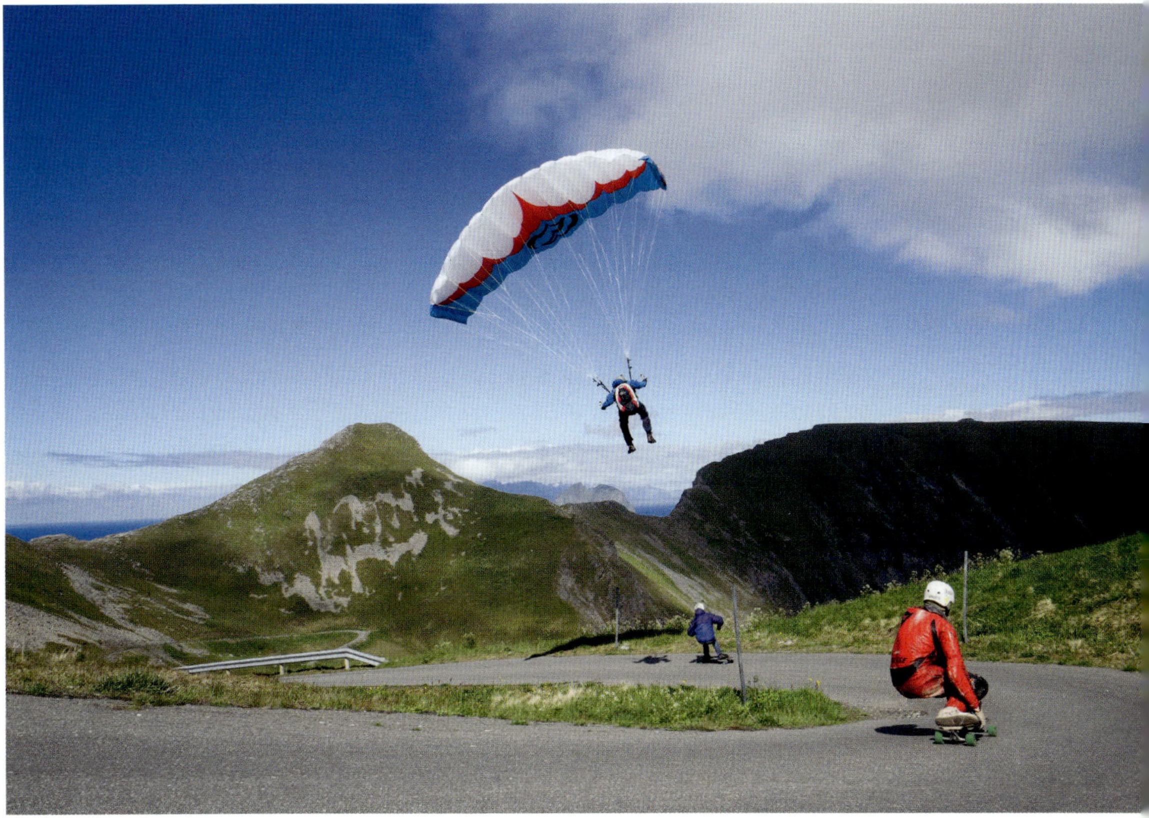

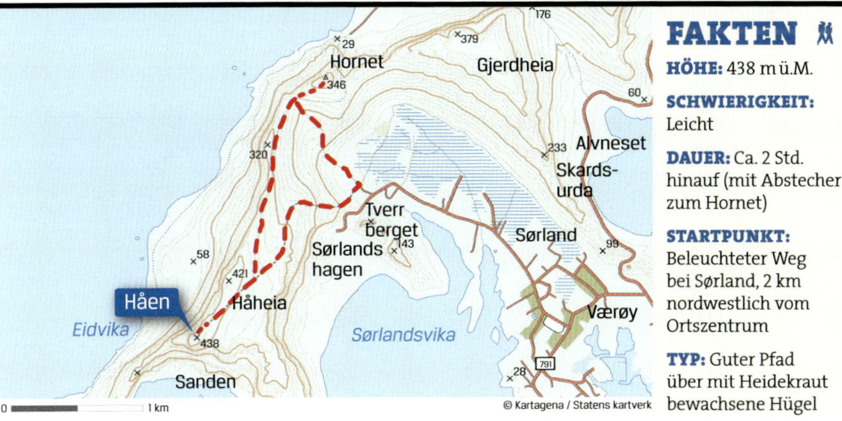

FAKTEN

HÖHE: 438 m ü.M.

SCHWIERIGKEIT: Leicht

DAUER: Ca. 2 Std. hinauf (mit Abstecher zum Hornet)

STARTPUNKT: Beleuchteter Weg bei Sørland, 2 km nordwestlich vom Ortszentrum

TYP: Guter Pfad über mit Heidekraut bewachsene Hügel

OPTIONEN: *Es gibt viele Wege um vom Håen runter zu kommen!*

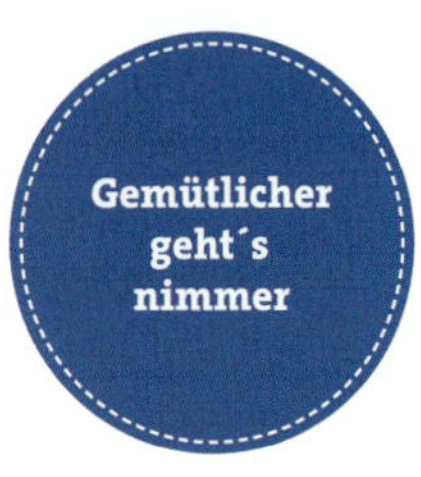

RADFAHREN AUF RØST

HISTORISCHES VIBE:
Die alte Steinkirche von 1839 bietet vor dem Meer eine romantische Kulisse

Røstlandets höchster Punkt bringt es auf 11 Meter. Mit anderen Worten – Steigungen gibt es nicht, wenn Sie sich zur Fahrradtour auf die 12 Kilometer lange Inselstraße aufmachen.

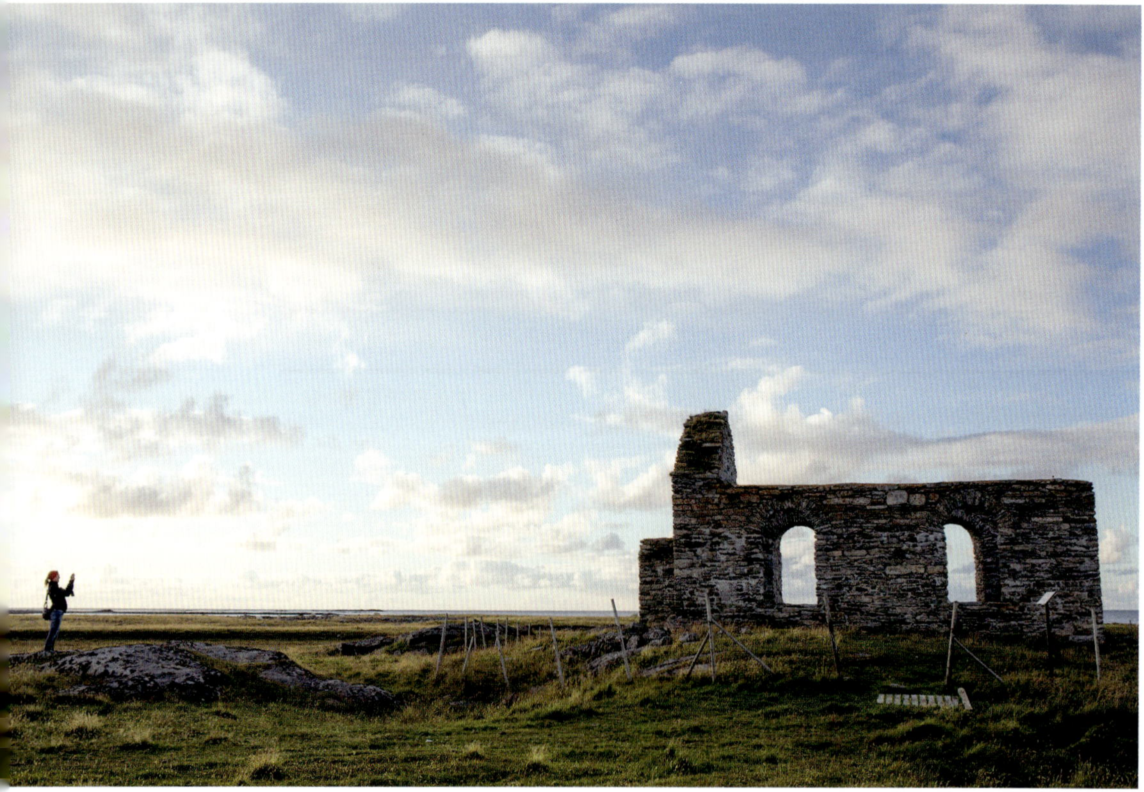

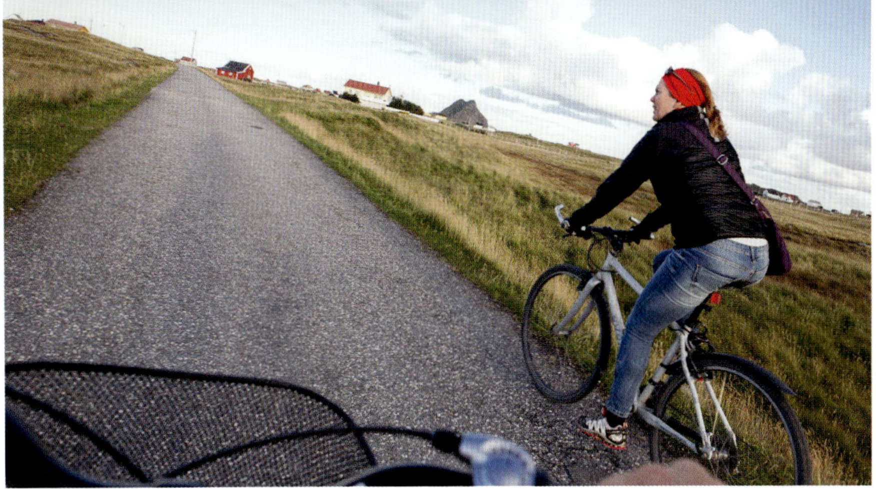

FAHRRAD-FREUNDLICH: *Røst hat nur 12 km Straße. Es macht Spass, auf der weit draußen im Meer gelegenen Insel herumzuradeln.*

Beginnen Sie die Tour am Fähranleger von Røst und fahren Sie entlang der Straße, die auf der Südseite von Røstlandet nach Nordosten führt. Sie radeln direkt hinter dem Hafen entlang, wo es mehrere Übernachtungsmöglichkeiten, eine Kneipe, Restaurants und eine Galerie gibt.

Gegenüber des Sunds blicken Sie auf Kårøya, wo man urig übernachten kann. Den Gästen steht hier sogar kostenlos ein eigenes Ruderboot zur Verfügung, um über den Sund auf die Hauptinsel zu kommen.

ALTE KIRCHE UND RUINEN

Durch den Ort geht es zur 1899 erbauten Kirche, die über ein Altarbild aus dem Jahre 1520 verfügt, das von Prinzessin Elisabeth der Niederlande nach Rettung aus Seenot gestiftet wurde. Dann biegen Sie an der Kreuzung bei der Kirche nach links und folgen der Straße direkt in den Norden von Røstlandet. Fast am Ende, wenige hundert Meter vor dem Flughafen, gelangen Sie zu einem Friedhof. Fahren Sie vor dem Friedhof rechts ab und folgen Sie der Straße in einem großen Bogen, um den Rest der Insel zu besichtigen.

Nach wenigen hundert Metern fällt Ihr Blick links auf die Ruine einer alten Steinkirche. Sie wurde im Jahre 1839 eingeweiht, nachdem der Vorgängerbau in einem schweren Sturm zerstört wurde. Auch diese Kirche stand nicht lange – schon 1901 wurde sie auf königliche Verfügung abgerissen, weil sie zu klein war. Entlang der Küste kommt man zurück zum Ausgangspunkt.

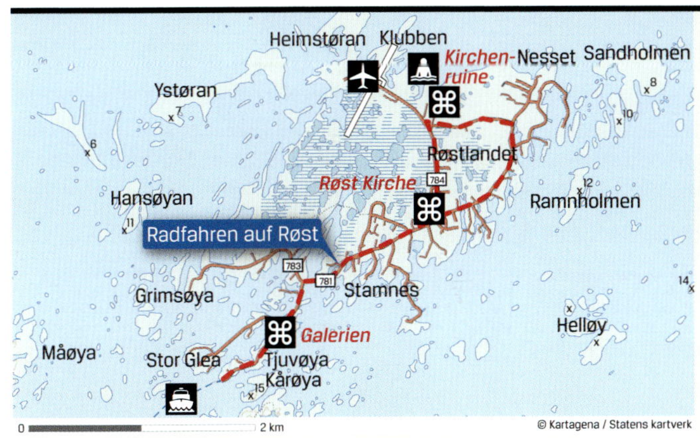

FAKTEN

ENTFERNUNG:
8 km Rundtour

SCHWIERIGKEIT:
Leicht

DAUER:
Sie entscheiden

STARTPUNKT:
Zentrum von Røst

TYP: Fahrradtour auf Asphalt- und Schotterstraßen im ebenen Gelände

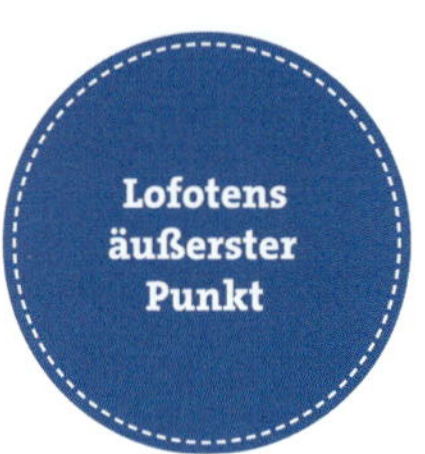

BOOTSTOUR ZU DEN INSELN VON RØST

MARKANT: *Trenyken ist leicht zu erkennen an seinen drei auffälligen Gipfeln Spjuten, Steigen und Breidnyken*

Auf den Lofoten ist eine Bootsfahrt zu den Vogelfelsen und zum Leuchtturm von Skomvær ein gut verbrachter Sommertag. Wenn Sie in der Winterzeit hier sind, können Sie die traditionsreiche Lofotenfischerei hautnah erleben.

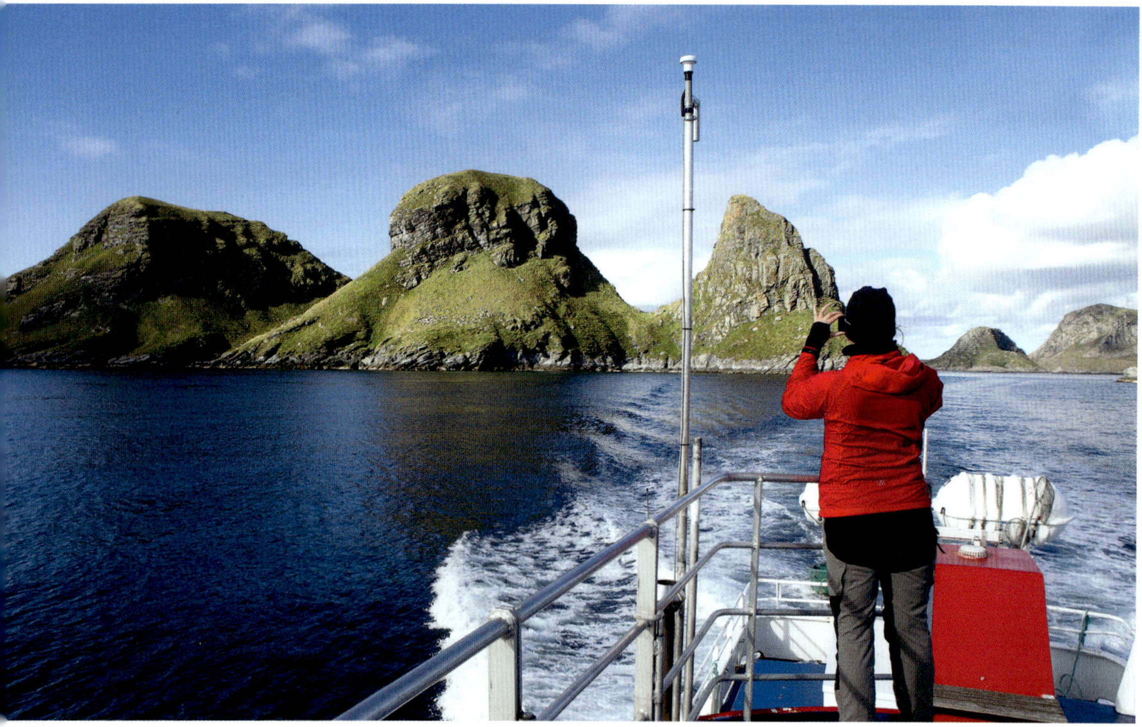

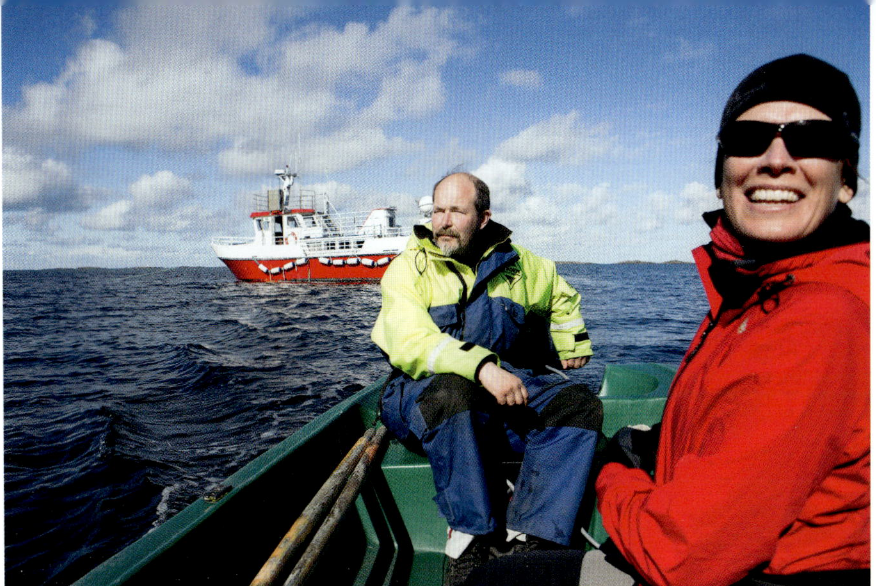

AUFS MEER HINAUS: *Mit einem kleinen Boot können Sie Vedøya besuchen*

Die geführten Bootsfahrten starten vom Hafen in Røstlandet und umrunden den Leuchtturm von Skomvær, Lofotens äußerster Punkt. Welche Inseln Sie besuchen werden, ist abhängig vom Wetter, Wind, Jahreszeit, Anzahl der Gäste, etc.

Diese Beschreibung folgt somit keinem festen Muster, gibt aber Informationen über die Orte, die Sie besuchen oder vom Boot aus sehen können. Kontaktieren Sie zuvor die Tourist-Info, um aktuelle Informationen zu den jeweiligen Bootsfahrten zu erhalten.

NATUR UND KULTUR

Vedøya ist die erste Insel zu der Sie im Südwesten kommen, wenn Sie von Røstlandet mit dem Boot ablegen. Oben auf der Wiese an der Nordseite, befindet sich das Kunstwerk „Il Nido" oder „Das Nest" von Luciano Fabro. Das Kunstwerk aus Carraramarmor erinnert an die Ursprünge allen Lebens. Vedøyas höchster Punkt liegt 204 Meter über dem Meeresspiegel und es gibt auf der Insel einige kleine, lohnende Wanderwege.

Die nächste Insel auf der Perlenkette ist Storfjellet, die den Røstøyens beherbergt, mit 259 Metern der höchste Berg der Inselwelt.

Es folgen die Inseln Sandøya und Ellevsyken, bevor das kultische Trenyken auftaucht. Trenyken hat drei nebeneinanderliegende Gipfel: Spjuten, Steigen und Breidnyken. Versteckt inmitten des mittleren Berges liegt die 100 Meter lange Höhle mit dem Namen „Helvetet" oder „Hölle". Sie beherbergt Höhlenmalereien und die Überreste von Seehunden, aus der Zeit um 1.500 vor Christus. ACHTUNG: Wegen nistender Vögel gilt ein Betretungsverbot der Insel zwischen dem 15. April und dem 15. August!

Weiter draußen im Meer liegt Hærnyken und dahinter eine Reihe von Schären und Klippen, auf denen oft Kormorane sitzen, um ihre Flügel zu trocknen.

Dann kommen Sie zum Leuchtturm von Skomvær, dem Ort, der am weitesten draußen auf den Lofoten liegt.

DER LEUCHTTURM VON SKOMVÆR

15 Kilometer südwestlich von Røstlandet steht der 1887 erbaute und 31,7 Meter hohe Leuchtturm *Skomvær fyr*. Bis er im Jahre 1978 automatisiert wurde, lebten hier ununterbrochen Menschen. Viele bekannte Künstler haben den Turm besucht, unter ihnen auch der Künstler Theodor Kittelsen, bekannt geworden durch seine illustrativen Naturdarstellungen von Märchen- und Sagengestalten. Er lebte hier sogar für zwei Jahre.

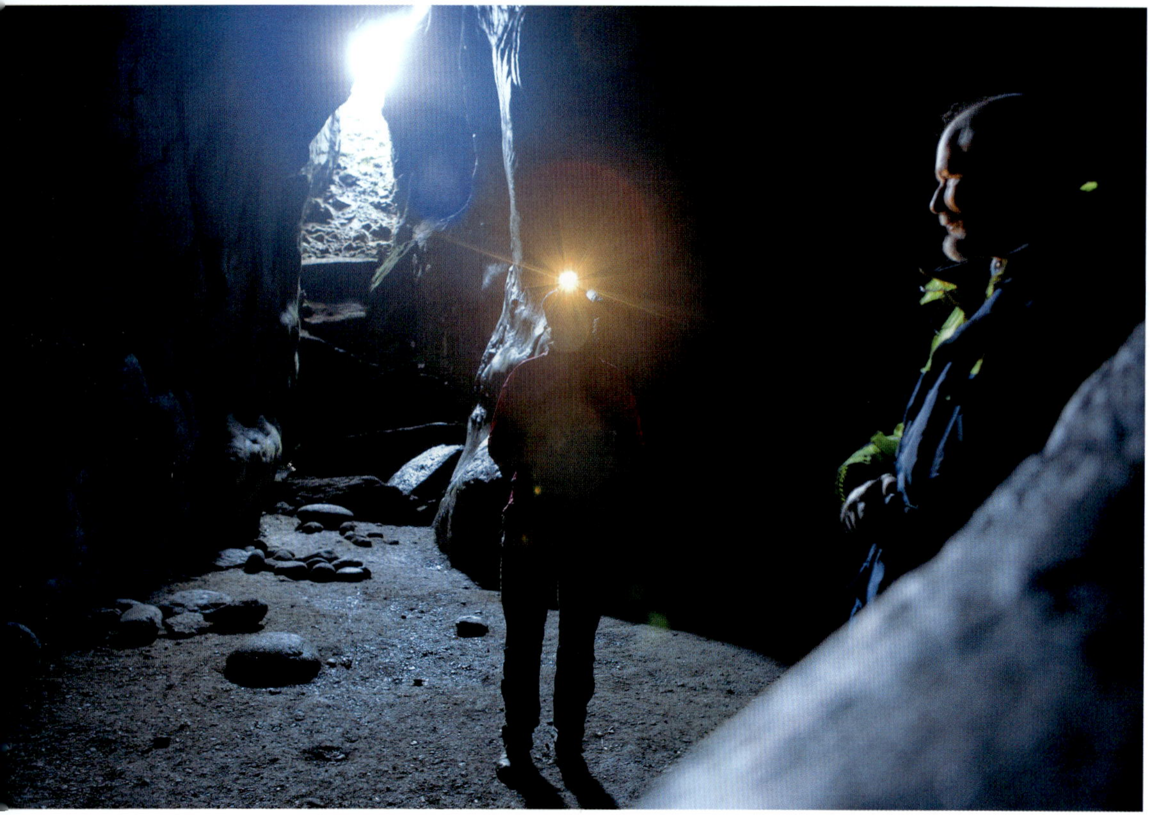

«HELVETET» ODER «HÖLLE»: *Auf Trenyken finden Sie die große Höhle, wo Höhlenmalereien und Knochen aus der Zeit um 1500 vor Christus zu bestaunen sind*

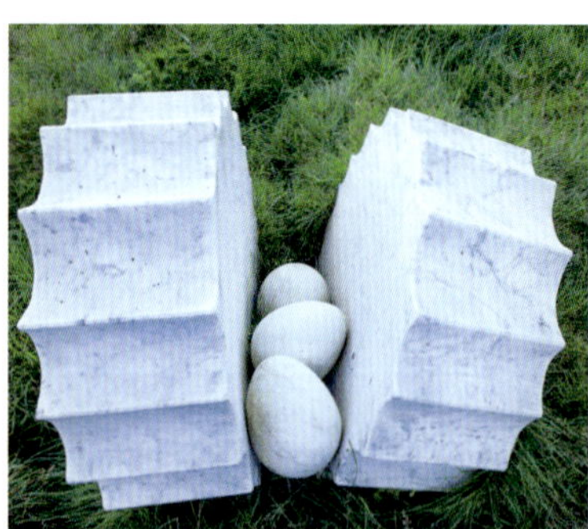

SKULPTURLANDSCHAFT NORDLAND: *Die Kunstinstallation "Il Nido" steht auf einem Grashügel auf der Insel Vedøya, wo sie eines Tages von der Natur "verschluckt" wird*

LANDSCHAFTSKUNST

Auf einem grasbewachsenen Hang auf Vedøya, finden Sie das Kunstwerk „Il Nido" oder „Das Nest". Zwischen zwei marmornen Scheiben einer Säule liegen drei Marmoreier – Symbole vergangener Größe und Ursprung mit Chance für einen Neuanfang.

Der italienische Künstler Luciana Fabro wollte die Skulptur ursprünglich unerreichbar auf einem Berg platzieren oder sie auf den Meeresboden versenken. Die Leute von Røst wollten sie stattdessen auf der Hauptinsel sichtbar lassen. Als Kompromiss wurde die Skulptur, nachdem sie ein Jahr auf Røstlandet stand, nach Vedøya gebracht – einigermaßen unerreichbar, aber machbar für jene, die wirklich interessiert sind. Die Installation ist Teil der Skulpturlandschaft Nordland. Siehe Seite 234.

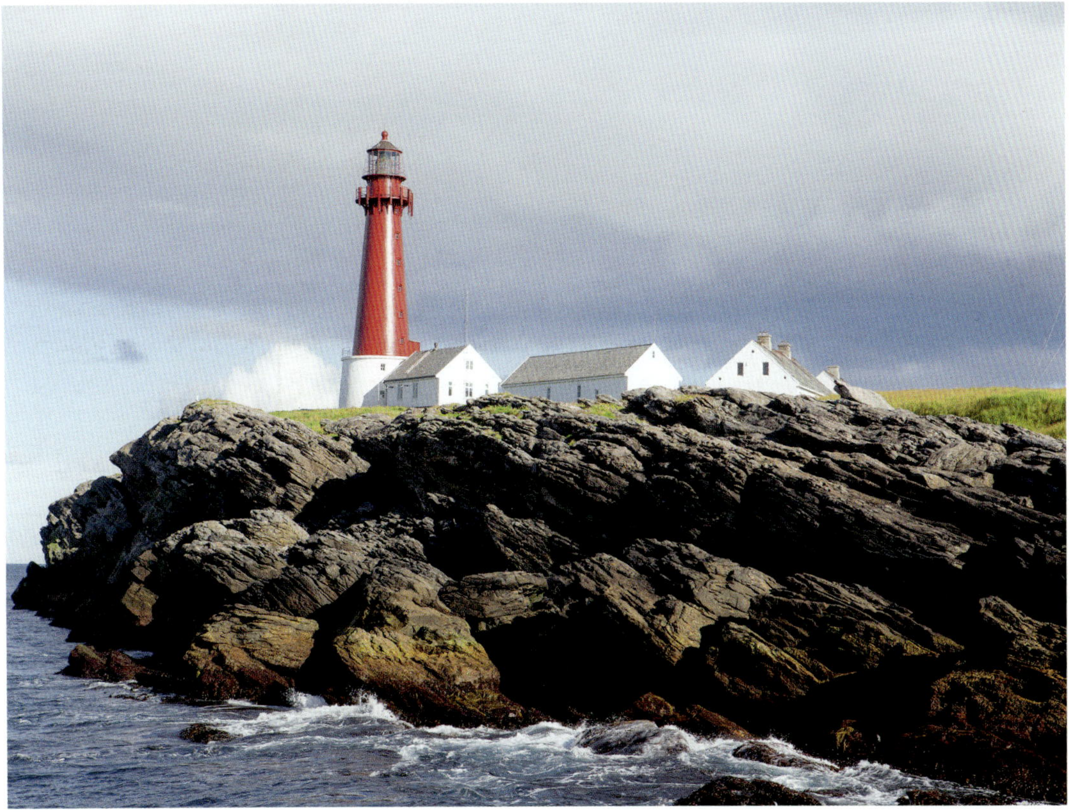

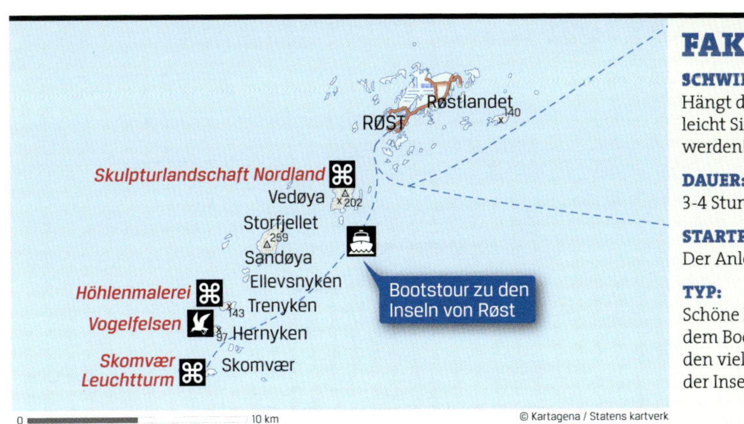

FAKTEN

SCHWIERIGKEIT:
Hängt davon ab, wie leicht Sie seekrank werden!

DAUER:
3-4 Stunden

STARTPUNKT:
Der Anleger in Røst

TYP:
Schöne Rundtour mit dem Boot zwischen den vielen „Perlen" der Inselgruppe

ABGELEGEN: *Am weitesten draußen auf den Lofoten liegt der Leuchtturm Skomvær fyr*

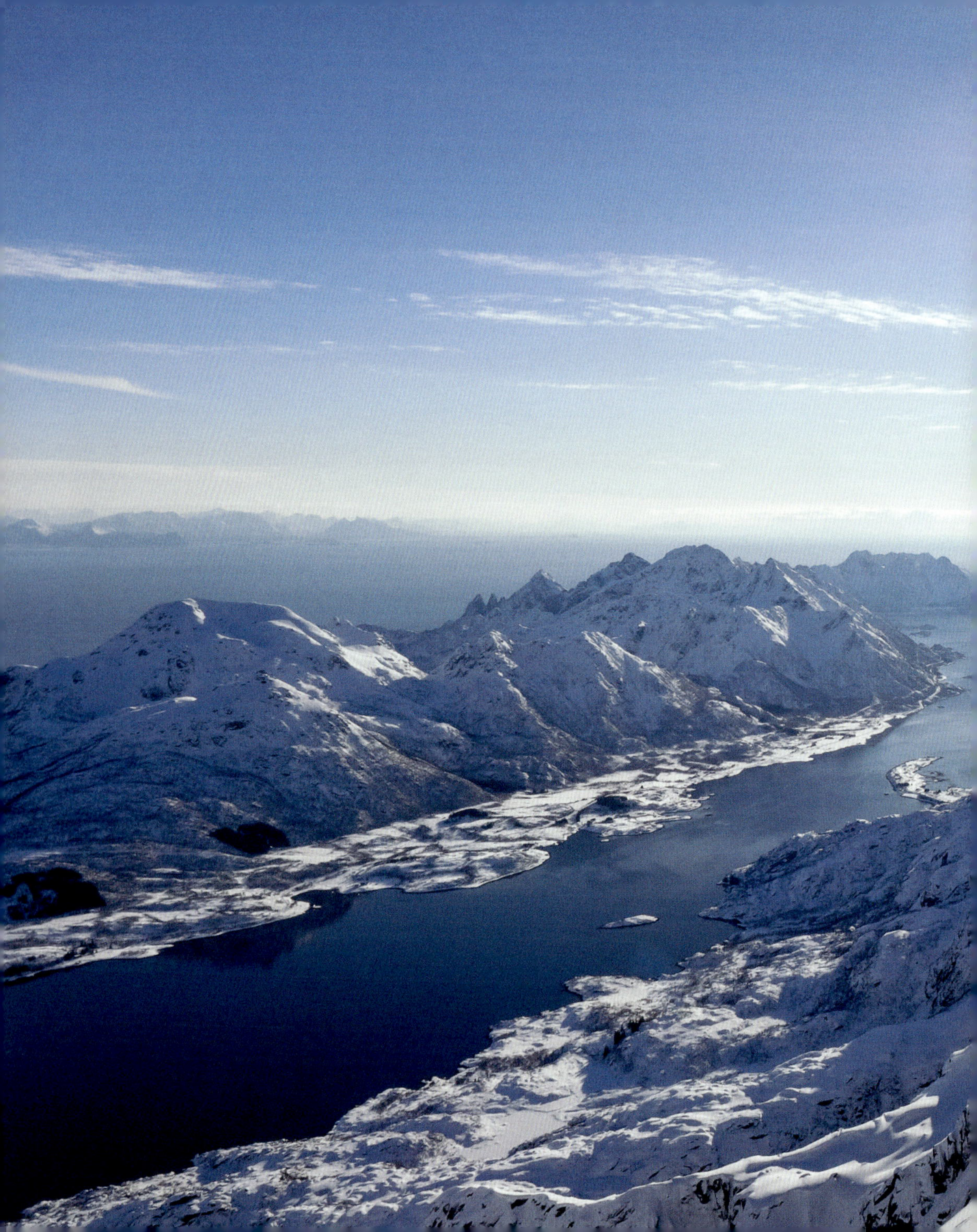

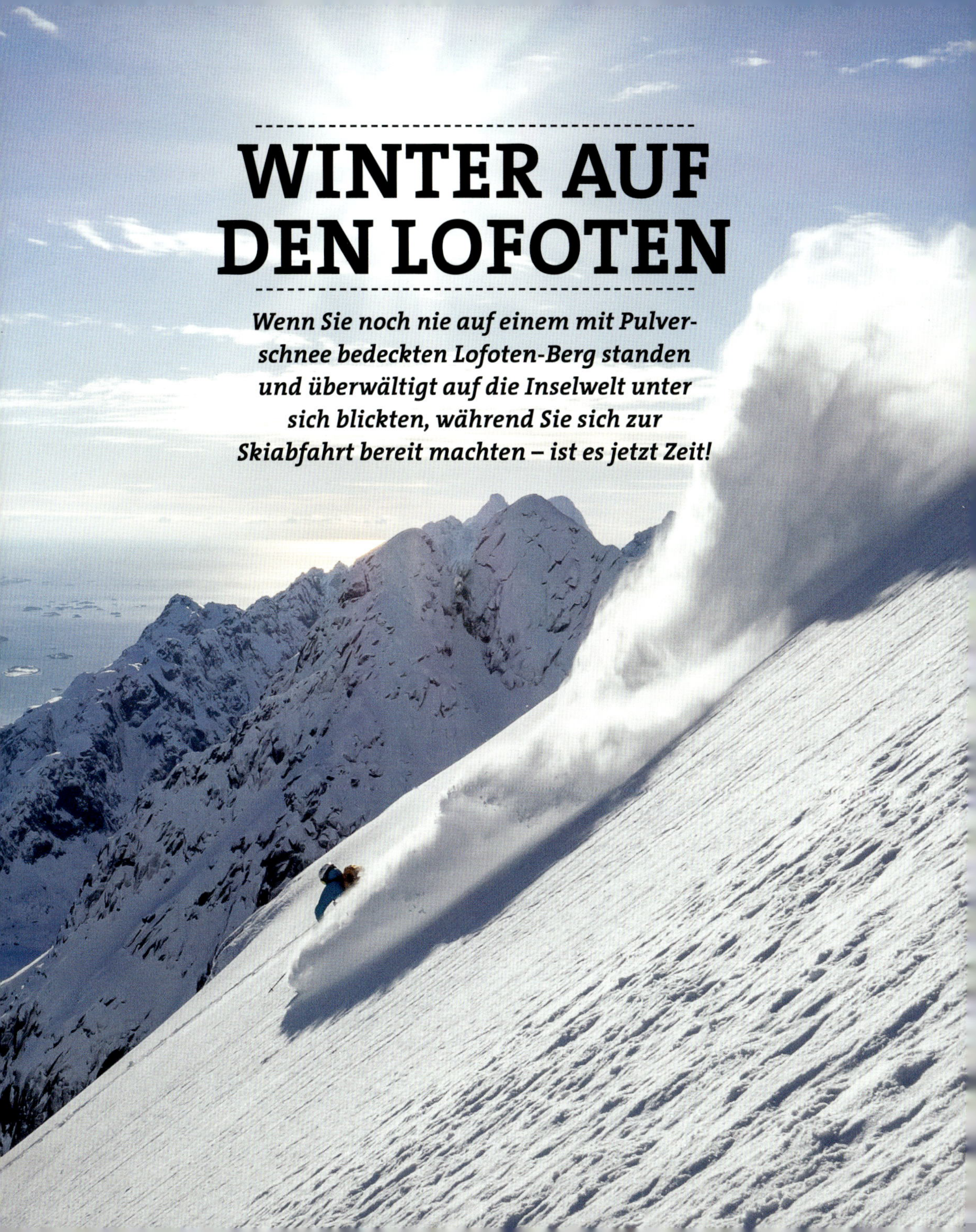

WINTER AUF DEN LOFOTEN

Wenn Sie noch nie auf einem mit Pulverschnee bedeckten Lofoten-Berg standen und überwältigt auf die Inselwelt unter sich blickten, während Sie sich zur Skiabfahrt bereit machten – ist es jetzt Zeit!

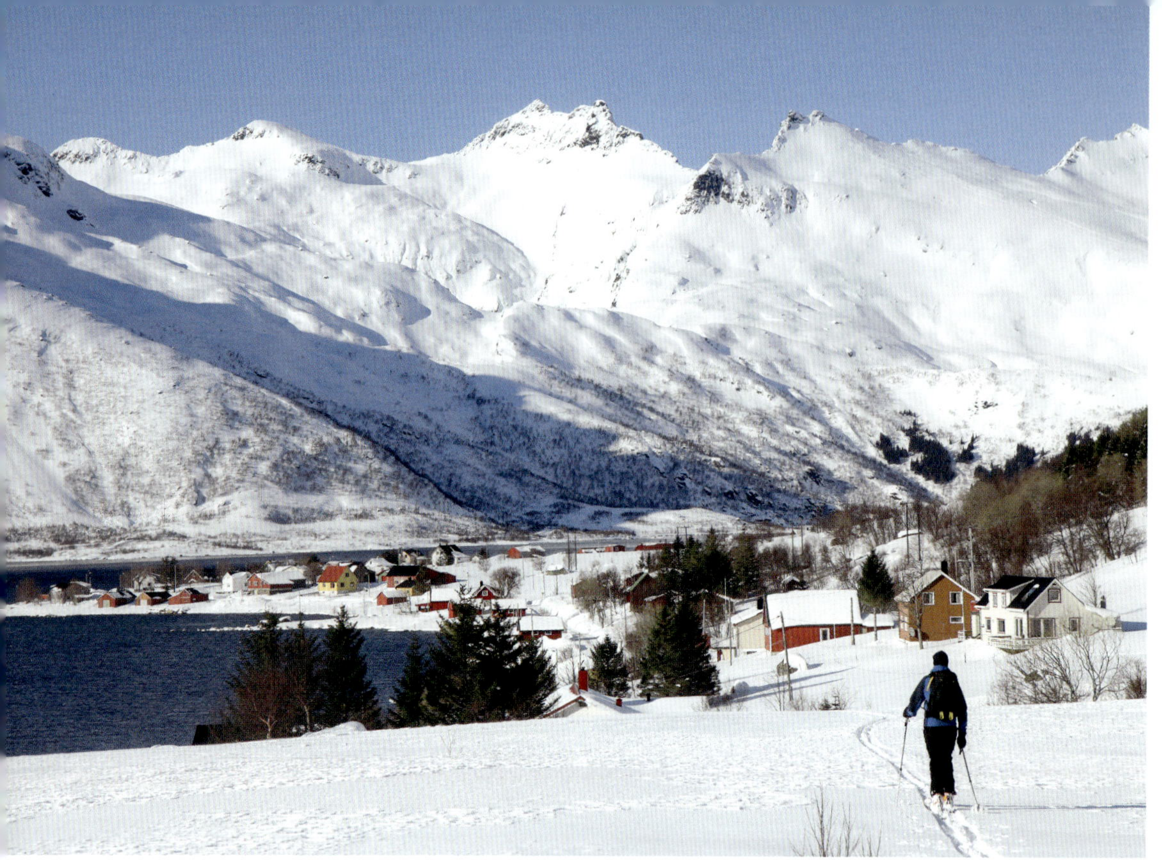

WINTER-WUNDERLAND: *Auf dem Weg nach Liland, nach der Abfahrt über die Ostflanke des Geitgaljen*

SKITOURENGEHER VERLIEBEN SICH IN DIE LOFOTEN

Gute Erreichbarkeit, magisches Licht, alpine Berge, die ins Meer tauchen, und eine spektakuläre Aussicht machen die Lofoten zu einem außergewöhnlichen Ziel für Skitouren. Skifahren auf diesem herrlichen Archipel ist ein Erlebnis, das Sie nie vergessen werden.

Es gibt keinen Zweifel, dass die Lofoten zu einem immer beliebteren Gebiet für Skifahrer werden. Im Laufe des Winters – der in einer guten Saison von November bis Mai dauern kann – finden Ski-Fans aus Norwegen und von weit her den Weg in den 68. Grad nördlicher Breite. Dieser Anstieg an Popularität sowie die Aufmerksamkeit in den Medien, Freeriding-Wettbewerbe und Skitouren-Treffen sorgen dafür, dass zur Saison-Mitte jede Menge Leute in den Bergen sein können. Kein Grund abgeschreckt zu sein; die Inseln bestehen schließlich fast nur aus Bergen und es ist für jedermann möglich, ungespurten Schnee zu finden.

Da die Lofoten Küstenklima haben, müssen Sie auf milde Wetterperioden eingestellt sein, wo es mitten im Winter selbst in höheren Lagen regnen kann. Planen Sie einige zusätzliche Urlaubstage ein und drücken Sie die Daumen für Pulverschnee und klares Wetter. Die Hauptsaison für Skifahrer ist von Februar bis April.

HEUERN SIE EINEN SKIFÜHRER AN

Auf den Lofoten ist das Skifahren für beide möglich – sowohl für erfahrene Skifahrer als auch diejenigen, die ganz frisch dabei sind. Unabhängig davon, ist es eine gute Idee, an einer geführten Tour teilzunehmen.

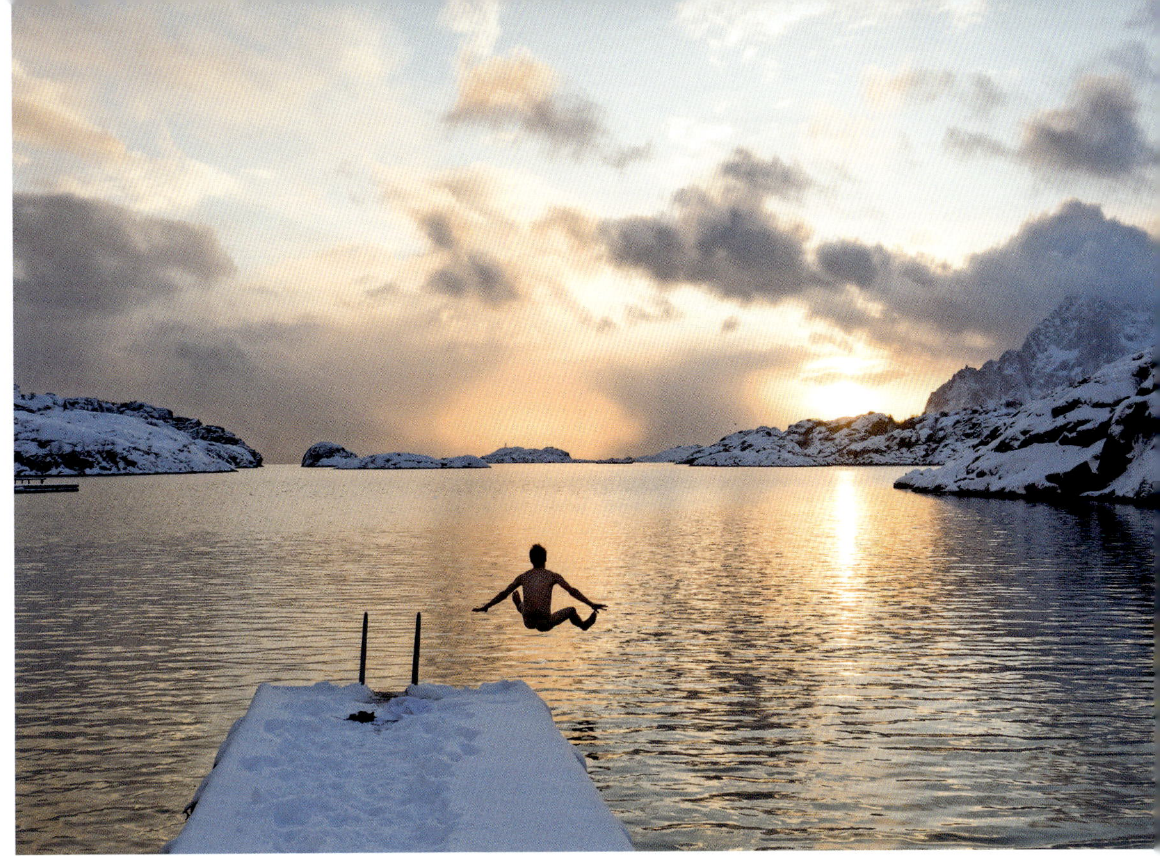

EISKALTE LANDUNG: *Nicht denken, springen!*

Sowohl *Nordnorsk Klatreskole* in **Henningsvær** als auch *Northern Alpine Guides* in **Kalle** (und Kabelvåg) bieten Führungen und Lawinenkurse an.

Reine Adventure in **Reine** fahren mit dem Boot zur Skitour und *Northern Alpine Guides* bieten die Kombitour "Ski & Segeln".

Ein lokaler Tourenführer gibt Ihnen viel Wissen, Effizienz und Sicherheit – und hoffentlich Zugang zum besten Schnee.

TOURENVORSCHLÄGE

Eine Fülle von Skitouren-Optionen sind Ihnen auf den Lofoten sicher. Die Berge auf Austvågøy sind die beliebtesten, nicht zuletzt, weil man hier die stabilsten Schneebedingungen findet. Auch andere Orte auf den Lofoten bieten attraktive Alternativen; beispielsweise Himmeltinden auf Vestvågøy, Stornappstind auf Flakstadøy oder Lilandtinden auf der Landspitze Akkarvikodden auf Moskenesøy.

In diesem Kapitel erhalten Sie einen kleinen Vorgeschmack auf die beliebtesten Touren von Austvågøy. Die vier ausgewählten Skitouren unterscheiden sich voneinander in Bezug auf Höhe, Steilheit und Geländetyp. Doch was sie alle gemeinsam haben – sie werden Dir den Atem rauben.

God tur!

DER UMFASSENDE SKI-TOURENFÜHRER

Wenn Sie eine detaillierte Übersicht über alle machbaren Skitouren auf den Lofoten bekommen wollen, empfehle ich Ihnen das Buch *„Lofoten – Skiing in the Magic Islands“* von *J. Dahlstrup & Th. Enevold*. Es ist ein kompletter und guter Ratgeber für die Gegend.

SKITOUREN VERANSTALTER

__WINTERSPASS:__ Die Lofoten haben Berge für jeden Geschmack. Hier, der etwas anspruchsvollere Gipfel des Trollsadelen.

- **Nordnorsk Klatreskole** in Henningsvær (mit Café und Zimmervermietung), Misværveien 10, Tel. +47 905 74 208, www.nordnorskklatreskole.no
- **Northern Alpine Guides** in Kabelvåg (betreiben auch die Lofoten Ski Lodge in Kalle), Tore Hjorts gate 17, Tel. +47 942 49 110, www.alpineguides.no
- **Reine Adventure** in Reine (diverse Skitouren, sogar von einem alten Fischerboot aus, auf dem 10 Personen schlafen können), Tel. +47 932 14 596, www.reineadventure.com

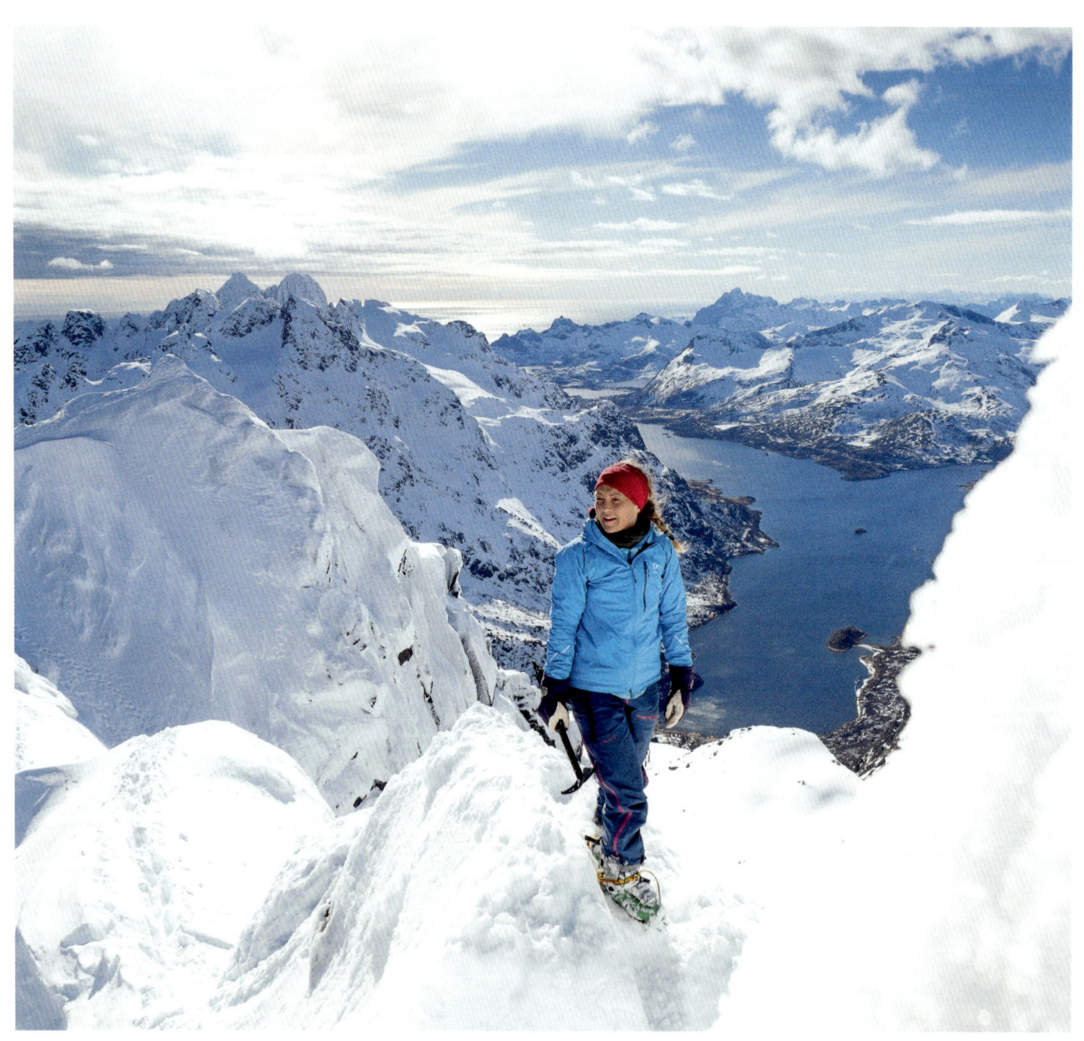

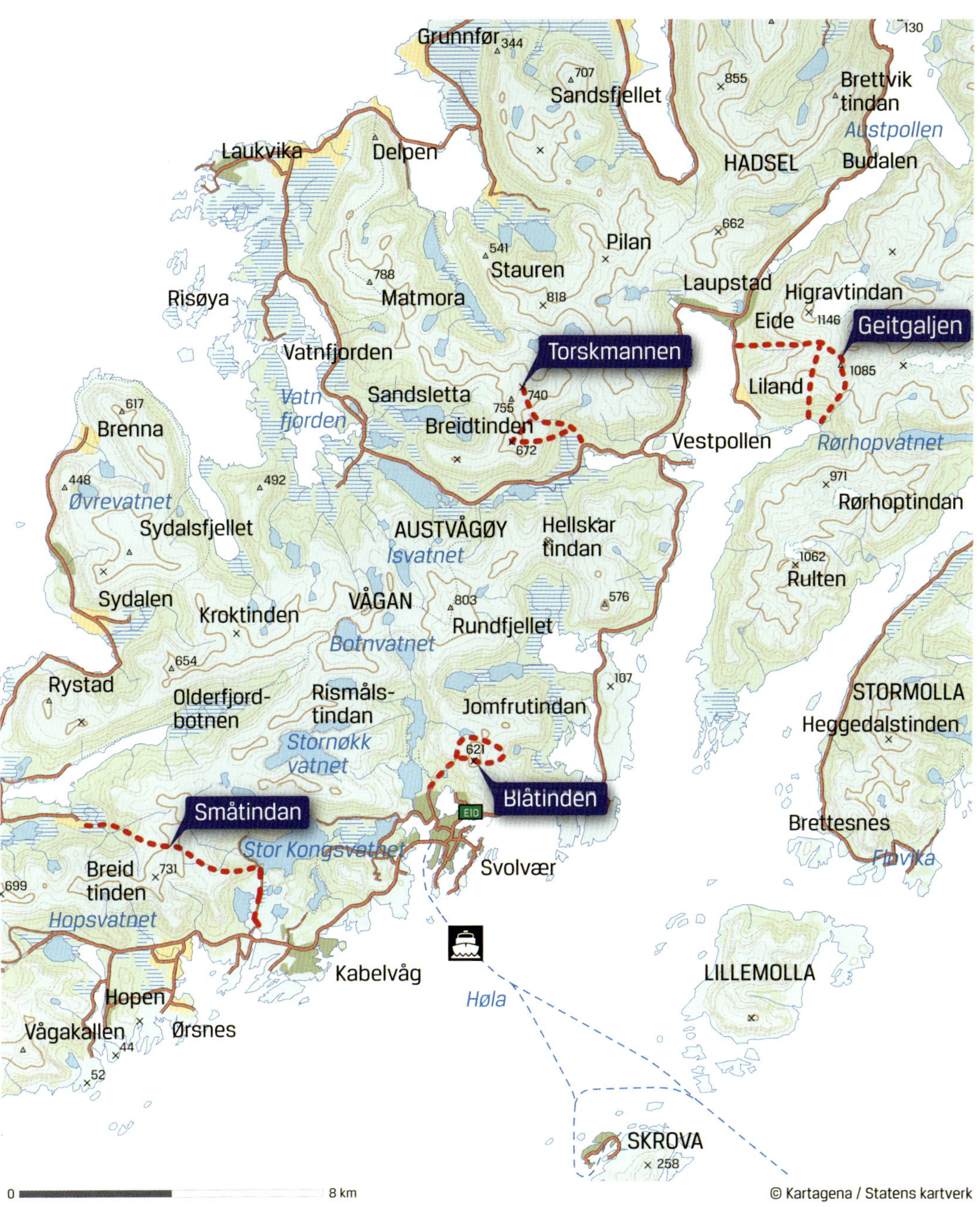
Grunnfør
Sandsfjellet
Brettvik tindan
Austpollen
Laukvika
Delpen
HADSEL
Budalen
Pilan
Stauren
Matmora
Risøya
Laupstad
Higravtindan
Eide
Geitgaljen
Torskmannen
Vatnfjorden
Liland
Vatn fjorden
Sandsletta
Breidtinden
Vestpollen
Rørhopvatnet
Brenna
Rørhoptindan
Øvrevatnet
Sydalsfjellet
AUSTVÅGØY
Hellskar tindan
Isvatnet
Rulten
Sydalen
Kroktinden
VÅGAN
Rundfjellet
Botnvatnet
Rystad
Olderfjord-botnen
Rismåls-tindan
Jomfrutindan
STORMOLLA
Heggedalstinden
Stornøkk vatnet
Blåtinden
Småtindan
E10
Brettesnes
Stor Kongsvatnet
Breid tinden
Svolvær
Flovika
Hopsvatnet
Kabelvåg
LILLEMOLLA
Høla
Hopen
Vågakallen
Ørsnes
SKROVA
0
8 km
© Kartagena / Statens kartverk

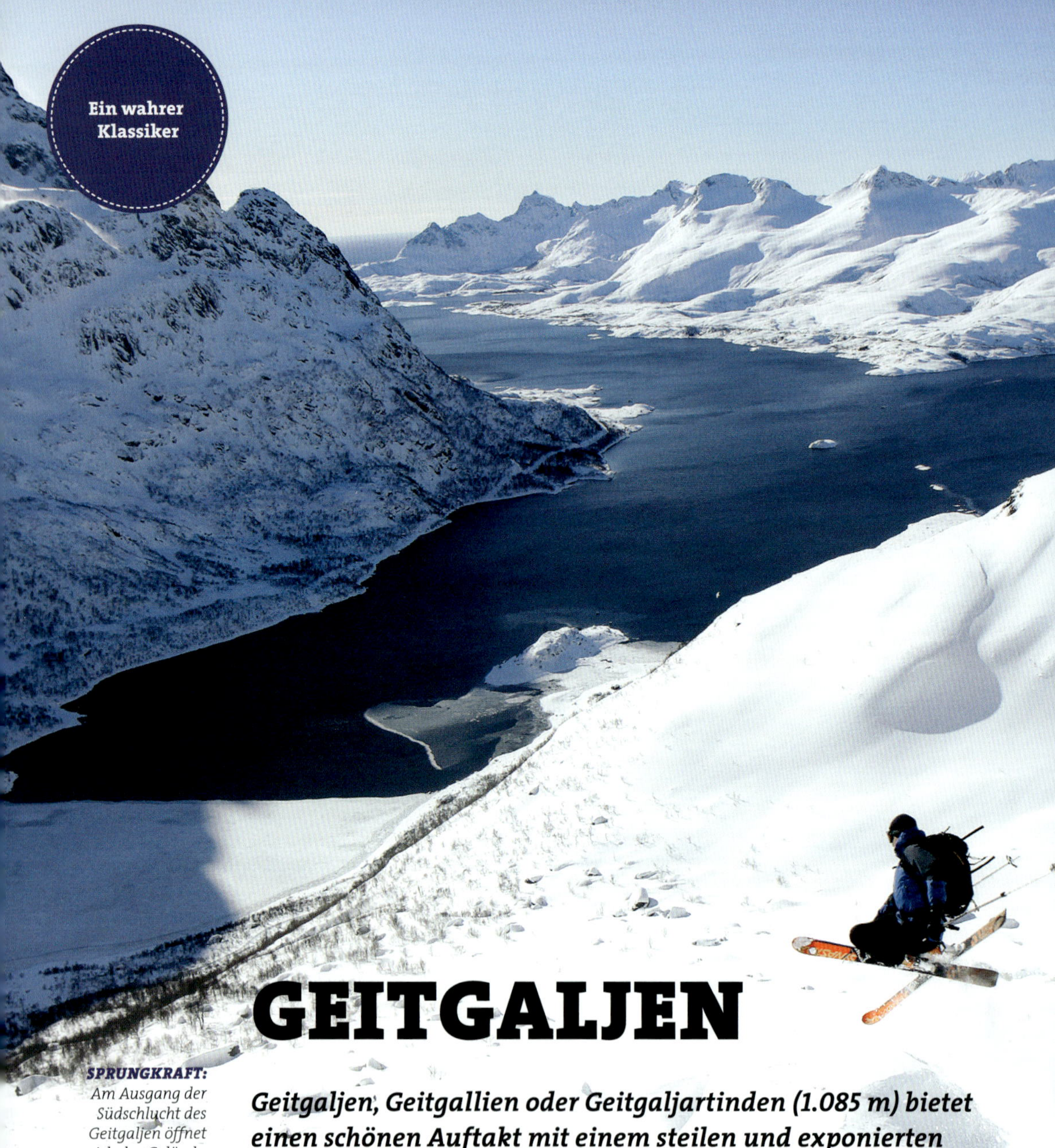

Ein wahrer Klassiker

GEITGALJEN

SPRUNGKRAFT: *Am Ausgang der Südschlucht des Geitgaljen öffnet sich das Gelände. Sie können hinunter bis zum Austnesfjord fahren.*

Geitgaljen, Geitgallien oder Geitgaljartinden (1.085 m) bietet einen schönen Auftakt mit einem steilen und exponierten Abschnitt am Ende. Der Blick von oben ist unglaublich – machen Sie sich bereit für die „Tausend-Meter-Weltklasse-Abfahrt“.

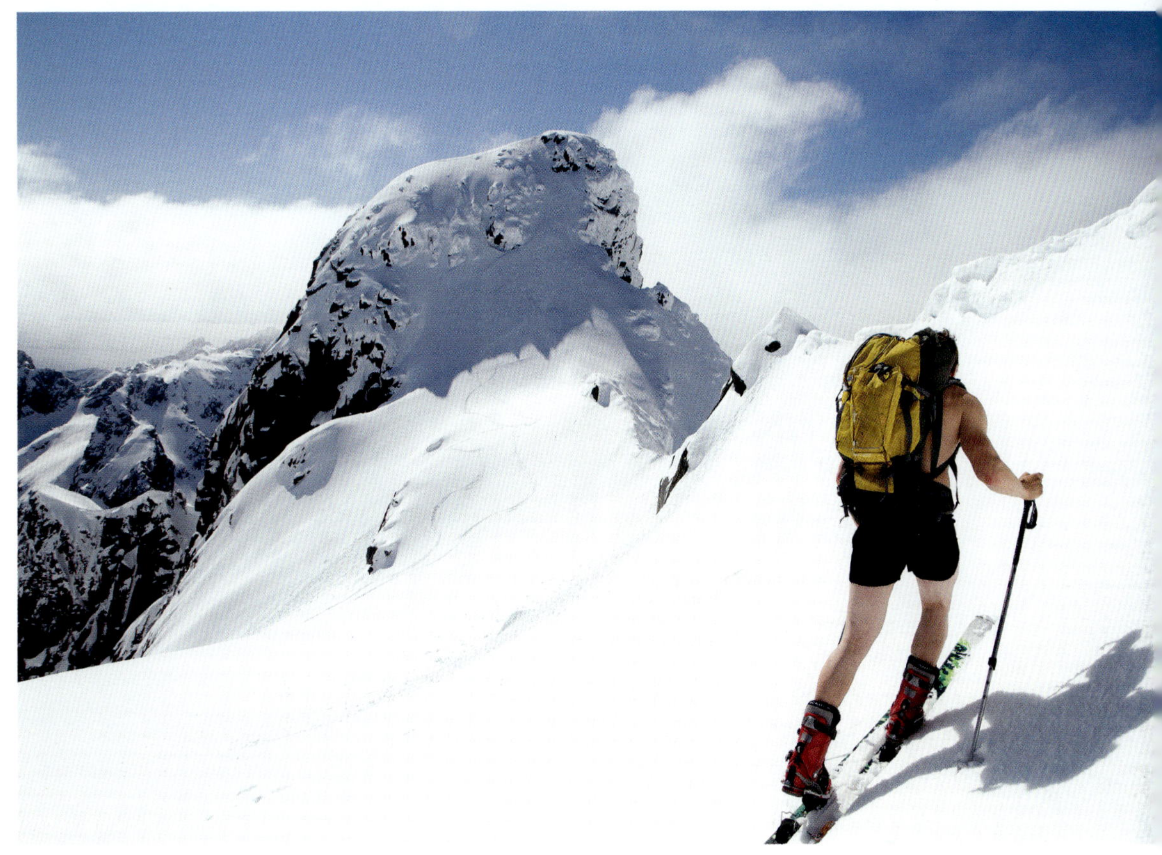

Der Geitgaljen ist einer der höchsten Berge der Lofoten und liegt 20 Kilometer nordöstlich von Svolvær auf Austvågøy. Verlassen Sie die E 10 in Laupstad an der Kreuzung bei Eide und fahren Sie ein paar hundert Meter nach Süden Richtung Liland, nach Skinvollen.

ANSPRUCHSVOLLE TOUR AUF DEN GIPFEL

Gehen Sie durch das Schafgatter auf der Rückseite des stillgelegten Ladens bei Skinvollen, und folgen Sie der beleuchteten Ski-Loipe hinauf durch den Bergbirkenwald. Weiter geht es talaufwärts durch das Lilandsdalen. Nach einer Weile kommen Sie zu einer steilen und schmalen Schlucht; gehen Sie rechts davon den steilen Hang hinauf. Nach dieser Passage wird das Gelände ein wenig flacher und das Tal breiter.

Bei 550 m ü.M. überqueren Sie das Tal nach rechts und folgen einer Geländerampe, die die rechte Seite eines steilen Hügels umrundet. Folgen Sie nun dem Tal das sich öffnet und nach Südosten führt, bis man den Gipfel eines Höhenrückens erreicht, wo die südliche Felsschlucht des Geitgaljen steil nach unten in Richtung des Tals Kvanndalen abfällt. Überqueren Sie den breiten Bereich an der Oberkante der Südschlucht, und halten Sie sich in Richtung des steilen Abschnitts hinauf zum Gipfel.

SKITOUR IM FRÜHLING:
Der Kalender zeigt Ende Mai und auf dem Gipfel des Geitgaljen liegt immer noch Pulverschnee

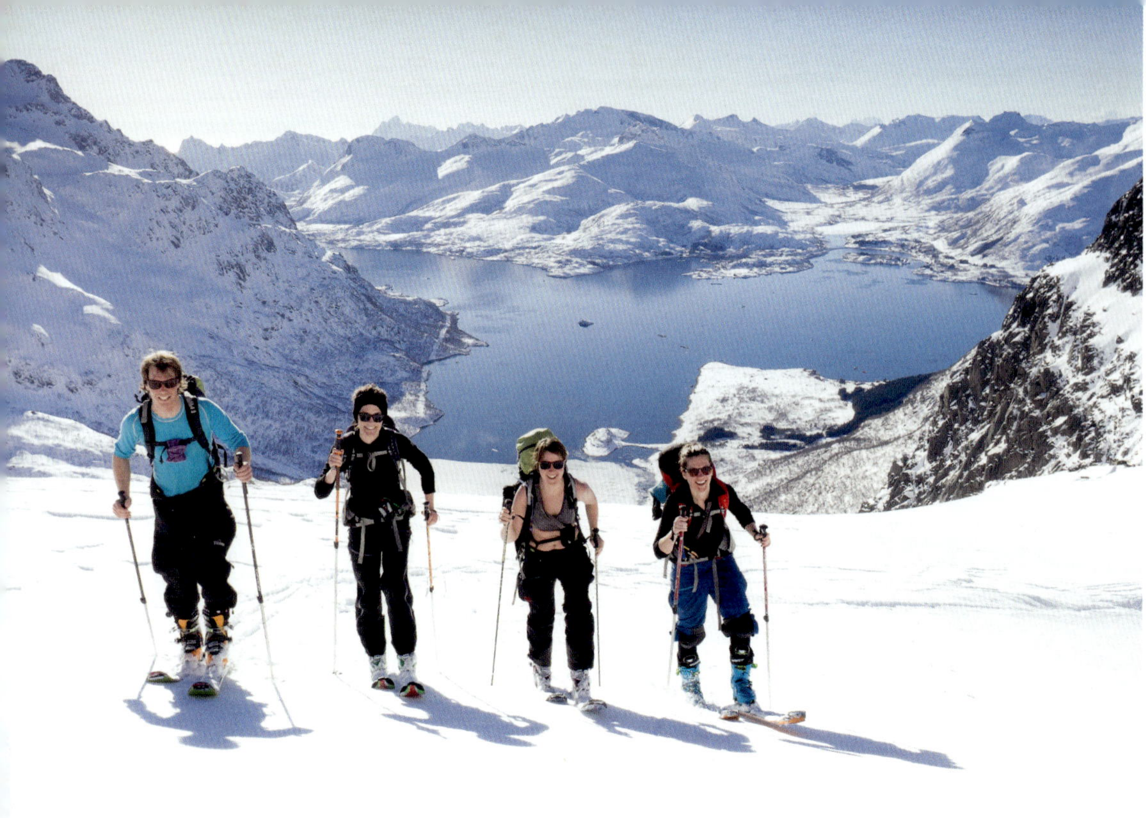

BONUS:
Wenn Sie auf ein Abenteuer aus sind, können Sie den Trollsadelen besuchen. Er ist der Nachbar vom Geitgaljen und der kleine Prinz des Higravmassivet.

Sie sind bald auf einem Bergsattel, wo Sie die Ostflanke des Geitgaljen hinunter und hinüber zum Trollsadelen schauen können.

Der letzte Abschnitt ist sehr steil und viele Skifahrer entscheiden sich, hier ihre Skier abzuschnallen. Entscheiden Sie je nach den Bedingungen und Ihren Fähigkeiten. Steigeisen und Eispickel können für den letzten Teil nach oben nützlich sein. Es ist sehr steil und ausgesetzt.

Dann stehen Sie auf dem Gipfel und blikcken über eine herrlich weiße Winterlandschaft. Lockern Sie Ihre Beine und machen Sie sich für eine 1.000-Meter-Skiabfahrt bereit!

EIN SKITOUREN-KLASSIKER

Es gibt von hier oben mehrere Möglichkeiten für atemberaubende Abfahrten. Die normale Route verläuft durch spielerisches Gelände und die Abfahrt macht richtig Spaß; folgen Sie einfach der gleichen Strecke, die Sie hinaufgekommen sind.

Die Südschlucht ist schön und steil. Wenn Sie hier abfahren, landen Sie am Fjord Austpollen. Um zurück zur Straße zu gelangen, folgen Sie der Nordseite des Fjords bis nach Liland. Wenn Sie hier zuvor ein Auto abgestellt haben, werden Sie jetzt froh sein!

Auch die Ostseite des Geitgaljen mit seinen breiten Flanken ist eine Alternative. Beachten Sie, dass sich die Abfahrt zum Krokelva in einer Lawinengefahrzone befindet.

Zurück am Auto werden Sie Ihre müden Muskeln spüren, aber ohne Zweifel mit einem großen Lächeln im Gesicht – das ist kein Wunder, denn der Geitgaljen genießt nicht umsonst einen solchen Kultstatus!

Beachten Sie, dass dies eine anspruchsvolle Tour im Lawinengebiet ist!

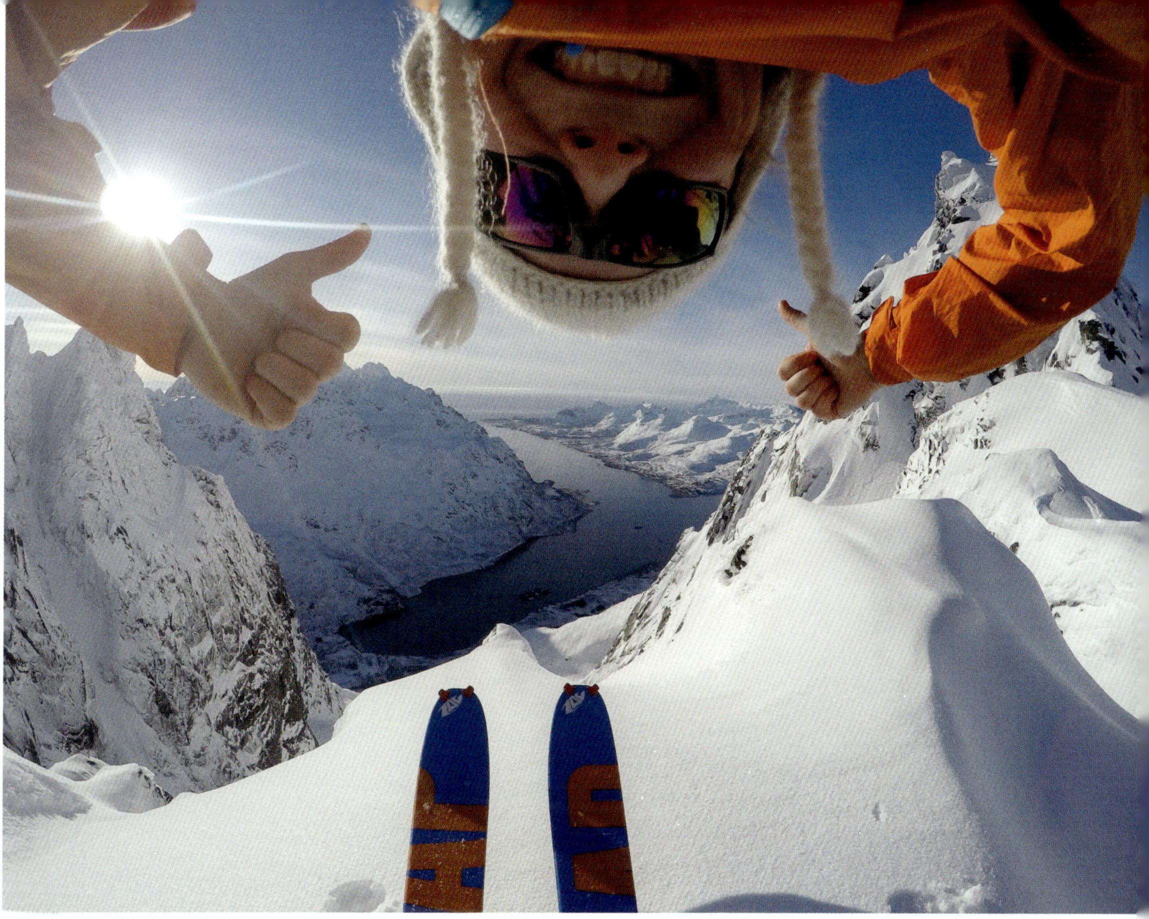

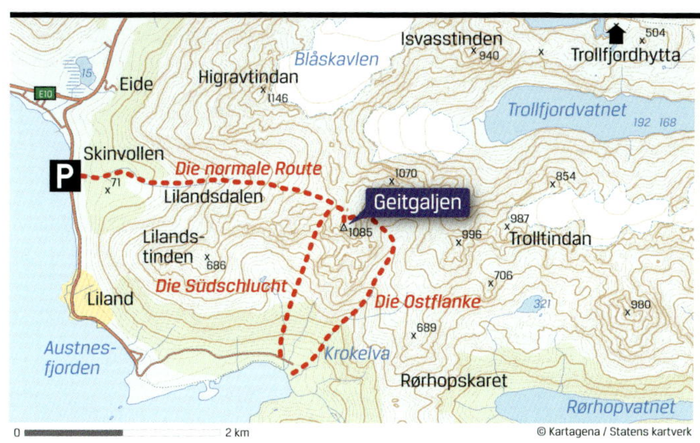

FAKTEN

HÖHE: 1.085 m ü.M.

SCHWIERIGKEIT: Anspruchsvoll

DAUER: 3 Std. hinauf

STARTPUNKT: Am stillgelegten Laden in Skinnvollen, evtl. Auto in Liland abstellen.

TYP: Unterschiedliches Gelände. Steile Abschnitte, vor allem im oberen Teil. Eispickel und Steigeisen sind bei eisigen Bedingungen sinnvoll.

DIE BERÜCHTIGTE SCHLUCHT: *Auf dem Weg in Geitgaljens Südschlucht*

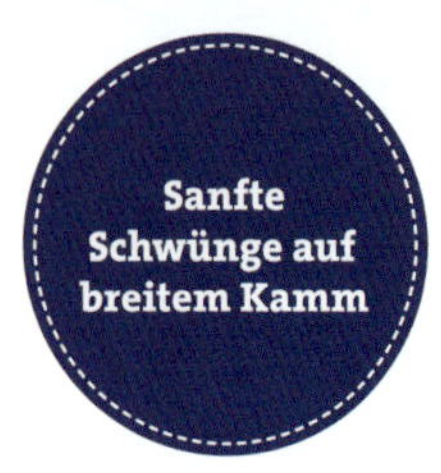

TORSKMANNEN

PULVERSCHNEE: *Ein glücklicher Skifahrer pflügt die breite Flanke des Torskmannen hinunter*

Die weite Gipfelflanke des 755 Meter hohen Torskmannen macht Pulverhunde ganz wild. Fügen Sie einen spaßigen Abschluss durch den Wald hinzu – und der Tag ist perfekt.

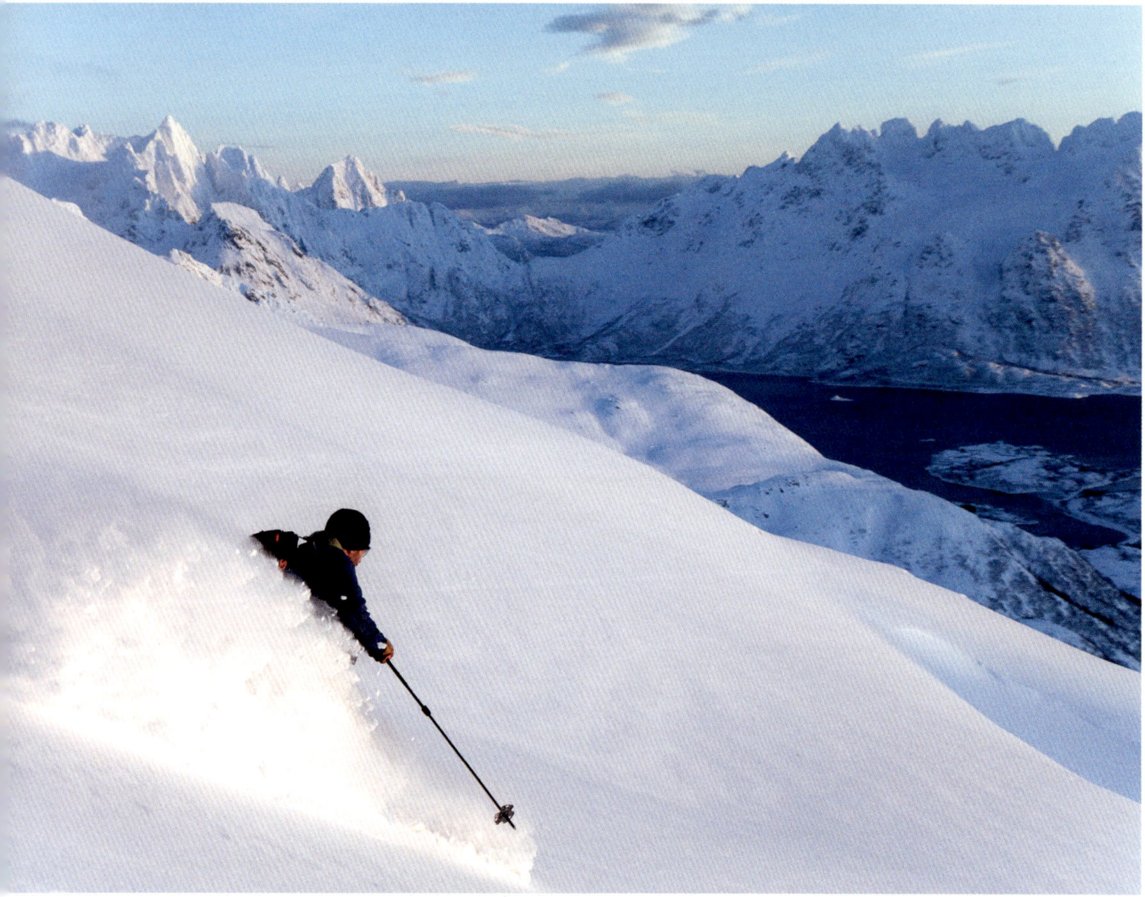

Nördlich von Svolvær, etwa in der Mitte von Austvågøy, liegt der Torskmannen. Sie kommen dorthin, indem Sie auf der E 10 nach Norden, ca. 17 Kilometer von Svolvær Richtung Vestpollen fahren. Dort biegen Sie nach Westen ab und folgen der Kreisstraße ca. 1,5 km zum Parkplatz am Kraftwerk bei Kvitforsen.

Passen Sie auf, dass Sie diesen Gipfel nicht mit dem anderen verwechseln, der exakt den gleichen Namen trägt. Der 744 Meter hohe Namensvetter liegt einige Kilometer südwestlich auf Austvågøy, im Olderfjordbotnen.

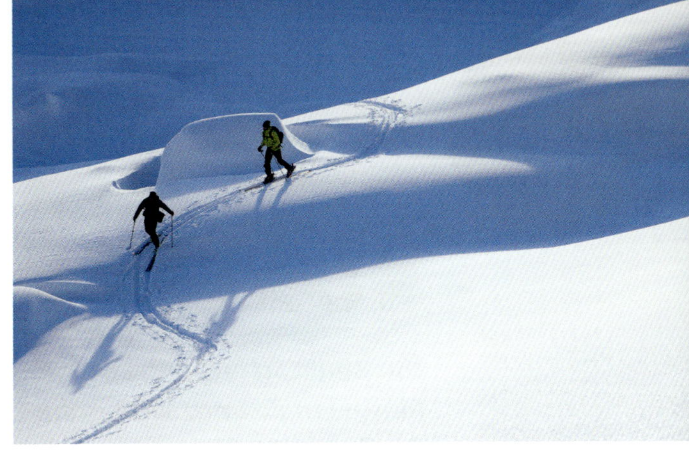

RAUF AUF DEN TORSKMANNEN

Legen Sie Ihre Tourenski an und folgen Sie dem flachen, sumpfigen Gelände nach Nordwesten in Richtung Kvitforselva. Auf Ihrem Weg müssen Sie ein paar Bäche überqueren. Wenn das Gelände beginnt anzusteigen, halten Sie sich in Richtung des Sukkerbrettet, auf der Westseite des Baches Kvitforselva. Von hier aus gehen Sie durch den Wald. Optimal ist es, oben am Berggrat auf der Ostseite des Sukkerbrettet rauszukommen.

Wenn Sie über diesen Grat gehen, haben Sie auf Ihrer rechten Seite ein Tal. An der Spitze dieses Tals, wo die Bergkämme von jeder Seite in einem flacheren Abschnitt aufeinandertreffen, gehen Sie vor der Überquerung des kleinen Sees ein wenig bergab, bevor der Aufstieg zum Torskmannen beginnt. Steigen Sie einfach weiter den Berg hinauf. Es ist schön, den Grat auf der rechten Seite bis zum Bergsattel hinaufzuziehen. Oben, zwischen den beiden Gipfeln des Torskmannen, ist ein schöner Platz für eine Mittagspause.

„BONUS-TOUR" AUF DEN BREITINDEN

Nehmen Sie die Felle ab, schnallen Sie Ihre Skier wieder an und stellen Ihren Tempomat ein. Spielen Sie was das Zeug hält – in sanften Schwüngen die ganze Strecke hinunter über die breite Flanke bis zum Sukkerbrettet.

Fahren Sie nun entweder den Weg ab, den Sie hinaufgekommen sind oder machen Sie einen Abstecher zum benachbarten Berg Breitinden (672 m). Sie können auf seiner Ostseite in schönem, offenem Gelände abfahren, besonders toll ist das Kreuzen zwischen den Bäumen bis hinunter zum Sumpfgebiet .

DER AUFSTIEG: *Das Winterlicht ist etwas ganz Besonderes. Hier sind Skifahrer früh an einem Februarmorgen auf dem Weg nach oben in Richtung Torskmannen.*

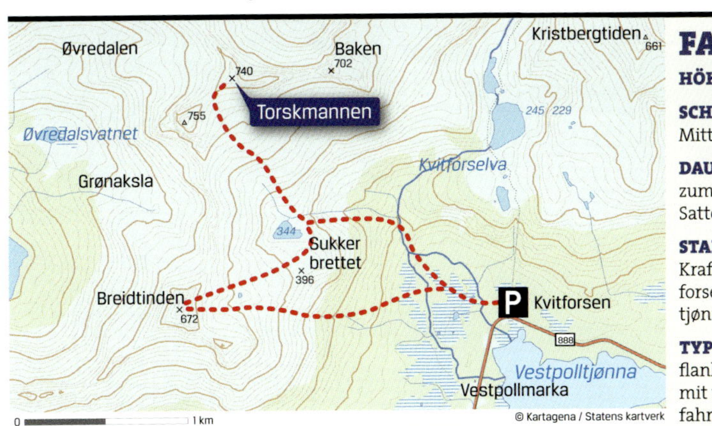

FAKTEN

HÖHE: 755 m ü.M.

SCHWIERIGKEIT: Mittel

DAUER: Ca. 2-3 Std. zum Torskmannen-Sattel

STARTPUNKT: Kraftwerk in Kvitforsen, am Vestpolltjønna

TYP: Offene Bergflanken kombiniert mit verspielten Abfahrten durch Wald

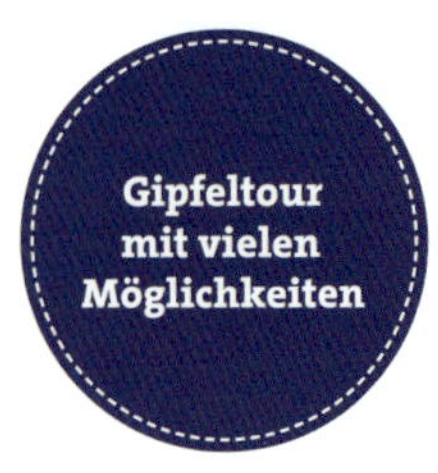

BLÅTINDEN

LUFTSPRÜNGE ÜBER SVOLVÆR: *Skitourengeher sind nach Tuva gestapft und fliegen nun den Hang hinunter. Auf der linken Seite ist der Berg Blåtinden zu sehen.*

Nur einen Schneeballwurf vom Zentrum Svolværs liegt der Blåtinden (521 m), Mittelpunkt schöner Skitouren-Erlebnisse. Die Berge rundum sind sehr gut erreichbar und bieten ein breites Spektrum an Möglichkeiten für „Hammer"-Abfahrten.

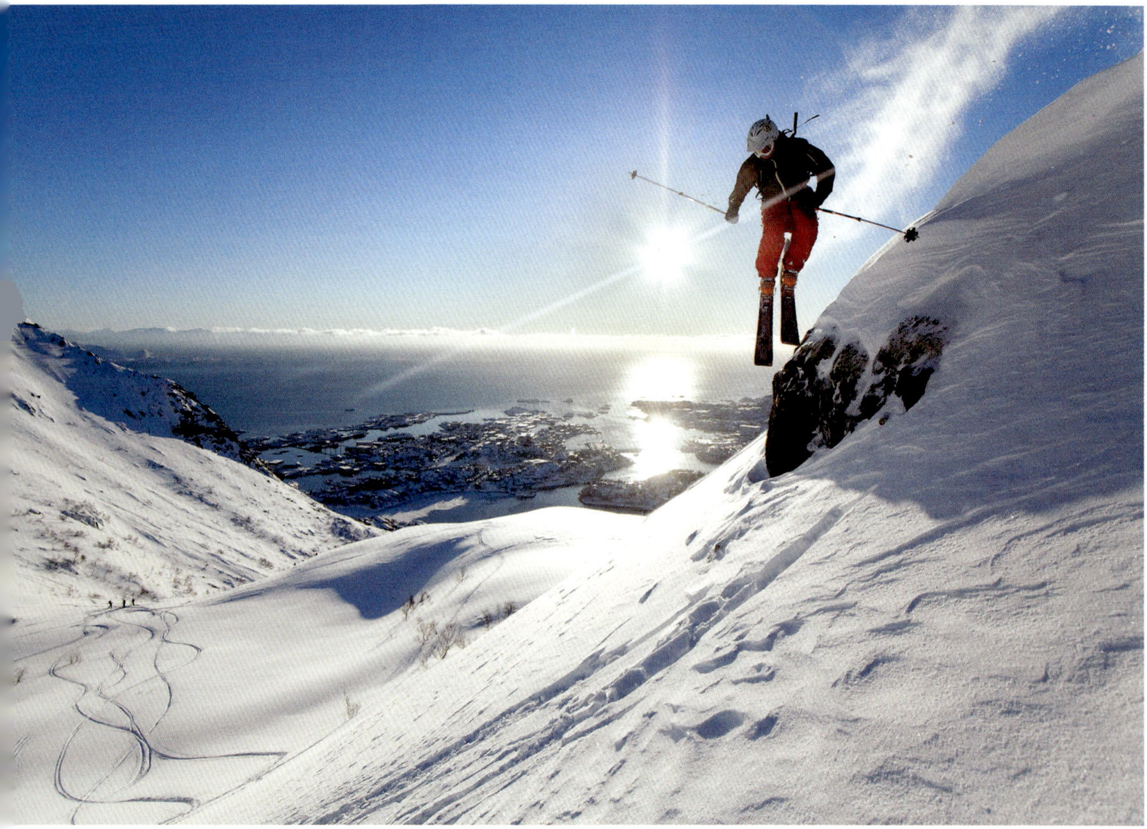

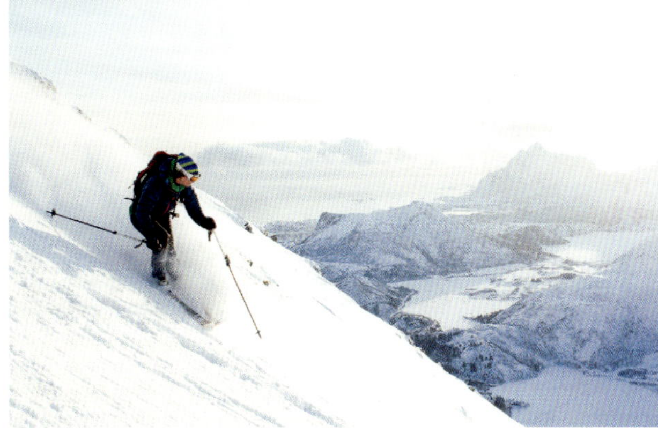

Die Tour beginnt auf dem Parkplatz bei dem Røde Kors Huset (Rotes Kreuz Gebäude) an der Straße Leirskoleveien in Svolvær. Folgen Sie der Straße ein paar hundert Meter und gehen Sie rechts hinauf durch einen Birkenwald. Vom See Grønnåsvatnet ist der Weg klar: folgen Sie dem Bachtal nach oben. Wenn Sie etwas aus dem Wald heraus sind, müssen Sie über einige Kuppen hinweg, bevor Sie nach rechts die letzten steilen Passagen zum Grat des Blåtinden angehen. Je nach Kondition müssen Sie eventuell die Skier ausziehen und zu Fuß gehen.

Der wahre Gipfel des Blåtinden ist sehr steil und exponiert, und wenn man beabsichtigt den ganzen Weg nach oben zu gehen, kann es hilfreich sein, Steigeisen und Eispickel dabeizuhaben. Hier gibt es oft Überhänge aus Eis und Schnee – seien Sie also vorsichtig!

AUSTOBEN AUF DER ABFAHRT

Wenn die Skischuhe fest zugeschnallt sind, ist es Zeit für die Abfahrt. Sie fahren die Westflanke hinab, die Sie auch gekommen sind.

Anfangs steiles und anspruchsvolles Skifahren, dann wird der Berghang breiter und Sie können sich so richtig austoben. Mit spielerischem Wedeln durch den Bergbirkenwald beenden Sie diese rauschende Abfahrt.

ALTERNATIVE

Sie können auch dem Jomfrudalen einen Besuch abstatten. Unterhalb des Tuva, bevor Sie zum Bergrücken des Blåtinden aufsteigen, gehen Sie ein Stück weiter nordostwärts, wenden sich dann nach Osten und passieren den See Tuvvatnet. Dann gehen Sie den kurzen Hügel hinauf. Nun heißt es die Felle abreißen und Richtung Jomfruvatnet abfahren – erleben Sie das groovige Gefühl!

Es ist sehr verlockend, den ganzen Weg ins Tal bis nach unten zur Straße zu sausen, aber diese Entscheidung werden Sie bereuen. Der Weg zurück auf der Straße ist weit und umständlicher als es scheint.

Also, stoppen Sie knapp oberhalb des Sees Jomfruvatnet, legen Sie die Felle abermals an und laufen wieder hinauf zum Pass zwischen Blåtinden und Jomfrutinden. Vorbei an den Seen Tuvvatnet und Grønnåsvatnet, erreichen Sie mit leichten Schwüngen durch den Wald den Parkplatz.

TOLLE SKIBERGE:
Wenn die Bedingungen gut sind, ist das Skifahren auf den Lofoten ein Traum

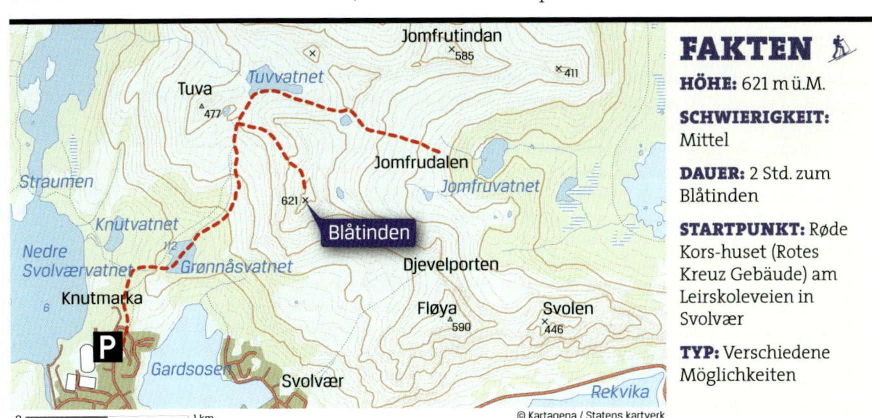

FAKTEN

HÖHE: 621 m ü.M.

SCHWIERIGKEIT: Mittel

DAUER: 2 Std. zum Blåtinden

STARTPUNKT: Røde Kors-huset (Rotes Kreuz Gebäude) am Leirskoleveien in Svolvær

TYP: Verschiedene Möglichkeiten

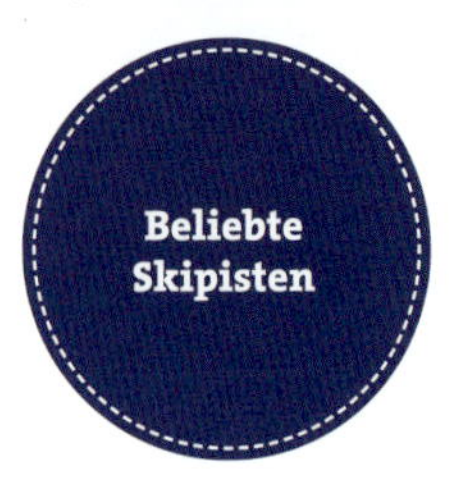

SMÅTINDAN

BELIEBT:
Es gibt einen Grund, warum der Småtindan im Winter ein gut besuchter Berg ist

Småtindan (700 m) ist eines der am meisten frequentierten Skitourengebiete der Lofoten. Sowohl Anfänger als auch Könner werden diese schöne Tour inmitten Kabelvågs Gipfelwelt genießen.

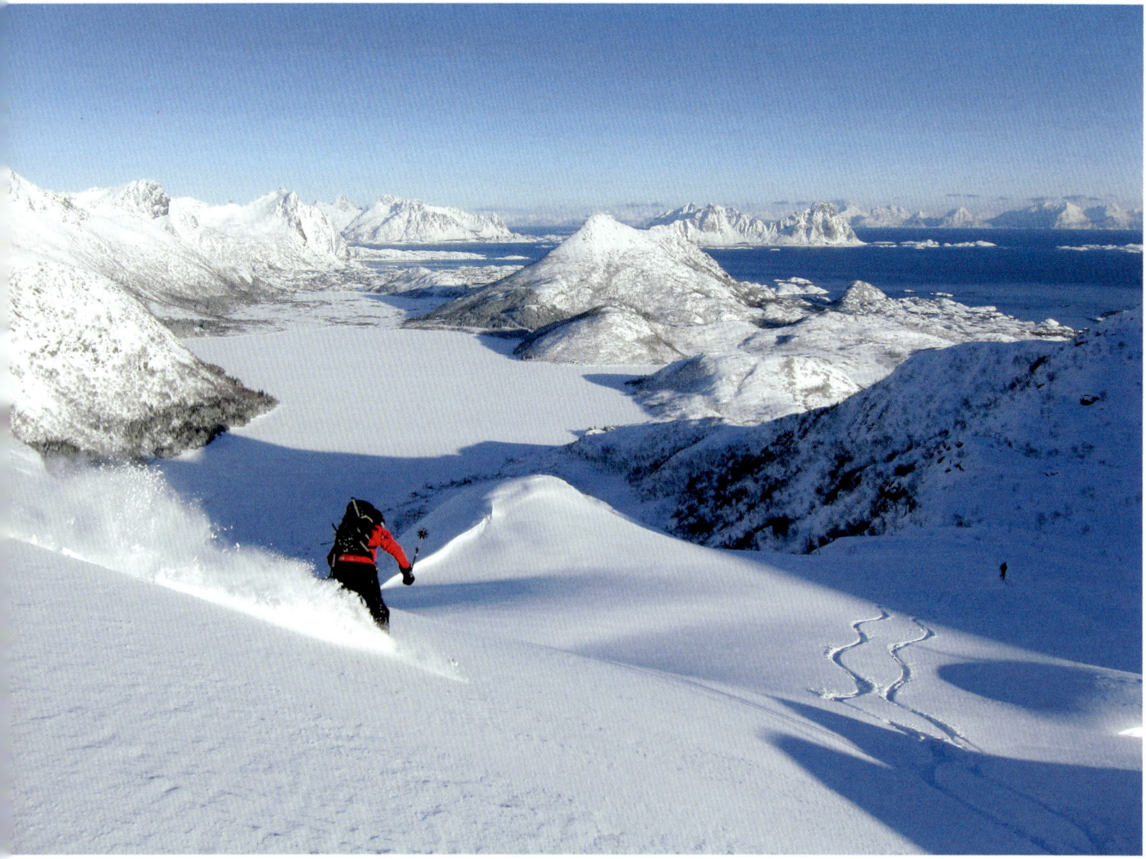

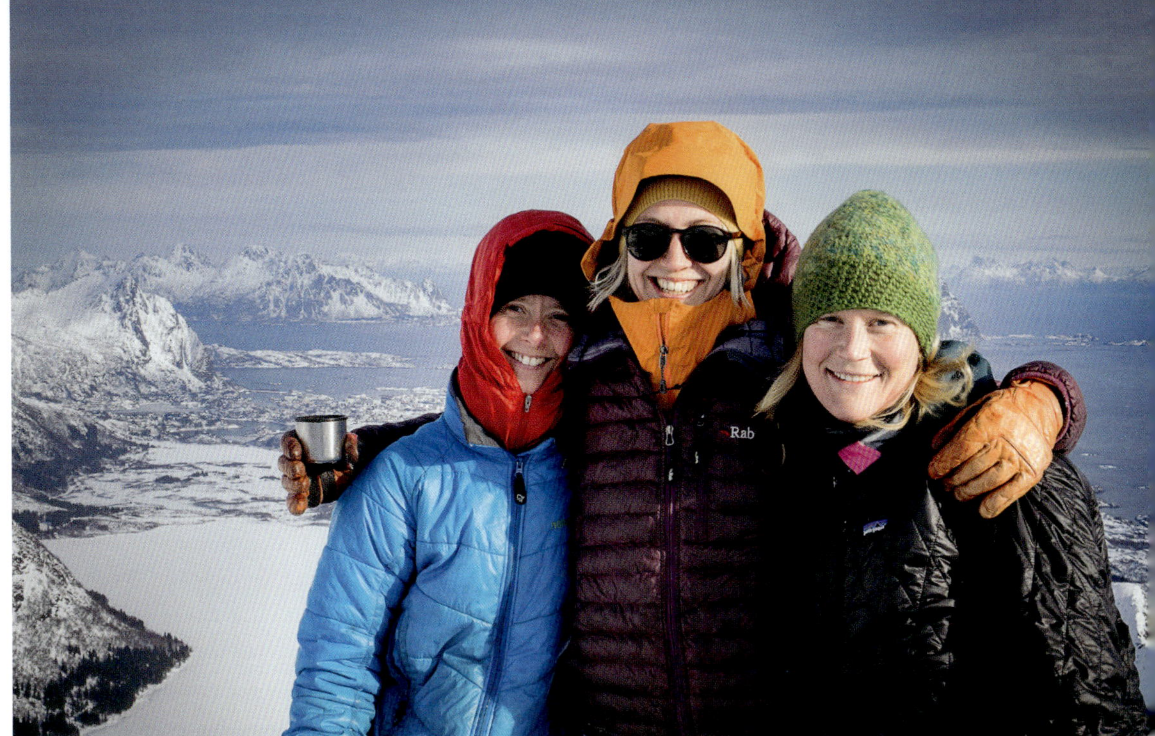

GUTE ZEITEN: Skifahren macht glücklich!

LANGE ANFAHRT

Im Vergleich zu vielen anderen Skibergen auf den Lofoten, wo die Skitour direkt am Auto beginnt, hat der Småtindan einen etwas längeren Anmarsch. Sie müssen mit Ihren Skiern rund eineinhalb Kilometer über flaches Gelände gehen, bevor der Aufstieg beginnt.

Folgen Sie der E 10 von Kabelvåg etwas mehr als einen Kilometer nach Westen und biegen Sie dann rechts ab nach Solbakken. Von der Schranke starten Sie auf dem beleuchteten Weg (Ski-Loipe) und gehen etwa 1,5 km nach Norden über die Kabelvågmarka.

Kurz vor den See Stor-Kongsvatnet teilt sich der beleuchtete Pfad, Sie wenden sich nach links, vorbei an der Skihytta (in der am Wochenende Waffeln serviert werden), hinauf Richtung Ørntindaksla. Alternativ kann man an besagter Kreuzung der beleuchteten Strecke weiter zur Bucht Sæterbukta folgen und dort nach links auf die Schulter des Ørntindaksla hinaufsteigen.

DEN ØRNTINDAKSLA HINAUF

Eine sanfte Steigung führt Sie zum Ørntindaksla, mit einigen kleinen, steileren Abschnitten hier und da. Sie bahnen sich ihren Weg durch lichten Birkenwald nach oben. Wenn Sie knapp unterhalb des Ørntinden ein kleines Plateau erreichen, wenden Sie sich schräg nach rechts. Gehen Sie ein wenig nach unten und überqueren Sie den Berg, bevor Sie den Grat links vom breiten Becken in nordwestliche Richtung hinaufgehen. Auf 450 m ü.M kommen Sie auf einen schärferen Grat, von dem aus Sie ins Tal Mølndalen sehen können.

Im Zickzack machen Sie den Auftsieg zum Pass zwischen den beiden Gipfeln des Varden. Das Gelände hier ist etwas steiler. Oben ist ein perfekter Platz für die Mittagspause – auf der Ost- oder auf der Westseite, abhängig von der Windrichtung.

Wenn Sie ganz nach oben möchten, nehmen Sie die Skier ab und klettern den letzten Abschnitt. Dies ist eine steile und sehr exponierte Passage.

SPASS:
Das hügelige Gelände auf dem Småtindan bietet eine Menge Spielmöglichkeiten

SKITOUR IN DER MITTERNACHTSSONNE

Die meisten Leute wählen für die Abfahrt den gleichen Weg, den sie hinaufgekommen sind. Aber hier ist die Nordwestseite ebenfalls gut zum Skifahren geeignet.
Dies vor allem im späten Frühjahr, wenn man im Licht der Mitternachtssonne über weite, offene Flanken hinunterschwingen kann. Da der Schnee auf der Nordwestseite des Berges länger liegen bleibt, ist es dann am besten vom Olderfjord nach oben zu gehen.

Im Winter gehen die meisten jedoch die hier beschriebene Route von Kabelvåg.

WEITERE ABFAHRTSMÖGLICHKEITEN

Genießen Sie die Abfahrt über die großen, offenen Flanken östlich des Bergrückens denen Sie auf Ihrem Weg hinauf gefolgt sind, dann weiter nach unten zum Ørntindaksla.

Sie können ebenso durchs Kolbeindalen abfahren, hinunter zum Schießstand. Achten Sie aber auf Schieß-Aktivitäten! Halten Sie nach der Flagge des Schießstands Ausschau.

Bedenken Sie auch, dass steile Abschnitte im Kolbeindalen Felsuntergrund haben – etwas, das Sie in Ihrer Lawinen-Einschätzung berücksichtigen sollten!

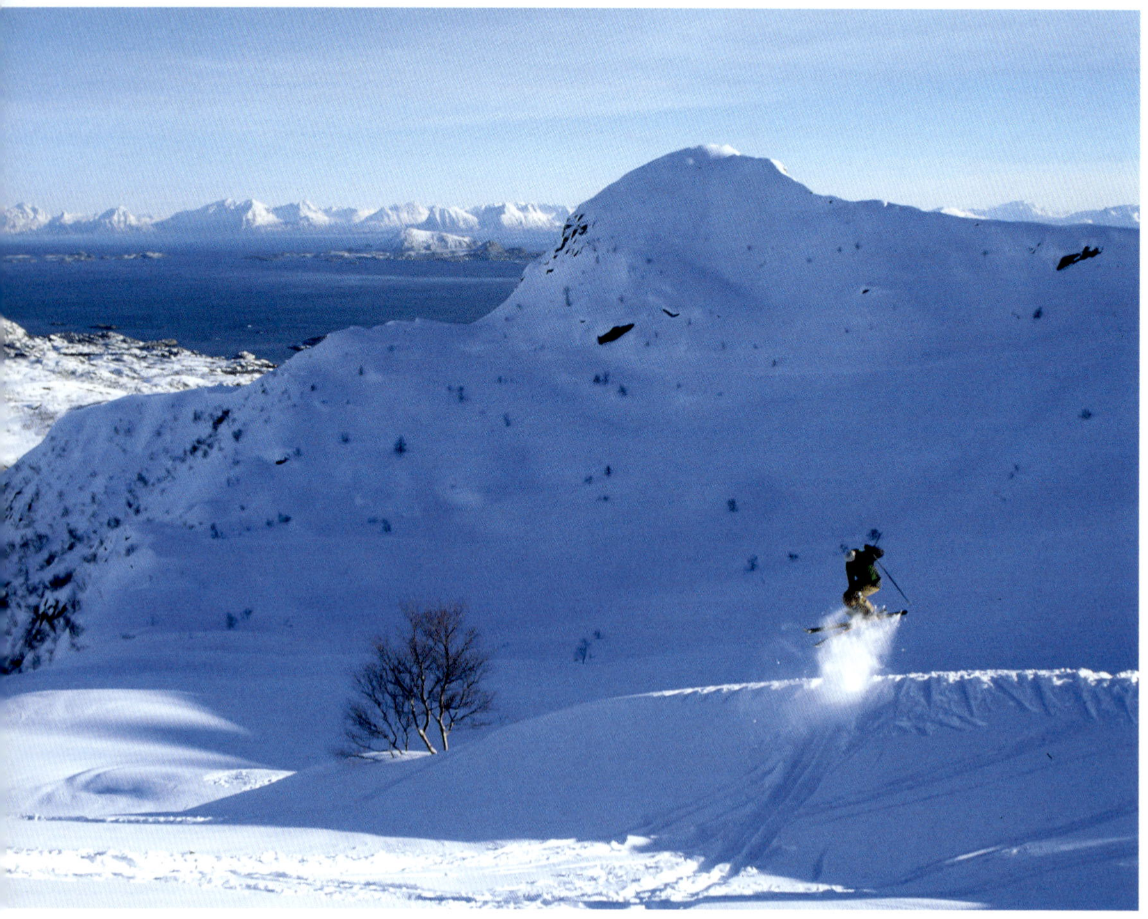

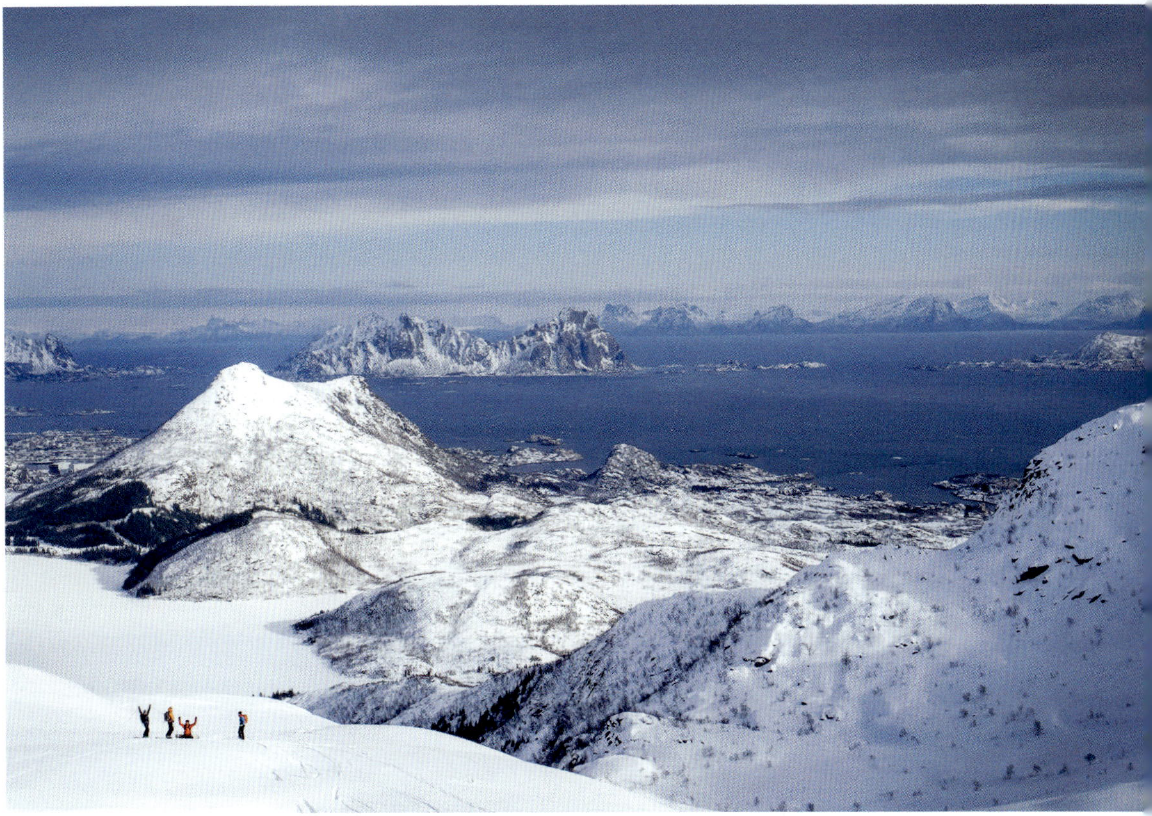

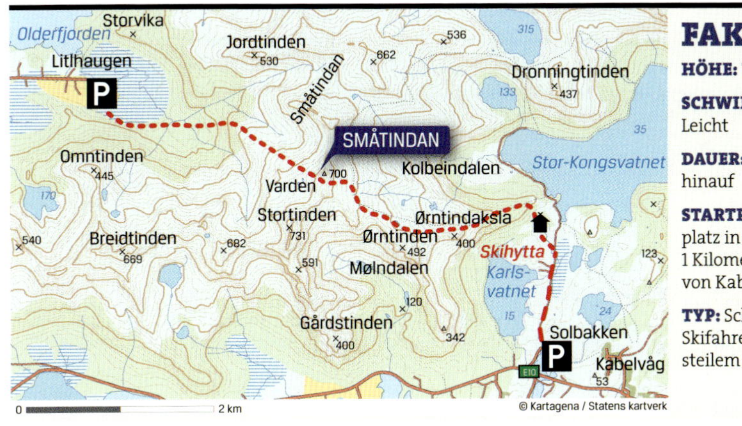

FAKTEN

HÖHE: 700 m ü.M.

SCHWIERIGKEIT: Leicht

DAUER: 2-3 Std. hinauf

STARTPUNKT: Parkplatz in Solbakken, ca. 1 Kilometer westlich von Kabelvåg

TYP: Schönes Skifahren in mäßig steilem Gelände

BELIEBTER SKIBERG: *Aus gutem Grund wird der Småtindan im Winter so oft besucht. Das Skigebiet ist super und die Aussicht spektakulär.*

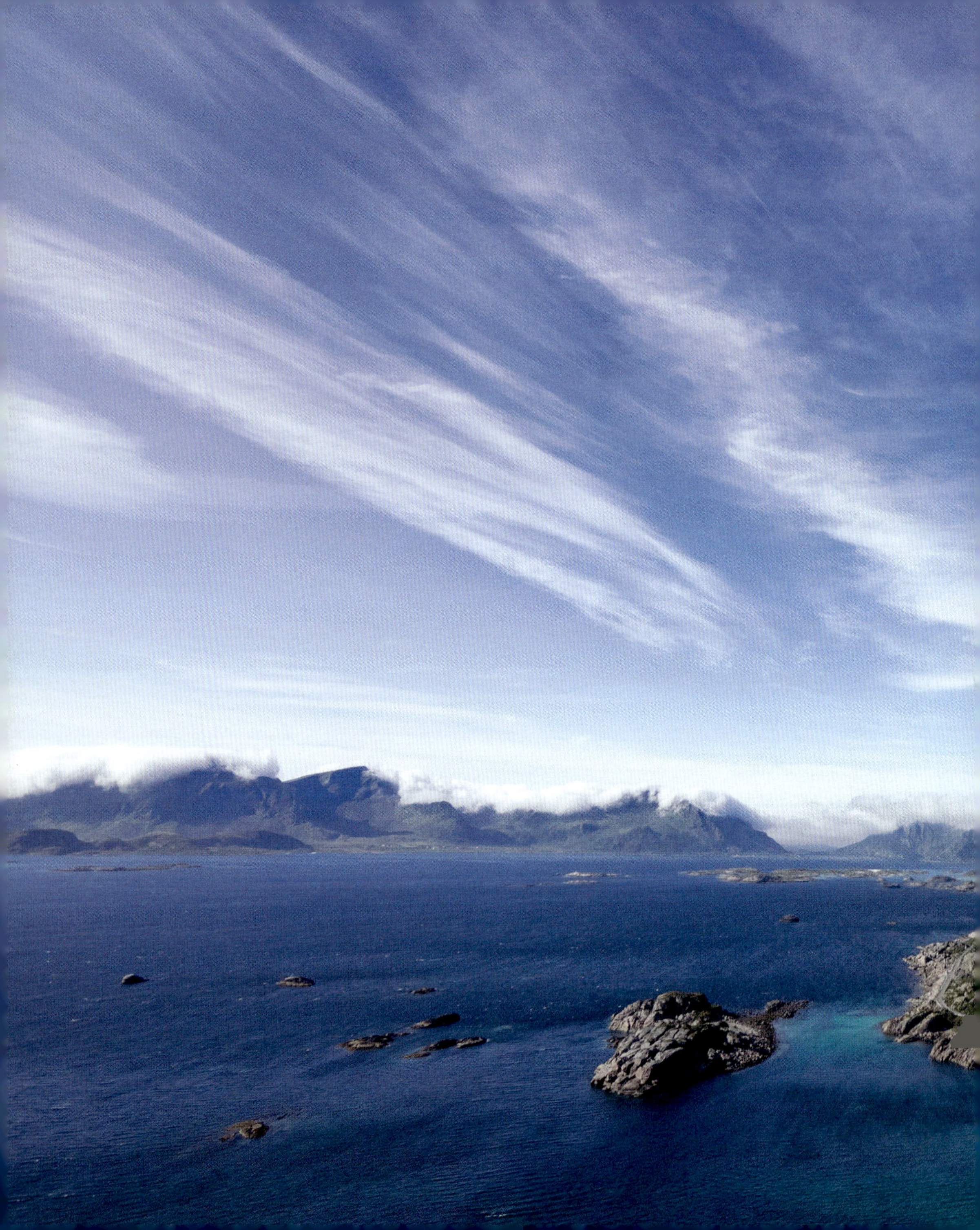

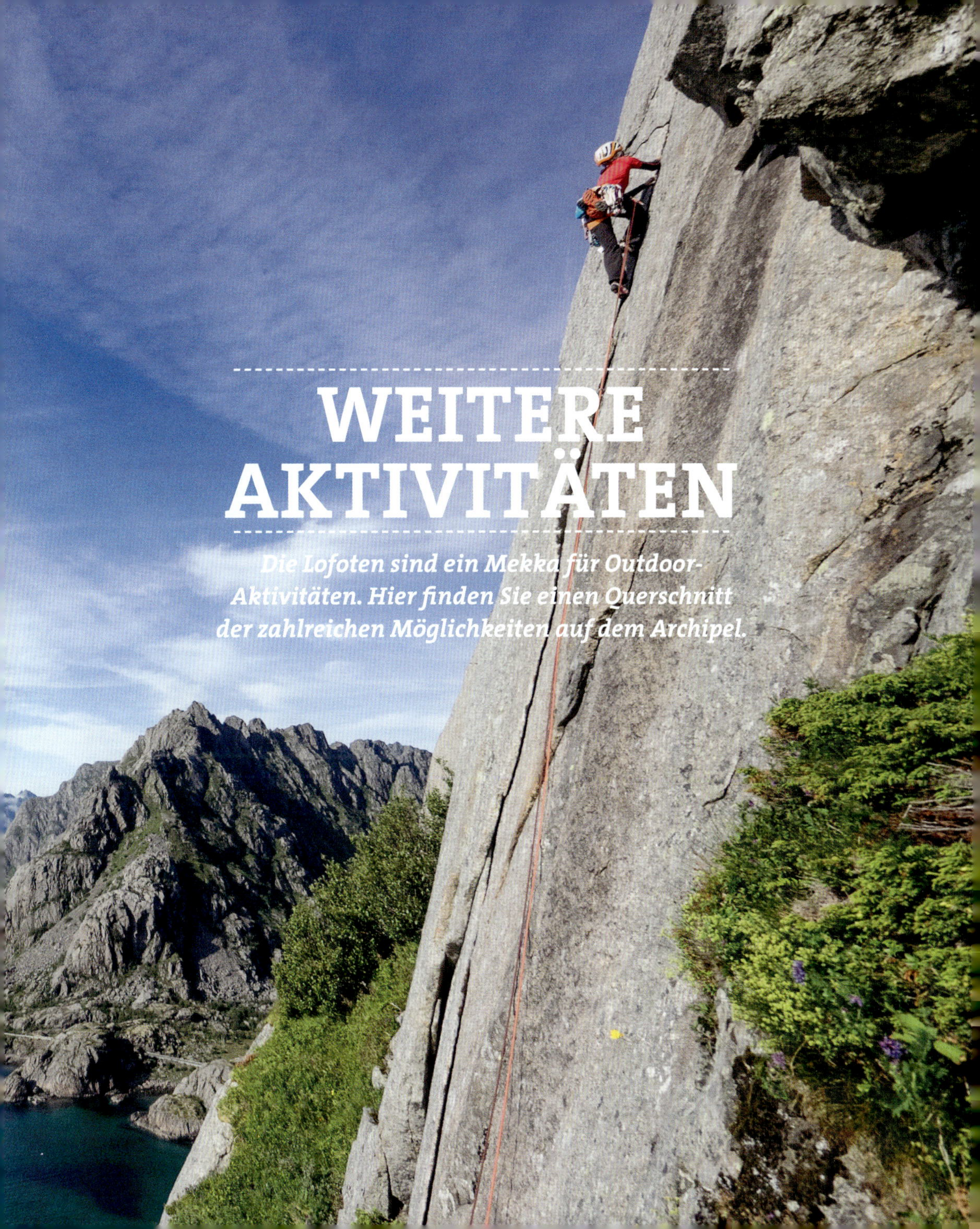

WEITERE AKTIVITÄTEN

Die Lofoten sind ein Mekka für Outdoor-Aktivitäten. Hier finden Sie einen Querschnitt der zahlreichen Möglichkeiten auf dem Archipel.

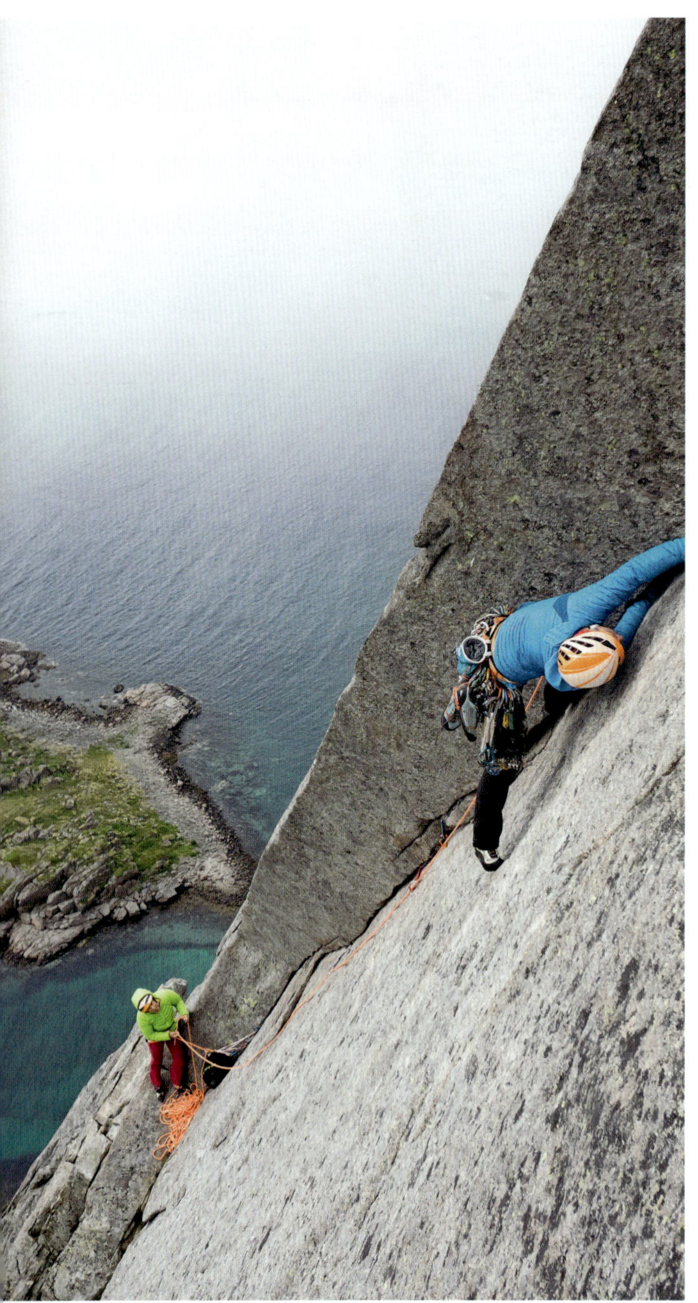

KLETTERN

Klettern ist an vielen Orten auf den Lofoten möglich, aber die Berge zwischen Svolvær und Henningsvær auf Austvågøy sind die am häufigsten frequentierten. Zum größten Teil handelt es sich um das traditionelle Klettern, das heißt, der Kletterer verankert seine eigenen Fixpunkte in Form von Bohrhaken im Fels, diese werden dann vom zweiten Kletterer wieder entfernt.

SCHÖNE KLETTERSTELLEN

Viele der Kletterer haben ihr Basislager in Zelten in **Festvåg** bei Henningsvær. Von hier aus ist es ein kurzer Weg zu den Felsen und überdies ist der Platz zu einem gemütlichen sozialen Treffpunkt geworden.

Beliebt ist auch das Gebiet **Kalle**, zwischen Kabelvåg und Henningsvær. Südwestlich des Strandes Kallestranda, im **Paradiset**, ist es schön zum Zelten. Auf den kleinen Felsen in der Umgebung finden Sie viele kurze Kletterrouten. Hier wird auch häufig trainiert.

Der englische Kletterführer *„Lofoten Climbs“* vom Verlag Rockfax führt zu den meisten etablierten Kletterrouten auf den Lofoten (www.rockfax.com).

SPORTKLETTERN UND BOULDERN

Es gibt auch mehrere kleinere Sportklettergebiete. Wenn Sie kräftig sind und steile Strecken mögen, sollten Sie den Abstecher nach **Eggum** machen, an der nörlichen Außenseite von Vestvågøy. Da die Wände überhängend sind, können Sie auch bei Regenwetter klettern.

Es gibt eingerichtete Routen mit vorbereiteten Fixpunkten auch in **Sandvika, Urdstabben** und **Tjeldbergvika** – alle auf Austvågøy.

Das Buch *„Bouldering in Lofoten“* gibt einen Überblick über 700 etablierte Boulderrouten in 24 verschiedenen Klettergebieten im gesamten Archipel. Die Bewertung der Schwierigkeit eines neuen sogenannten Boulderproblems kann auf der Website registriert werden (www.lofotenbouldering.com).

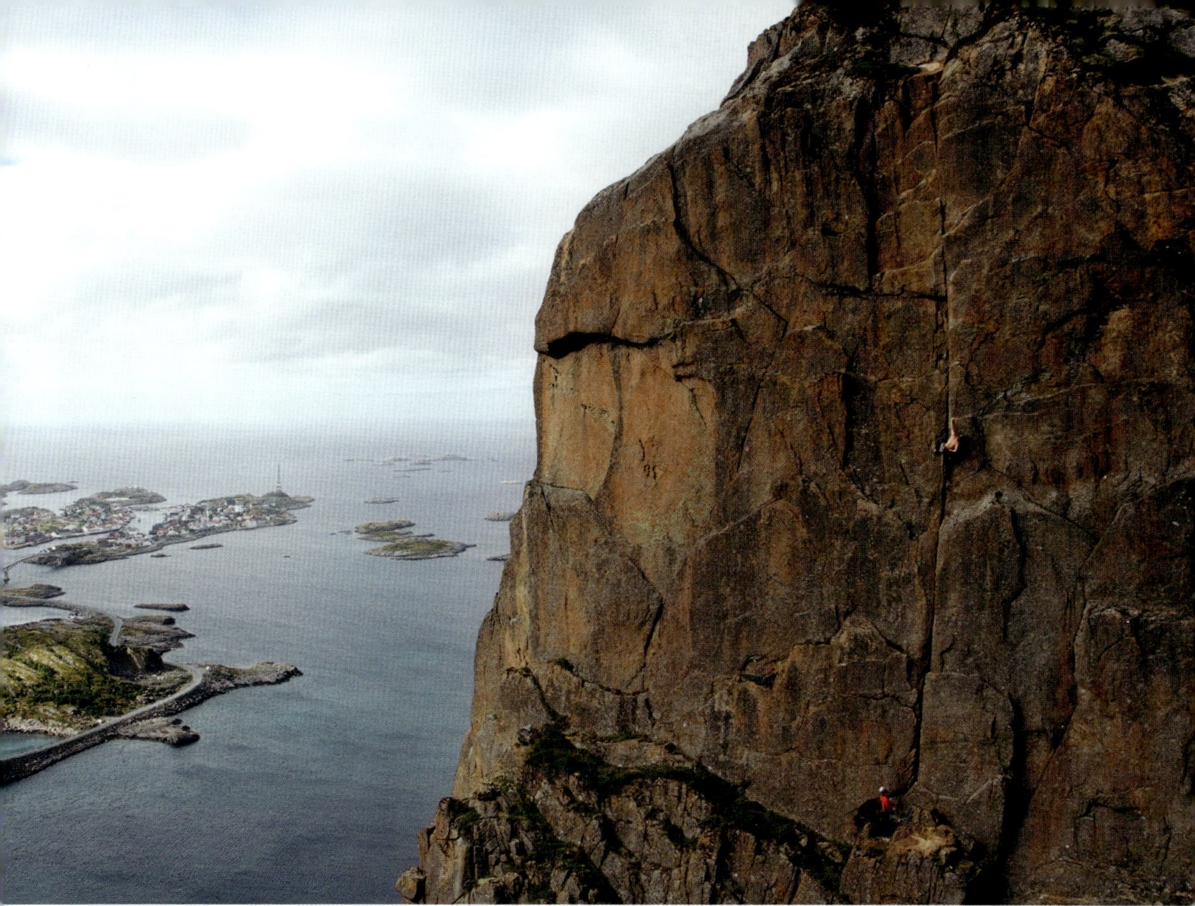

KLETTER-MEKKA: *Hier wird die Route „Skiløperen" bezwungen (Norw. Schwierigkeitsgrad 6). Im Hintergrund Henningsvær.*

KLETTERKURSE UND KLETTERFÜHRER

Wenn Sie Ihre Kletterfähigkeiten verbessern oder sich auf steileren Routen führen lassen wollen, zu denen Sie sich noch nicht ganz bereit fühlen, dann haben Sie mehrere Möglichkeiten an Kursen und Führungen.

Die Kletterschule *Nordnorsk Klatreskolen* (NNK) wurde 1973 in **Henningsvær** gegründet und bietet eine Vielzahl von Kursen für alle Niveaus, vom Anfänger bis zum Experten (www.nordnorskklatreskole.no).

Northern Alpine Guides hat sein Büro in **Kabelvåg,** bietet ihre Aktivitäten und Übernachtungen jedoch in **Kalle** an. Sie organisieren Kurse und geführte Klettertouren für jeden Kenntnisstand. Auch individuelle Kletterausflüge (www.alpineguides.no).

Geir Rune Holm, mit über 500 Besteigungen des **Svolværgeita**, bietet geführtes Klettern auf die legendäre Bergformation (www.lofotenfjellguide.no).

KAJAKFAHREN

Auf den Lofoten gibt es unzählige tolle Paddelmöglichkeiten. Kurz und bündig: Es gibt viel Meer zum Eintauschen des Paddels!

TOURENVORSCHLÄGE

Die schöne Schärenwelt Risvær außerhalb von **Digermulen**, ganz im Osten der Lofoten, ist ein Paradies für Kajakfahrer. Hier paddeln Sie zwischen Hunderten kleiner Inseln, viele haben wunderschöne weiße Sandstrände.

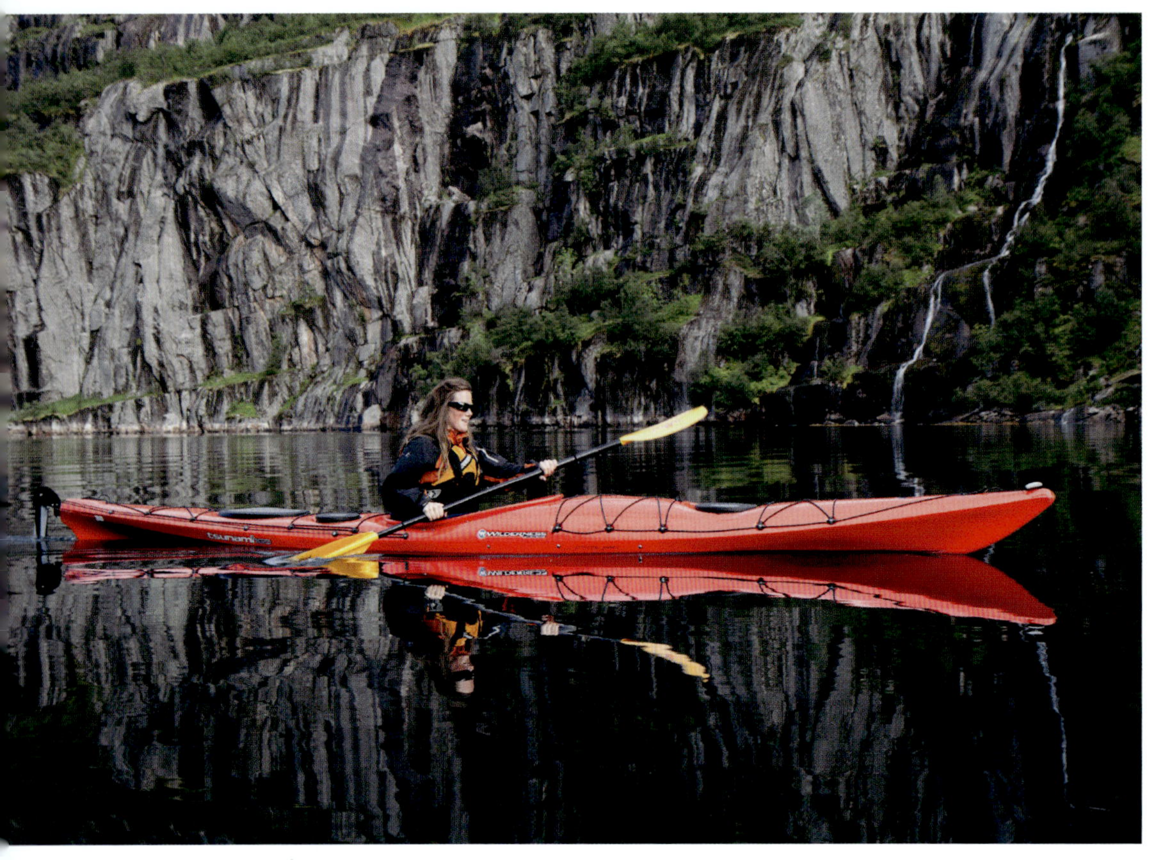

***WILDE SCHÖNHEIT**: Paddeln im Trollfjord an einem ruhigen Tag*

Das Gebiet zwischen Skrova und Storemolla, südöstlich von **Svolvær**, mit seinem kristallklaren Wasser und den weißen Sandstränden, ist ebenfalls eine Traumlage. Wenn Sie unterwegs ein wenig Kultur und etwas vom Lofoten-Alltag in den schönen Fischerdörfern erleben wollen, bietet sich die Gegend zwischen **Kabelvåg** und **Henningsvær** an.

In **Borgvær**, auf der Nordseite von Vestvågøy, können Sie entlang der Küste zwischen Unmengen von Inselchen und Schären kreuzen. Besonders schön ist es hier in den Abendstunden zu paddeln, wenn die Sonne tief im Norden steht.

Auf der Südseite von Vestvågøy ist vor allem die Gegend um **Valberg** sehr reizvoll. Die Fischerdörfer **Stamsund** und **Ballstad** haben ihren eigenen, ganz besonderen Charme und sind ideal gelegen, um vom Sitz des Kajaks aus erkundet zu werden.

Weiter westlich, auf Flakstadøy, gibt es schöne Paddelstrecken bei **Ramberg** auf der Nordseite oder im **Nusfjord** auf der Südseite.

Im äußersten Westen ist **Reine** ein ausgezeichneter Ausgangspunkt für Kanutouren. Paddeln Sie entlang des Reinefjords in seine verzweigten Arme oder folgen Sie der Küste, hinaus zu der am weitesten draußen gelegenen Siedlung **Å i Lofoten**.

SUP

Nicht nur in Deutschland wird es immer populärer, im Stehen zu paddeln – das entspannende Gefühl, auf dem Board über das Wasser zu schweben fasziniert jedermann. Der Sport Stand-Up Paddling (Stehpaddeln) ist ganz nebenbei ein Fitness-Allrounder, leicht zu erlernen und kann locker mit dem Training im Fitnesscenter mithalten.

SCHNELLE WETTERUMSCHWÜNGE UND STARKE STRÖMUNGEN

Das Wetter auf den Lofoten ändert sich schnell, planen Sie deshalb Ihre Routen nach den äußeren Bedingungen und Ihrem Können.

Zwischen den Inseln gibt es starke Gezeitenströmungen, machen Sie sich mit den örtlichen Gegebenheiten vertraut. Beachten Sie, dass es zwischen Ebbe und Flut einen Unterschied von 3 bis 4 Metern gibt.

KAJAKVERMIETUNG UND KURSE

Sie können bei *Lofoten Aktiv* auf **Eidet**, außerhalb von **Kabelvåg**, ein Kajak mieten. Das Unternehmen offeriert geführte Touren unterschiedlicher Länge bis zu mehrtägigen Ausflügen. Sie bieten auch Kurse an, darunter den "Våttkort-Kurs", ein Sicherheitskurs, um die „Våttkort" zu erlangen, die verpflichtend ist, um ein Kajak zu mieten und auf eigene Faust loszupaddeln (www.lofoten-activ.no).

XXLofoten offeriert in der Sommersaison in **Svolvær** und **Henningsvær** Kajakvermietung und geführte Ausflüge entlang der Küste. Für Gruppen gibt es ganzjährig Angebote (www.xxlofoten.no).

Schibevaag Adventure bietet Kajak-, Surf- und SUP-Vermietung sowie geführte Touren. Sie haben Standorte in **Sakrisøy (Reine)** und **Nusfjord.** Im Sommer organisieren sie am **Skagssanden** in **Flakstad** Aktivtage für Kinder sowie Ausrüstung und Kurse auf Anfrage (www.schibevaagadventure.com).

Reine Adventure in **Reine** vermietet Kajaks. Sie können an Kursen sowie geführten Touren im Reinefjord und draußen auf dem Meer teilnehmen (www.reineadventure.com).

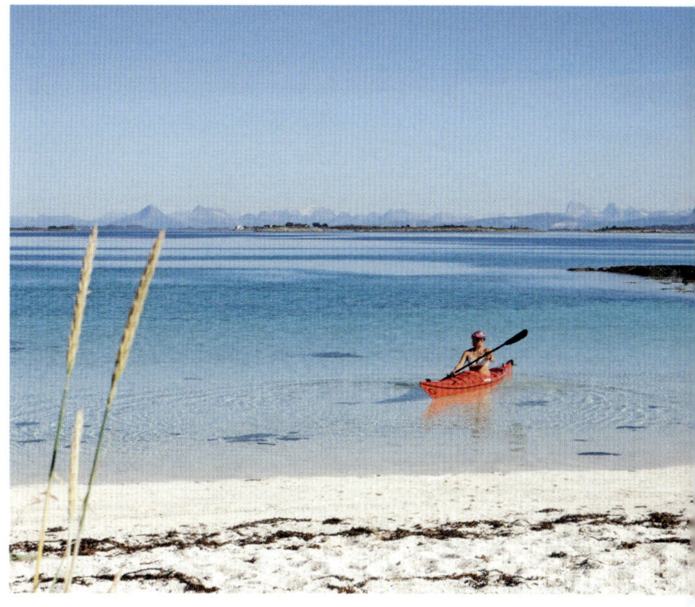

GUTER PLATZ ZUM KAJAKFAHREN: *Erkunden Sie den Archipel mit dem Kajak*

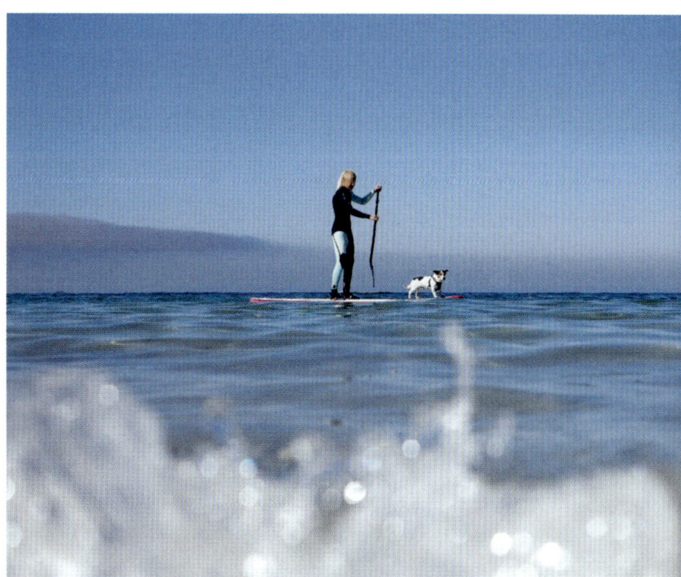

STAND UP: *In Flakstad können Sie ein auf Anfrage SUP-Board mieten*

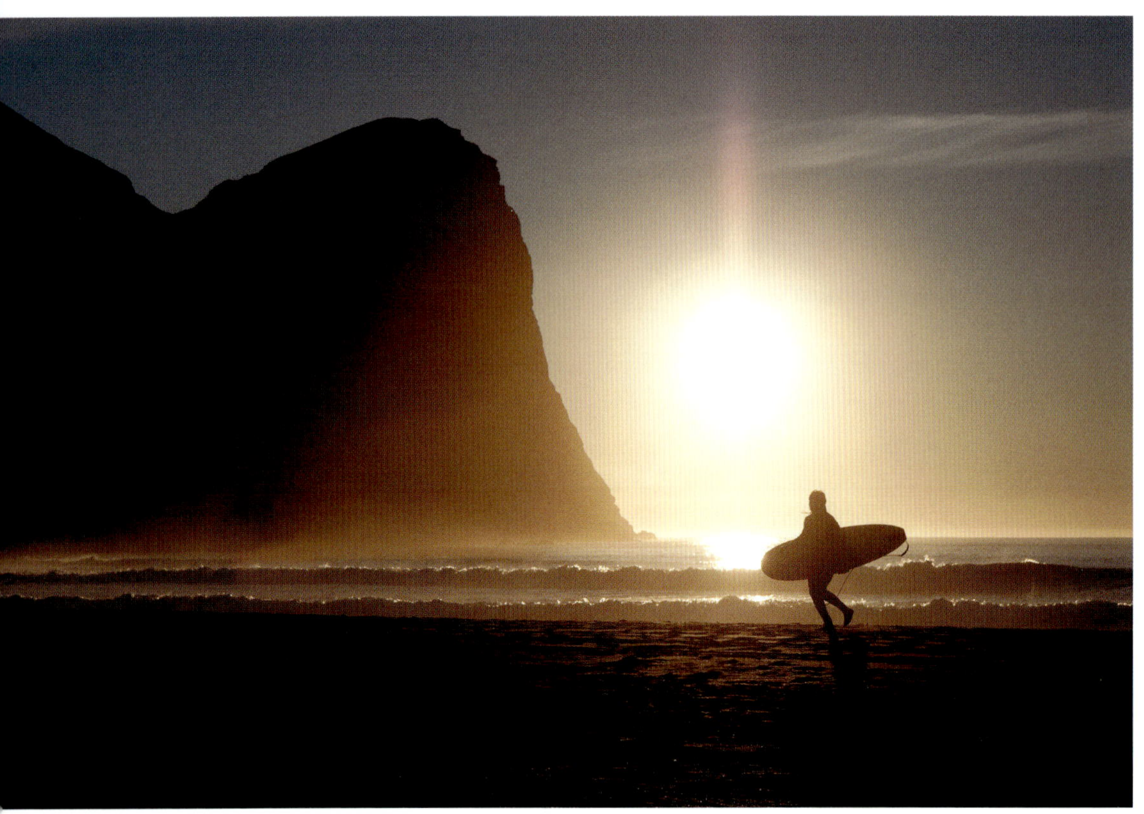

WELLENREITER: *Begeisterte Surfer stürzen sich bei Unstad auf Vestvågøy ins Meer, um die Wellen mit ihren leuchtend-weißen Surfbrettern abzureiten*

SURFEN

Der beliebteste und meistbesuchte Surfspot auf den Lofoten ist **Unstad**, auf der Außenseite von Vestvågøy. Am Ende des kleinen Dorfes liegt ein schöner weißer Sandstrand, an dem das Meer lange, ausgezeichnete Wellenritte ermöglicht.

Unstad Arctic Surf vermietet Surfbretter und Neoprenanzüge und bietet sowohl Kurse als auch gutes Essen, Übernachtungsmöglichkeiten in Hütten und auf dem Campingplatz – und neben der Sauna einen mit Holz beheizten Whirlpool im Freien! (www.unstadarcticsurf.com)

Lofoten Surfsenter hat in Unstad einen kleinen Shop mit Café und Surfschule und verkauft und vermietet Surfausrüstung (lofotensurfsenter.com).

Am **Skagsanden** in **Flakstad** kann man auch gut surfen, besonders wenn die Bedingungen in Unstad zu schwierig sind. Surfbretter, SUP und Neoprenanzüge mieten Sie bei *Schibevaag Adventure* auf Anfrage am Strand (www.schibevaagadventure.com).

Auf den Lofoten gibt es natürlich noch andere Surfspots, aber wie in der Surfkultur üblich, bleiben lokale Surfer gerne für sich!

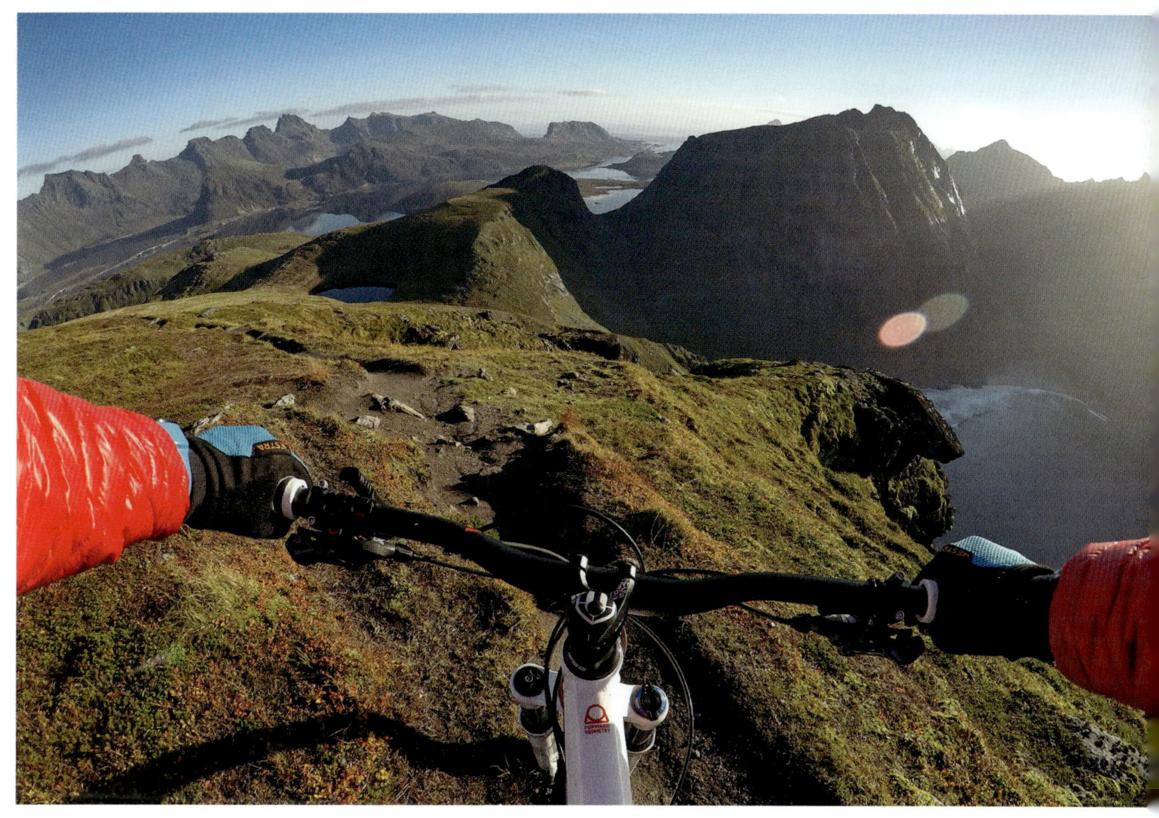

RADFAHREN

Für viele ist es ein Traum die Lofoten mit dem Fahrrad zu erleben. Die Durchfahrung der Lofoten auf ihrer ganzen Länge, klingt nach einer tollen Idee, aber bedenken Sie, dass die Straßen meist stark befahren sind, mit sehr wenig Platz für Radfahrer. Wenn Sie dies trotzdem tun möchten, ist es klug den Monat Juli zu meiden, denn dann herrscht besonders viel Verkehr auf der E 10.

Ein guter Tipp ist es, im Licht der Mitternachtssonne zu radeln; wenn wenig Autos unterwegs sind, haben Sie die Straße fast für sich allein. Auf einer Reihe von Strecken können Sie die E 10 sogar ganz meiden. Folgen Sie zum Beispiel auf **Vestvågøy** der Kreisstraße 815 nach Süden.

Herrlich ist es auch, auf **Austvågøy** entlang der Fv 888 Richtung Norden und über den Grunnførfjord nach **Grunnfør** zu fahren. Dort gibt es einen Unterstand für Radfahrer – ein schöner Ort zum Ausruhen oder Vögel im riesigen Sumpfgebiet zu beobachten.

Die südlichsten Inseln **Værøy** und **Røst** haben tolle Radfahrbedingungen, und es gibt keinen Verkehr, um den man sich Sorgen machen müsste.

VON HIER AUS BERGAB: *Abfahrt vom Ryten. Kvalvika befindet sich unten rechts.*

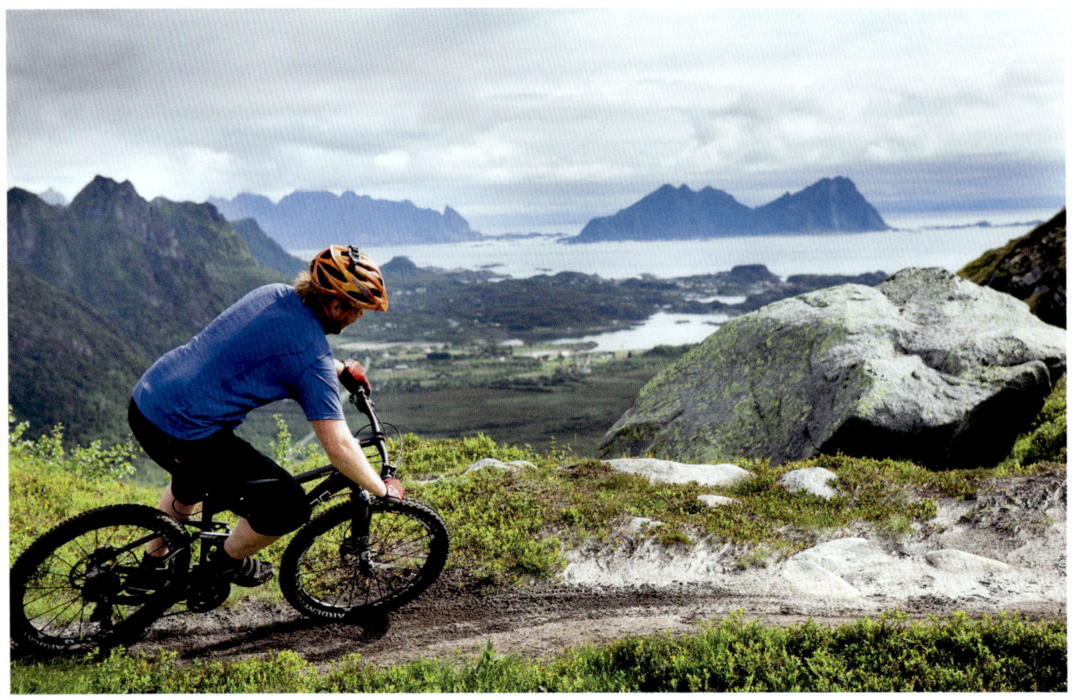

RADTOUR MIT AUSSICHT: *Mit ihren steilen Bergen in atemberaubender Umgebung sind die Lofoten dafür bekannt, eine Mountainbike-Destination zu sein. Hier eine Abfahrt vom Glomtinden auf Austvågøy.*

Fahrräder können bei *XXLofoten* in **Svolvær** (www.xxlofoten.no) und bei *Lofoten Aktiv* in **Eidet** bei **Kabelvåg** gemietet werden (www.lofoten-aktiv.no).

Reine Adventure in **Reine** vermietet sogar das gesamte Equipment mit Zelt, Campingausrüstung, Kocher und Taschen für eine Fahrradtour (www.reineadventure.com).

Auch *Kiosken Fru Johansen* auf **Værøy** sowie auf **Røst** die *Tourist-Info, Røst Bryggehotell* und *Røst Havfiske Camping* haben Miet-Fahrräder.

Viele andere Beherbergungsbetriebe bieten ebenfalls Fahrräder an.

MOUNTAINBIKEN

Auch wenn die Berge auf den Lofoten ziemlich steil und die Wege oft felsig sind, gibt es schöne Möglichkeiten zum Mountainbiken. Rechnen Sie aber damit, dass Sie Ihr Fahrrad viel tragen müssen.

Vestvågøy ist mit seiner sanften Landschaft und den „freundlichen" Bergen das beste Gebiet für Mountainbiker. In diesem Buch finden Sie hier auch die meisten Mountainbiketouren.

Der wunderschöne **Smørdalskammen** ist zwar etwas dem Wind ausgesetzt, aber mit der spektakulären Aussicht einfach ein Muss!

Auch **Brattflågan** und **Vetten** mit fantastischen Wegen übers Plateau sind reizvoll, während der **Justadtinden** erfahrenen Fahrern vorbehalten bleibt.

Ganz weit östlich, bei **Digermulen**, finden Sie auch einige tolle Trails, einschließlich die Fahrt hinauf auf den **Keiservarden**.

Auf **Flakstadøy** und **Værøy** gibt es für begeisterte Mountainbiker jede Menge zu tun.

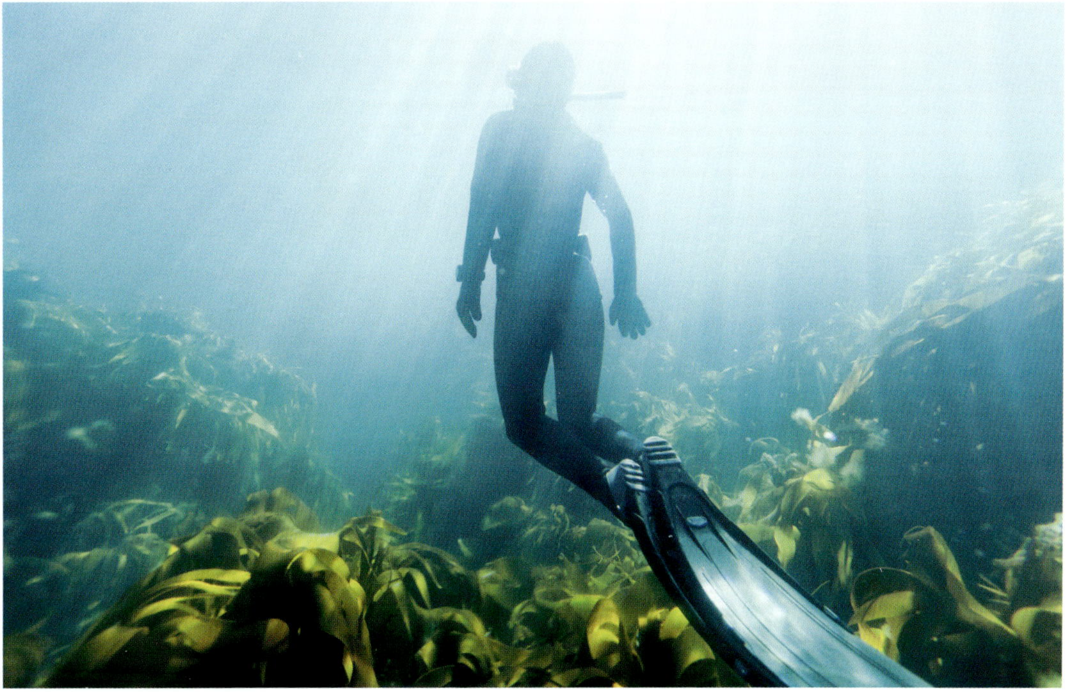

UNTERWASSER-ABENTEUER: *Kaltes, klares Wasser und viel zu sehen*

TAUCHEN UND SCHNORCHELN

Kristallklares Wasser und gigantische Tangwälder, kreideweiße, sandige Meeresböden und steile Felswände – die Natur ist unter Wasser genauso spektakulär wie darüber!

TAUCHFÜHRER UND AUSRÜSTUNG

Im Sommer können Sie in **Henningsvær** mit *Lofoten Opplevelser* im Trockenanzug auf Schnorchelausflug gehen (www.lofoten-opplevelser.no).

Die Tauchunternehmen *Aqua Lofoten Coast Adventure* (www.aqualofoten.com) in **Reine** und *Lofoten Diving* in **Ballstad** organisieren Tauch- und Schnorcheltouren und stellen Ausrüstung zur Verfügung, auch zur Miete (www.lofoten-diving.com).

Auch bei *Schibevaag Adventure* in **Nusfjord** und **Sakrisøy** (**Reine**) können Sie Schnorchelausrüstung mieten + an geführten Ausflügen teilnehmen (www.schibevaagadventure.com).

GOLFEN

Egal ob Hardcore-Golfenthusiast oder begeisterter Anfänger, Sie können das Spiel-Erlebnis im Licht der Mitternachtssonne auf dem international renommierten Platz von *Lofoten Links*, an der Küste der Nordseite auf **Gimsøy,** direkt unter dem Berg Hoven, genießen.

Dieser 18-Loch-Platz ist vom 1. Mai bis 23. Oktober geöffnet. Im Mai, Juni, Juli sogar rund um die Uhr und es bietet sich die Möglichkeit, ein legendäres Hole-in-One unter der Mitternachtssonne zu schlagen. *Lofoten Links* verfügt auch über eine Driving Range, Übernachtungsmöglichkeiten in schönen Hütten (sowie nebenan im *Hov Gård*, www.hovgard.no) und ein Café im Clubhaus (www.lofotenlinks.no).

PREISGEKRÖNT: *Der Golfplatz auf Gimsøy hat 18 Löcher*

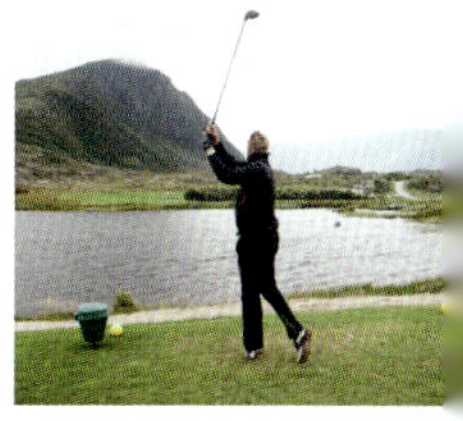

PFERDESTÄRKEN: *Reiten Sie durch die Berge und entlang des Strandes. Hier, mit Hov Hestegård auf Gimsøy.*

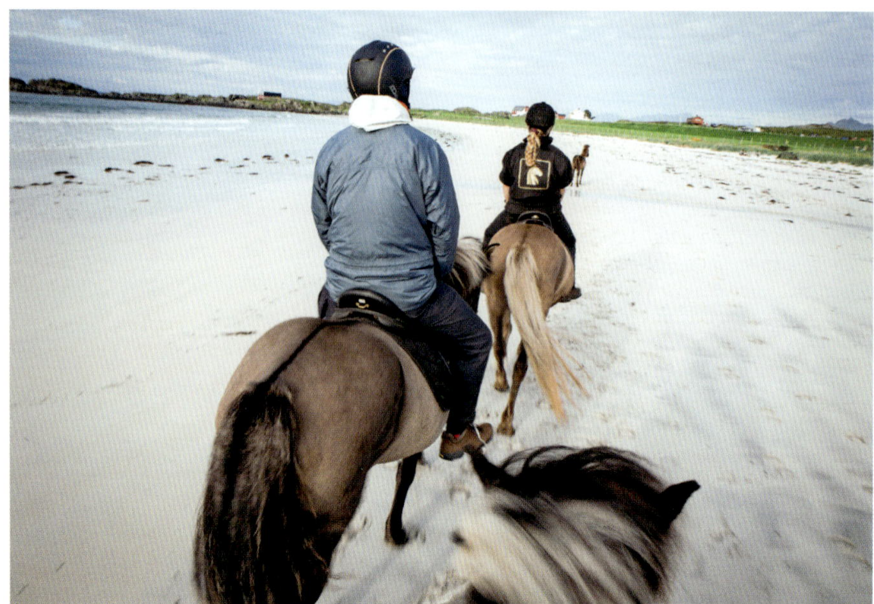

REITEN

Hov Hestegård auf **Gimsøy**, gleich neben dem Golfplatz gelegen, bietet Reitausflüge entlang der weißen Sandstrände oder in die Berge. Die Touren eignen sich sowohl für Kinder und Erwachsene (www.hovhestegard.no).

LofotHest befindet sich am Ostufer des Rolvsfjord auf der Südseite von **Vestvågøy** und bietet Reittouren in die Berge, z.B. zum *Käsehof Aalan Gård* mit Bio-Mittagessen und Einkaufsmöglichkeit von leckerem Bio-Käse oder Sie reiten nach **Borg** um dem *Wikingermuseum* einen Besuch abzustatten.

Auch die Touren von *LofotHest* eignen sich für Kinder & Erwachsene (www.lofothest.no).

VOGELBEOBACHTUNG

Die Lofoten sind ein aufregender Ort für Vogelbeobachter! Mit seinen vielfältigen Landschaften und Lebensräumen – von den Sumpfgebieten auf Vestvågøy bis zu den steilen Vogelfelsen auf Røst – beherbergt der Archipel eine Vielzahl von Vogelarten.

Auf den Lofoten nisten mehr als 120 Arten, und noch mehr rasten hier im Frühjahr und Herbst während des Vogelszuges – zum Beispiel die Kurzschnabelgans und die Weißwangengans (Nonnengans), die im Mai im Sumpfgebiet von Gimsøy häufig zu sehen ist. Auch die Wintersaison hat viel zu bieten, da viele der arktischen Vogelarten hier überwintern, wie der Meerstrandläufer und Eiderenten.

Die Lofoten haben Norwegens dichtesten Bestand an Seeadlern, und auf den Vogelklippen auf Røst kann man Papageientaucher, Tordalken, Gryllteiste und Kormorane sehen.

Blog für Vogelbeobachtung auf den Lofoten: www.lofotenbirding.no

Weitere Informationen über Vogelaktivitäten auf den Lofoten finden Sie im Buch *"Birding the Islands - A Birdwatchers´ Guide to Lofoten and Vesterålen"* von John Stenersen.

"Tringa" – individuelle Touren mit dem Naturführer *John Stenersen* (www.tringa.no).

SKITOUREN

Die Möglichkeit vom Berggipfel bis hinunter zum Strand zu fahren ist etwas, dass das Skifahren auf den Lofoten einzigartig macht.

Viele der Touren haben kurze Anmarschwege, so dass Sie schon auf dem Parkplatz die Tourenski anschnallen und sofort losgehen können. Die Berge auf den Lofoten sind nicht so hoch – die meisten Skiberge erreichen Höhen zwischen 600 und 800 Meter – es ist also sogar möglich, an einem Tag auf verschiedene Touren zu gehen.

Auf Skitour im Mondlicht mit Blick auf flackernde Nordlichter Anfang Januar oder unter der brennenden Mitternachtssonne Ende Mai zu gehen, ist eine Erlebnis, das Sie garantiert nicht vergessen werden.

Austvågøy ist am meisten frequentiert, weil hier die stabilsten Schneebedingungen herrschen. In einem Winter mit viel Schnee, gibt es auch tolle Skitouren-Möglichkeiten weiter westlich, zum Beispiel auf dem Himmeltinden auf Vestvågøy.

SAISON

Haupt-Skisaison ist Februar bis Mai, aber es kann auch gute Bedingungen im November, Dezember, Januar und Juni geben.

GEFÜHRTE TOUREN UND LAWINENKURSE

Nordnorsk Klatreskole in **Henningsvær** bietet Lawinen- und Skikurse neben geführten Touren an. Unterkunft, Verpflegung und Sauna runden das Angebot ab – frisches Bier und Live-Musik gibt es im *"Klatrenkafeen"* (www.nordnorskklatreskole.no).

Northern Alpine Guides in **Kabelvåg** betreiben auch die *Lofoten Ski Lodge* in **Kalle**. Hier können Sie gemütlich in Fischerhütten übernachten, gut essen, Kurse besuchen, an geführten Skitouren und Après-Ski teilnehmen. Genießen Sie die heiße Sauna oder den Whirlpool am Anleger. Und dann? – ein kaltes Bad im Meer! (www.lofoten-skilodge.com & www.alpineguides.no).

Reine Adventure in **Reine** organisiert "Ski by boat" (www.reineadventure.com).

ANGELN UND FISCHEN

Einen 20 kg Winterkabeljau (Skrei, Dorsch) einzuholen ist ein Traum – sowohl für Landratten als auch für erfahrene Seeleute. Gefangen wird auf den Lofoten außerdem

ECHTER LOFOTEN KABELJAU: *Solch kapitale Burschen sind keine Seltenheit*

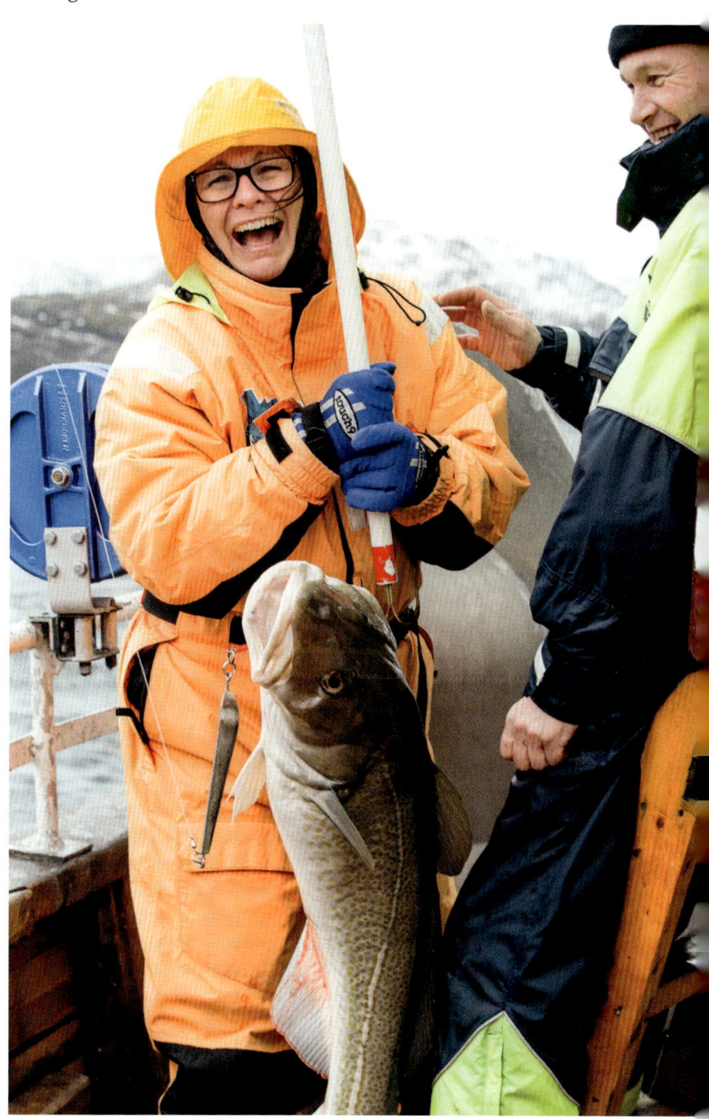

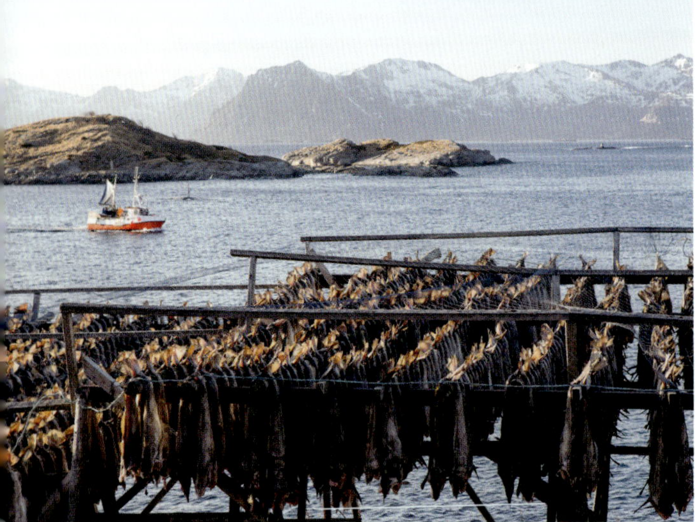

***STOCKFISCH**: Der Export von Trockenfisch von den Lofoten ist riesig und ein wichtiger Wirtschaftszweig*

schwarzer Heilbutt und Seelachs im Sommer, Hering im Herbst sowie Schellfisch, Rotbarsch uvm.

In den meisten Fischerdörfern können Sie kleine Boote mieten oder eine Tour mit einem größeren Charter-Fischerboot buchen.

Beachten Sie, dass Sie nur 15 kg Fisch aus dem Land mitnehmen dürfen.

Während der Weltmeisterschaft im Kabeljaufischen, die im März in Svolvær beginnt, kann jeder versuchen, den Weltmeistertitel zu bekommen. Der Wettbewerb steht sowohl Amateur- als auch Berufsfischern offen (www.vmiskriefiske.no).

GLEITSCHIRMFLIEGEN

Stellen Sie sich vor, wie ein Adler über die Berge und das Meer zu schweben! Paragliding auf den Lofoten ist ein einzigartiges Erlebnis. Es gibt hier jedoch oft turbulentes Wetter, also muss man geduldig sein und auf gute Flugbedingungen warten. Leider gibt es keinen Gleitschirmclub oder Paragliding-Anbieter auf den Lofoten – kontaktieren Sie die Nachbarn im Norden und Osten:
Lofoten og Vesterålen Paraglider Klubb (www.lovepg.no) und *Harstad Hang og Paragliderklubb* (www.hpgt.com).

KUNST

Für kunstinteressierte Naturliebhaber und naturinteressierte Kunstliebhaber sind die Lofoten ein spannender Ort!

SKULPTURENLANDSCHAFT NORDLAND

In 33 Gemeinden der Provinz Nordlands finden sich Kunstwerke unter freiem Himmel (www.skulpturlandskap.no).

Die 33 beteiligten Künstler wurden von dem jeweiligen Landkreis eingeladen, sich mit der Landschaft und der Umgebung "ihrer" Gemeinde vertraut zu machen, bevor das Kunstwerk gefertigt wird. Das Projekt wurde vom Bezirksrat Nordland (fylkeskommune) initiiert. Die einzige Gemeinde auf den Lofoten, die nicht an dem Projekt beteiligt ist – ist der Landkreis Værøy.

Die Kunstwerke finden Sie hier:

- **Austvågøy**, Gemeinde Vågan: Lyngvær
- **Vestvågøy:** Eggum
- **Flakstadøy:** An der Kreuzung zwischen FV 803 Richtung Skjelfjord und E 10
- **Moskenes:** Akkarvikodden auf Hamnøy
- **Røst:** Auf Vedøya, 20-minütige Bootsfahrt von Røstlandet

PLANET LOFOTEN

Der Künstler Jan Wanggaard hat auf Moskenes und Værøy eine Installation des Sonnensystems geschaffen im Maßstab 1:200.000.000.000.000. Die Planeten bestehen aus polierten Steinkugeln und stehen auf Stangen in der Natur mit den richtigen proportionalen Größen und Abständen zueinander. Der Künstler wollte ein besseres Verständnis für die Entfernungen im Sonnensystem vermitteln. Das Projekt wurde nie fertiggestellt, mehrere Planeten finden Sie auf Berggipfeln und draußen im Meer.

STREET ART

Die Street Art-Künstler Dolk & Pøbel (Dolch & Pöbel) haben auf den Lofoten mit großformatigen Graffiti-Wänden verfallene Häuser und Scheunen mit humoristischem oder kritischem Kontext künstlerisch geprägt.

Wo Sie die Kunstwerke finden? Lassen Sie sich einfach treiben und halten Sie die Augen offen! Viele der Stücke sind durch das raue Wetter jedoch schon ziemlich abgenutzt.

KUNSTFESTIVAL

Das *Internationale Kunstfestival Lofoten* (LIAF, www.liaf.no) präsentiert internationale Künstler – bei jedem Festival immer an einer anderen Location. Für die Kunstprojekte werden verschiedene Flächen genutzt, wie z.B. Fischtrockenregale, Lagerhäuser, Parks und Garagen.

INTERNATIONALES KUNSTMUSEUM

Das Kunstmuseum *"KaviarFactory"* in **Henningsvær** (www.kaviarfactory.com) zeigt moderne Kunst von internationalen Künstlern. Sie müssen weit und breit nach einer atemberaubenderen Location suchen!

FOTOAUSSTELLUNG IM FREIEN

Auf der kleinen Insel Skrova vor Svolvær befindet sich die ständige Fotoausstellung einer Gruppe berühmter Fotografen wie Johan Brun, Knut Bry und Marcus Bleasdale. (Skrova Outdoor Photo Spot, www.sops.no)

Eine Ausstellung davon – "Tunnelsyn" (Tunnelblick) hängt in einem nicht mehr genutzten, 250 Meter langen Tunnel, der für den Fischfang am Pier in den 60er Jahren gebaut wurde. Jetzt hängen an den Tunnelwänden 100 Aufnahmen von Nordnorwegen aus den Jahren 1890 bis 1985. Die Bilder der drei Fotografen Sven-Ivar Carlsson, Anders Beer Wilse und Nicolai Marcelius Helgesen dokumentieren das (tägliche) Leben auf Skrova. Mehr über Skrova erfahren Sie auf Seite 59.

NORWEGISCHE LANDSCHAFTSROUTEN

Die von der Regierung finanzierten Nationalen Touristenrouten sind landschaftlich reizvolle Fahrten durch die überwältigende norwegische Landschaft. Die Routen bieten zudem innovative Architektur und Kunstwerke an ausgewiesenen Aussichtspunkten und Rastplätzen.

Auf der *Lofoten-Route* gibt es diese Rastplätze in **Grunnfør, Austnesfjorden, Torvdalshalsen, Eggum** und **Ramberg** (www.nasjonaleturistveger.no/de).

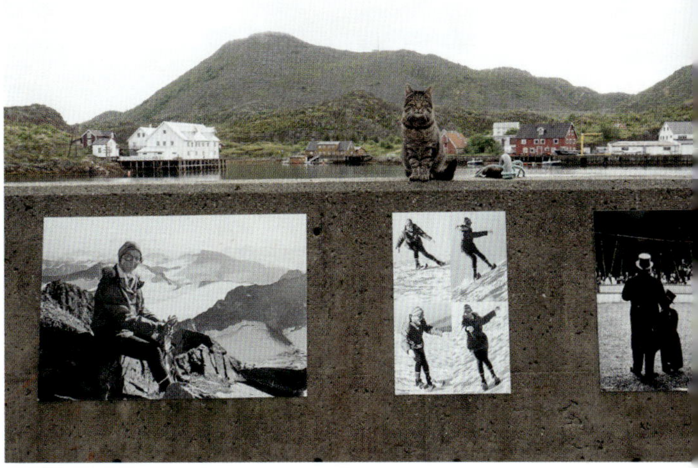

OUTDOOR ART: *Rund um die Lofoten gibt es verschiedene Outdoor-Kunst. Am Fähranleger auf Skrova sehen Sie Johan Bruns' Fotos von Königin Sonja, wie sie Berge auf Skiern runterfegt.*

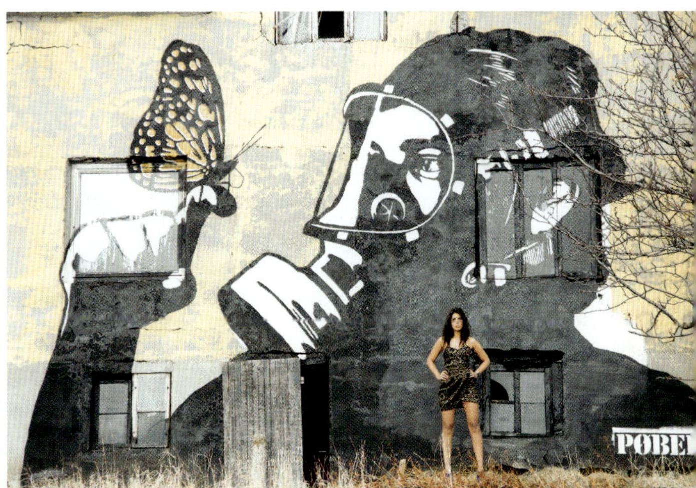

DOLK & PØBEL: *Den Straßenkünstlern wurde der Auftrag erteilt, die zentralen Bahnhöfe von Oslo und Trondheim zu schmücken. Auch in Städten wie Berlin, Barcelona, London, Prag oder Melbourne haben sie ihre Spuren hinterlassen.*

THOMAS KETTLER VERLAG

Die schönsten Kanu- & Outdoorbücher für den Norden

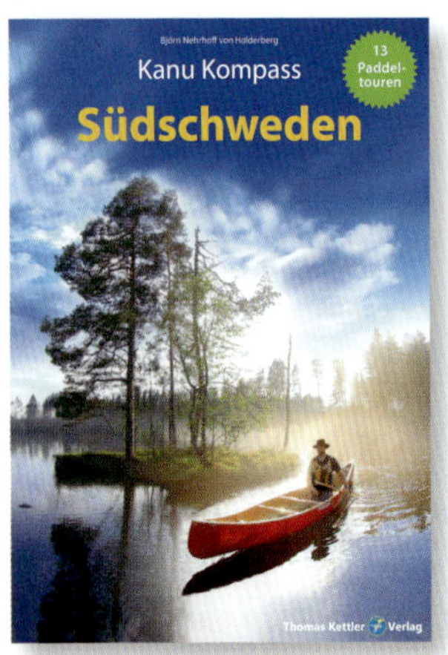

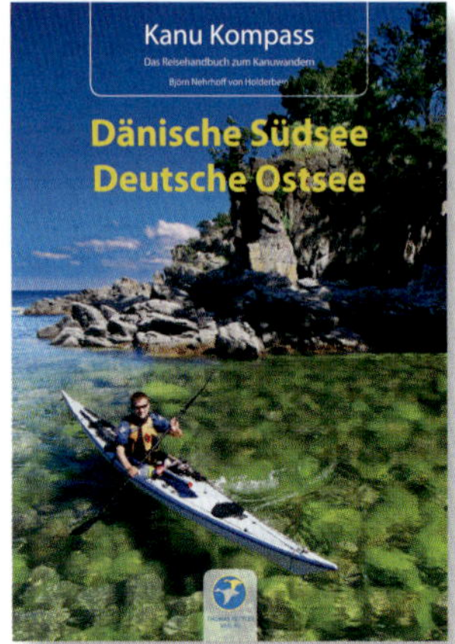

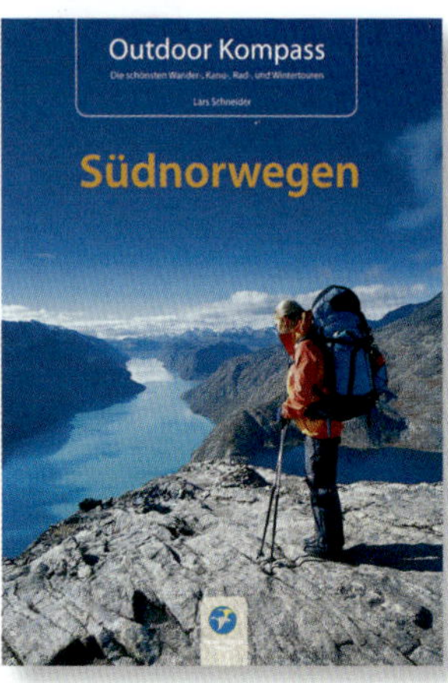

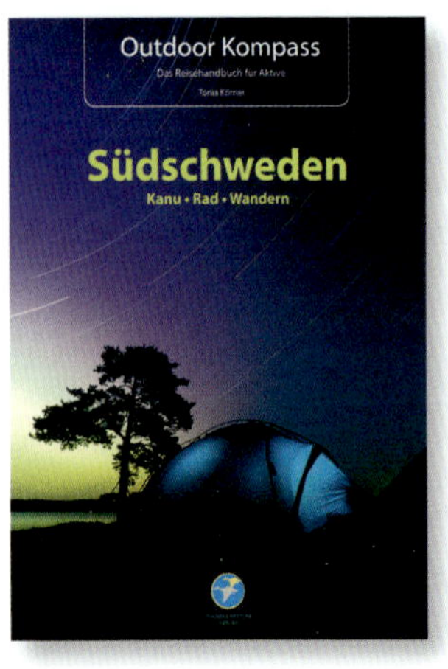

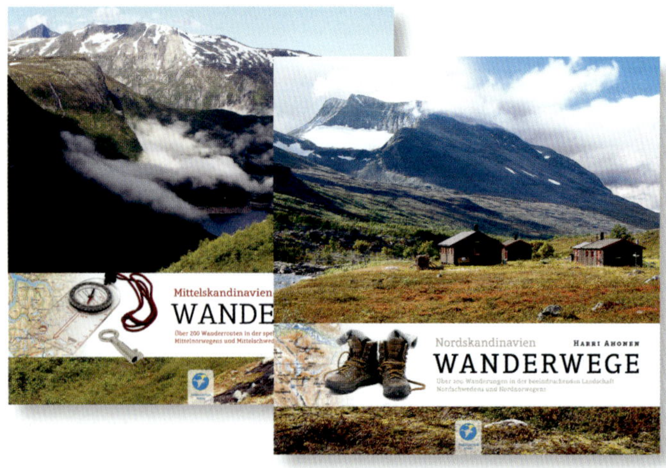

Thomas Kettler Verlag

DIE AUTORIN

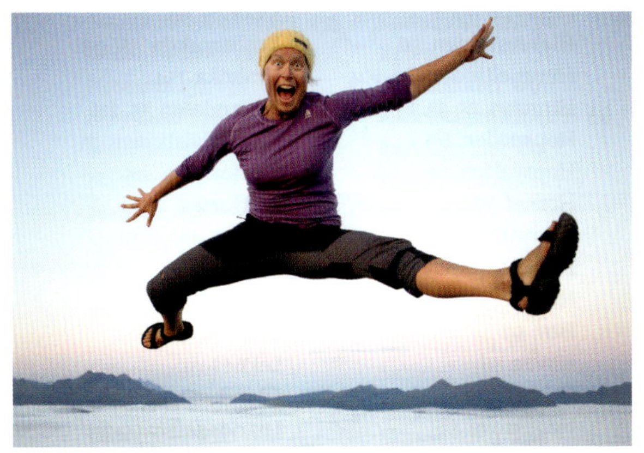

Kristin Folsland Olsen

geb. 1981, arbeitet als Fotografin, Journalistin und Motivationstrainerin, fokusiert auf Abenteuer und Outdoor.
Sie war Outdoor-Guide auf Spitzbergen, bildete Schlittenhunde in Grönland aus und durchquerte auf einer 80-Tages-Skitour Baffin Island mit den Baffin Babes.
Sie lebt auf den Lofoten und verbringt die meiste Zeit in den Bergen oder auf See.
Kristin hat mehrere Bücher veröffentlicht.

www.folsland.no
Instagram: kristinfolsland

KARTEN- & LITERATURTIPPS

REISEFÜHRER:

Insel Trip Lofoten, *Reiseführer mit Faltplan + App, Martin Schmidt*, Reise Know-How Verlag

Lofoten Reisehandbuch, *12 Inselrouten, 20 Wanderungen, Michael Möbius, Annette Ster,* Edition Elch

Norwegen Nord, *leicht chaotisch & unkonventionell, aber an Infos kaum zu überbieten,* Velbinger Verlag

Rother Wanderführer: Lofoten & Vesterålen, *60 Touren mit GPS-Tracks, A. & T. Kostial,* Bergverlag Rother

Mit dem Wohnmobil nach Norwegen (Nord), *Waltraud Roth-Schulz, Reinhard Schulz,* Band 21, WoMo-Verlag

„Was in heller Nacht geschah“, Psychothriller der auf den Lofoten spielt, *Karen Winter,* Droemer Verlag

„Das Buch vom Meer“ oder Wie zwei Freunde im Schlauchboot ausziehen, um im Nordmeer einen Eishai zu fangen, und dafür ein ganzes Jahr brauchen, *Morten A. Strøksnes,* Penguin Verlag

„Latte Igel reist zu den Lofoten“, ab 6 Jahre, auch als Audio-CD, *S. Lybeck, D. Napp,* Thienemann Esslinger Verlag

LÄDEN UND ONLINE-SHOPS FÜR KARTEN:

Deutschland

www.geobuchhandlung.de (Buchladen in Kiel und Online-Shop, spezialisiert auf Skandinavien)

www.globetrotter.de (mehrere Ausrüstungsläden mit großer Buchabteilung und Online-Shop)

www.nordland-shop.com

www.landundkarte.de (Dr. Götze Land & Karte, große geografische Fachbuchhandlung in Hamburg)

www.mapfox.de

www.arktisversand.de

Österreich

www.freytagberndt.com

TOPOGRAFISCHE WANDERKARTEN ONLINE:

www.norgeskart.no

www.UT.no

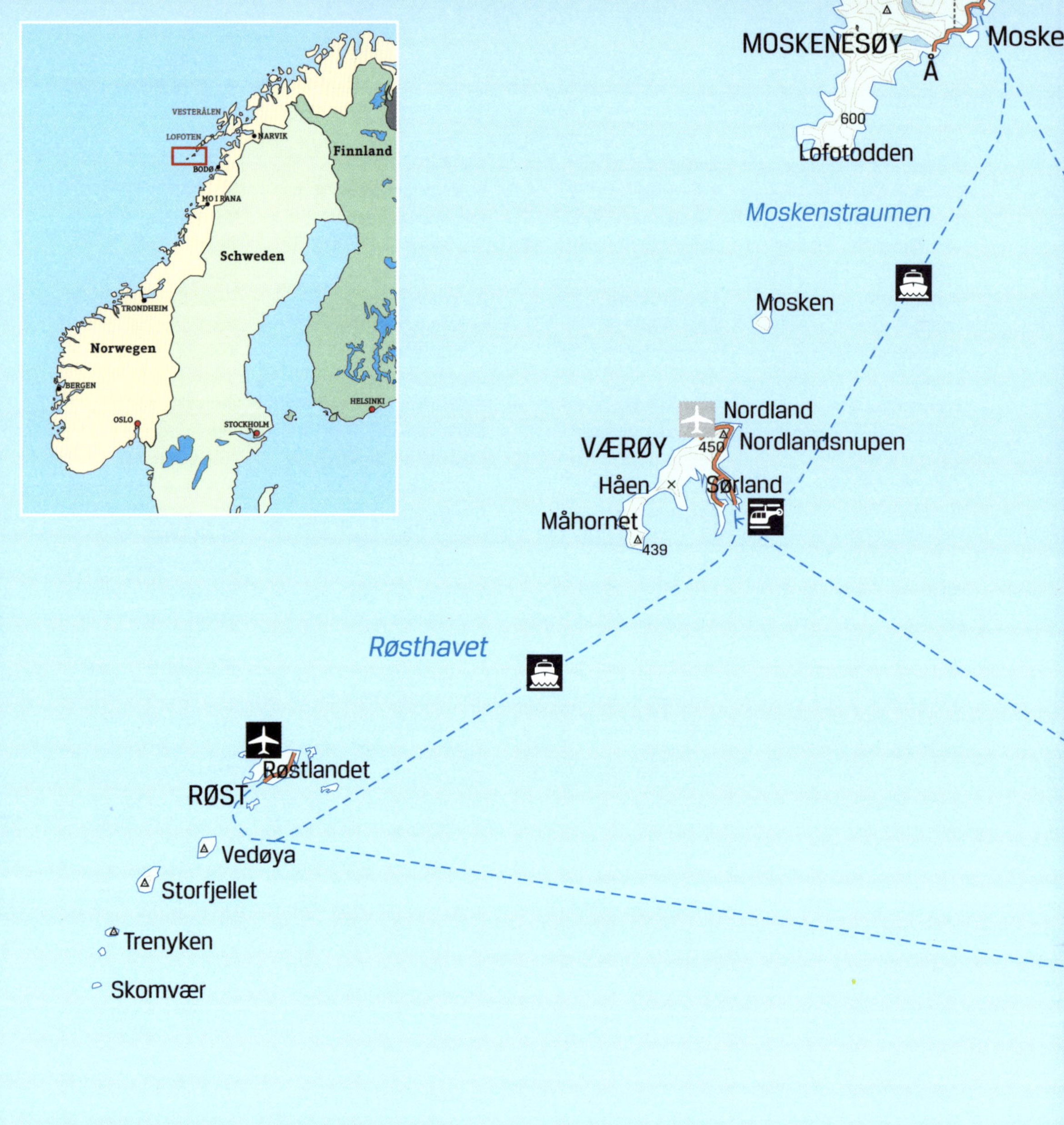

VESTERÅLEN
LOFOTEN
NARVIK
BODØ
MO I RANA
Finnland
Schweden
TRONDHEIM
Norwegen
BERGEN
HELSINKI
OSLO
STOCKHOLM
MOSKENESØY
Å
Mosker
600
Lofotodden
Moskenstraumen
Mosken
Nordland
Nordlandsnupen
VÆRØY
450
Håen
Sørland
Måhornet
439
Røsthavet
Røstlandet
RØST
Vedøya
Storfjellet
Trenyken
Skomvær
0
40 km